"Modesto e prestativo, Siegel oferece um treinamento genuinamente prático na arte transformativa da atenção plena."

— **Jack Kornfield, PhD**,
autor de *Psicologia do amor*

"Atenção plena é uma capacidade inata que, quando cultivada, pode nos despertar para a saúde e a felicidade verdadeiras. Este é um guia claro e abrangente para qualquer um que queira aplicar o poder da atenção plena às emoções desafiadoras, à dor física ou às dificuldades de relacionamento. Repleto de uma sabedoria que é, ao mesmo tempo, prática e profunda, este livro é um convite para viver os momentos verdadeiros de nossa vida estando presentes e agindo com o coração."

— **Tara Brach, PhD**,
autora de *Aceitação radical*

"Em suas mãos, está um livro acessível que pode conduzi-lo, passo a passo, em direção a uma vida melhor. Estar presente no momento com aceitação é mais do que uma simples prática – é uma estratégia-chave apoiada em pesquisas que promove a saúde do corpo, da mente e de nossos relacionamentos uns com os outros. Agora é a hora – e aqui vai o convite – de adentrar uma nova maneira de existir que pode reduzir a ansiedade, o estresse e o medo, além de maximizar a alegria, a gratidão e o bem-estar em sua vida."

— **Daniel J. Siegel, MD**,
autor de *A sabedoria do agora*

"Este livro claro e prático pode ajudá-lo a descobrir seu próprio potencial para desenvolver atenção plena. Ele oferece orientação para construir uma prática formal de meditação, bem como ferramentas para lidar com os desafios do dia a dia."

— **Sharon Salzberg**,
autora de *A real felicidade*

"Siegel nos apresenta diversos exercícios, práticas transformadoras e meios adequados para viver uma vida diligente de consciência plena e de conexão significativa. Aplaudo e recomendo sua visão única, fruto de uma vida de meditação, prática psicoterápica e pesquisa. Este livro maravilhoso é uma verdadeira contribuição para o campo de estudos acerca da felicidade e do desenvolvimento espiritual."

— **Lama Surya Das**,
autor de *O despertar do coração budista*

"Falar em 'atenção plena' suscita imagens de monges fazendo coisas misteriosas por anos a fio. Mas Siegel demonstra como trazer a simples sabedoria da aceitação e da atenção plena para as atividades do dia a dia de nossa vida. Gentil, genuíno e sábio, este livro envolve, encoraja e guia o leitor para que olhe bem para como nós mesmos dificultamos nossa caminhada, e apresenta métodos simples e poderosos que nos auxiliarão a viver a vida que queremos."

— **Steven C. Hayes, PhD**,
autor de *Terapia de aceitação e compromisso*

"Acessível e persuasivo em demonstrar como a atenção plena pode nos ajudar a nutrir o autocuidado e a permanecer focados enquanto navegamos pelos desafios inevitáveis da vida."

— **Zindel V. Segal**,
coautor do *Manual prático de mindfulness*

A SOLUÇÃO *MINDFULNESS*

A Artmed é a editora oficial da FBTC

NOTA

Os nomes, as características e os detalhes das pessoas aqui citadas foram modificados para garantir sua privacidade.

S571s Siegel, R. D.
      A solução mindfulness : práticas diárias de atenção plena para problemas cotidianos / Ronald D. Siegel ; tradução : Pedro Augusto Machado Fernandes ; revisão técnica : Ramon M. Cosenza. – Porto Alegre : Artmed, 2025.
      xvi, 358 p. : il. ; 25 cm.

      ISBN 978-65-5882-306-3

      1. Psicoterapia – *Mindfulness*. I. Título.

CDU 615.851

Catalogação na publicação: Karin Lorien Menoncin – CRB 10/2147

RONALD D. SIEGEL

A SOLUÇÃO MINDFULNESS

práticas diárias de atenção plena
para problemas cotidianos

Tradução
Pedro Augusto Machado Fernandes
Revisão técnica
Ramon M. Cosenza
*Médico, Doutor em Ciências e professor aposentado do Instituto de Ciências Biológicas
da Universidade Federal de Minas Gerais.*

Porto Alegre
2025

Obra originalmente publicada sob o título *The Mindfulness Solution: Everyday Practices for Everyday Problems*, 1st Edition
ISBN 9781606232941

© 2010 Ronald D. Siegel
Published by The Guilford Press
A Division of Guilford Publications, Inc.

Gerente editorial
Alberto Schwanke

Coordenadora editorial
Cláudia Bittencourt

Editor
Lucas Reis Gonçalves

Capa
Paola Manica | Brand&Book

Preparação de originais
Marcela Bezerra Meirelles

Leitura final
Gabriela Dal Bosco Sitta

Editoração
AGE – Assessoria Gráfica Editorial Ltda.

Reservados todos os direitos de publicação, em língua portuguesa, ao
GA EDUCAÇÃO LTDA.
(Artmed é um selo editorial do GA EDUCAÇÃO LTDA.)
Rua Ernesto Alves, 150 – Bairro Floresta
90220-190 – Porto Alegre – RS
Fone: (51) 3027-7000

SAC 0800 703 3444 – www.grupoa.com.br

É proibida a duplicação ou reprodução deste volume, no todo ou em parte, sob quaisquer formas ou por quaisquer meios (eletrônico, mecânico, gravação, fotocópia, distribuição na Web e outros), sem permissão expressa da Editora.

IMPRESSO NO BRASIL
PRINTED IN BRAZIL

Autor

Ronald D. Siegel, PsyD, é professor assistente de Psicologia Clínica da Harvard Medical School, onde leciona há mais de 25 anos. É um estudioso de longa data da atenção plena e integra o conselho de diretores e o corpo docente do Institute for Meditation and Psychotherapy. Ministra palestras em todo o mundo sobre atenção plena, psicoterapia e tratamento mente-corpo. Trabalhou por muitos anos em saúde mental comunitária com crianças e famílias de áreas urbanas carentes e mantém uma clínica particular em Lincoln, Massachusetts. É coautor de *Back Sense: A Revolutionary Approach to Halting the Cycle of Chronic Back Pain*, que integra abordagens ocidentais e orientais para o tratamento da dor crônica nas costas, e coorganizador do aclamado livro para profissionais *Mindfulness e psicoterapia*. Siegel reside em Lincoln com sua esposa e suas filhas, e utiliza regularmente as práticas descritas neste livro para lidar com sua própria mente.

*À Gina, meu esteio, minha inspiração, meu amor
E aos meus pais, Claire e Sol,
meus professores mais importantes*

Prefácio

Quando tive meu primeiro contato com a prática da atenção plena* na faculdade, fiquei impressionado. Aprender a acessar e a aceitar o momento presente, a realmente parar e sentir o aroma das rosas, gerou benefícios imediatos. Preocupações com notas, namoro e com minha própria imagem começaram a desaparecer. O tédio praticamente sumiu. Achei que, após alguns anos de prática, eu estaria livre das feridas, da dor e da preocupação – aproveitando maravilhosamente o resto da minha vida.

Sinto dizer que as coisas não ocorreram exatamente assim. Logo aprendi que a prática da atenção plena não é um bom anestésico, ela não acaba de fato com a dor. Mas não largue este livro ainda. A prática da atenção plena, na verdade, oferece algo ainda mais valioso: em vez de nos anestesiar, ela nos ajuda a enxergar de maneira mais clara nossos hábitos mentais que originam sofrimentos desnecessários, e oferece um caminho para modificá-los. Em minha própria prática, não demorou para que eu enxergasse como minha mente tendia constantemente a fantasiar sobre a próxima festa e a temer o próximo artigo de pesquisa, raramente apreciando o momento. Também percebi como pensamentos sobre ser inteligente ou burro, atraente ou feio, bom ou mau, um sucesso ou um fracasso acompanhavam-me de forma constante, afetando meu humor e alimentando meu estresse. Notei ainda que, apesar de meus esforços contínuos, os pontos altos das boas notas, dos novos amores ou das vitórias nas partidas de tênis nunca

---

* N. de T. Neste livro, os termos "atenção plena" e *mindfulness* são utilizados na condição de sinônimos.

duravam por muito tempo. Rapidamente eu me pegava perseguindo a próxima vitória ou o próximo conforto.

Por sorte, ao mesmo tempo que a prática da atenção plena me mostrou como esses hábitos mentais estavam me deixando infeliz, ela me ofereceu uma alternativa, um modo de viver minha vida com mais tranquilidade, menos preocupado com a busca obsessiva dos pontos altos e com a tentativa constante de evitar os pontos baixos. Eu podia utilizar a prática para apreciar as árvores enquanto caminhava em direção à aula, degustar minha comida no refeitório e conectar-me com mais intimidade com meus amigos. Eu podia observar pensamentos e sentimentos virem e irem, sem me apegar tanto a eles. Prestar atenção no momento presente desse jeito começou a transformar meu relacionamento com os altos e baixos da vida. Até os momentos difíceis – como quando minha namorada me trocou por outro – pareciam-me mais gerenciáveis à medida que aprendia como acessar, em vez de contornar, minha raiva, minha tristeza e minha vulnerabilidade.

Como minhas filhas universitárias gostam de destacar, mesmo estando há praticamente 40 anos envolvido com isso, na superfície não pareço um garoto propaganda da prática da atenção plena. No carro, atrasado para um compromisso, costumo ficar tenso e recorrer ao que minhas filhas carinhosamente chamam de *aquela voz*. E, quando elas perguntam: "Pai, não é você que ensina as pessoas a viverem no momento presente, afinal de contas? A prática de atenção plena não o ajuda a aceitar as coisas que você não pode mudar?", eu nem sempre fico satisfeito com sua sabedoria.

Agora que minhas filhas têm idade suficiente para compreender o método científico, consigo explicar que nós não temos um bom grupo-controle. Não sabemos ao certo o quão perturbado eu ficaria por causa dos problemas cotidianos sem a prática da atenção plena. E estou convencido, com base em minha própria experiência e nos achados de pesquisas, de que a resposta é: *muito mais perturbado*. No começo de minha prática, eu esperava que ela me desse uma nova personalidade. Descobri que, em vez disso, a prática da atenção plena me ajudava a aproveitar a personalidade que tenho, além de me disponibilizar ferramentas efetivas para trabalhar com os desafios inevitáveis da vida – sem essas ferramentas, eu estaria em maus lençóis.

A prática da atenção plena não apenas foi incrivelmente útil à minha personalidade como também tem se mostrado útil para muitas pessoas que lidam com uma série de problemas diários. As pesquisas têm demonstrado que a atenção plena pode nos ajudar a trabalhar de maneira efetiva não apenas com nossas preocupações acerca de atrasos para compromissos e ansiedades do tipo, mas também com a tristeza e a depressão; com condições médicas relacionadas ao estresse, como a insônia, as dificuldades digestivas, os problemas sexuais e as dores crônicas; e com diversos comportamentos aditivos, desde o uso de álcool e outras drogas até a forma como lidamos com comida, apostas e compras. Ela pode nos ajudar a conviver melhor com nossos filhos, nossos pais, nossos amigos, nossos colegas de trabalho e nossos parceiros românticos. Ela pode até nos ajudar a envelhecer com mais graciosidade e a encontrar a felicidade que não depende de vantagens passageiras.

Como uma prática pode ajudar com tantos problemas distintos? A resposta é que todos eles são piorados pela mesma tendência natural: em nossos esforços para nos sentirmos bem, tentamos evitar ou escapar do desconforto, só para descobrirmos que isso, na verdade, multiplica nosso sofrimento. Como você verá nas páginas a seguir, uma variedade assombrosa de problemas realmente nasce da tentativa de nos livrarmos deles. Ao nos ajudar a permanecer em nossa experiência momento a momento de uma nova maneira, a atenção plena nos oferece uma solução surpreendente.

Com frequência, estamos tão ocupados que o pensamento de acrescentar mais uma coisa, não importa o quão potencialmente benéfica ela seja, simplesmente é demais. A boa notícia é que a prática da atenção plena pode ser feita de modos diferentes para se encaixar em estilos de vida diversos. Embora reservar um tempo para a meditação formal seja importante, a atenção plena também pode ser praticada como parte de nossa rotina básica, enquanto escovamos nossos dentes, dirigimos para o trabalho, passeamos com o cachorro ou esperamos na fila. A maioria das pessoas sente como se tivesse ganhado tempo em sua vida a partir do momento em que começa a praticar a atenção plena – elas ficam cada vez mais focadas e eficientes, ao mesmo tempo que se sentem mais descansadas e menos estressadas. Existem até práticas de atenção plena específicas que podemos utilizar durante crises, quando estamos prestes a "surtar" – quando estamos tão transtornados, chateados ou sobrecarregados que corremos o risco de dizer ou fazer algo de que nos arrependeremos. Tais práticas tornam a vida mais fácil ao nos ajudar a fazer menos bagunça, que teremos de arrumar mais tarde.

Minha jornada com a prática da atenção plena seguiu firme dos meus anos na faculdade até o meu treinamento e a minha carreira como psicólogo clínico. Ela me forneceu a espinha dorsal para os meus estudos em psicologia. No começo de meu treinamento, poucos profissionais da saúde mental se interessavam pela prática da atenção plena. Tive a sorte de, no início dos anos 1980, juntar-me a um grupo de clínicos que compartilhavam desse interesse e praticavam, todos, atenção plena. Por muitos anos, nos encontramos regularmente e discutimos o que as tradições de atenção plena tinham a oferecer à psicologia convencional e o que a psicologia convencional tinha a oferecer às tradições de atenção plena. Não falávamos muito sobre isso na comunidade profissional mais ampla, uma vez que meditação e práticas relacionadas não eram muito valorizadas naquela época. Ninguém queria ser acusado de ter *anseios infantis não resolvidos de retornar a um estado de unidade oceânica* – o que Freud via como a motivação inconsciente por trás da meditação.

No fim dos anos 1990, as coisas começaram a mudar. Meus colegas e eu passamos a apresentar parte do que discutíamos a portas fechadas em *workshops*. De forma gradual, um número cada vez maior de profissionais da saúde mental começou a se interessar pela temática. O ritmo logo se intensificou, e, praticamente da noite para o dia, a prática da atenção plena tornou-se uma das abordagens de tratamento mais pesquisadas e discutidas no campo da saúde mental. De repente, meus colegas e eu estávamos sendo convidados para escrever e ensinar em todo canto sobre como tais práticas poderiam ser utilizadas, tanto dentro quanto fora da psicoterapia, para resolver toda sorte de dificuldades emocionais e comportamentais. Em contrapartida, tratamentos baseados em atenção plena eram desenvolvidos e testados para qualquer problema imaginável – e eles estavam se mostrando notavelmente efetivos.

Embora as práticas de atenção plena sejam relativamente novas para nós do Ocidente, as culturas asiáticas as têm refinado por milhares de anos. Esses ensinamentos milenares orientaram o trabalho de meus colegas e o meu ao longo de nossas carreiras. Portanto, este livro inclui os frutos dos esforços de muitas pessoas. Ele reúne uma sabedoria transmitida pelas tradições que originalmente desenvolveram as práticas de atenção plena, *insights* desenvolvidos por meus colegas que têm explorado juntamente a atenção plena e a psicoterapia por várias décadas, e inovações recentes trazidas por pesquisadores e clínicos que vêm desenvolvendo abordagens baseadas em atenção plena voltadas a uma ampla gama de condições psicológicas. Ele também inclui lições que aprendi, tanto pessoalmente quanto junto de meus pacientes que utilizaram as práticas de atenção plena no trabalho com dificuldades comuns e incomuns.

Já que apenas uma parte pequena deste livro, de fato, é invenção minha, devo agradecer a muitas pessoas por o tornarem possível. Meus amigos e colegas de longa data do Institute for Meditation and Psychotherapy contribuíram de forma imensurável para minha compreensão deste tópico e têm sido maravilhosamente encorajadores de minha docência e minha escrita: Philip Aranow, cuja energia e liderança deram vida ao Institute antes de sua morte precoce; os membros do conselho Paul Fulton, Trudy Goodman, Sara Lazar, Bill Morgan, Stephanie Morgan, Susan Morgan, Andrew Olendzki, Tom Pedulla, Susan M. Pollak, Charles Styron e Janet Surrey, que contribuíram, cada um a seu modo, com suas perspectivas e seus conhecimentos únicos; e, em especial, Christopher Germer, que incentivou a editora The Guilford Press a convidar-me para escrever este livro, e que me encorajou a aceitar o convite.

Por terem me ensinado sobre a prática da atenção plena e me ajudado a compreender seu potencial transformador, gostaria de agradecer a todos os professores junto aos quais tive o privilégio de aprender, especialmente Sua Santidade o Dalai Lama, Jack Kornfield, Joseph Goldstein, Sharon Salzberg, Chogyam Trungpa, Thich Nhat Hahn, Shunryu Suzuki, Ram Das, Pema Chodrin, Tara Brach, Surya Das e Larry Rosenberg. Também gostaria de agradecer a alguns dos pioneiros que avançaram nossa compreensão das práticas de atenção plena e de como elas podem ajudar tanto com os problemas cotidianos quanto com transtornos mais sérios, incluindo Jon Kabat-Zin, Marsha Linehan, Zindeal Segal, Steven Hayes, Alan Marlatt, Liz Roemer, Susan Orsillo, Jack Engler, Daniel Goleman, Daniel Siegel, Richard Davidson, Mark Epstein, Barry Magid e Jeffrey Rubin.

Mais perto de casa, gostaria de agradecer a todos os meus professores, meus amigos, meus alunos e meus colegas da Graduate School of Applied and Professional Psychology, da Rutgers University, da Harvard Medical School/Cambridge Health Alliance, do Cambridge Youth Guidance Center e do South Shore Counseling Center por me ajudarem a aprender psicologia clínica, bem como a todos os pacientes que confiaram a mim seus problemas ao longo destes muitos anos, ensinando-me tanta coisa sobre o sofrimento humano e a felicidade. Gostaria também de agradecer a meus colegas, que me deram oportunidade para desenvolver muitas das ideias deste livro ensinando aos outros, incluindo Ruth Buczynski, Richard Fields, Rob Guerette, Gerry Piaget, Judy Reiner Platt e Rich Simon.

Por seu apoio entusiasmado e constante durante a elaboração deste livro, e pelo acompanhamento até seu término, gostaria de agradecer a todos da The Guilford Press, sobretudo a meus editores, Chris Benton e Kitty Moore. Tem sido um privilégio e um prazer trabalhar com profissionais com seu nível de experiência, inteligência e sofisticação psicológica, além de serem pessoas genuinamente gentis, com ótimo senso de humor.

Por fim, sou grato a meus amigos e minha família, que me apoiaram ao longo de minha vida como um todo e neste projeto em particular. Embora não haja espaço para mencionar todos aqui, gostaria de agradecer, especialmente, a meus pais, Sol e Claire Siegel, por terem fornecido a base que foi nosso lar amoroso e acolhedor durante minha infância e pelo cuidado constante até hoje; a meu irmão, Dan Siegel, por seu companheirismo e sua amizade constantes; e a minhas filhas, Alexandra e Julia Siegel, por seu amor, sua compreensão e seu encorajamento.

Sou profundamente grato à minha esposa, Gina Arons, que me incentivou a assumir este projeto apesar de saber perfeitamente bem do que ela estaria abrindo mão. Ela esteve presente o tempo todo, com amoroso apoio, ajuda prática e editorial, alimentando-me e tolerando meus altos e baixos, sendo paciente diante das incontáveis horas que passei em frente ao computador e realizando diversos outros sacrifícios implicados em mais um projeto literário.

Sumário

Prefácio ... ix

PARTE I – Por que a atenção plena importa?

1. A vida é difícil (para todos) ... 3
2. Atenção plena: uma solução ... 26
3. Aprendendo a praticar a atenção plena ... 52
4. Construindo uma vida plenamente atenta ... 81

PARTE II – Práticas cotidianas para mentes, corpos e relacionamentos desafiadores

5. Tornando-se amigo do medo: trabalhando com a preocupação e a ansiedade ... 105
6. Adentrando os espaços escuros: enxergando a tristeza e a depressão sob uma nova luz ... 140
7. Para além do manejo de sintomas: reformulando dores e problemas médicos relacionados ao estresse ... 176

8	Vivendo a catástrofe completa: atenção plena para romance, parentalidade e outros relacionamentos íntimos	212
9	Rompendo com os maus hábitos: aprendendo a fazer boas escolhas	252
10	Amadurecer não é fácil: mudando sua relação com o envelhecimento, a doença e a morte	283
11	O que vem em seguida? A promessa da prática de atenção plena	315
	Quando você precisar de mais ajuda: como encontrar um terapeuta	325
	Recursos	329
	Notas	337
	Índice	347

PARTE I

Por que a atenção plena importa?

1

A vida é difícil (para todos)

Você já se perguntou por que a vida é tão difícil? Eu me faço essa pergunta sempre. Em comparação com a grande maioria dos seis bilhões de pessoas no planeta Terra, tive uma vida relativamente fácil. Bons pais, nenhuma doença realmente séria até agora, comida e abrigo de sobra, uma esposa e filhas amorosas, amigos atenciosos e até uma carreira interessante. Ainda assim, não passa um dia sem que minha mente crie algum tipo de sofrimento emocional, sutil ou não:

"Será que estou ficando resfriado? Realmente não quero ficar doente no fim de semana."
"Espero que minha filha se saia bem na prova de hoje... Ela ficou tão chateada depois da última."
"Gostaria que o trânsito melhorasse, não posso me atrasar de novo."
"Se ao menos eu tivesse..."
"Envelhecer é mesmo uma droga. Quem diria?"

Por que minha mente se enche de pensamentos assim o dia inteiro? Será que meus genes simplesmente são ruins? Talvez, mas, se for esse o caso, parece que tenho muita companhia.

O sofrimento emocional vem em todas as formas e tamanhos. Podemos nos preocupar com o futuro, sentir raiva ou tristeza, sentir culpa ou vergonha, ficar chateados com a dor física, ou simplesmente nos sentir entediados ou estressados. Às vezes, é algo bastante sutil – "Não me sinto bem" ou "Estou fora do meu eixo". Outras vezes, podemos ser tão dominados pela ansiedade, pela depressão, pelos vícios, pela dor ou pelos sintomas relacionados ao estresse que é difícil até mesmo funcionar. É notável como, muitas vezes, ser humano não é fácil.

A FELICIDADE É POSSÍVEL, MAS OPCIONAL

Talvez o problema seja não termos evoluído para sermos felizes. A seleção natural, o processo que orienta a evolução, favorece adaptações que nos ajudam a nos reproduzirmos com sucesso. Isso significa sobreviver tempo suficiente para encontrar um parceiro, acasalar e, em seguida, ajudar com a sobrevivência de nossos filhos. As forças evolutivas não se "importam" se desfrutamos ou não de nossa vida, a menos que isso aumente nosso potencial de sobrevivência ou de procriação. E elas de fato não se "importam" com o que acontece conosco após os anos de criação da prole e de sua proteção.

Mas nós nos importamos. Embora a maioria de nós ache que a sobrevivência da humanidade é uma boa ideia, também gostaríamos de ser capazes de aproveitar *nossa* vida enquanto ainda estamos aqui. Não é pedir demais.

Ainda assim, enfrentamos dificuldades. Como psicólogo clínico, tive uma visão privilegiada da vida de muitas outras pessoas, e todas elas acham a vida difícil. Claro, meus pacientes podem ser um grupo incomum, afinal não são as pessoas passando por problemas que procuram psicoterapia? Embora haja alguma verdade nisso, suspeito de que a maioria delas não esteja sofrendo mais do que as que não fazem terapia – elas simplesmente estão mais motivadas, sendo mais capazes de fazer algo a respeito. Além disso, cada amigo, colega e membro da família que conheci bem, independentemente de ter estado ou não em terapia, também parece achar a vida emocionalmente desafiadora.

O que há de errado conosco? A vida é tão incrível. A natureza e a cultura humana são incrivelmente complexas e interessantes, e, pelos padrões históricos, quase todas as pessoas nos países desenvolvidos têm vidas privilegiadas e repletas de riquezas. A maioria de nós nunca passa pelas tragédias que vemos nos jornais, como perder a família em um desastre natural, ser atacado por um exército inimigo ou sobreviver por um triz a um acidente terrível – e, no entanto, todos passamos por uma quantidade surpreendente de estresse e dor emocional.

Será que de fato evoluímos para a *in*felicidade? Em certo sentido, sim. O que conta na seleção natural é a sobrevivência da *espécie*. Certos instintos e habilidades intelectuais que ajudaram nossa espécie a prosperar nos últimos milhões de anos geraram algumas consequências bastante negativas para nós como indivíduos. Olhemos para um exemplo do passado:

Fred e Wilma eram *Homo sapiens* primitivos vivendo nas planícies da África Oriental há cerca de 40 mil anos. Eles haviam evoluído bastante em relação a seus ancestrais (*Homo erectus*), desenvolvendo cérebros enormes. De fato, cada um precisava consumir cerca de 400 calorias por dia (um quinto de sua dieta normal) apenas para manter esses cérebros funcionando. O casal utilizava seus cérebros para fazer todo tipo de coisas maravilhosas que os ajudavam a sobreviver: pensar de maneira abstrata, planejar seu futuro, encontrar novas soluções para problemas e realizar trocas com seus vizinhos. Eles eram capazes até de fazer pinturas em cavernas e criar joias a partir de pedras em seu tempo livre.

Contudo, nem todas as coisas eram flores na savana. Os cérebros de Fred e Wilma também lhes causavam problemas. Eles se preocupavam com rinocerontes e leões, sentiam inveja dos vizinhos que tinham uma caverna maior e discutiam sobre quem deveria buscar água nos dias quentes. Quando estava frio e chuvoso, ambos ficavam irritadiços, lembrando-se de como gostavam mais do sol. Eles notavam mudanças ao redor, inquietando-se quando não havia tanta fruta nas árvores, raízes para comer ou larvas de insetos (um petisco favorito) para beliscar. Quando os vizinhos adoeciam ou morriam, ficavam angustiados ao perceber que isso também poderia acontecer com eles. Às vezes, Wilma ficava chateada quando Fred olhava para outras mulheres. Então, ela não fazia sexo com ele, o que *o* aborrecia. Às vezes, ambos pensavam no cachorro que fora devorado pelas hienas. E se sentiam terríveis sempre que seu filho era machucado pelo valentão do outro lado da colina.

Mesmo quando tudo ia bem, eles tinham pensamentos sobre o que dera errado no passado ou o que poderia acontecer no futuro. Fred e Wilma estavam sobrevivendo razoavelmente bem, e seu filho também tinha boas chances de sobreviver, mas, ainda assim, preocupações enchiam suas mentes.

Em alguns aspectos, as coisas não mudaram muito nos últimos 40 mil anos. Nossos cérebros, por mais maravilhosos que sejam, continuam a nos causar problemas. Felizmente, algumas das mesmas habilidades que ajudaram nossos ancestrais a sobreviverem também nos permitiram desenvolver práticas eficazes para lidar com nossos cérebros problemáticos e aumentar nossa felicidade. Por sorte, essas técnicas evoluíram bastante desde o tempo de Fred e Wilma.

ATENÇÃO PLENA: UM ANTÍDOTO

A *atenção plena* é uma dessas práticas. Ela se desenvolveu ao longo de milhares de anos de evolução cultural como um antídoto para os hábitos naturais de nosso coração e nossa mente que tornam a vida muito mais difícil do que ela precisa ser. A prática da atenção plena é uma atitude peculiar em relação à experiência, ou uma forma de se relacionar com a vida, que promete tanto aliviar nosso sofrimento quanto tornar nossa vida próspera e significativa. Ela faz isso nos sintonizando com nossa experiência momento a momento e nos proporcionando um entendimento direto de como nossa mente cria angústias desnecessárias.

Quando nossa mente alimenta preocupações sobre sermos atacados ou ficarmos sem comida, a prática da atenção plena ajuda a nos trazer de volta à relativa segurança do momento presente. Quando nossa mente faz comparações invejosas ou competitivas com o marido, a esposa ou a casa de nossos vizinhos, a prática da atenção plena nos ajuda a ver que esses pensamentos são apenas símbolos, e que nenhuma vitória duradoura é possível. Quando nossa mente protesta contra o calor ou o frio, a atenção plena nos ajuda a perceber que é o protesto, não a temperatura em si, que causa nosso sofrimento. Mesmo quando a doença ou a morte nos atinge ou atinge nossos entes queridos, a atenção plena nos ajuda a entender e aceitar a ordem natural. Ao nos ajudar a observar com exatidão como criamos nossa própria angústia, as práticas de atenção plena nos ensinam como abandonar hábitos mentais dolorosos e substituí-los por outros mais úteis.

Diversas culturas desenvolveram suas próprias maneiras de cultivar a atenção plena, cada uma moldada por visões filosóficas ou religiosas específicas. Apesar das diferenças de abordagem, todas essas práticas evoluíram para lidar com dificuldades psicológicas semelhantes às que enfrentamos atualmente. No Oriente, a atenção plena se desenvolveu nas tradições hindu, budista, taoísta, etc. como um componente das práticas de ioga e de meditação, projetadas para libertar a mente de hábitos nocivos. No Ocidente, a atenção plena é um elemento em muitas práticas judaicas, cristãs, muçulmanas e nativo-americanas destinadas ao crescimento espiritual. Artistas, atletas e escritores não ligados à religião, entre outros, também desenvolveram técnicas que envolvem a atenção plena para "esvaziar a mente" e facilitar seu trabalho. Embora algumas dessas práticas assumam formas exóticas, outras são muito simples e práticas.

Ao longo da última década, pesquisadores e profissionais da saúde mental têm descoberto que tanto as práticas de atenção plena antigas quanto as modernas têm grande potencial para melhorar praticamente todos os tipos de sofrimento psicológico, desde preocupações cotidianas, insatisfação e hábitos neuróticos até problemas mais sérios, como ansiedade, depressão, abuso de substâncias e condições relacionadas. Elas estão se mostrando úteis até para melhorar relacionamentos românticos, de parentalidade e outros relacionamentos interpessoais, além de promover a felicidade geral. A pesquisa e a prática clínica estão começando a demonstrar o que culturas antigas há muito proclamam: que a atenção plena oferece *insights* sobre o que causa nosso sofrimento e maneiras eficazes de aliviá-lo. Felizmente, é uma habilidade que pode ser aprendida por quase todos.

Satisfatoriamente, também, existem maneiras de cultivar a atenção plena sem comprometer muito tempo. Você pode, na verdade, aprender a desenvolver tal atenção enquanto realiza atividades normais do dia a dia, como caminhar, dirigir, tomar banho e lavar louça. No entanto, se você também puder reservar um tempo regular para a prática formal da atenção plena, pode se sentir menos pressionado e mais capaz de lidar com as obrigações à medida que sua mente fica mais afiada, e seu corpo, menos estressado.

Este livro mostrará como cultivar a atenção plena em meio à sua rotina diária, e como desenvolvê-la por meio de um programa passo a passo de práticas formais. De qualquer maneira, aprender a atenção plena ajudará você a enriquecer os bons momentos e a lidar de modo mais efetivo com os maus momentos.

Para entender como essa atenção pode ser tão valiosa, você precisa compreender um pouco mais sobre por que a vida, da maneira como normalmente a vivemos, às vezes se torna tão difícil. Vamos começar pelo óbvio.

NOSSO PROGNÓSTICO É PÉSSIMO

Nos *workshops* sobre atenção plena e psicoterapia que conduzo para profissionais da saúde mental, às vezes pergunto à audiência: "Quem aqui vai morrer?". Não mais do que metade das mãos se levanta. Tudo muda, e tudo o que nasce morre. Sabemos disso, mas não gostamos de pensar sobre isso. Um grande mestre zen, conhecido por sua sabedoria, certa vez foi questionado: "Qual é a coisa mais incrível que você aprendeu em todos os seus anos de meditação e estudo?". Ele respondeu: "A coisa mais incrível é que todos nós vamos morrer, mas vivemos cada dia como se isso não fosse verdade".

Ele estava tocando em um ponto importante. De fato, podemos entender grande parte de nosso sofrimento emocional ao observar como reagimos quando as coisas mudam:

"Eu não quero largar minha chupeta."
"Eu não quero usar o penico; gosto das minhas fraldas."
"Eu não quero ir à escola."

Nossa resistência à mudança começa muito cedo na vida e continua com cada transição posterior – mudança de casa, perda de amigos e entes queridos, mudança de papéis na vida. Quem realmente quer crescer e dirigir uma *minivan*? Eu chorei quando minhas filhas gêmeas foram para a faculdade. Após todo aquele esforço e tantos momentos íntimos juntos, por que elas tinham que sair de casa? (Minha esposa, com sabedoria, apontou que a alternativa – não estarem emocional ou intelectualmente preparadas para a faculdade – poderia ser ainda mais perturbadora.) Olhando para o futuro, algo me diz que não vou ficar muito empolgado quando chegar a hora de entrar em uma casa de repouso, ou de dizer adeus a este mundo completamente.

Resistir a essas mudanças inevitáveis nos causa considerável infelicidade. Judith Viorst escreveu um livro inovador, o qual muitos psicoterapeutas leram nos anos 1980, intitulado *Necessary Losses*, que aponta que *a maior parte* do que nos torna infelizes envolve dificuldades em lidar com a inevitabilidade da mudança. Isso certamente condiz com minha experiência, tanto pessoal quanto profissionalmente. Também é o seu caso?

INVENTÁRIO DE RESISTÊNCIA À MUDANÇA

Separe um tempo para fazer duas pequenas listas nas linhas a seguir. Primeiro, liste algumas das mudanças mais emocionalmente difíceis que ocorreram ao longo de sua vida, aquelas que você de fato não recebeu bem. Segundo, liste as mudanças mais recentes, não importa o quanto sejam pequenas, às quais você se viu resistindo. Agora, após cada item, anote quais emoções a mudança o fez sentir durante aquela época.

Mudanças mais difíceis	Minha reação emocional a cada mudança
_____	_____
_____	_____
_____	_____
_____	_____

Mudanças indesejadas mais recentes	Minha reação emocional a cada mudança
_____	_____
_____	_____
_____	_____
_____	_____

Talvez você tenha notado que sua vida tem sofrido diversas mudanças indesejadas, tanto grandes quanto pequenas. É possível que você tenha ficado sem exemplos. As mudanças que vieram à mente têm algo em comum? Surgiram emoções semelhantes em resposta a cada uma delas? Como todos achamos algumas mudanças mais fáceis do que outras, as respostas a essas perguntas podem fornecer pistas sobre quais mudanças você considera mais desafiadoras, e quais sentimentos surgem com mais frequência. Tais pistas o ajudarão mais à frente a escolher as práticas de atenção plena mais adequadas às suas necessidades.

VICIADOS NO PRAZER

Você já se perguntou por que rosquinhas são tão irresistíveis? Nutricionistas especulam que somos atraídos por elas, apesar de seus efeitos biológicos prejudiciais, pois os sabores doces e gordurosos estavam associados à obtenção de nutrientes quando os alimentos eram naturais e escassos. Logo, não é surpresa sermos geneticamente programados para gostar das coisas que, no curso da história, nos ajudaram a sobreviver e reproduzir. Pela mesma razão que nossos carros parecem ir sozinhos em busca das rosquinhas, gostamos de amor, sexo e temperaturas confortáveis. E, normalmente, fazemos o possível para evitar a dor e o desconforto. Essas sensações, afinal, costumam se associar a danos ao corpo: colocar a mão muito perto de uma fogueira, ser mordido por um tigre-dentes-de-sabre e congelar na neve são situações ao mesmo tempo desagradáveis e perigosas.

O problema é que nossa tendência excepcionalmente adaptativa de buscar prazer e evitar dor, embora ótima para nossa sobrevivência coletiva, nos prende em uma busca constante pelo prazer e pela fuga da dor no dia a dia. A espécie prospera, mas, como indivíduos, vivemos cada dia constantemente estressados. Então, além da inevitabilidade da mudança e da perda, temos aqui outra fonte inata de dor emocional.

Tanto filósofos antigos quanto psicólogos modernos têm refletido sobre nossa tendência de buscar prazer. Freud descreveu isso como o "princípio do prazer" e apontou que ele explica muito do nosso comportamento. Mais tarde, psicólogos comportamentais observaram que continuamos a repetir aquelas ações seguidas por recompensas (em geral, experimentadas como prazerosas). Essas forças desempenham um papel em tudo o que fazemos. Toda a nossa economia gira em torno da produção e da venda de bens e serviços projetados para nos trazer prazer.

Infelizmente, o princípio do prazer também torna difícil para nós simplesmente *existirmos*. Em praticamente todos os momentos, tentamos ajustar nossa experiência, procuramos prolongar os momentos agradáveis e evitar os desagradáveis. Isso torna muito difícil relaxar completamente e sentir-se à vontade ou satisfeito. Tornamo-nos como a personagem Cachinhos Dourados – reagindo a quase tudo como se fosse muito quente, muito frio, muito grande, muito pequeno, muito duro ou muito mole. Reserve um minuto agora para revisar as últimas 24 horas. Em quantos momentos você esteve verdadeiramente contente, apreciando o desenrolar momento a momento de sua vida? Para a maioria de nós, esses momentos são as exceções – eles se destacam em nossa memória. No restante do tempo, buscamos de forma incansável algum objetivo, tentando, com sucesso limitado, maximizar o prazer e minimizar a dor ou o desconforto. Essa dificuldade de realmente estar contente é, então, maximizada de modo considerável por outro acidente de nosso legado evolutivo.

ESPERTOS DEMAIS PARA O NOSSO PRÓPRIO BEM

Como humanos, temos outras faculdades além do instinto de buscar prazer e de evitar dor que nos ajudou a sobreviver. E isso é uma grande vantagem. Magníficos como são, nossos corpos são péssimos para a vida na selva – sem garras afiadas, grandes dentes ou pés velozes. Imagine tentar espantar um leão ou um tigre mostrando os dentes e as garras ou fugindo. Nossa pele também não oferece praticamente nenhuma proteção, e nossa "pelagem" é uma piada – alguns tufos na cabeça, nas axilas e ao redor dos órgãos genitais. Nossa visão e nossa audição não são grandes coisas comparadas às de outras criaturas, e nosso sentido de olfato é, em absoluto, lamentável (pergunte a um cachorro...).

O que temos, é claro, é uma capacidade extraordinária de raciocinar e de planejar. Essa habilidade nos permitiu sobreviver na selva *pensando*. Fred, Wilma e nossos outros ancestrais descobriram como caçar animais e evitar ser comidos. Eles aprenderam a coletar e cultivar plantas. Desenvolveram a cultura e a tecnologia que enriqueceram nossa vida e nos permitiram dominar (e, se não tomarmos cuidado, destruir) o planeta.

Mas aqui encontramos outro mecanismo adaptativo – tão bem ajustado à nossa sobrevivência que muitas vezes nos torna infelizes. As capacidades de pensar e de planejar, maravilhosas e úteis como são, estão no cerne de nosso sofrimento emocional cotidiano porque, diferentemente de outras ferramentas, não conseguimos deixá-las de lado quando não precisamos delas. Elas nos mantêm preocupados com o futuro, arrependidos do passado, comparando-nos uns aos outros de mil maneiras diferentes e constantemente refletindo sobre como melhorar as coisas. Isso dificulta muito que fiquemos verdadeiramente satisfeitos por mais do que um breve período. Nosso pensamento constante pode tornar impossível desfrutar de forma plena uma refeição ou apreciar um concerto, ouvir nosso filho com total atenção ou voltar a dormir no meio da noite. Pode colocar nossas emoções em uma montanha-russa sem fim, com nosso humor subindo e descendo ao gosto dos pensamentos. Um dia somos inteligentes, atraentes, populares ou bem-sucedidos; no dia seguinte, somos burros, feios, indesejados ou fracassados. Mesmo um breve olhar em direção a nossa mente revela que somos pensadores compulsivos.

> **FREIO DE PENSAMENTOS**
>
> Gostaria que você fizesse um pequeno experimento agora mesmo. *Feche seus olhos por aproximadamente um minuto e interrompa seus pensamentos. Observe se consegue impedir que palavras se formem dentro de sua cabeça.* (Por favor, não trapaceie – tente fazer esse exercício antes de seguir com a leitura.)
>
> O que aconteceu? A maioria das pessoas descobre que não pode impedir que pensamentos ocorram por mais do que alguns segundos.
>
> Agora, anote alguns dos pensamentos que vieram à sua mente.
>
> _____
> _____
> _____
> _____
> _____
> _____

Se você examinar o conteúdo de seus pensamentos, poderá perceber que muitos deles são sobre o passado ou o futuro e envolvem desejos de aumentar o prazer e reduzir a dor.

Por exemplo, estou escrevendo isto agora em um avião, que levantou voo bem cedo. Antes de embarcar, eu estava decidindo qual lanche levaria. Um lanche muito calórico seria exagero, mas e se eu ficasse com fome no avião? Lembre-se, eles geralmente não servem mais comida.

Uma vez a bordo, eu me perguntei: "Devo cochilar ou escrever? Estou bastante cansado; ficarei exausto mais tarde se não dormir? Mas talvez eu me sinta melhor se progredir com o livro". (Até agora, essa ideia está vencendo.) Esses são pensamentos perfeitamente razoáveis. O problema é que, quando fecho os olhos para descansar por alguns minutos, eles não param. Minha mente continua planejando como maximizar o prazer e minimizar a dor, a menos que eu tenha a sorte de adormecer.

Vivemos a maior parte de nossa vida dessa maneira – perdidos em pensamentos, pensando mais sobre a vida do que a vivendo. No entanto, perder a riqueza do momento a momento da vida não é o nosso maior problema. Infelizmente, nossos pensamentos muitas vezes nos tornam infelizes. Todos somos suscetíveis a uma espécie de *doença do pensamento*. Em nossa tentativa de garantir que nos sentiremos bem, pensamos em todos os possíveis acontecimentos que podem fazer com que nos sintamos mal. Embora às vezes isso seja útil, com frequência gera sofrimento desnecessário, uma vez que cada pensamento negativo antecipatório está associado a uma leve tensão ou a um sentimento doloroso.

O número de pensamentos pelo menos moderadamente negativos que surgem em um dia é extraordinário, mesmo nos dias bons.

INVENTÁRIO DE PENSAMENTOS NEGATIVOS

Separe um tempo agora mesmo para revisar os pensamentos que passaram por sua mente até este momento do dia. Tente anotar todas aquelas preocupações e pensamentos desagradáveis ou inquietantes que surgiram até então (você pode levar um momento para relembrá-los – às vezes, tentamos esquecê-los).

_____

_____

_____

_____

_____

O que você descobriu? Sua mente tem trabalhado de maneira ativa para evitar desastres, antecipando todas as stiuações ruins que poderiam acontecer com você ou com seus entes queridos?

Só para você não se sentir sozinho nisso, aqui estão os resultados do meu pequeno exercício. No momento, estou em um avião diferente, revisando este capítulo após visitar minha filha na faculdade durante o Dia dos Pais. Começando do mais recente e então regredindo, aqui estão os pensamentos negativos que mais "viralizaram" apenas na última hora:

- Se o cara na minha frente reclinar o assento, isso pode danificar meu *laptop*?
- Minha cabeça está doendo um pouco – espero não ter dor de cabeça.
- O piloto estendeu os *flaps* das asas? Acabei de ler que os pilotos esqueceram de fazer isso 55 vezes nos últimos oito anos, mais recentemente causando um acidente fatal na Espanha.
- Pergunto-me se vou conseguir visitar minha filha na faculdade novamente; ela está no segundo ano agora e pode se sentir muito velha depois disso para que eu vá em outro Dia dos Pais.

- Droga, um paciente acabou de cancelar *de novo*, apenas 24 horas antes da consulta. Aposto que não vou conseguir reagendar alguém a tempo, e a economia não está boa.
- Espero que minha filha esteja fazendo boas escolhas com relação ao seu curso; ela realmente está interessada na matéria ou só está escolhendo essas aulas porque acha que deveria?

E olhe que este é um dia bom!

FILTRANDO NOSSA VIDA

Ao pensarmos o tempo todo tentando maximizar o prazer e minimizar a dor, filtramos grande parte da riqueza potencial da vida. Tendemos a gravitar em torno das coisas de que gostamos, evitando as que não gostamos e ignorando as coisas que nos parecem neutras. Essa incessante busca torna difícil apreciar a plenitude do mundo, e é fácil perder informações importantes.

Se estou caminhando pela rua, posso me desvencilhar de meus pensamentos o suficiente para notar pessoas que acho atraentes (como crianças fofas ou mulheres bonitas). Também posso perceber pessoas que considero ameaçadoras – seja porque me lembram da minha vulnerabilidade (como pessoas muito idosas ou com deficiência) ou porque temo que possam me machucar (como membros de gangues adolescentes). Basicamente, vou ignorar todos os outros. Em certo sentido, estamos sempre fazendo compras – literalmente de bens ou serviços que imaginamos que nos farão felizes, ou figurativamente de visões, sons, gostos e outras sensações estimulantes. Isso estreita nosso foco e nos faz perder muita coisa.

Você pode observar a tendência da mente de avaliar tudo o que encontramos como agradável, desagradável ou neutro, e de gravitar em direção ao agradável enquanto se afasta do desagradável, fazendo o exercício simples da página seguinte. Por favor, dê uma olhada agora.

Se você estiver atento, não levará muito tempo para completar uma coluna. Nossa mente avalia de maneira constante nosso ambiente, notando o que pode nos trazer prazer ou dor, e ignorando todo o resto.

Isso tem um custo. Podemos ver o problema com clareza quando viajamos. Você já visitou uma nova região ou um país com uma lista de pontos turísticos "imperdíveis", coisas que você realmente quer fazer, mas não teve tempo suficiente para incluir em seu cronograma?

À medida que corremos de lugar a lugar, nossa mente está focada em maximizar nosso prazer e evitar a decepção de perder algo. No entanto, nesse processo, falhamos em perceber as pequenas coisas – o garoto no parque, o comerciante vendendo frutas, o homem segurando bilhetes de loteria. Viajantes experientes

> ### REGISTRO DE ATRAÇÃO/AVERSÃO
>
> Isto é facílimo de se fazer durante uma caminhada ou durante as compras. Leve um pequeno bloco de notas ou um caderno com você. Desenhe duas colunas, intituladas "Atração" e "Aversão". Cada vez que você avistar algo de que gosta ou que acha atraente, marque um traço na coluna "Atração". Cada vez que avistar algo de que não gosta ou que acha desinteressante, marque na coluna "Aversão". Preste atenção no sentimento associado a cada impulso de se apegar ao agradável ou se afastar do desagradável. Observe o quanto você demora para completar uma coluna.

aprendem que essa abordagem orientada para metas e busca de prazer é, na verdade, menos interessante e gratificante do que dedicar tempo para simplesmente *estar* em um novo ambiente, prestando atenção nas visões, nos cheiros e nos sons aleatórios. O mesmo se aplica à vida diária, mas a maioria de nós tem dificuldade em afrouxar nossa busca por prazer e nossa orientação para metas o suficiente para apreciar isso.

E não é apenas a riqueza do mundo que perdemos. Podemos tropeçar no meio-fio e torcer um tornozelo enquanto observamos alguém atraente, ou perder a saída da rodovia enquanto imaginamos como será o fim de semana. Já se sentiu nervoso, triste ou irritado sem saber o porquê? Pode ser devido a emoções residuais de algo que aconteceu quando você estava ocupado demais perseguindo uma meta para notar seus sentimentos. Talvez você se arrependa porque estava preocupado com sua lista de tarefas e não ouviu seu filho com atenção quando ele estava lhe dizendo algo importante. Ou talvez você se ressinta porque, focado em algum objetivo importante, ignorou o fato de que seu chefe foi rude com você.

Enquanto perseguimos, sem prestar atenção, as inúmeras metas entrelaçadas na trama de nossa vida diária, podemos perder coisas simples e importantes que acontecem no aqui e agora – como o meio-fio, o acesso na rodovia e outras pessoas. E, como veremos em breve, ao nos distrair de emoções importantes, a falta de atenção nos predispõe até a problemas como ansiedade, depressão e comportamentos aditivos.

TUDO DEVE PASSAR

Já que tudo muda, e pensamos de forma incessante em como maximizar o prazer e minimizar a dor, não é surpresa acharmos a vida difícil. Não importa o que façamos, o prazer passará e a dor retornará (é claro que a dor também passa e o prazer retorna; discutiremos isso mais adiante). Sendo criaturas inteligentes, logo aprendemos que tudo é transitório. Esse conhecimento cria uma sensação de insatisfação persistente. Mesmo no meio de momentos agradáveis, estamos conscientes de que eles acabarão. Logo o sorvete vai acabar, as férias terminarão, nosso namorado ou nossa namorada nos deixará. Podemos não tirar nota máxima na próxima prova, nosso emprego pode desaparecer. As crianças provavelmente percebem que seus pais morrerão. A maioria de nós teme ficar sem dinheiro, adoecer ou morrer. Uma vez que percebemos que todas as coisas de fato devem passar, o princípio do prazer combinado com o pensamento incessante se torna um problema real. Um dos meus pacientes descobriu isso durante suas férias merecidas.

Alex trabalhava duro gerenciando uma empresa de importação e exportação bem-sucedida. Embora fosse estressante, ele gostava do trabalho e raramente tirava folga, temendo que as coisas desmoronassem em sua ausência. Contudo, após meses de insistência de sua esposa, ele por fim decidiu planejar uma semana de férias no Caribe. Alex fez muita pesquisa, querendo escolher a ilha certa para que sua esposa ficasse feliz.

Quando o dia da partida chegou, Alex estava estressado. Ele estava nervoso por deixar negócios inacabados e preocupado se havia escolhido o lugar certo para as férias. Começou a se sentir melhor quando chegaram ao hotel. A praia e o oceano eram lindos, e sua esposa realmente gostou do lugar.

Os primeiros dias foram emocionantes. Conheceram muita coisa e estavam ansiosos por mais. "Vai ser divertido comer naquele restaurante." "Devemos ir nadar de *snorkel*." No entanto, logo Alex percebeu que uma semana não é muito tempo. No terceiro dia, ele pensava: "Droga, quase metade do tempo já passou, não teremos tempo de aproveitar de verdade". Os últimos dias ainda foram agradáveis, mas com uma sensação de desconforto. Quando chovia, Alex ficava chateado por ter tão pouco tempo restante. Pensamentos sobre o trabalho invadiam sua mente.

A viagem fez esse paciente perceber que ele precisava mudar de atitude. Mesmo que o Caribe fosse ótimo, ele não conseguia desfrutar totalmente sabendo que logo teria que partir.

A maioria de nós experimenta o problema de Alex de maneiras sutis o tempo todo. Quem nunca ansiou pelo fim da semana e se viu irritado quando o domingo estava passando? E pensar sobre os grandes finais é tão doloroso que em geral tentamos bloquear completamente tais pensamentos de nossa consciência.

Um problema antigo

As práticas de atenção plena foram desenvolvidas para lidar com essa situação. De fato, a saga central da tradição budista, na qual muitas práticas de atenção plena foram refinadas, aborda o problema do encontro entre o princípio do prazer e a realidade da impermanência.

A história desenrola-se mais ou menos assim: diz-se que o Buda histórico nasceu como um príncipe em um pequeno reino onde hoje é o Nepal. Seguindo o costume da época, seu pai fez com que os brâmanes viessem avaliar o novo bebê. Em vez do Índice de Apgar* dos pediatras modernos, os sacerdotes procuraram 32 sinais de grandeza, encontrando-os. Isso significava que o príncipe estava destinado a se tornar um grande líder no mundo ou um grande mestre espiritual. Assim como muitos pais, querendo que seu filho seguisse seus passos, o rei tentou impedir que o príncipe se interessasse por assuntos espirituais. Para isso, manteve seu filho confinado nos terrenos do palácio, cercado por coisas agradáveis. A ideia era que, se seu filho não experimentasse a dor, ele não teria motivação para se tornar um mestre espiritual.

Nas raras ocasiões nas quais o príncipe saía do palácio, o rei se certificava de que coisas perturbadoras fossem mantidas fora de vista, como fazem atualmente quando as Olimpíadas chegam à cidade... À medida que o príncipe crescia, no entanto, ele se tornava inquieto e curioso, e um dia convenceu seu condutor a levá-lo em uma visita não autorizada para fora dos portões do palácio. Diz-se que, nessa primeira viagem, o jovem viu uma pessoa idosa. Ele perguntou ao seu condutor: "O que é aquilo?".

"Velhice", respondeu o condutor.

"E a quem isso acontece?", perguntou o príncipe.

"Àqueles que têm sorte", disse o condutor.

Perturbado por essa descoberta, ele retornou ao palácio. Em uma segunda excursão não autorizada, eles viram um homem doente. "O que é aquilo?", perguntou o príncipe.

O condutor respondeu: "Doença".

"E a quem isso acontece?", perguntou o príncipe.

"À maioria, eventualmente."

Em uma terceira visita, viram um cadáver. "O que é aquilo?"

"Morte."

"E a quem isso acontece?"

"Temo que a todos."

Agora o príncipe estava verdadeiramente abalado e ainda mais motivado a aprender sobre o mundo. Então, ele convenceu seu condutor a levá-lo em

---

* N. de T. O Índice (ou Escala) de Apgar é um sistema de avaliação rápida utilizado para avaliar a condição física de um recém-nascido logo após seu nascimento. O método foi criado pela anestesiologista Virginia Apgar, em 1952, e é utilizado em todo o mundo.

mais uma viagem fora do palácio. Eles encontraram um peregrino espiritual errante (eles eram comuns no reino à época). "O que é aquilo?", perguntou o príncipe.

"Alguém tentando descobrir como lidar com o que vimos em nossas visitas anteriores", talvez tenha sido a resposta do condutor.

Foi o suficiente. Desiludido, o príncipe não estava mais satisfeito com sua vida. Ele (como nós) teve que descobrir como viver com a realidade.

Portanto, nosso problema central é que a velhice (se tivermos sorte), a doença e a morte são inevitáveis. Adicione a isso os milhões de pequenas decepções quando não conseguimos o que queremos e, é claro, o fato de a dor ser inevitável. Como passamos a maior parte de nossos momentos pensando em como maximizar o prazer e evitar o desconforto, não é surpresa que acabemos insatisfeitos.

O FRACASSO DO SUCESSO

A situação piora. Aparentemente, também temos a predisposição genética de tentar aumentar nossa autoestima. Robert Sapolsky é um neurocientista da Stanford University que estuda a fisiologia do estresse. Ouvi uma entrevista com ele na NPR há muitos anos, conduzida por Terry Gross. Pelo que me lembro, ele estava explicando que havia passado as últimas duas décadas escondido com seus colegas atrás de cortinas de vegetação na savana africana, observando bandos de babuínos. Os cientistas esperavam por uma interação especialmente dramática entre os babuínos e, então, disparavam dardos anestésicos em todos eles para fazer com que dormissem. Em seguida, coletavam sangue e estudavam a resposta fisiológica dos babuínos ao estresse.

Terry Gross lhe perguntou: "O que você aprendeu?".

"Na verdade, é muito complexo, difícil fazer generalizações", ele respondeu.

"Houve alguma descoberta que de fato o impressionou?"

"Bem, descobrimos uma coisa que se repetia: *em especial, é ruim para sua saúde ser um macho de baixa posição hierárquica em um bando de babuínos*".

Sim, não somos babuínos. Mas, como "macacos inteligentes", nossas preocupações são notavelmente semelhantes às de outros primatas. Não é por acaso que jovens no ensino fundamental e no ensino médio (que estão talvez mais próximos da nossa ancestralidade símia) ofendem "classificando" ou "desprezando" uns aos outros. Como adultos, somos um pouco mais sutis.

Você já se comparou a outras pessoas? Já sentiu inveja ou superioridade? Já reparou quem é mais querido, ganha mais dinheiro, tem um carro ou uma casa melhor, é mais atraente, tem um parceiro ou uma família mais desejável, é mais saudável, mais inteligente ou recebe mais respeito? A lista continua e ocupa bastante do nosso tempo acordados. Para perceber quão prevalente é essa tendência, experimente o seguinte exercício.

> ### CRITÉRIOS DE CLASSIFICAÇÃO
>
> Anote os critérios que você utiliza para estabelecer sua lista. Isso pode ser um pouco constrangedor, mas também informativo. Liste mais ou menos em ordem de importância as qualidades que mais lhe chamam a atenção quando você se compara a outros (como riqueza, força, inteligência, atratividade, generosidade, etc.).
>
> 1. _____
> 2. _____
> 3. _____
> 4. _____
> 5. _____
> 6. _____
> 7. _____
> 8. _____

Analisando sua lista, pode ser que você ache que esses também são os problemas que lhe causam mais infelicidade.

Como seres humanos, nunca conseguimos de fato alcançar um *status* estável em nossa ordem social. Isso ocorre porque nossa mente tem a notável capacidade de reavaliar nossa situação e mudar quem incluímos em nosso grupo. Quando uma jovem inteligente está no ensino médio, ela se orgulha de se sair melhor do que a maioria de seus colegas. No entanto, quando chega a uma universidade seletiva, de repente ela se decepciona ao se encontrar no meio do novo grupo.

Além disso, constantemente ajustamos o nível de prazer ou de conforto que consideramos "suficiente". Quando somos jovens adultos, a capacidade de bancar nossa própria quitinete parece ser uma conquista; alguns anos depois, "precisamos muito" de uma casa maior. A escala pela qual medimos nosso sucesso ou nossa satisfação é recalibrada de forma contínua.

> **OBJETIVOS ALCANÇADOS**
>
> Separe um tempo para pensar em um evento de sua vida que você já tenha imaginado que lhe traria um sentimento duradouro de bem-estar. Algumas vezes, nossos objetivos são pequenos: tudo o que eu gostaria é que esta dor de dente passasse; tudo de que preciso é que minhas filhas durmam a noite toda. Outras vezes, eles são mais ambiciosos, como obter um diploma, encontrar a pessoa certa, conseguir um bom emprego, enriquecer ou ter filhos. Anote alguns dos objetivos nos quais você focou por determinado período e então conseguiu alcançar.
>
> • _____
> • _____
> • _____
> • _____

Ter alcançado seus objetivos proporcionou satisfação duradoura? Ou você acabou se acostumando com a nova conquista ou o nível de conforto e começou a procurar algo a mais? Sua mente continua a imaginar a felicidade como algo que está no futuro: "Mal posso esperar para terminar a escola, me casar, comprar uma casa ou me aposentar"?

Um paciente que atendi há muitos anos me ensinou uma grande lição sobre como isso funciona. Ele havia acabado de vender seu negócio de comércio de petróleo por 30 milhões de dólares em dinheiro. Ele continuava utilizando a expressão "30 milhões de dólares em dinheiro", e eu ficava imaginando uma carreta cheia de notas. Mas ele estava deprimido. Ele havia dedicado sua vida às vendas internacionais de energia e, agora que não estava mais fechando negócios, ele se sentia perdido, sem propósito ou significado. Por ter uma veia filosófica, eu estava animado para trabalhar com ele. Imaginei que meu paciente estava em um ponto crucial de sua vida, e que eu poderia ajudá-lo a despertar para valores humanos importantes e encontrar um novo significado para sua existência.

Como muitas vezes acontece quando um psicoterapeuta se apega ao seu próprio planejamento, as primeiras sessões não foram bem. Eu simplesmente não estava conseguindo me conectar com ele. No entanto, por volta da quarta sessão, ele entrou na consulta parecendo muito mais feliz. Perguntei-lhe o que havia acontecido, e ele disse: "Outro dia, elaborei um plano de negócios e acredito que poderia transformar meus 30 milhões de dólares em um negócio de 50 milhões de dólares. Acho que, se eu conseguisse estabelecer um negócio de 50 milhões de dólares, sentiria que enfim tive sucesso".

Ele falava bem sério, e essa foi a última vez que o vi.

Como um jovem psicólogo, eu tinha muitas preocupações com meu próprio sucesso profissional, social e romântico. Meu paciente me deu um presente real. Percebi naquele dia que, independentemente do que eu alcançasse, a tendência de me comparar aos outros provavelmente continuaria – eu apenas escolheria novos "adversários" contra os quais competiria. Não somos tão ávidos a nos comparar com pessoas de categorias muito diferentes – o advogado não compete de forma profissional com o zelador, a jovem modelo não compete com a mulher idosa –, e sim com pessoas que têm um pouco mais ou um pouco menos. Nosso grupo de comparação continua mudando, mas nossa preocupação com nosso *status* no grupo persiste.

Essa preocupação com o "sucesso" causa diversas dificuldades porque ganhamos algumas vezes e perdemos outras. (Certa vez, estava falando sobre isso em um *workshop* e perguntei: "Quem aqui vence sempre?". Uma mão se levantou. Pensei: "Melhor evitá-lo no almoço".) Não só ganhamos e perdemos nas pequenas competições diárias nas quais nos comparamos aos outros, mas também envelhecemos (novamente, se formos sortudos) e morremos.

GRANDES E PEQUENAS DERROTAS

Gostaria que você fizesse duas listas novamente. Na primeira coluna, anote os momentos mais importantes de sua vida em que você se sentiu infeliz ou inadequado em relação a perder uma competição ou se sentir "menos" do que outra pessoa. Na segunda coluna, anote quando isso ocorreu, mesmo que de modos sutis, ao longo das últimas horas ou dos últimos dias.

Maiores derrotas	*Derrotas mais recentes*
_____	_____
_____	_____
_____	_____
_____	_____

Se formos honestos com nós mesmos, a maioria de nós pode encontrar muitos itens para ambas as listas. Você consegue identificar algum padrão ou tema? Pode ser interessante e libertador verificar se os incidentes compartilham características comuns e se estão relacionados aos itens que você listou no exercício Critérios de classificação. Embora todos pareçamos preocupados com nosso *status* no grupo de primatas, tendemos a medir esse *status* com diferentes critérios. Nossas experiências de ganhar e de perder dependem de como criamos nossa identidade. Vamos explorar isso mais a fundo no Capítulo 6, no qual examinaremos como a prática da atenção plena pode nos ajudar a ter mais clareza sobre esses hábitos mentais (que se descontrolam quando nos sentimos derrotados ou deprimidos).

O AMOR DÓI

Então, aqui estamos: macacos inteligentes instintivamente programados para buscar prazer e evitar dor, tentando melhorar nosso *status* no grupo, vivendo em um mundo no qual doença, envelhecimento e morte, bem como inúmeras decepções menores, são inevitáveis. Além disso, temos a capacidade de imaginar que as coisas sempre vão mal. É um mistério não acharmos a vida *mais* difícil do que a achamos.

Como se isso não fosse suficiente, há ainda mais um mecanismo legado pela evolução que é adaptativo e ajudou nossa sobrevivência, mas que aumenta nossos problemas: nossa predisposição ao amor. Embora os humanos adultos sejam, fisicamente, animais desprezíveis na natureza (sem grandes dentes ou garras), nossos filhos são ainda menos dotados. Um bebê humano não duraria mais do que alguns minutos na selva ou na savana sem um pai. Felizmente, respostas emocionais poderosas, que incentivam os pais a cuidar de seus filhos, e os filhos a buscar os cuidados dos pais, foram selecionadas em nossa espécie. Sentimentos do tipo conectam parceiros sexuais ou românticos uns aos outros. Tais emoções nos unem em casais, famílias estendidas, tribos e grupos culturais maiores. Elas nos permitem criar e proteger uns aos outros, aumentando drasticamente nossas chances de sobrevivência.

Mas essas emoções também nos predispõem a uma série de experiências dolorosas. Além de pensar de forma constante em buscar prazer e evitar dor para nós mesmos, temos a oportunidade de nos preocupar com o bem-estar de nossos entes queridos. Tenho um paciente que recentemente se tornou pai – algo que ele vinha temendo há algum tempo. No cerne de sua preocupação, está o sentimento de ser "sensível" demais. Ele é afetado de modo profundo por cada evento prazeroso ou doloroso e vive com medo da decepção. A ideia de agora também ser vulnerável às oscilações emocionais de seu filho é quase insuportável.

Seu medo é justificado. Para quem tem filhos, a segurança é ainda mais ilusória do que era antes de se tornarem pais. Agora, não apenas nos preocupamos com eventos decepcionantes ou trágicos em nossa própria vida, mas também somos afetados com profundidade pelas experiências de prazer e dor de nossos filhos. E não para por aí. Em diferentes graus, somos impactados pelas alegrias e pelas tristezas de outros membros da família, amigos e pessoas em nossa comunidade mais ampla. Em geral, quanto mais somos capazes de amar, mais o prazer e a dor de todos se tornam nossos. Embora essa capacidade de apego e empatia seja uma parte maravilhosa de ser humano, ela torna o projeto de tentar manter o prazer e evitar a dor ainda mais impossível.

INVENTÁRIO DE PROBLEMAS COM O AMOR

Mais uma vez, gostaria que você fizesse duas listas curtas. Na primeira, anote alguns incidentes importantes do passado nos quais sua preocupação com um ente querido ou com outra pessoa fez com que você se sentisse apreensivo, com raiva ou triste. Na segunda lista, anote algumas vezes em que isso ocorreu, mesmo que de forma sutil, durante os últimos dias.

Grande dor por um ente querido	*Dor recente por um ente querido*
_____	_____
_____	_____
_____	_____
_____	_____

Aqui, também, a maioria de nós descobre que esses pensamentos ocupam nossa mente com bastante regularidade. Mesmo quando todos que conhecemos estão indo bem, sabemos que é apenas uma questão de tempo até que algo desagradável aconteça a alguém querido.

DOR EM VEZ DE PRAZER

Como se tudo isso não fosse suficiente, parece que evoluímos para perceber e lembrar das experiências negativas de maneira mais vívida do que das positivas. Nancy Etcoff, psicóloga evolucionista da Harvard Medical School, aponta que isso faz sentido para a sobrevivência. Podemos pensar no nosso sistema emocional como um detector de fumaça: não morreremos por um alarme falso, mas, se o alarme não disparar durante um incêndio real, estaremos, literalmente, na fogueira. Pesquisas mostram, por exemplo, que nossas papilas gustativas respondem com mais intensidade aos sabores amargos do que aos doces. Isso pode ter evoluído para nos proteger de venenos – o que é muito mais importante do que ser capaz de aproveitar plenamente um pedaço de fruta. Como evoluímos em um mundo cheio de perigos imediatos (cobras, tigres, penhascos e plantas venenosas), não é de admirar que sejamos melhores em lembrar e aprender com as experiências negativas do que com as positivas. Perder uma oportunidade de saborear uma iguaria ou de ter uma relação sexual provavelmente não acabará com nossa linhagem genética, mas ignorar um tigre ou um penhasco certamente o fará.

Isso não é um bom presságio para nossos estados de humor. Como tendemos a lembrar de experiências dolorosas, também tendemos a antecipá-las no futuro. Uma memória desagradável, um pensamento preocupante e uma conclusão pessimista: todas essas coisas estão associadas a um pouco de dor emocional, mesmo quando nada está de fato dando errado. Desse modo, enquanto estivermos vivendo em nossa mente, perdidos em narrativas sobre o passado e o futuro, vamos experimentar muita dor.

E É TUDO CULPA MINHA

De forma irônica, muitos de nós acrescentam um toque especial ao nosso sofrimento com um incremento unicamente humano: concluir que nossa insatisfação é culpa nossa. Viver em uma economia de livre mercado (mais ou menos) exacerba isso. (Não estou defendendo outros sistemas; todos têm seus problemas.) A forma como posso motivar as pessoas a comprarem meus produtos ou meus serviços é sugerindo que eles trarão mais prazer e menos dor. Empreendedores e publicitários são inteligentes; eles sabem que isso é o que nos move. Quando vemos o casal feliz em seu novo carrão, ou o surfista atraente com sua bela namorada segurando uma cerveja, concluímos que nos sentiríamos ótimos se tivéssemos aquele carro ou aquela cerveja.

Além de criar uma quantidade notável de gastos consumistas, destrutivos para o meio ambiente, esse tipo de propaganda contribui para nosso sofrimento pessoal. Crescendo com nossa mente imersa nessas mensagens, a maioria de nós acaba acreditando que, se não estamos felizes, decisões erradas ou a possibilidade de haver algo de errado conosco são a explicação. "Se ao menos eu tivesse escolhido a carreira certa, o cônjuge certo, a dieta certa, a cirurgia plástica certa, o xampu certo ou as roupas certas... então eu seria feliz. Por que continuo errando?"

INVENTÁRIO DOS MEUS ERROS

Uma forma de enxergar como isso funciona é criando um inventário de seus supostos "erros". Separe um momento para anotar algumas escolhas de que você se arrepende – instâncias nas quais você imaginou vez ou outra em que seria mais feliz caso tivesse feito outra escolha.

_____

_____

_____

_____

Complete o inventário anterior e depois observe o resultado. A outra escolha realmente teria funcionado para trazer satisfação duradoura?

É claro que, às vezes, não pensamos que tomamos decisões ruins. A crença alternativa – "Fiz boas escolhas, mas ainda estou infeliz" – é ainda pior: "Isso significa que deve haver algo tão errado comigo que nem mesmo as escolhas certas funcionam".

De qualquer forma, ficamos culpando a nós mesmos em vez de perceber que a maior parte do sofrimento humano deriva da nossa história evolutiva, da constituição biológica e da situação existencial. Ao não perceber que o sofrimento surge de hábitos mentais universais, e não de nossas falhas pessoais, agravamos nossa dificuldade.

A crença de que nosso sofrimento é nossa culpa também nos impede de contar aos outros sobre isso. Sentimos medo de que admitir para os outros que nossa vida é difícil nos fará cair em seu conceito; e ninguém quer ser visto como um "perdedor". Então, tendemos a minimizar nosso sofrimento ao falar com os outros, o que faz com que nos sintamos inadequados ou defeituosos, pois *nossa* vida é desafiadora, enquanto todos os outros parecem estar indo bem. Isso às vezes se manifesta como uma sensação desestimulante quando perguntamos a alguém: "Como você está?", e ele ou ela responde de maneira irritante: "Ótimo!".

Como somos programados biologicamente para nos compararmos o tempo todo aos outros, esses sentimentos de inadequação podem de fato marcar nossa vida. Eles estão por trás de muitos de nossos impulsos competitivos e fundamentam até a experiência do que os alemães chamam de *schadenfreude* – nosso deleite secreto nas desgraças alheias.

A PRÁTICA DA ATENÇÃO PLENA PARA O RESGATE

As preocupações dolorosas de Fred e Wilma com feras selvagens e escassez de alimentos, sua tensão por cobiçarem a caverna e o cônjuge do vizinho, sua irritação com o calor e o frio, suas preocupações com doenças e morte, e sua angústia com o bem-estar dos filhos eram todas consequências naturais de seus cérebros enormes trabalhando para perpetuar seu DNA. Como o resto de nós, eles sofriam porque tudo muda, ainda que tenham evoluído para buscar prazer e evitar dor, analisar o passado para se preparar para o futuro, manter sua posição social e cuidar de seus filhos e um do outro.

Felizmente, nós humanos não recebemos da evolução apenas hábitos mentais que trazem dificuldades emocionais, mas também faculdades por meio das quais podemos nos libertar deles. As mesmas habilidades que usamos há milênios a fim de compreender nosso ambiente para, então, prosperar podem nos ajudar a entender como nossa mente cria sofrimento desnecessário e como nos libertar dele.

O restante deste livro é sobre o cultivo da atenção plena. Essa maneira aparentemente simples de se relacionar com a experiência, praticada há milhares de anos, pode aliviar precisamente o tipo de sofrimento psicológico que discutimos. A atenção plena pode nos ajudar a abraçar os altos e baixos inevitáveis da vida – em vez de resistir a eles – e nos equipar para lidar com nossa condição humana. Ela pode nos ajudar a lidar com o fato de sermos seres mortais com propensão a buscar prazer e evitar dor vivendo em um mundo cheio de ambos. Também pode nos ajudar a enxergar a tolice de nossas preocupações: como nos comparamos aos outros e somos incapazes de parar de pensar sobre o passado ou o futuro por mais de alguns segundos. Além disso, a atenção plena pode aprofundar nossa capacidade de amar os outros, mesmo que isso nos torne vulneráveis não apenas aos nossos sucessos e aos nossos fracassos pessoais, mas também às alegrias e às tristezas deles.

Atenção plena
Uma solução

Se ao menos Fred e Wilma tivessem aprendido a praticar a atenção plena... Embora ainda não tivessem água encanada ou ar-condicionado, eles teriam achado mais fácil lidar com a irritação e o desconforto diários, se preocupariam menos com doenças, envelhecimento e morte, se importariam menos com a comparação com os vizinhos, se angustiariam menos com sucesso e fracasso, e levariam tudo menos para o lado pessoal. Isso poderia ter evitado que Fred desenvolvesse problemas estomacais, que Wilma precisasse de mais e mais suco de frutas fermentado para dormir à noite, e que seu filho passasse tanto tempo na caverna escondendo-se dos animais que ele achava que iriam devorá-lo. Isso lhes permitiria de fato notar e saborear o momento presente, conectar-se aos vizinhos, ao ambiente natural e uns aos outros, e manejar de maneira mais criativa as ameaças e as decepções cotidianas. Eles poderiam até ter se tornado *Homo sapiens sapiens* – seres humanos verdadeiramente sábios.

Temos a oportunidade que eles não tiveram: a de nos beneficiar das práticas de atenção plena desenvolvidas ao longo de milhares de anos. Para tirar total proveito disso, precisamos entender melhor como nossa mente normalmente opera.

Parece tão simples

O que queremos dizer quando falamos "atenção plena"? O conceito não se refere a um estado específico da mente (como estar em paz ou alegre) ou a conteúdos específicos dela (como pensamentos ou sentimentos positivos), mas sim a uma *atitude* particular em relação à nossa experiência, seja qual for essa experiência.

Isso é difícil de transmitir completamente em palavras, pois a atenção plena é, em essência, uma atitude não verbal. No entanto, as palavras podem ajudar a nos direcionar para a atenção plena, e elas também podem nos ensinar como cultivá-la.

Esta é a definição prática de atenção plena que meus colegas e eu achamos mais útil: *a consciência da experiência presente com aceitação*. Isso parece bastante simples, então você pode estar pensando: "Opa, já estou consciente e aceito minha experiência presente". Muitas vezes, pensamos isso até examinarmos com cuidado nossos estados mentais normais, a maioria dos quais *não são realmente atentos*. De fato, os pesquisadores descobriram que podem medir de maneira mais confiável nosso nível de atenção plena pedindo que examinemos nossos momentos de desatenção cotidiana.

DESATENÇÃO COTIDIANA

Tente adivinhar a principal causa de visitas ao pronto-socorro em hospitais de Manhattan nas manhãs de domingo. Pare para imaginar o que poderia ser (sem pesquisar). São *acidentes ao cortar pães*. Enquanto conversam com seus familiares nas manhãs de domingo, muitas pessoas ficam tão distraídas que seu corpo corta os pães no modo automático – e seu corpo não é muito habilidoso nisso sem a orientação da mente consciente.

A frequência de acidentes ao cortar pães não deveria ser uma surpresa. Mesmo uma introspecção casual revela que nosso estado mental típico, sobretudo se vivemos uma vida agitada na sociedade moderna, é bastante desatento. Passamos a maior parte do tempo perdidos em memórias do passado e fantasias do futuro. Na maioria das vezes, operamos no "piloto automático", em que nossa mente ocupa um espaço, e nosso corpo, outro. É como se a mente tivesse uma mente própria.

Darei um exemplo constrangedor. Isso aconteceu comigo recentemente enquanto dirigia para apresentar um *workshop* sobre *atenção plena e psicoterapia*:

Estava com pressa e atrasado. De repente, alguns minutos após iniciar minha viagem, percebi que estava indo na direção errada na Massachusetts Turnpike. Agora, a "Mass Pike" é uma estrada com pedágio em que as saídas, quando você perde uma, parecem estar a cerca de 160 quilômetros de distância. Indo na direção errada e atrasado, tive bastante tempo para refletir: "Quem estava dirigindo o carro?". Eu certamente não tinha nenhuma lembrança de decidir ir para o oeste em vez do leste. Eu conseguia me lembrar das paisagens enquanto meu carro entrava na faixa da direita em vez da esquerda, mas não tinha memória de decidir ir para o oeste. Minha mente estava preparando minha apresentação enquanto meu corpo dirigia o carro completamente no piloto automático.

São diversos os exemplos de distração cotidiana. Já percebeu com que frequência, quando você está em um restaurante, a conversa gira em torno de onde você comeu no passado ou onde poderia comer no futuro? Sentamo-nos com nossos amigos ou nossos familiares, mergulhados em memórias de refeições passadas ou fantasias de futuras, apenas ocasionalmente saboreando a comida que de fato está em nossos pratos. Ou, por acaso, você já se pegou sonhando acordado sobre as férias enquanto estava no trabalho, apenas para pensar nas demandas se acumulando na sua mesa quando você finalmente está de férias?

Você pode até ser capaz de observar alguma distração cotidiana agora mesmo. Enquanto lê este livro, para onde foi sua mente? Você teve pensamentos como: "Será que este livro vai ser realmente útil?", "Será que serei bom nessa coisa de atenção plena?" ou "Espero que este capítulo não seja tão deprimente quanto o primeiro"? Talvez você tenha saído completamente do livro e começado a pensar sobre o que fará mais tarde ou o que aconteceu mais cedo hoje. Qualquer um desses pensamentos o teria afastado da experiência de ler estas palavras aqui e agora. Na verdade, o próprio ato de ler provavelmente tirou sua atenção da consciência da posição do seu corpo, da temperatura do ar ao seu redor, do fato de ser dia ou noite, ou da percepção de estar com fome ou sede.

Tornar-se consciente envolve observar para onde nossa atenção vai minuto a minuto. Isso inclui perceber as muitas maneiras pelas quais nossa mente se distrai ou se ocupa com outros pensamentos. A maioria de nós está tão acostumada a ser distraída que somos como peixes na água, não percebemos que nossa mente está deixando o momento presente porque isso acontece o tempo todo. Você pode ver por si mesmo quando está mais distraído completando o Inventário de desatenção, na página seguinte.

Se você for como a maioria das pessoas, provavelmente notará que, na maior parte do tempo, sua mente está longe de estar *plenamente consciente da experiência presente com aceitação*.

O QUE MAIS IMPORTA

A universalidade da distração cotidiana é, em especial, impressionante quando pensamos no que mais importa para nós. Experimente o exercício O que realmente importa, na página seguinte, para fazer essa reflexão.

Agora, relembre onde estava sua mente durante esse momento importante. Ela estava focada em relembrar o passado ou imaginar o futuro? Ou estava focada na experiência momento a momento em questão? (A resposta correta é: *ela estava focada na experiência momento a momento em questão.*)

INVENTÁRIO DE DESATENÇÃO

1 – Raramente   2 – Algumas vezes   3 – Frequentemente
4 – Muito frequentemente   5 – A maior parte do tempo

Utilizando essa escala de 1 a 5, avalie o quão frequentemente cada uma das situações a seguir ocorre:

- Eu quebro ou derramo coisas. (_____)
- Eu entro no automático sem muita consciência do que estou fazendo. (_____)
- Eu faço as coisas correndo sem estar realmente atento a elas. (_____)
- Eu foco tanto em objetivos que perco contato com o que estou fazendo agora mesmo. (_____)
- Eu escuto alguém, mas fazendo outra coisa ao mesmo tempo. (_____)
- Fico preocupado com o futuro ou com o passado. (_____)
- Eu mastigo sem atenção ao que estou comendo. (_____)
- Eu me perco em meus pensamentos e meus sentimentos. (_____)
- Minha mente divaga e eu me distraio facilmente. (_____)
- Eu entro no "piloto automático" sem prestar atenção ao que estou fazendo. (_____)
- Eu sonho acordado ou penso em outras coisas quando faço atividades como limpar a casa ou lavar as roupas. (_____)
- Eu faço diversas coisas ao mesmo tempo em vez de focar em uma coisa de cada vez. (_____)

O QUE REALMENTE IMPORTA

Separe um momento para relembrar uma ocasião que você realmente apreciou. Talvez tenha sido um momento especial com uma pessoa amada ou uma experiência especial na natureza. Talvez tenha sido um momento em que você carregou uma criança, escalou uma montanha ou ajudou um amigo que precisava de você. Anote o que estava acontecendo durante o momento.

_____
_____
_____

A despeito do fato de nossas experiências mais significativas envolverem estarmos presentes, nossa mente habitualmente tenta escapar do momento, em geral desejando chegar "à parte boa". Essa é uma forma universal de desatenção:

- Você já se pegou lavando a louça com pressa para beber logo aquela xícara de chá, ler um livro ou assistir a um programa de televisão?
- Você já se pegou conferindo as horas no trabalho, querendo que o tempo passasse de maneira mais rápida?
- Sua mente já pareceu uma criança em uma viagem de carro, perguntando: "Falta muito para chegar?".

Quando refletimos com honestidade, percebemos que estamos, com frequência, apressados, realmente tentando nos livrar *desta* experiência de vida para chegarmos a um momento melhor. Esse é o resultado do princípio do prazer guiando nossas vidas. Nosso impulso incessante de buscar prazer e evitar desconforto nos leva a nos projetar para a frente, em direção ao que imaginamos ser um próximo momento melhor. De modo irônico, isso nos faz correr em direção à morte, perdendo os momentos nos quais estamos realmente vivos.

Outra forma de desatenção cotidiana, também impulsionada pelo princípio do prazer, faz com que não vivamos a vida porque estamos nos esforçando muito para que tudo saia conforme nossos planos:

Susie sempre esperava ansiosamente pelo Natal. Era a única época do ano em que todos estariam juntos, e ela queria que fosse perfeito. Ela começava a se preparar logo após o Dia de Ação de Graças – comprando presentes, decorando a casa e planejando os cardápios.

Contudo, neste ano, quando o Natal chegou, ela se sentiu inquieta. A casa não estava totalmente pronta, e ela ainda não tinha encontrado um presente perfeito para sua filha. Quando todos chegaram, ela se sentiu distraída. Queria aproveitar a companhia da família, mas não conseguia relaxar; continuava pensando no que ainda precisava fazer e no que não estava totalmente certo.

Quando tudo acabou e todos foram embora, Susie se sentiu um fracasso. Ela estava tão preocupada com que tudo saísse bem que não conseguiu de fato aproveitar a companhia de sua família.

Todos nós já tivemos experiências semelhantes. Isso pode acontecer ao organizar uma festa, preparar uma refeição, dar uma palestra ou levar uma criança ao zoológico. Parafraseando o filósofo Voltaire: "O ótimo se torna inimigo do bom".

No início do meu treinamento, um supervisor experiente me disse que as pessoas, perto do fim de sua vida, raramente pensam: "Droga, eu deveria ter passado mais tempo no escritório". Pouquíssimos lamentam não terem alcançado mais, ficado mais ricos ou poderosos, ou alcançado outros objetivos externos. No entanto, as pessoas costumam lamentar não ter dado mais atenção aos relacionamentos importantes, nem terem estado mais presentes nos momentos cotidianos e simples de sua vida. Podemos perceber isso mesmo quando não achamos que estamos prestes a enfrentar a morte. Quando nossos filhos estão saindo de casa ou alguém que amamos está morrendo, quem nunca olhou para trás e lamentou ter perdido os pequenos momentos?

A alternativa à desatenção é experimentar de verdade o que está acontecendo no momento: estar atento ao que estamos fazendo em vez de operar no modo automático, apreciar o momento presente em vez de desejar seu término. Isso significa perceber nosso corpo e as sensações de segurar um pão enquanto o cortamos. Significa estar consciente de nossa mente e nosso corpo enquanto dirigimos; notar se estamos indo para leste ou oeste. Significa saborear nossa comida quando comemos e prestar atenção aos nossos amigos e entes queridos quando estamos com eles. *Agora mesmo*, isso significa notar a posição de suas mãos enquanto segura este livro, estar ciente da experiência física de seu corpo no espaço e perceber como sua mente reage a estas palavras. Como minha colega Metta McGarvey diz: "Atenção plena é fazer *uma coisa* de cada vez". Isso significa estar totalmente presente em nossa vida.

AS ORIGENS DA ATENÇÃO PLENA

A "atenção plena", como a utilizamos atualmente nos círculos psicológicos ocidentais, deriva em especial de ensinamentos budistas de 2.500 anos. Embora muitas culturas diferentes tenham desenvolvido métodos para cultivar a atenção plena, centenas dessas técnicas foram continuamente descritas e refinadas ao longo de 25 séculos na tradição budista. (Isso não significa que você precise se tornar budista para se beneficiar dessas práticas. Em vez disso, você pode aproveitar as instruções detalhadas da tradição para a prática da atenção plena e as descrições das percepções que dela se desenvolvem, aplicando-as à sua própria vida, independentemente de suas crenças pessoais.)

Para retomar de onde paramos na lenda do Buda no último capítulo, você deve se lembrar de que o jovem príncipe ficou angustiado quando percebeu a inevitabilidade da velhice, da doença e da morte. Sua vida de conforto e indulgência agora parecia insatisfatória, dada sua consciência de nosso prognóstico coletivo. Então, ele decidiu deixar o palácio e buscar um caminho diferente para alcançar a satisfação.

Conforme a história conta, por cinco ou seis anos ele praticou o ascetismo rigoroso, quase morrendo de fome. Apesar de dominar diversas práticas espirituais, ele achou tais abordagens igualmente insatisfatórias; ele continuava descontente à medida que os conflitos e os desejos persistiam. Um dia, ele estava tão fraco que quase se afogou, e percebeu que estava no caminho errado. Ele decidiu voltar a se alimentar de maneira mais normal para nutrir sua mente e seu corpo. O príncipe então se comprometeu a sentar-se debaixo de uma árvore e meditar até encontrar uma forma de lidar com seu (e nosso) dilema existencial. Diz-se que, após 49 dias e noites, ele "despertou". Ele havia encontrado uma forma de aliviar o sofrimento psicológico.

Esse despertar ocorreu por meio da observação cuidadosa do funcionamento de sua própria mente e da perseverança diante de uma série de estados mentais agradáveis e desagradáveis. Ele se envolveu em práticas de atenção plena semelhantes às que discutiremos aqui, que têm se mostrado especialmente úteis para lidar com uma ampla gama de dificuldades psicológicas nos dias de hoje.

Mas o que exatamente o príncipe fez sob aquela árvore? A expressão *atenção plena* é frequentemente considerada uma tradução para o português de um termo em páli, *sati*, que conota consciência, atenção e lembrança (páli é a língua em que as histórias e os ensinamentos do Buda foram originalmente registrados). Os termos *consciência* e *atenção* são utilizados nessa definição mais ou menos da forma como normalmente os usamos em português – para saber que algo está acontecendo e para prestar atenção nisso. A parte da "lembrança", no entanto, é diferente; não se trata tanto de recordar eventos passados, mas sim de *lembrar* de forma contínua de estar consciente e prestar atenção.

Tive o privilégio de assistir a uma palestra de John Donne, estudioso da Emory University que estuda textos em páli. Ele apontou que a forma como atualmente usamos a expressão *atenção plena* no Ocidente vai consideravelmente além de consciência, atenção e lembrança. Ele usou o exemplo de um atirador posicionado no topo de um prédio mirando um rifle de alta potência em uma vítima inocente. O atirador estaria muito consciente e atento, e, cada vez que sua mente se desviasse, ele se lembraria de voltar sua atenção para observar sua vítima através da mira telescópica da arma. Esse tipo de foco, embora útil para tarefas como atirar em pessoas a distância, não é realmente a atitude mental que ajudará a maioria de nós a lidar com os desafios da vida.

O que falta ao atirador é a aceitação, ou a ausência de julgamento. Isso acrescenta calor, cordialidade e compaixão à atitude. Para muitos de nós, cultivar uma atitude de aceitação em relação à nossa experiência é tanto o aspecto mais importante quanto o mais desafiador da prática da atenção plena. A aceitação nos permite estar abertos tanto ao prazer quanto à dor, abraçar tanto as vitórias quanto as derrotas, e ser compassivos com nós mesmos e com os outros quando cometemos erros. A aceitação nos permite dizer "sim" para as partes de nossa personalidade que gostaríamos de eliminar ou esconder. A aceitação está no cerne de como a prática da atenção plena nos permite lidar de forma eficaz com o medo, a preocupação, a tristeza, a depressão, a dor física, os vícios e as dificuldades nos relacionamentos – todos esses aspectos, como veremos em breve, são perpetuados pela nossa recusa em aceitar algum pensamento, sentimento ou outra experiência. Em última análise, é a aceitação que nos permite abraçar tanto a vida, que está em constante mudança, quanto a realidade sempre presente da morte.

PRÁTICA DA ATENÇÃO PLENA

Embora possa ser perturbador perceber com que frequência estamos desatentos, quantos momentos de nossa vida deixamos escapar e quanto sofrimento causamos a nós mesmos e aos outros ao não aceitarmos as coisas como elas são, há uma boa notícia: *a atenção plena pode ser cultivada*. Os benefícios de cultivar a atenção plena são amplos e profundos. Ao fornecer um meio eficaz para lidar com nossa condição humana, discutida no capítulo anterior, ela pode melhorar de modo significativo nossa experiência cotidiana.

A atenção plena pode nos ajudar a ver e aceitar as coisas como elas são. Isso significa que podemos encontrar paz com a inevitabilidade das mudanças e com a impossibilidade de vencer sempre. As preocupações sobre as coisas darem errado, que enchem nossa mente todos os dias, começam a perder sua força. O engarrafamento, o piquenique cancelado pela chuva, as chaves perdidas e as vendas não concretizadas tornam-se mais fáceis de aceitar. Ficamos mais confortáveis com a realidade de que, algumas vezes, conseguiremos o encontro ou a promoção desejada, e outras, não. Ao renunciarmos à nossa luta para controlar tudo, ficamos menos suscetíveis altos e baixos da vida cotidiana, e menos propensos a cair em problemas emocionais como depressão e ansiedade ou problemas físicos relacionados ao estresse, como dor crônica e insônia.

A atenção plena também nos ajuda a aliviar nossa dolorosa preocupação com o "eu". Grande parte do que torna a realidade tão dolorosa são suas implicações para *mim*. A atenção plena pode nos ajudar a sermos menos preocupados com o que acontece com este "eu". Preocupações com minha saúde, riqueza, beleza e autoestima são reduzidas. Pegar um resfriado, ver o carro quebrar, ter um dia ruim para o cabelo ou sentir receio de ter falado algo idiota torna-se mais fácil de suportar. Tornar-se menos preocupado com o "eu" é um grande alívio, sobretudo se considerarmos o que sabemos que acontecerá a cada um de nós no fim das contas.

Além de reduzir o sofrimento dessas maneiras, a atenção plena nos permite experimentar a riqueza dos momentos de nossa vida. Nós de fato sentimos o perfume das rosas, saboreamos nossa comida, notamos o pôr do sol e percebemos nossas conexões com os outros a cada dia. O tédio desaparece à medida que despertamos para a complexidade rica de cada momento. Tudo se torna vivo à medida que nossa atenção se desloca dos pensamentos sobre a vida para a percepção de como realmente é caminhar, ficar em pé, sentar-se ou dirigir.

Ao percebermos que nenhum momento é igual ao outro, todos se tornam valiosos e interessantes.

Por fim, a atenção plena nos liberta para agir de maneira mais sábia e habilidosa em nossas decisões cotidianas, na medida em que nos preocupamos menos com as implicações de nossas ações para o nosso bem-estar específico e nos concentramos mais na visão geral. Isso nos permite viver cada dia com um senso de dignidade e apreciação. Descobrimos, na verdade, que nossa mente opera com mais clareza quando não está tão sobrecarregada pela ansiedade com o que os outros pensarão de nós ou com as chances de conseguirmos o que desejamos. Torna-se divertido observar nossa mente trabalhando livremente enquanto nossa criatividade floresce.

SUPORTE DO LABORATÓRIO

Se você não tem muita experiência com a prática da atenção plena, tudo isso pode parecer bom demais para ser verdade. Será que simplesmente cultivar uma atitude diferente em relação à nossa experiência diária pode mudar com tanta profundidade nossa vida?

Uma abundância de evidências científicas diz que sim. Pesquisas documentam mudanças tanto na experiência interna quanto no comportamento externo resultantes da prática da atenção plena. Recentemente, estudos que demonstram os efeitos da prática da atenção plena na função e na estrutura do cérebro também causaram grande alvoroço entre os cientistas. Esses estudos envolvem uma forma de prática que discutiremos em breve: a meditação formal de atenção plena.

Efeitos na função cerebral

Uma das minhas linhas de pesquisa favoritas vem do Laboratory for Affective Neuroscience da University of Wisconsin. Vamos começar com alguns antecedentes: o dr. Richard Davidson e seus colegas demonstraram que pessoas que geralmente estão angustiadas têm mais atividade no córtex pré-frontal direito do cérebro (uma área atrás da testa) do que no córtex pré-frontal esquerdo. Essa ativação do lado direito é mais comum em pessoas que estão ansiosas, deprimidas ou hipervigilantes (escaneando o ambiente em busca de perigo). Em contrapartida, pessoas que geralmente estão contentes e têm menos humores negativos tendem a ter mais atividade no córtex pré-frontal esquerdo.

O dr. Davidson e seus colegas reuniram dados sobre a atividade cerebral de centenas de pessoas. Curiosamente, a pessoa que apresentou a ativação cortical pré-frontal esquerda mais drástica entre todos os sujeitos testados foi um monge tibetano com muitos anos de experiência em práticas de meditação de atenção plena (e outras práticas meditativas). Esse efeito não se limitou a um único caso. Mudanças significativas em direção à ativação pré-frontal esquerda foram encontradas no cérebro de diversos monges tibetanos que tinham entre 10 e 50 mil horas de prática meditativa.

Como pesquisador, o dr. Davidson teve que considerar a possibilidade de que pessoas que naturalmente têm maior ativação no lado esquerdo do cérebro escolhessem se tornar meditadores ou monges; portanto, a maior atividade do lado esquerdo observada nesses sujeitos poderia não ter sido causada pela prática da meditação, mas poderia tê-los levado a começar a meditar. Para testar essa hipótese, o dr. Davidson e o dr. Jon Kabat-Zinn recrutaram um grupo de trabalhadores que atuavam sob pressão em uma empresa de biotecnologia e ensinaram à metade deles a prática de atenção plena por três horas por semana durante um período de oito semanas. Eles compararam esse grupo com um grupo semelhante de colegas que não foram ensinados a meditar. Em média, todos os trabalhadores mostravam uma inclinação à direita em sua atividade cortical pré-frontal antes de começarem a meditar. No entanto, após o curso de oito semanas, o grupo que meditou passou a apresentar mais ativação no lado esquerdo do cérebro do que os não meditadores. Os meditadores também relataram que seu humor melhorara e que se sentiam mais engajados em suas atividades.

Embora esses resultados fossem impressionantes, os pesquisadores também descobriram algo muito interessante ao medir as respostas dos sujeitos à vacina contra a gripe. Descobriu-se que o grupo que meditou teve uma resposta imunológica maior (seus corpos criaram mais anticorpos desejados) do que o grupo que não meditou. O grau dessa diferença correspondia ao grau de mudança em direção à ativação pré-frontal esquerda. Isso significa que, além de fazer com que um grupo de trabalhadores se sentisse melhor, as mudanças provocadas pela meditação foram mensuráveis em seu cérebro, e a prática de atenção plena também parece ter fortalecido a resposta imunológica deles.

Efeitos na estrutura cerebral

Outra área empolgante da pesquisa sobre a meditação de atenção plena envolve mudanças na estrutura física do cérebro. Muitos de nós nos preocupamos com cabelos ralos ou brancos à medida que envelhecemos. Isso não parece tão grave quando percebemos que nosso córtex cerebral também se afina e nosso cérebro de fato perde massa cinzenta ao longo do tempo. Felizmente, a meditação de atenção plena pode ajudar.

Uma amiga e colega minha, a dra. Sara Lazar, trabalha no Massachusetts General Hospital, em Boston. Ela tem estudado imagens de ressonância magnética (RM) de meditadores ocidentais de longo prazo e de sujeitos-controle que não meditam. Um dos seus estudos causou grande impacto na comunidade científica. Ela analisou um grupo de pessoas com uma média de nove anos de experiência em meditação, praticando em média seis horas por semana. Em seguida, comparou-as com controles pareados por idade. Descobriu-se que os meditadores tinham córtices cerebrais mais espessos em três áreas: a ínsula anterior, o córtex sensorial e o córtex pré-frontal. Todas essas áreas estão envolvidas na atenção à respiração e a outros estímulos sensoriais, como se faz tipicamente durante a prática meditativa. O córtex pré-frontal também está envolvido no que é chamado de memória de trabalho – a capacidade de manter pensamentos na mente por tempo suficiente para refletir sobre eles, tomar decisões e resolver problemas. As diferenças na espessura eram mais pronunciadas em sujeitos mais velhos, e o grau de espessamento era proporcional ao tempo que a pessoa havia passado meditando ao longo da vida. Embora as implicações desses resultados para a preservação de nossas habilidades cognitivas ainda estejam sendo estudadas, elas são promissoras. (Tive o privilégio de ser um dos meditadores no estudo da dra. Lazar, e embora eu muitas vezes pense que estou perdendo habilidades cognitivas com a idade, confio que as coisas poderiam estar piores se não estivesse meditando.) Outras pesquisas mostraram menor decréscimo de massa cinzenta com a idade entre meditadores, o que correspondia a menor perda na capacidade de sustentar a atenção (componente importante de muitas tarefas mentais) em comparação com os controles que não meditam.

Em outro estudo encorajador, a dra. Lazar também encontrou mudanças mensuráveis em uma parte do tronco cerebral envolvida na produção de serotonina, um neurotransmissor regulador do humor. Essa área tornou-se mais densa após apenas oito semanas de prática de atenção plena. O aumento na densidade foi maior nos sujeitos que praticaram mais. Esses mesmos sujeitos foram os que relataram os maiores aumentos na sensação de bem-estar após começarem a prática de meditação de atenção plena.

Efeitos nos pensamentos e nos sentimentos

Essas mudanças na função e na estrutura cerebral oferecem suporte empolgante para o que os praticantes de atenção plena têm relatado anedoticamente por milhares de anos: essas práticas mudam de forma drástica nossa mente. À medida que psicoterapeutas ocidentais e pesquisadores em psicologia projetam entusiasticamente tratamentos que incorporam a meditação de atenção plena, descobertas similares estão sendo feitas sobre o efeito da prática da atenção plena nos sentimentos e no comportamento. Esses efeitos são abrangentes e explicam tanto por que a prática da atenção plena está atraindo tanta atenção profissional quanto por que ela pode nos ajudar a lidar com uma grande variedade de problemas.

Como você verá na Parte II deste livro, a meditação de atenção plena tem se mostrado útil no tratamento de depressão, ansiedade, problemas com abuso de substâncias, transtornos alimentares, raiva e outras dificuldades nos relacionamentos, dores crônicas nas costas e em outros músculos e ossos, além de uma ampla variedade de problemas médicos relacionados ao estresse. Ela até leva as pessoas a agir de maneira mais compassiva.

UM PROBLEMA OU MUITOS?

Apesar das evidências crescentes de que a atenção plena pode alterar a função e a estrutura do cérebro, pode ser difícil imaginar como ela poderia ajudar em uma variedade tão ampla de questões cotidianas. Pode ser que todos esses problemas tenham algo em comum?

Quando comecei minha formação como psicólogo, na década de 1970, nosso sistema de diagnóstico era relativamente simples. A maioria dos pacientes parecia ter um de poucos diagnósticos diferentes, como ansiedade, depressão, abuso de substâncias ou, menos comumente, doenças mentais graves, como esquizofrenia ou transtorno bipolar. Havia relativamente poucas evidências experimentais para apoiar tratamentos diferentes, então nossos professores e nossos supervisores nos ensinaram técnicas baseadas em seu próprio treinamento e seus sucessos e fracassos clínicos subsequentes.

Com o passar dos anos, a pesquisa em saúde mental explodiu. O campo desenvolveu sistemas de diagnóstico cada vez mais detalhados, projetados para ajudar a determinar quais terapias seriam úteis para diferentes pacientes. À medida que o número de diagnósticos possíveis aumentava, a probabilidade de um indivíduo sofrer de mais de um transtorno também crescia.

Os pesquisadores que estão revisando o sistema de diagnóstico atualmente enfrentam um problema que se transformou em uma batalha política entre duas facções: os Separadores argumentam que nosso sistema de diagnóstico não é refinado o suficiente – ainda estamos misturando maçãs com laranjas – e que precisamos subdividir as categorias ainda mais para testar melhor novos medicamentos e psicoterapias; os Unificadores, por sua vez, acreditam que nos desviamos do caminho e que estamos tão encantados com nossos rótulos que já não entendemos os fatores comuns subjacentes ao sofrimento emocional humano. A maioria dos clínicos praticantes tende a concordar com os Unificadores, enquanto muitos pesquisadores estão no campo dos Separadores.

Os Unificadores dizem que a ideia de que diferentes formas de sofrimento psicológico tenham algo em comum é, na verdade, sustentada por uma revisão das pesquisas. E o ingrediente em comum é ao mesmo tempo simples e surpreendente.

Evitação experiencial

Os Unificadores afirmam que a maior parte do nosso sofrimento psicológico decorre das nossas tentativas de evitar o sofrimento psicológico. Na verdade, são as coisas que fazemos para fugir da dor, seja consciente ou inconscientemente, que estão no cerne das nossas dificuldades. Eles chamam isso de *evitação experiencial*. Inclui tudo o que fazemos para tentar bloquear, evitar, negar, entorpecer ou, de qualquer outra forma, nos livrar do desconforto.

Claro que não é surpreendente que, dada a escolha, a maioria de nós optará por fazer coisas que achamos que farão com que nos sintamos melhor, em vez de aquelas que imaginamos que farão com que nos sintamos pior. Essa é, afinal, a essência do *princípio do prazer*, descrito no Capítulo 1. O problema é que muitas coisas que fazem com que nos sintamos melhor a curto prazo na verdade fazem com que nos sintamos muito pior a longo prazo.

A ABORDAGEM *DIVER DAN**

Muito antes de a expressão *evitação experiencial* se tornar comum, um amigo meu chamava isso de abordagem *Diver Dan* à vida. Assim como os mergulhadores antigos, que utilizavam trajes volumosos com grandes capacetes de aço para se isolar da água fria do mar, tentamos nos isolar de tudo o que possa nos incomodar. Fazemos isso de diversas maneiras diferentes.

O pequeno ajudante da mãe**

Muitos de nós medicamos o desconforto de alguma forma. O álcool é, naturalmente, muito popular. Até o consumo social normal de álcool envolve usar essa substância para "relaxar" ou "se divertir". Não bebemos apenas porque o álcool "tem um gosto bom" (embora os humanos tenham feito um trabalho notável saborizando essa substância específica). Em vez disso, gostamos dos efeitos psicofarmacológicos, sobretudo do modo como o álcool reduz a ansiedade ou a tensão e pode aliviar a tristeza, a frustração e a raiva. Substâncias mais leves, como a cafeína, fazem parte da vida diária de tal maneira que a maioria de nós nem as consideramos drogas (até que não estejam disponíveis). E há também uma série de substâncias psicoativas legalmente prescritas e adquiridas de maneira ilegal que a indústria farmacêutica

---

* N. de T. *Diver Dan* foi uma séria televisiva nos EUA, nos anos 1960, que apresentava um mergulhador vestido de escafandro capaz de conversar com os peixes.

** N. de T. Do inglês, *mother's little helper*. Expressão popular que dá nome a uma música dos Rolling Stones e se refere a um medicamento tranquilizante que teria sido frequentemente usado por donas de casa estadunidenses ou inglesas entre os anos 60 e 70.

promove e os traficantes distribuem. Todas elas são projetadas para transformar nossa experiência de algo desagradável em algo mais agradável; todas elas envolvem bloquear pensamentos ou sentimentos desconfortáveis.

A maioria de nós conhece os perigos da automedicação exagerada. Substâncias podem interferir no nosso funcionamento, prejudicando nossa vida de maneiras que geram novos sentimentos dolorosos, que então medicamos com mais substâncias. Às vezes, as drogas nos prejudicam de forma física; outras vezes, simplesmente nos impedem de amadurecer. Ao recorrer a substâncias sempre que surgem sentimentos difíceis, nunca aprendemos a lidar com esses sentimentos de modo eficaz. (Veremos como utilizar práticas de atenção plena para lidar com intoxicantes e questões relacionadas no Capítulo 9.)

As alegrias da distração

Muitas das "drogas" que usamos para nos sentirmos melhor não são químicas. Quase todos nós nos viciamos em uma atividade ou outra porque isso nos ajuda a nos distrairmos de pensamentos ou sentimentos desagradáveis. O U.S. Bureau of Labor Statistics coleta dados não apenas sobre o que fazemos no trabalho, mas também sobre o que fazemos em nosso tempo livre. Adivinhem qual é a atividade de lazer mais popular nos Estados Unidos? Acerta quem olhar para a própria vida: é assistir à televisão. Agora, tente adivinhar a segunda atividade não relacionada ao trabalho mais popular. Atualmente, muitas pessoas imaginam que seja navegar na internet. Na verdade, isso é um subconjunto da segunda atividade mais popular: *fazer compras*. Temos a sorte de viver em uma cultura que combina perfeitamente nossos passatempos favoritos. Enquanto assistimos à TV, a cada poucos minutos somos generosamente agraciados com sugestões de coisas que poderíamos adquirir quando fazemos compras.

E então há aquele "probleminha" com a obesidade em nossa cultura. Ele surge, em parte, porque passamos muito tempo nos consolando com televisão, e, em parte, porque passamos muito tempo nos consolando com comida. Quase todo mundo come, pelo menos às vezes, para se confortar. Às vezes, até combinamos nossos vícios, comendo enquanto assistimos à TV ou fazemos compras.

Assim como acontece com muitas substâncias, ao longo do tempo, tendemos a desenvolver tolerância às nossas distrações, de modo que precisamos de doses cada vez maiores para que elas funcionem. Quando eu era jovem, havia um programa de TV sobre um advogado chamado Perry Mason que investigava seus casos para descobrir a verdade oculta. Se você é jovem demais para se lembrar, o programa era um pouco como *Law & Order*. A diferença era que, em *Perry Mason*, um momento realmente intenso envolvia ver um braço segurando uma arma, que então disparava – *pop*. Não víamos a vítima nem sangue, e a ação ocorria em uma telinha em preto e branco. Contudo, à época, era muito intenso e magnético.

Como tendemos a nos acostumar com determinado nível de estimulação e precisamos de mais e mais para nos distrair do conteúdo de nossas mentes, *Perry Mason* já não mantém nossa atenção. Agora, se estamos assistindo a *Law & Order: Hideous Events*, mesmo que haja uma criança sendo desmembrada enquanto seus irmãos assistem, pensamos: "Ah, só mais um episódio de abuso infantil sádico; será que tem algo mais interessante para ver?". De forma semelhante, a tendência de realizar múltiplas tarefas de entretenimento, como ouvir música enquanto caminhamos ou trabalhar em um *laptop* enquanto assistimos à TV, reflete nossos esforços constantes para aumentar o volume da estimulação a fim de evitar estar com nossos pensamentos e nossos sentimentos.

Não estou sugerindo que haja algo intrinsecamente pervertido em assistir à TV, ouvir música, fazer compras ou comer. Mas, se você abordar essas atividades com atenção plena, provavelmente notará que, pelo menos às vezes, você as utiliza para se distrair de algo desconfortável.

Às vezes, descrevemos o sentimento indesejado como "tédio". Essa é uma palavra popular em nossa cultura para uma emoção desagradável que não conseguimos identificar com precisão. No entanto, considere a experiência de sentar-se com tranquilidade em uma praia assistindo ao pôr do sol. Como isso é diferente dos momentos de inatividade em que você se sente "entediado"? Você pode descobrir que o "tédio" envolve alguma inquietação, irritação, ansiedade, tristeza ou outra emoção indesejada. As coisas que fazemos para nos sentirmos melhor geralmente são projetadas para nos distrair desse tipo de sentimento subjacente.

Autoaprisionamento

A evitação experiencial causa outros problemas além de nos levar a usar muitos intoxicantes, assistir à TV em excesso, comprar muitas coisas ou comer demais. Ela também desempenha um grande papel na manutenção da ansiedade, da depressão, da dor crônica e de outras formas de sofrimento. No caso da preocupação ou da ansiedade, a evitação experiencial limita nossa vida à medida que tentamos evitar as atividades que tememos que nos deixem mais ansiosos. O jovem tímido que fica em casa sozinho porque tem medo de se sentir desconfortável na festa apenas se torna mais medroso e recluso. O passageiro nervoso que passa o dia inteiro viajando de trem para uma reunião se torna ainda mais relutante na próxima vez que precisa voar.

Um aspecto da depressão envolve sentir-se morto e isolado do mundo enquanto tentamos evitar a tristeza, a raiva ou outras emoções que ameaçam nos dominar. O "cara legal" que nunca quer discutir acaba entediado no trabalho e irritado em casa após seu colega de trabalho o tratar mal. O cara "durão" que não se permite chorar se pergunta por que perdeu o interesse na vida depois de um acidente de carro terrível. Dores de cabeça crônicas, dores na coluna e problemas digestivos também pioram à medida que tentamos bloquear emoções desagradáveis e limitar atividades na tentativa de nos sentirmos melhor. E muitas brigas começam quando um dos lados menciona algo que o outro preferiria evitar.

A evitação experiencial tem efeitos paradoxais: quanto mais tentamos escapar de nossos problemas, mais presos ficamos. Quem adivinharia que tantos dos nossos esforços para aliviar a dor – que, na superfície, parecem tão razoáveis – levariam a algo pior? Na Parte II, você aprenderá como a evitação pode nos aprisionar em diversos tipos de dificuldades psicológicas e físicas, e como as práticas de atenção plena podem ajudá-lo a lidar de forma efetiva com elas.

> A razão pela qual a prática da atenção plena é útil no enfrentamento de tantos problemas é porque a evitação experiencial exerce um papel em todos eles – e a atenção plena é o antídoto.

APRENDENDO A ESTAR COM NOSSA EXPERIÊNCIA

Quando praticamos meditação de atenção plena, praticamos estar com o que está ocorrendo no momento sem tentar mudar ou escapar dele. Prestamos atenção em como as coisas realmente são, em vez de em como gostaríamos que fossem. Isso é muito diferente da nossa abordagem habitual ao desconforto. Em vez de tentar fazê-lo desaparecer, trabalhamos para aumentar nossa capacidade de suportá-lo.

Nossa capacidade de lidar com as coisas, ou de suportar nossa experiência, é muito variável. Imagine que você está com um resfriado forte e não dormiu bem por algumas noites. Você acorda zonzo e congestionado e começa a se preparar para o trabalho ou a escola. Está chovendo e você tem um longo dia pela frente. Você está se movendo devagar, então está atrasado. Ao sair de casa, tem uma discussão com seu cônjuge. Enquanto dirige, você ouve um estrondo e percebe que está com um pneu furado. Conhece essa sensação? "Não consigo lidar com mais nada."

Agora imagine um dia diferente. Você está saudável, comendo, exercitando-se e dormindo bem. Acorda revigorado, e o sol está brilhando. Você tem um dia de trabalho relativamente leve pela frente e está em dia no cronograma. Ao sair de casa, tem um momento agradável e conectado com seu cônjuge. Enquanto dirige, alguém avança o sinal vermelho e bate no seu carro. Felizmente, ninguém ficou ferido. Você se sente alarmado, mas aliviado por saber que o único dano é aos metais e aos plásticos, e você troca informações com o outro motorista. Seu carro ainda é dirigível; você decide que ligará para sua companhia de seguros à tarde.

O que aconteceu nesses dois exemplos? No primeiro dia, a intensidade da dificuldade, um pneu furado, era relativamente baixa, mas sua capacidade de suportá-la era muito limitada, então você se sentiu sobrecarregado. No segundo dia, a intensidade da dificuldade, um acidente de carro, era muito maior, mas sua capacidade de suportá-la era ainda mais forte, então você não ficou sobrecarregado.

Esses exemplos ilustram que o que importa ao nosso senso de bem-estar é nossa capacidade de suportar uma experiência em relação à intensidade dessa mesma experiência.

> Geralmente tentamos nos sentir melhor reduzindo a intensidade das experiências dolorosas; na prática da atenção plena, trabalhamos para aumentar nossa capacidade de suportá-las.

Na prática da atenção plena, modificamos nossa *relação* com as experiências difíceis – em vez de tentarmos escapar delas ou as evitar, vamos ao seu encontro. Com o tempo, experiências difíceis se tornam muito mais fáceis de serem suportadas, e paramos de nos sentir tão prontamente sobrecarregados. Esse princípio orientará o uso da prática da atenção plena para lidar com o que a vida nos traz.

Parece bem bom, não é? Pronto para começar? Existem diversas maneiras de iniciar.

AS VARIEDADES DA PRÁTICA DA ATENÇÃO PLENA

Há uma piada antiga: um turista está perdido em Manhattan. Ele está ficando cada vez mais agitado porque está atrasado para um concerto. Por fim, ele avista um policial na esquina e corre em sua direção. Ofegante, ele suplica: "Policial, policial, como eu chego ao Carnegie Hall?". O policial pausa pensativamente e estuda o turista com muito cuidado. Vários segundos se passam, durante os quais o homem mal consegue conter sua agitação. Por fim, o policial olha-o nos olhos e diz: "Pratique, pratique".

Existem muitas maneiras de cultivar a consciência da experiência presente com aceitação. Assim como no caso de outras habilidades, todas elas envolvem prática repetida. Pense na atenção plena da mesma forma que pensa em *aptidão física*. Assim como você pode se tornar mais capaz por meio de exercícios físicos regulares, você pode se tornar mais atento ao se engajar em práticas deliberadas de atenção plena. Por exemplo, se você quisesse melhorar sua saúde cardiovascular, poderia começar integrando de maneira informal exercícios em sua rotina diária – ir pelas escadas em vez de ir pelo elevador ou ir de bicicleta ao trabalho em vez de ir dirigindo. Se você quisesse ficar ainda mais em forma, poderia reservar tempo para se exercitar formalmente, talvez em uma academia ou um centro de saúde. Para de fato acelerar o processo, poderia até fazer uma trilha ou uma viagem de ciclismo, ou se retirar para um spa *fitness*.

Opções análogas estão disponíveis para o cultivo da atenção plena: prática informal de atenção plena, prática formal e prática em retiro.

Prática informal de atenção plena

A prática informal de atenção plena envolve lembrar-nos ao longo do dia de prestar atenção ao que está acontecendo no momento. É como escolher as escadas em vez do elevador; pedalar em vez de dirigir. Praticar a atenção plena dessa forma significa perceber as sensações de caminhar quando caminhamos, atentar ao sabor da comida quando comemos e notar as nuvens e as árvores enquanto passamos por elas.

O professor zen vietnamita Thich Nhat Hanh sugere diversas técnicas informais para desenvolver a atenção plena. Todas são projetadas para contrariar nossa tendência a fazer várias tarefas ao mesmo tempo ou a realizar atividades automaticamente enquanto estamos perdidos em nossos pensamentos. Por exemplo, quando o telefone tocar (ou vibrar, ou tocar o hino nacional), tente apenas ouvir os primeiros toques, prestando atenção aos detalhes do som, como faria ao ouvir um instrumento musical. Ou, quando as luzes traseiras de outro veículo o obrigarem a diminuir a velocidade enquanto dirige, tente apreciar sua cor e sua textura como faria com um belo pôr do sol. Quando lavar a louça, tente perceber a sensação da água com sabão nas mãos, a cor e a textura dos restos de comida, o brilho dos pratos quando estão limpos. As oportunidades para a prática informal de atenção plena são infinitas. A cada momento em que não for necessário planejar ou pensar, podemos simplesmente trazer nossa atenção para o que está acontecendo em nossa consciência sensorial.

Prática formal de meditação

A prática formal de meditação envolve reservar tempo para ir à "academia mental". Dedicamos determinado período, idealmente todos os dias, para nos sentarmos tranquilamente em meditação. Esse tipo de prática foi estudado de forma científica.

Diferentemente da prática informal, na qual estamos realizando outra tarefa, como caminhar, dirigir até nosso destino ou limpar pratos enquanto praticamos a atenção plena, durante a prática formal, dedicamos um período específico para cultivá-la. Muitos tipos de meditação podem ser utilizados. A maioria inicialmente envolve a escolha de um objeto de atenção, como a respiração ou outra sensação, e o retorno da atenção a esse objeto toda vez que a mente divaga. Isso desenvolve um grau de concentração, o que nos permite focar melhor a mente em um objeto escolhido. Uma vez que alguma concentração é estabelecida, a meditação de atenção plena propriamente dita envolve direcionar a mente para o que começa a predominar na consciência – em geral focando em como o evento é experimentado no corpo. Esses objetos de atenção podem ser sensações físicas, como uma coceira, uma dor ou um som; ou experiências emocionais, na medida em que se manifestam fisicamente, como a sensação de aperto no peito que acompanha a raiva ou o nó na garganta que surge com a tristeza. Independentemente do objeto de atenção, praticamos *a consciência de nossa experiência presente com aceitação*. Classicamente, esse tipo de meditação formal de atenção plena é praticado em quatro posturas: sentado, em pé, caminhando e deitado. Como veremos, cada uma tende a ter efeitos ligeiramente diferentes. Outras formas relacionadas de meditação são projetadas para cultivar qualidades mentais que apoiam a prática da atenção plena, como empatia ou compaixão.

Prática em retiro

A prática em retiro são "férias" inteiramente dedicadas ao cultivo da atenção plena. Você pode pensar nisso como levar sua mente para um *spa*. Há muitos estilos de retiros de meditação. A maioria envolve períodos prolongados de prática formal de meditação, muitas vezes alternando entre meditação sentada, meditação caminhando, meditação durante as refeições e outras atividades. Elas são geralmente conduzidas em silêncio, com pouquíssima interação interpessoal, exceto por entrevistas ocasionais com os professores. Todas as atividades do dia (acordar, tomar banho, escovar os dentes, comer e fazer tarefas) são feitas em silêncio e utilizadas como oportunidades para praticar a atenção plena. Como disse um observador, os primeiros dias de prática em retiro são "muito parecidos com estar preso em uma cabine telefônica com um lunático". Descobrimos como é difícil simplesmente estar presente. No início, em geral a mente é alarmantemente ativa e inquieta, criando histórias sobre como estamos nos saindo, como nos comparamos com os outros no retiro (com os quais nunca falamos) e outras preocupações. Memórias de eventos emocionais não resolvidos entram na mente, junto de fantasias elaboradas sobre a vida no futuro. Durante um retiro, temos a oportunidade de ver vividamente como nossa mente cria sofrimento, apesar de estarmos em um ambiente no qual todas as nossas necessidades são atendidas. A maioria das pessoas acha que um único retiro intensivo de meditação de atenção plena, de uma ou mais semanas, é transformador – os *insights* que a pessoa ganha acerca do funcionamento da mente duram a vida toda.

COMO DEVO COMEÇAR?

Ao ler sobre essas diferentes formas de prática, que reações você teve? Você pensou: "Eu poderia tentar a prática informal, mas esse outro tipo de coisa não é para mim"? Ou "Eu já quis desenvolver uma prática regular de meditação por anos, de fato quero começar agora"? Talvez você até tenha pensado: "Minha vida é tão caótica e estressante; adoraria participar de um retiro". Cada pessoa é diferente. Algumas de nossas vidas são tão ocupadas que a simples ideia de adicionar mais uma atividade faz com que nos sintamos mal. Outras pessoas estão tão cansadas de estarem presas em hábitos mentais angustiantes que estão ansiosas para reservar um tempo para mergulhar imediatamente com tudo.

Sua abordagem dependerá, em parte, do motivo pelo qual você está sendo atraído para a prática da atenção plena. Se você está se sentindo estressado ou desenvolveu sintomas médicos relacionados ao estresse, como dores de cabeça, dores no estômago ou dores musculares crônicas, pode estar muito motivado a estabelecer uma prática formal regular para ajudá-lo a começar a desacelerar hoje. Da mesma forma, se você está sofrendo de preocupações excessivas, tensão e ansiedade, sentindo-se oprimido pela tristeza ou pela depressão, ou lutando com hábitos autodestrutivos, pode ser tentado a dedicar mais tempo a uma prática regular de atenção plena. Se você está se sentindo bem, não tem muito tempo livre, mas ainda quer estar mais presente em sua vida, pode se sentir inclinado a entrar nisso de modo mais leve, focando mais na prática informal. Em contrapartida, se este é um momento em que você está buscando de fato crescer psicológica ou espiritualmente, pode estar pronto para experimentar um retiro intensivo.

Uma das belezas da prática da atenção plena é que podemos adotá-la no nível de intensidade que se adequa à nossa vida particular. Dito isso, a maioria das pessoas descobre que pelo menos alguma prática formal é geralmente necessária para obter uma noção do que é a atenção plena. Embora qualquer pessoa possa se beneficiar ao tentar estar mais presente a cada dia por meio da prática informal, a prática formal nos permite ver com mais clareza o quão distraída a mente geralmente está e como é mesmo estar presente. O equilíbrio específico de práticas que você escolher será uma decisão sua e provavelmente mudará com o tempo.

Você verá, uma vez que começar, que cada forma de prática apoia as outras. Se você reservar um tempo para praticar regularmente a meditação formal, descobrirá que é consideravelmente mais fácil fazer a prática informal em outros momentos, porque sua atenção estará mais concentrada. (Se estamos nos exercitando na academia diversas vezes por semana, em geral achamos muito mais fácil subir escadas.) Da mesma forma, se você praticar atenção plena informal ao longo do dia, achará muito mais fácil sentar-se e meditar de maneira formal quando tiver tempo, pois sua mente estará habituada a perceber o que está acontecendo no momento presente.

A maioria das pessoas que começa a praticar a atenção plena opta por uma combinação de práticas informais e formais. A frequência e a duração da meditação dependerão de você. Tanto estudos científicos quanto relatos informais sugerem que os efeitos dessas práticas tendem a ser relacionados à "dose", ou seja, quanto mais tempo você dedica a elas, mais profundos, provavelmente, serão seus efeitos. A regularidade também ajuda. Assim como na academia, fazer uma prática formal pelo menos várias vezes por semana ajudará a ver seus efeitos cumulativos. Para uma pessoa, isso pode envolver reservar 20 minutos por vez; para outra, 30 ou 45 minutos. Mas, novamente, se você não tiver tempo ou disposição para um compromisso desse tipo agora, simplesmente iniciar cada dia com a intenção de praticar de modo informal também será útil.

Assim como as práticas formal e informal se apoiam mutuamente, a prática de retiro pode apoiar ambas. Claro, a maioria das pessoas não se inscreve em um retiro, a menos que tenha primeiro achado as outras práticas benéficas. No entanto, uma vez que você tenha experimentado por si mesmo os benefícios da atenção plena em sua vida diária, um retiro pode ser muito útil para aprofundar e reforçar sua prática.

Nos próximos dois capítulos, você aprenderá inúmeras práticas formais e informais de atenção plena para começar. Depois, na Parte II, você aprenderá como combiná-las com outras práticas projetadas para desafios específicos, como preocupação e ansiedade, tristeza e depressão, problemas físicos relacionados ao estresse, desafios nos relacionamentos, hábitos destrutivos, dificuldades em lidar com doenças e envelhecimento, entre outros. Uma prática geral de atenção plena pode nos ajudar a lidar melhor com os desafios inevitáveis da vida, mas, se você se sente atormentado por um problema específico – ficar preso em episódios de melancolia, ser pego por ataques de nervosismo, sofrer de dores de cabeça, problemas digestivos ou dores nas costas, ficar confuso com relacionamentos que vão mal apesar de todos os seus esforços, ou sentir-se inexplicavelmente compelido a visitar a geladeira –, há maneiras de personalizar sua prática de atenção plena para lidar de forma direta com esse problema.

Exploraremos práticas que podem romper o ciclo de problemas arraigados e aquelas que são úteis quando você precisa de um "salva-vidas" para lidar com uma onda de ansiedade que o atinge de surpresa, uma onda de depressão que o derruba de maneira inesperada, impulsos irresistíveis de gritar com seu filho, desejos por uma bebida ou um doce, bem como outras armadilhas. Discutiremos práticas que funcionam melhor quando estamos cansados, práticas que podem ajudar quando nos sentimos sobrecarregados, práticas para utilizar quando nossa mente está cheia de pensamentos críticos, aquelas que ajudam com dor e doença, e outras que apoiam a tomada de decisões saudáveis. À medida que você entender melhor a atenção plena, será capaz de decidir quando usar essas diferentes práticas e como modificá-las para atender às suas necessidades específicas.

EVITANDO CONFUSÕES: O QUE A PRÁTICA DA ATENÇÃO PLENA *NÃO* É

Tive o privilégio de introduzir práticas de atenção plena a pacientes, colegas e diversas outras pessoas ao longo de muitos anos. Talvez por essas práticas terem se originado em culturas não ocidentais e estarem associadas a uma variedade de imagens exóticas, há muitos equívocos sobre elas. Esses equívocos podem criar confusão, fazer as pessoas se perguntarem se estão praticando de maneira incorreta ou tornar difícil a adoção das práticas de atenção plena. Para ajudar você a começar com o pé direito, vamos esclarecer alguns desses pontos de antemão.

Não ter uma mente vazia

Jon Kabat-Zinn, que fez grandes avanços ao introduzir práticas de atenção plena para o público ocidental, conta a seguinte história: um participante de um de seus *workshops* trouxe-lhe uma história em quadrinhos do Bazooka Joe (aquelas que vêm com o chiclete). Na história, Joe está sentado em postura de meditação de lótus completo conversando com seu amigo Mort. Joe diz: "Desde que descobri a meditação, minha mente se tornou completamente vazia". Mort responde: "Engraçado, pensei que você já tinha nascido assim". Embora existam, de fato, muitas práticas de meditação concentrada projetadas para esvaziar a mente de pensamentos, esse não é o objetivo da prática de atenção plena. Tampouco ela se destina a nos tornar estúpidos ou nos fazer perder nossas habilidades analíticas. Em vez disso, tal prática envolve perceber o que a mente está fazendo o tempo todo, incluindo estar ciente de que estamos pensando quando estamos pensando. Em vez de eliminar pensamentos, ela traz uma certa perspectiva, uma habilidade de notar que nossos pensamentos são apenas pensamentos, em vez de acreditar que necessariamente refletem a "realidade" externa. A prática de atenção plena também nos ajuda a parar de perseguir pensamentos que percebemos serem irracionais ou inúteis, ao mesmo tempo que nos ensina que tentar de forma deliberada evitar ou bloquear pensamentos só faz com que eles voltem com mais força. Passamos a enxergar que lutar para interromper pensamentos é como balançar um copo cheio de água enlameada para fazer com que ela fique cristalina.

> A prática de atenção plena nos ajuda a enxergar nossos pensamentos com clareza.

Não se despojar de emoções

Muitas pessoas imaginam que a prática da atenção plena as livrará de suas emoções dolorosas. Sobretudo quando estamos perturbados, a fantasia de nos tornarmos desprovidos de emoções é bastante atraente. Na realidade, a prática da atenção plena geralmente tem o efeito oposto. Como praticamos estar conscientes do que está ocorrendo na mente a cada momento, na verdade, percebemos nossas emoções de maneira bastante vívida. De fato, em geral nos tornamos *mais* sensíveis.

> A prática de atenção plena nos permite suportar melhor e de modo mais pungente uma ampla gama de experiências emocionais.

Todos nós nos engajamos regularmente em defesas psicológicas. Elas podem assumir muitas formas: tentamos nos enaltecer para compensar sentimentos de inadequação, racionalizamos comportamentos antiéticos, nos distraímos ao ligar a televisão ou comemos para nos consolar.

A prática da atenção plena nos torna conscientes de que estamos tentando nos sentir melhor quando fazemos essas coisas. Como resultado, tendemos a reparar no sentimento que está por trás da defesa.

Não se retirar da vida

Como monges, freiras e eremitas originalmente desenvolveram e refinaram práticas de meditação, as pessoas muitas vezes supõem que elas envolvem afastar-se de uma vida plena e rica em relacionamentos interpessoais. Embora certamente existam benefícios em participar de um retiro de meditação ou em se juntar a um mosteiro, mesmo ao meditar nesses ambientes, não se trata exatamente de se isolar. Em vez disso, os altos e baixos da vida são experimentados de maneira mais vívida, pois estamos dedicando tempo e esforço para prestar atenção a eles.

> A prática da atenção plena nos torna atentos aos outros, nos ajudando a nos sentirmos mais conectados.

Por exemplo, a maioria das pessoas descobre, ao participar de retiros de meditação, que sua mente está cheia de pensamentos sobre outras pessoas. Durante um dia de silêncio sem contato visual, não é incomum se pegar pensando: "Uau, ela fica tão linda quando está servindo aveia", ou "Será que ele não vê que há outras pessoas aqui? Não acredito que ele está se servindo tanto assim!".

Mesmo quando estamos longe de nossas atividades normais, a prática de atenção plena revela que nossa mente está sintonizada de modo profundo com o mundo interpessoal.

Não buscar o êxtase

Que decepção! A imagem do mestre espiritual sorrindo com serenidade, em vez de lutar com a realidade cotidiana, é muito atraente. Quando começamos a praticar a atenção plena, a maioria de nós fica muito perturbada ao descobrir que nossa mente continua a divagar. Então ficamos agitados por estarmos agitados.

Os estudantes regularmente reclamam com seus professores: "Parece que todo mundo está em paz durante a meditação – por que é que eu estou tendo tanta dificuldade?". Ainda que de vez em quando surjam estados agradáveis, e até mesmo de êxtase, na prática da atenção plena, a pessoa se treina a permitir que esses estados venham e vão – nem se apegando aos êxtases nem rejeitando os estados desagradáveis. É importante não encarar momentos de irritação, frustração ou inquietação como falhas. Claro, como a maioria dos aspectos da prática da atenção plena, isso é mais fácil de dizer do que de fazer.

> A prática da atenção plena nos ajuda a aceitar todas as nossas experiências, em vez de apenas nos prender àquelas agradáveis.

Não escapar da dor

Isso soa ainda pior; talvez seja hora de devolver este livro e pegar um que prometa algo melhor. Em vez de escapar da dor, as práticas de atenção plena nos ajudam a aumentar nossa capacidade de experimentá-la. Todas elas envolvem abster-se de maneira deliberada de coisas que geralmente fazemos para aliviar a dor. Por exemplo, se estamos meditando e surge uma coceira, uma instrução típica é observar essa coceira e notar qualquer impulso que surja (como a vontade de coçar), mas não agir conforme esse impulso. Assim, acabamos experimentando a dor e o desconforto de modo *mais* vívido. Como veremos mais adiante, essa atitude se estende além das coceiras e das dores físicas, incluindo a experiência vívida da dor emocional. À medida que praticamos *estar com* essas experiências desagradáveis, nossa capacidade de suportá-las aumenta de forma gradual. Também passamos a enxergar que sensações dolorosas são diferentes do *sofrimento* que geralmente as acompanha.

> A prática da atenção plena nos ajuda a abraçar a dor, coisa que, na verdade, ameniza o sofrimento.

Percebemos que o sofrimento nasce de nossas reações à dor (retornaremos a esse tema mais à frente). Quando praticamos responder à dor com aceitação, e não com resistência, protesto ou evitação, nosso sofrimento diminui.

Não se converter a uma nova religião

Uma preocupação que surge repetidamente quando as pessoas consideram adotar a meditação de atenção plena é se isso pode, de alguma forma, contrariar suas crenças religiosas. Afinal, muitas práticas de atenção plena derivam de tradições budistas e outras tradições religiosas. Vamos voltar novamente à lenda do Buda para abordar essa questão:

Quando o príncipe "despertou", após 49 dias e noites de prática de meditação, ele começou a ensinar o que havia aprendido. As pessoas que ele encontrava notavam que ele era incomum; o príncipe era mais feliz e menos preocupado consigo mesmo do que outras pessoas. Elas faziam perguntas apropriadas para o seu tempo: "Você é um deus?", "Você é um fantasma?". O príncipe respondia: "Não, eu sou apenas um homem, mas eu despertei" (a palavra *buda* significa "aquele que está desperto"). Elas também lhe faziam perguntas cosmológicas sobre as origens do mundo. Diz-se que ele respondia: "Eu não ensino sobre tais questões. Sou um médico da mente. Ensino sobre as origens do sofrimento psicológico e como aliviá-lo". Em outro lugar dessa tradição, vemos uma forte ênfase no que é chamado em páli de *ehipasiko* – que se traduz, aproximadamente, como "venha e veja por si mesmo". A ideia é não aceitar nenhum ensinamento pela fé, mas sim experimentar as práticas e ver se os ensinamentos se mostram verdadeiros em sua própria experiência.

Quando pesquisadores científicos seculares e profissionais da saúde mental adotam técnicas de atenção plena, eles o fazem nesse espírito. Em vez de sugerir que as pessoas abandonem suas crenças religiosas e adotem novas, eles convidam seus clientes ou seus pacientes a experimentar a meditação de atenção plena e observar seus efeitos por si mesmos.

O interesse pela meditação de atenção plena se estende além da comunidade científica, alcançando também a religiosa. Quando me envolvi nessas práticas pela primeira vez, na década de 1970, participei de um retiro de meditação de 10 dias na recém-estabelecida Insight Meditation Society, em Barre, Massachusetts. Fiquei surpreso ao ver monges trapistas meditando ao meu lado. Esses monges descobriram que a meditação de atenção plena era de grande ajuda para sua prática espiritual cristã, e alguns deles passaram a ensinar o que agora é chamado de oração contemplativa na tradição católica. Adaptações semelhantes estão surgindo o tempo todo nas tradições judaica, muçulmana e outras.

> A prática da atenção plena pode auxiliar em nossos esforços em quase todas as tradições espirituais ou psicológicas.

O ponto central é que a prática da meditação de atenção plena está sendo adotada com sucesso por pessoas não religiosas interessadas em aperfeiçoar seu desenvolvimento psicológico pessoal, bem como por adeptos de uma ampla variedade de tradições religiosas que estão descobrindo que ela os ajuda em seu crescimento espiritual e psicológico.

Seu princípio geral – de que, ao enxergarmos as coisas como são e aprendermos a aceitá-las, podemos experimentar o bem-estar – não conhece barreiras.

Nos próximos capítulos, você encontrará instruções detalhadas para uma variedade de práticas de atenção plena, bem como sugestões para integrá-las em um programa que se ajuste à sua vida e às suas necessidades específicas. Assim que estiver pronto, vire a página e "venha ver por si mesmo" o que essas práticas podem oferecer.

3
Aprendendo a praticar a atenção plena

Alguém já ensinou você a se concentrar? Considerando o quanto a concentração é útil para tantas coisas, seja estudar para uma prova, dirigir um carro ou lembrar-se de um número de telefone, é surpreendente que a maioria de nós nunca seja ensinada a fazê-lo. Somos orientados a "prestar atenção" na escola e a não perturbar a aula, mas não somos ensinados a *como* fazer isso. Na verdade, muitas crianças cuja mente tende a divagar são medicadas para transtorno de déficit de atenção/hiperatividade (TDAH), mas relativamente poucas são ensinadas a usar métodos não farmacológicos de cultivo da atenção.

Desenvolver a concentração é uma parte importante de todas as três formas de prática de atenção plena: prática informal, de meditação formal e intensiva em retiro. Todas as três treinam a mente para *estar consciente da experiência presente com aceitação*. No entanto, até aprendermos a focar a mente de alguma forma, é muito difícil estar de fato cientes de nossa experiência. Quando estamos operando no modo automático, sonhando acordados com uma coisa enquanto nosso corpo está envolvido em outra, ou desejando com ansiedade a próxima pequena recompensa, não percebemos realmente o que estamos fazendo.

E, se não estivermos conscientes de nossa experiência momento a momento, é muito difícil obter *insights* e interromper os hábitos mentais que criam sofrimento, o que, em última análise, é o objetivo de praticar a atenção plena. Sem ver como isso acontece, deixamos de apreciar as pequenas coisas, ficamos presos em todos os tipos de hábitos prejudiciais, gastamos energia desnecessária provando que somos amáveis, capazes ou justos, e afastamos pessoas importantes por não perceber suas necessidades no momento. A concentração, como base para a atenção plena, é um passo fundamental no caminho para maior sanidade.

FOCALIZANDO A LENTE

Você pode pensar na prática da atenção plena como tirar uma fotografia. Para obter uma imagem clara, primeiro é necessário focar a lente da câmera (pelo menos isso era necessário antes da invenção das lentes automáticas). Aprender a concentrar-se é como focar a lente da mente – isso nos permite ver de forma clara qualquer coisa à qual direcionamos nossa atenção. Podemos então utilizar essa habilidade para entender como nossa mente funciona e para nos libertarmos dos padrões que causam sofrimento.

Como a concentração é uma base necessária para a atenção plena, a melhor maneira de começar a praticá-la é aprendendo a se concentrar. Embora as práticas informais e as formais possam apoiar nossos esforços, a maioria das pessoas acha necessário começar aprendendo exercícios formais de concentração.

Assim como a maioria das habilidades, a concentração pode ser desenvolvida por meio da prática. A maioria das práticas de concentração segue a mesma fórmula. Primeiro, escolhemos um objeto de atenção. Em seguida, toda vez que percebemos que a mente se desviou desse objeto, trazemos a atenção de volta gentilmente. O objeto que escolhemos pode ser quase qualquer coisa que possa ser percebida:

- um objeto visual, talvez uma vela, uma estátua ou uma imagem;
- um som, como o toque de um sino ou o som de água corrente;
- uma sensação no corpo quando estamos em repouso, frequentemente a respiração;
- sensações no corpo quando estamos em movimento, como os pés tocando o chão enquanto caminhamos;
- uma imagem em nossa mente, como uma mandala;
- um som em nossa mente, talvez uma frase ou um mantra repetido silenciosamente;
- uma palavra falada, como em um cântico.

Quando estamos fazendo a prática informal de atenção plena, o objeto de nossa atenção em geral é central para a tarefa em questão: a imagem em mudança da estrada e dos carros enquanto dirigimos; a sensação das gotas de água caindo em nosso corpo enquanto tomamos banho; a sensação da vassoura ou do aspirador em nossas mãos enquanto limpamos o chão. Diferentes objetos de atenção tendem a ter efeitos diferentes na mente. Dependendo de nosso temperamento e nosso humor, podemos achar um ou outro mais apropriado para determinado período de prática.

Podemos pensar que esses diversos objetos de atenção variam em grau de sutileza ou grosseria. Por exemplo, as sensações de caminhar são de certo modo mais grosseiras ou mais vívidas para a maioria das pessoas do que as sensações geradas pela respiração. Portanto, quando nossa mente está muito ocupada ou facilmente distraída, pode ser mais fácil perceber as sensações de caminhar do que as da respiração. Em contrapartida, quando nossa mente está relativamente calma, podemos cultivar níveis mais refinados de concentração ao focar nas sensações mais sutis da respiração.

A chave para se envolver nas práticas de concentração é encontrar o tipo certo de esforço. Se nos esforçarmos demais e formos rígidos conosco de maneira excessiva, rapidamente nos enredamos em nós mesmos e não conseguimos nos concentrar. A maioria de nós fica bastante alarmada ao meditar pela primeira vez, ao descobrir o quanto a mente pode ser inquieta. Se tentarmos forçá-la à obediência, a mente em geral se rebela. Já se formos muito relaxados ou frouxos e não colocarmos esforço suficiente na concentração, a mente simplesmente vagueia e nunca desenvolve muita atenção sustentada. Um equilíbrio ideal é encontrado por meio de tentativa e erro.

Nas descrições clássicas, encontrar esse equilíbrio é comparado a afinar um alaúde. Se uma corda estiver muito apertada, ela se quebra e você não consegue fazer música. Se estiver muito frouxa, fica desafinada. Um músico descobre a tensão certa ouvindo com atenção e fazendo ajustes regulares.

Nas primeiras vezes que Jerry tentou a prática de meditação formal, ele ficou muito frustrado. Embora lhe tivessem dito que o objetivo não era fazer os pensamentos pararem, ou mesmo relaxar, ele continuava sentindo que estava falhando. Ele conseguia mais ou menos seguir sua respiração por alguns segundos e então pensava: "Acho que não sou muito bom nisso; quase nada acontece". Então, ele tentava se concentrar mais, mas se irritava cada vez que perdia o contato com sua respiração. Quando ficou tão tenso e infeliz que estava prestes a desistir, percebeu que talvez estivesse se esforçando demais para acertar. Ele precisava focar mais em aceitar o que surgia em sua consciência e menos em seguir rigidamente cada respiração.

George tinha o problema oposto. Quando ele se sentava para meditar, sua mente se enchia de todo tipo de devaneios e planos divertidos. Ele os seguia e elaborava grandes histórias sobre clubes que gostaria de visitar, mulheres com quem gostaria de sair e filmes a que gostaria de assistir. Às vezes, ele pensava em problemas com seu carro ou seu computador e em como poderia resolvê--los. Embora isso fosse agradável e até lhe proporcionasse algumas boas ideias, ele por fim percebeu que não estava tentando de verdade conduzir sua mente de volta ao presente. Ele precisava colocar mais esforço em prestar atenção às sensações do momento, em vez de seguir todos os seus pensamentos e suas fantasias.

Na busca por um equilíbrio, o mais importante é sermos gentis conosco mesmos. Pode ser que você ache que práticas de concentração são mais difíceis do que você imagina que deveriam ser – então você terá de praticar a paciência e a autoaceitação à medida que dá a elas uma chance. Como um respeitado professor de meditação disse famosamente a seus alunos: "Se você tem uma mente, ela vai divagar".

NÃO FAÇA NADA, APENAS PERMANEÇA SENTADO

As próximas seções deste capítulo vão introduzir você a diversas práticas de meditação, cada uma exigindo entre 20 e 30 minutos. Experimente algumas delas em sequência, se tiver tempo, ou explore-as uma por uma quando puder.

Se você tiver cerca de 30 minutos agora, durante os quais não será interrompido, convido-o a experimentar um exercício básico de concentração formal (pode ser útil ter um relógio, um cronômetro ou um *timer* por perto). A meditação pode ser feita sentado ou deitado, embora, se você estiver com sono, seja melhor fazer sentado. (Algumas pessoas acham mais fácil aprender novas práticas ouvindo instruções de meditação guiada. Você pode encontrar estas e muitas outras práticas (em inglês) acessando a página do livro em loja.grupoa.com.br.)

*Meditação de concentração na respiração**

Se optar por sentar-se, você pode utilizar uma cadeira, uma almofada de meditação ou um banco de meditação. Se usar uma cadeira, escolha uma que permita que você se sente de maneira confortável, com a coluna mais ou menos reta. Essa postura ajuda a prestar atenção – manter a coluna reta aumenta o estado de alerta. Você pode usar o encosto da cadeira para suporte, se preferir, ou sentar-se um pouco à frente, encontrando uma posição equilibrada em que sua coluna se sustente sozinha.

Se optar por utilizar uma almofada de meditação, coloque-a sobre um cobertor dobrado ou um carpete para criar uma superfície macia e sente-se com as pernas cruzadas sobre ela. A almofada precisa ser alta o suficiente para que seus joelhos toquem o chão, com a formação de um triângulo estável entre seus dois joelhos no chão e suas nádegas na almofada. Você

---

* Áudio (em inglês) disponível na página do livro em loja.grupoa.com.br.

pode colocar um pé sobre o tornozelo ou a panturrilha oposta, ou simplesmente deixar os dois pés no chão, um logo à frente do outro, sem realmente cruzá-los. A ideia é encontrar uma postura que seja confortável e estável, com a coluna relaxada, mas ereta.

Se estiver usando um banco de meditação, coloque-o sobre um cobertor dobrado ou um carpete. Comece ajoelhando-se, com os joelhos, as canelas e os pés contra o chão. Em seguida, coloque o banco sob você de forma que ele suporte suas nádegas e a maior parte do seu peso. Você também pode querer colocar uma almofada ou um cobertor dobrado em cima do banco para ganhar mais altura e acolchoamento. Aqui, também, a ideia é encontrar uma postura confortável e estável, com a coluna mais ou menos reta.

Independentemente de como você escolher se sentar, pode ser útil imaginar que um fio está preso ao topo da sua cabeça, puxando-o de forma suave em direção ao teto ou ao céu, alongando sua coluna. Em seguida, balance suavemente a cabeça para frente e para trás e de um lado para o outro até encontrar uma posição na qual ela se equilibre naturalmente. A ideia é alcançar uma postura relaxada, porém digna e alerta. Você pode descansar as mãos confortavelmente sobre as coxas ou os joelhos para aumentar a sensação de estabilidade. Não use os braços para apoiar o tronco ou para evitar cair para trás, pois isso cria muita tensão.

Embora esta não seja uma prática física, será útil tentar permanecer o mais imóvel possível durante a meditação. Se surgir um impulso para aliviar uma coceira ou ajustar sua posição, experimente apenas observar o impulso sem agir sobre ele. Embora você não precise ser heroico ou estoico a esse respeito, exercer alguma contenção em relação ao impulso de se mover aumentará sua concentração. Isso também ilustrará um princípio importante sobre como a mente habitualmente reage ao desconforto – princípio central da prática da atenção plena (mais detalhes sobre isso mais adiante).

Após estar sentado em uma posição confortável e alerta, feche os olhos (obviamente, você precisará ler o restante destas instruções primeiro). Se tudo estiver indo bem, você perceberá que já está respirando. Sua tarefa para os primeiros 20 minutos desta meditação será dirigir sua atenção para as sensações da sua respiração. Embora existam diversos lugares no corpo em que você pode observar a respiração, para este primeiro exercício, tente dirigir sua atenção para as sensações de subida e de descida do abdômen que acompanham cada inalação e exalação. Veja se consegue observar a respiração durante todo o seu ciclo – desde o início de uma inspiração, até o ponto em que os pulmões estão relativamente cheios, e depois de volta ao ponto em que estão relativamente vazios, seguindo até o início do próximo ciclo. Você não tentará controlar a respiração de forma alguma – esta é uma prática de concentração, não um exercício de respiração. A respiração pode ser curta e superficial ou longa e profunda. Pode ser de um modo em um momento e diferente no próximo. Não há necessidade de regulá-la ou mudá-la. Você está simplesmente usando as sensações da respiração no abdômen para praticar a atenção plena ao que está acontecendo agora.

A menos que você tenha um talento natural muito grande para isso, em breve notará que sua atenção se desvia, seja para outras sensações no corpo ou para pensamentos. Você pode descobrir que sua mente se afasta completamente da respiração por longos períodos durante os quais você está pensando em outras coisas. Isso é perfeitamente normal (lembre-se: "Se você tem uma mente, ela vai divagar"). Quando perceber que isso aconteceu, simplesmente retorne de forma gentil sua atenção para a respiração. Você pode até se parabenizar por se tornar consciente disso. Isso é às vezes descrito como semelhante ao treinamento de um filhote de cachorro – o cãozinho se afasta, você o traz de volta; ele se afasta novamente, você o traz de volta mais uma vez. Não ficamos irritados com o cãozinho – presumimos que ele seja brincalhão.

Então, antes de ler mais, convido você a tentar este exercício de concentração por 20 minutos. Você pode usar um cronômetro ou simplesmente abrir os olhos e verificar seu relógio de tempos em tempos. Por favor, tente isso agora e depois siga para o próximo parágrafo quando o tempo terminar.

Agora que você seguiu sua respiração por 20 minutos, reserve alguns momentos para experimentar seu ambiente. Comece com o oceano de sons que o cerca. Escute todos os sons que estão atingindo seus ouvidos agora, como você ouviria uma sinfonia, ou como ouviria os pássaros, os grilos ou o vento em uma noite de verão. Tente ouvir como um músico faria – não rotulando os sons, mas os ouvindo como música. Feche os olhos mais uma vez e faça isso por alguns minutos antes de continuar a leitura.

Em seguida, note as sensações de contato entre o seu corpo e a cadeira, a almofada, o banco, o chão ou outra superfície. Observe as centenas de sensações que vêm de cada ponto de contato – seus pés, suas nádegas, qualquer outro ponto onde seu corpo toca algo firme. Perceba como essas sensações não são realmente sólidas, mas compostas de centenas de pequenas sensações unidas. Explore essas sensações com os olhos fechados por um momento.

Agora, volte sua atenção para as sensações de contato com o oceano de ar que o cerca. Observe as sensações onde quer que sua pele esteja exposta – seu rosto, suas mãos ou outras partes do corpo. Note se o ar parece quente ou frio, calmo ou com brisa. Perceba as sensações da sua respiração nas bordas das narinas, como é fria quando você inspira e mais quente quando você expira. Novamente, fechando os olhos, sinta apenas o ar por alguns minutos.

Por fim, em um momento, você direcionará sua atenção para o seu campo visual, observando as cores, as formas e as texturas do seu ambiente. Tente percebê-las como um artista faria – deixando de lado por um momento o hábito de rotular objetos. Por favor, olhe para cima do livro por alguns minutos agora para fazer isso antes de continuar a leitura.

O QUE VOCÊ DESCOBRIU?

Cada um de nós tem uma experiência diferente ao tentar a meditação de concentração. Na verdade, a mesma pessoa geralmente terá experiências muito diferentes cada vez que a faz. Tire alguns minutos agora para anotar o que você percebeu durante cada fase dos exercícios, como se estivesse contando a um amigo sobre a experiência.

_____
_____
_____
_____
_____
_____
_____

Agora, vamos ver como suas observações se comparam com algumas experiências comuns.

Foi mais difícil do que eu esperava

A maioria de nós está tão ocupada e constantemente entretida por TV, rádio, música, revistas, livros e outras pessoas que achamos bastante difícil sentar-nos em silêncio e concentrar-nos em um conjunto de sensações por muito tempo. Somos acometidos por *inquietação*, em que permanecer parado é difícil, e *dúvida*, em que nos perguntamos por que estamos fazendo isso. Às vezes, surgem sentimentos ou imagens intensas, talvez tristeza ou raiva das quais não estávamos totalmente cientes ou memórias de eventos dolorosos do passado. Às vezes, essas experiências são tão intensas que queremos abandonar o exercício antes do tempo.

Se você se sentiu sobrecarregado por sentimentos ou memórias durante esse exercício, pode desejar, da próxima vez, tentar uma prática de concentração com foco externo, uma que utilize as sensações de caminhar, o sabor dos alimentos ou um objeto em seu ambiente. Apresentarei instruções para essas práticas em breve.

Às vezes, também, o exercício pode ser fisicamente doloroso, causando desconforto ou rigidez no corpo. Talvez você não esteja acostumado à postura. Além disso, tensões das quais você pode não estar ciente podem surgir, criando dor nas costas, no pescoço, nos joelhos ou nos ombros. Quando isso acontecer, tente explorar as sensações de dor por um tempo sem ajustar sua postura – você pode descobrir que elas mudam por si mesmas. Vamos discutir como usar a atenção plena para lidar com a dor física no Capítulo 7.

Eu fiquei muito sonolento

Muitos de nós sofrem de privação crônica de sono e, assim que desistimos de entretenimento externo ou de atividades orientadas para um objetivo, começamos a cochilar. E, claro, quando estamos dormindo, é difícil redirecionar nossa atenção para a respiração. Por causa desse dilema, estudantes sonolentos historicamente têm recebido uma solução radical: tentar meditar à beira de um poço profundo ou de um penhasco alto! Felizmente, há alternativas menos drásticas, como manter os olhos abertos, olhando alguns metros à frente em um ângulo de aproximadamente 45 graus, ou meditar em pé.

Gostei disso, foi muito relaxante

Um dos objetivos das práticas de concentração é acalmar e desacelerar a mente. Embora isso nem sempre aconteça, às vezes acontece, e pode ser bastante agradável. Isso só se torna um problema se desenvolvemos a expectativa de que a prática de concentração *deve* sempre ser calmante ou agradável. Essa expectativa tende a sabotar a experiência e causar agitação na próxima vez que meditamos e encontramos a mente mais ativa.

As cores, os sons e as sensações foram intensos

Um efeito comum do cultivo da concentração é a intensificação dos sentidos. Esse efeito geralmente é relacionado à dose, o que significa que um pouco de prática de concentração produz uma sutil melhoria na experiência sensorial, já a prática sustentada de concentração traz uma intensificação bastante drástica. Lembro-me vividamente do meu primeiro retiro de meditação prolongado. Após alguns dias, era hora de tomar um banho. Eu não esperava o que aconteceu e mal podia acreditar no que sentia. Entrei em um chuveiro comum e descobri que as sensações de milhares de gotas de água atingindo minha pele, combinadas com a sensação do sabonete escorregadio e sensual deslizando sobre meu corpo, eram quase avassaladoras. Aquele banho foi mais vívido e envolvente do que refeições *gourmet*, brinquedos de parque de diversões, até momentos de descoberta sexual. Embora a intensificação sensorial não seja o objetivo principal da prática de concentração, ela pode ser de fato agradável e é uma das maneiras pelas quais a meditação de concentração enriquece nossa vida.

Eu não sou bom nisso

Em geral, essa percepção resulta do desejo de que a meditação seja pacífica ou relaxante. Nossa mente julgadora e avaliadora entra em ação e se torna implacável em suas críticas. Como, na maioria das vezes, nossa mente divaga bastante, ficamos muito desapontados se esperamos que ela permaneça quieta. Dada nossa preocupação com a autoestima relacionada às preocupações com nossa posição no grupo de primatas, a meditação pode ser um rico território para a tortura de si mesmo. Acabamos convencidos de que todos os outros são muito mais sãos, eles conseguem controlar sua mente, mas nós não conseguimos controlar a nossa. Uma das razões pelas quais a imagem do treinamento de filhotes ajuda nessa prática é que a maioria de nós é indulgente com filhotes – quem pode culpar um filhote por ser brincalhão e indisciplinado? Eles são jovens, não treinados, e não sabem o que estão fazendo. Assim como nós.

APONTANDO A CÂMERA

Algumas tradições de meditação têm a concentração como seu objetivo principal. A meta é desenvolver uma mente calma e estável, tornando-se de fato habilidoso em focar. A *meditação transcendental*, muito popular nos Estados Unidos e na Europa durante as décadas de 1960 e 1970, é uma dessas tradições. Ela oferece às pessoas um mantra secreto para utilizar como objeto de atenção a fim de desenvolver um estado de profundo descanso e relaxamento. De forma semelhante, a *resposta de relaxamento*, descrita pelo cardiologista da Harvard Medical School dr. Herbert Benson, utiliza práticas de concentração para ganhar controle sobre a ativação fisiológica, com o objetivo de aliviar problemas médicos relacionados ao estresse.

Se você foi treinado em uma dessas práticas, é importante saber que, embora elas sejam claramente valiosas, não são, por si sós, exercícios de atenção plena. Em vez disso, são técnicas úteis que nos preparam para tal prática. As práticas de concentração nos ensinam a focar a mente para que possamos observar os fenômenos mentais com clareza. As práticas de *atenção plena*, então, utilizam essa concentração para examinar de forma ativa como a mente funciona, sobretudo para observar como a mente cria sofrimento desnecessário. Por meio da atenção plena, vemos nossos hábitos de viver em pensamentos sobre o passado ou o futuro, tentando reforçar nosso senso de identidade por meio de comparações com os outros, e nos tornando infelizes ao buscar de modo constante o prazer e tentar evitar a dor. Também aprendemos a desfazer esses hábitos, prestando atenção e aprendendo a aceitar os momentos da vida à medida que se desenrolam.

A meditação formal de atenção plena geralmente começa com a prática de concentração. No entanto, uma vez que essa concentração é estabelecida, as instruções da meditação mudam. A ideia passa a ser direcionar nossa atenção para o que quer que predomine na consciência – seja a respiração, outra sensação corporal, um som, uma visão, uma emoção, uma intenção ou até um pensamento.

> A atenção plena se parece com a liberdade de apontar nossa câmera para todo tipo de objeto interessante, uma vez que saibamos como focá-la.

Mesmo no início de nossa prática de meditação, enquanto ainda estamos desenvolvendo a concentração, podemos começar a cultivar a atenção plena – *consciência da experiência atual com aceitação*. Existem diversas maneiras pelas quais uma atitude de atenção plena pode começar a orientar nossa meditação de concentração. Primeiro, quando a mente se desvia da respiração, podemos notar para onde ela foi antes de retornar nossa atenção às sensações da respiração. Assim, podemos em silêncio notar que estamos "pensando", "ouvindo" ou "fantasiando" antes de voltar à respiração. Em segundo lugar, a atenção plena envolve uma atitude de interesse ou de curiosidade em relação a tudo o que está acontecendo. Portanto, à medida que praticamos a concentração, podemos tentar direcionar essa atitude de interesse ou de curiosidade para cada respiração – observando a textura, a profundidade e o ritmo de cada inalação e exalação –, tratando nosso objeto de atenção como se fosse ao mesmo tempo fascinante e precioso. Por fim, podemos nos esforçar para aceitar tudo o que notamos enquanto fazemos a prática de concentração, desde as inúmeras sensações que surgem até todos os pensamentos e sentimentos que inevitavelmente vêm nos visitar.

> **Cultivando a atenção plena durante a prática de concentração**
>
> - Repare (e talvez rotule) para onde sua mente se direciona quando ela se afasta de sua respiração.
> - Cultive interesse e curiosidade em relação às qualidades de cada respiração e tudo o mais que surgir.
> - Tente acolher tudo o que observar.

UMA RESPIRAÇÃO, MUITAS MANEIRAS DE ACOMPANHÁ-LA

Como já mencionado, qualquer coisa que possa ser percebida pode ser utilizada como objeto de atenção na meditação de concentração. Mesmo no domínio da meditação focada na respiração, muitas variações são possíveis. Cada uma delas tem suas qualidades únicas e tende a produzir seus próprios efeitos. Assim como a respiração oferece sensações mais sutis do que o caminhar, diferentes maneiras de prestar atenção à respiração proporcionam sensações mais sutis ou mais grosseiras. Você provavelmente descobrirá que algumas das seguintes técnicas são mais úteis quando a mente está agitada, e outras funcionam melhor quando a mente já está calma:

Concentre-se nas sensações na borda das narinas, em vez de em sua barriga indo para cima e para baixo. Você pode se concentrar nas sensações mais sutis que ocorrem nas bordas das narinas enquanto você inspira e expira (como fez no final do primeiro exercício de meditação). Experimente isso agora por alguns momentos. Você pode notar que o ar é um pouco mais frio ao entrar nas narinas e um pouco mais quente ao sair. Às vezes, focar na respiração nessa área pode ser muito difícil – as sensações são muito sutis e a mente muito dispersa, então prestar atenção nas sensações no abdômen pode ser preferível. Outras vezes, ao desafiar a mente a sintonizar essas sensações mais refinadas, focar na ponta do nariz permite níveis mais profundos de concentração.

Dialogue consigo mesmo em silêncio. Essa é uma boa maneira de ajudar a focar uma mente agitada. É útil quando a mente está tão ativa que as sensações de subida e descida da respiração não conseguem capturar sua atenção. Por exemplo, ao notar as sensações da respiração no abdômen, você pode silenciosamente dizer "subindo" cada vez que o abdômen sobe e "descendo" cada vez que ele desce. A ideia aqui é direcionar a maior parte da sua consciência para as sensações reais no corpo e utilizar a repetição de palavras para manter a mente focada nessas sensações. Da mesma forma, ao usar as narinas como ponto de atenção, você pode repetir silenciosamente "dentro" e "fora" com cada respiração.

Conte as respirações. Essa é uma abordagem relacionada que você pode usar quando a mente está agitada. Tente contar apenas a inspiração ou a expiração. As pessoas muitas vezes relatam que contar a inspiração tende a ser mais energizante, já contar a expiração tende a ser mais calmante. A respiração pode ser contada de forma silenciosa até você alcançar 10, momento em que você começa o ciclo de contagem de novo. Alternativamente, as respirações podem ser contadas até você alcançar 100.

Jogue "arremesso e pegada de bola". Se você se sente facilmente motivado por metas, pode tentar este jogo: conte cada respiração, tentando alcançar 100, mas recomece a contagem sempre que perceber que sua mente se desviou. Isso é um pouco como jogar "arremesso e pegada de bola" e ver quantas vezes você consegue lançar a bola de um lado para o outro sem deixá-la cair.

Um pouco de experimentação revelará qual variação desses métodos – observar "subindo, descendo" ou "dentro, fora"; contar a inspiração ou a expiração; contar até 10 ou 100; ou estruturar a meditação como um jogo – parece aumentar mais sua concentração durante diferentes estados mentais. Um modo de ter uma noção disso é dedicar uma sessão de meditação formal para praticar diversas dessas variações em sequência. Você precisará de cerca de 30 minutos para este exercício, então, se este não for um bom momento, por favor, retorne a ele mais tarde.

Modelo de prática com a respiração*

Comece como fez na primeira prática de concentração, encontrando uma postura confortável e alerta. A menos que esteja sonolento, você pode achar mais fácil manter o foco se seus olhos estiverem fechados (após ler as instruções, é claro).

Na sequência, experimente acompanhar a respiração das maneiras listadas a seguir, cada uma por cerca de cinco minutos (usar um relógio ou um cronômetro ajudará). Se achar que isto pode ajudar na reflexão sobre sua experiência, quando terminar, volte ao livro e anote o que percebeu

---

* Áudio (em inglês) disponível na página do livro em loja.grupoa.com.br.

sobre cada variação e quais estados de humor ou mentais você imagina que cada uma pode atender melhor:

1. Observe a respiração no abdômen sem palavras.
   _____
   _____
   _____

2. Observe a respiração no abdômen rotulando silenciosamente com "subindo," "descendo".
   _____
   _____
   _____

3. Observe a respiração na borda das narinas sem palavras.
   _____
   _____
   _____

4. Observe a respiração na borda das narinas rotulando com "dentro," "fora".
   _____
   _____
   _____

5. Observe a respiração em qualquer um dos lugares contando até 10 nas expirações e repetindo o processo.
   _____
   _____
   _____

6. Observe a respiração em qualquer um dos lugares tentando contar as expirações até 100, mas começando novamente cada vez que perceber que sua mente vagou.
   _____
   _____
   _____

Algumas formas da meditação da respiração foram mais fáceis para você do que outras? Pode ser que algumas sejam mais adequadas a certos estados da mente e não a outros?

INTEGRANDO A PRÁTICA À SUA VIDA

Agora que você experimentou a meditação da respiração em diferentes formas, como integrá-la à sua vida? Muitas pessoas desenvolvem concentração apenas trabalhando com a respiração, embora existam muitas outras variedades de prática formal e informal disponíveis, várias das quais discutiremos em breve. O importante é comprometer-se com um padrão de prática e tentar mantê-lo ao longo de dias ou semanas.

É relativamente fácil comprometer-se com a prática informal, já que isso não requer dedicar tempo exclusivo a ela. Podemos decidir apenas tentar prestar mais atenção à nossa experiência momento a momento quando tomamos banho, dirigimos ou escovamos os dentes. No entanto, comprometer-se com a prática formal de meditação é outra história. Muitos de nós temos pouco tempo disponível. Talvez você estremeça ao pensar em assumir "mais uma coisa" e, portanto, ache melhor começar de maneira leve. Surpreendentemente, muitas pessoas descobrem que é mais fácil praticar mais do que praticar menos. Isso ocorre porque mais prática, seja na forma de sessões mais longas, períodos mais frequentes ou ambos, tende a criar mudanças mais perceptíveis em nosso estado mental. Essas mudanças, por sua vez, tornam-se autorreforçadoras e podem até fazer o resto de nossa vida parecer menos pressionado.

É como qualquer outra habilidade. Se praticarmos piano por apenas alguns minutos a cada poucas semanas, é improvável que sintamos que estamos aprendendo a tocar muito bem e acabaremos frustrados e desistindo. Em contrapartida, se praticarmos com frequência e por tempo suficiente para que as músicas comecem a fluir, poderemos de fato passar a apreciar e valorizar nosso tempo ao piano.

> Os efeitos da prática formal regular podem fazer com que sintamos como se tivéssemos mais tempo no nosso dia.

Embora possa ser útil fazer até alguns minutos de meditação, a maioria das pessoas descobre que precisa de pelo menos 20 minutos por vez para começar a desenvolver algum grau de concentração. Com frequência, as pessoas relatam que 45 minutos é o ideal, pois permite que a mente se acalme, mas não é tempo suficiente para gerar muito desconforto físico.

Provavelmente, o programa de ensino de meditação formal mais amplamente conhecido nos Estados Unidos é o programa de redução de estresse baseado em atenção plena iniciado por Jon Kabat-Zinn no University of Massachusetts

Medical Center. Eles ensinam uma variedade de práticas de concentração e atenção plena e, tipicamente, pedem aos participantes que façam de 45 a 60 minutos de prática formal por dia, seis dias por semana. Embora isso seja um compromisso significativo, os participantes relatam que, nesse nível de prática, experimentam melhorias tangíveis em sua sensação de bem-estar. O programa de meditação transcendental, que tem uma longa história de ensino de meditação de concentração ao redor do mundo, normalmente pede que os participantes meditem por 20 minutos duas vezes ao dia.

Se você conseguir encontrar tempo, eu recomendaria começar com um desses ritmos – ou uma sessão de 45 minutos, ou duas sessões de 20 minutos de Meditação de concentração na respiração todos os dias. Você também pode começar a desenvolver o hábito de utilizar certas atividades cotidianas como oportunidades de prática informal. Se tentar isso, provavelmente perceberá um impacto significativo no resto do seu dia – sentindo-se mais presente e mais capaz de aceitar os altos e baixos do cotidiano.

Iniciando uma rotina de prática

- Tente fazer uma prática de meditação de 45 minutos focada na respiração ou duas sessões de 20 minutos por dia quantos dias por semana você conseguir.
- Considere escolher pelo menos uma atividade rotineira – tomar banho, fazer a barba, lavar a louça, escovar o cabelo, preparar-se para dormir, subir ou descer escadas, dirigir para o trabalho – para usar como prática informal de atenção plena.

Se esse grau de compromisso não for prático para você, uma "dose" menor de prática ainda terá efeitos muito benéficos – talvez eles só não sejam tão drásticos. Eu ainda recomendaria tentar fazer a meditação da respiração por pelo menos 20 minutos de cada vez, mesmo que com menor frequência. Seja qual for a frequência e a intensidade que você decidir tentar, será útil escolher dias da semana e horários consistentes para praticar. (Outras dicas para estabelecer um padrão de prática que se ajuste à sua situação específica são fornecidas mais adiante neste capítulo.)

Assim como diferentes formas de meditação focada na respiração podem ser mais adequadas a diferentes momentos, cada tipo de meditação formal tem seu lugar. Todas as variedades a seguir podem ser usadas para desenvolver a concentração e para a prática de atenção plena. Algumas delas também funcionam bem como práticas informais, já que você pode realizá-las enquanto faz outras atividades. Com uma série de técnicas à sua disposição, você pode adaptar sua prática a circunstâncias e necessidades em constante mudança.

MEDITAÇÃO EM MOVIMENTO: PRÁTICA DE CAMINHADA

A meditação durante a caminhada é um complemento muito bom para a meditação da respiração, podendo servir tanto como prática formal de concentração quanto como prática informal. Como prática formal, essa técnica é especialmente útil quando a mente está agitada, o corpo está rígido ou estamos sonolentos. Portanto, é uma boa técnica para aprender visando a apoiar o desenvolvimento da concentração. Você pode usá-la em vez da meditação da respiração ou pode dividir uma sessão de meditação entre sentar-se com a respiração e caminhar.

Assim como na meditação da respiração, para fazer a meditação formal durante a caminhada, é necessário reservar um tempo em um ambiente relativamente tranquilo. Talvez a técnica mais conveniente envolva escolher um caminho, com aproximadamente 5 a 10 metros de comprimento, que você possa percorrer de um lado para o outro sem perturbar ou ser perturbado por ninguém.

Assim como na meditação da respiração, primeiro leia estas instruções e depois coloque o livro de lado e experimente. Você pode reservar cerca de 20 minutos para fazer isso pela primeira vez. (Novamente, se agora não for um bom momento, por favor, volte a isso mais tarde.)

Meditação durante a caminhada

Comece ficando em pé em uma extremidade do seu caminho, feche os olhos e permita que seu corpo se acomode no simples ato de estar presente. Isso pode ser feito utilizando sapatos, mas você pode achar a experiência mais rica com os pés descalços, caso as circunstâncias permitam. Comece com alguns momentos de meditação em pé: perceba as sensações dos seus pés no chão e a gravidade puxando seu corpo para baixo. Note a sensação do ar ao seu redor – onde ele toca seu rosto, suas mãos e quaisquer outras áreas expostas. Ouça os sons que o cercam. Observe sua respiração, seja no abdômen ou na ponta do nariz.

Após se acomodar na experiência de ficar em pé por alguns minutos, abra os olhos e permita que seu olhar seja lançado para baixo de modo confortável, alguns metros à sua frente. Assim como fez após a meditação da respiração, observe o campo visual como um artista o faria, percebendo as cores, as texturas e as formas.

Quando sentir que está relativamente presente na experiência de estar em pé, é hora de começar a caminhar. Isso pode ser feito rápida ou lentamente. Na maioria das circunstâncias, caminhar de maneira mais lenta permite melhor concentração. Comece levantando com cuidado um pé, percebendo as sensações do levantamento do pé, da perna e do resto do corpo. Gradualmente, mova o pé para frente no espaço, notando todas as sensações de movimento. Em seguida, coloque o pé no chão à sua frente com atenção, percebendo todas as sensações que surgem ao fazer contato com o solo. À medida que você levanta, move para frente e pousa o pé, tente direcionar uma atitude de interesse ou curiosidade para a experiência, como se estivesse caminhando pela primeira vez.

Quando seu pé estiver firmemente no chão, é hora de mover o outro pé. Mais uma vez, comece com o levantamento atencioso, depois preste atenção à sensação de mover o pé para frente e, por fim, observe todas as sensações envolvidas em colocá-lo de volta no chão. Você precisará experimentar para encontrar um ritmo que funcione bem para você. (Geralmente pratico isso bem devagar, com a sequência de levantar-mover-pousar de cada pé levando cerca de 5 segundos, apenas rápido o suficiente para evitar cair.)

Continue com esses movimentos lentos e atentos até chegar ao outro lado do caminho. Nesse ponto, faça uma pausa por alguns momentos para meditar em pé – sinta as sensações de ficar parado, voltando a atenção novamente para os seus pés no chão, o ar, os sons e o campo visual. Quando se sentir totalmente presente, vire-se de forma gradual, observando todas as sensações associadas a isso, e depois siga de volta na outra direção. Continue caminhando lentamente de um lado para o outro ao longo do seu trajeto, fazendo uma pausa em cada extremidade para estar plenamente presente, pelos próximos 20 minutos.

O QUE VOCÊ DESCOBRIU?

Assim como a meditação da respiração pode se desdobrar de maneiras muito diferentes para diferentes pessoas, ou até para a mesma pessoa em momentos distintos, cada sessão de meditação durante a caminhada é única. Reserve alguns momentos para refletir sobre como a meditação durante a caminhada se comparou à da respiração para você e anote suas observações.

_____

_____

_____

_____

Até certo ponto, podemos influenciar nossa experiência na meditação durante a caminhada variando a técnica. Por exemplo, pode ser interessante notar os efeitos produzidos por diferentes velocidades de caminhada. O estilo muito lento e deliberado de meditação durante a caminhada descrito tende a ser calmante e a melhorar a concentração. No entanto, quando está sonolento ou com dificuldade para mobilizar energia para a meditação, você pode optar por um ritmo mais acelerado para energizar a mente. Assim como na caminhada lenta, a instrução para a caminhada rápida é dirigir sua atenção para as sensações dos pés em contato com o chão e das pernas se movendo no espaço. Ao caminhar com rapidez, geralmente não conseguimos atender às sensações com a mesma precisão, mas essa abordagem ainda pode desenvolver a concentração e proporcionar uma oportunidade para a prática da atenção plena.

Além disso, como na vida diária normalmente caminhamos com mais rapidez, a meditação durante a caminhada em ritmo acelerado oferece uma excelente oportunidade para a prática informal. Você pode adquirir o hábito de utilizar momentos comuns de caminhada durante o dia como oportunidades de meditação.

Como na maioria das formas de prática, não existe um modo "certo" de fazer a meditação durante a caminhada. Em vez disso, é útil experimentar e observar os efeitos dos diferentes estilos, percebendo quando é mais útil praticar de uma forma ou de outra.

Assim como na meditação da respiração, tanto a meditação durante a caminhada rápida quanto a meditação durante a caminhada lenta podem ser realizadas com ou sem narração silenciosa. Se você achar difícil manter a atenção nas sensações da caminhada durante a prática lenta, pode tentar dizer silenciosamente para si mesmo "levantando", "movendo" e "pousando" ao executar cada um desses movimentos. De maneira alternativa, você pode contar os passos – até 10, 100, ou como um jogo de contagem. Aqui, novamente, a ideia é concentrar a maior parte da atenção na experiência sensorial, permitindo que as palavras silenciosas sirvam como suporte.

Quando a mente está muito distraída, outra maneira de desenvolver o foco é coordenar a respiração com os passos. Dependendo do ritmo em que você está caminhando, isso pode ser feito respirando de modo lento enquanto move um pé e expirando lentamente enquanto move o outro. Se você estiver caminhando muito devagar, pode tentar inspirar ao levantar o pé e expirar ao colocá-lo no chão. Se estiver caminhando mais rapidamente, pode dar vários passos com cada respiração. Com um pouco de experimentação, você perceberá qual abordagem parece funcionar melhor para você em diferentes circunstâncias.

> **Modificando a prática de caminhada para diferentes estados mentais**
>
> - Use a caminhada lenta para acalmar e concentrar uma mente agitada.
> - Use a caminhada rápida quando estiver com sono ou com pouca energia e para a prática informal.
> - Use a rotulagem silenciosa, a contagem e o "jogo de arremesso" com seus passos para aumentar a atenção.
> - Coordene sua respiração com seus passos quando estiver especialmente distraído.

Assim como fez com a meditação da respiração, você pode querer experimentar diferentes formas de prática de caminhada. Você precisará de cerca de 30 minutos para isso, então, se agora não for um bom momento, por favor, retorne a esta prática mais tarde.

Modelo de prática de caminhada

Este exercício divide um período de 30 minutos de prática de caminhada em diferentes segmentos, cada um durando cerca de cinco minutos. Aqui, novamente, se isso puder ajudar você a refletir sobre a experiência, anote no final o que você percebeu sobre cada estilo de meditação durante a caminhada.

1. Caminhe lentamente sem usar palavras.

   _____
   _____
   _____

2. Caminhe rapidamente sem usar palavras.

   _____
   _____
   _____

3. Caminhe lentamente rotulando de forma silenciosa com "levantando", "movendo", "pousando".

   _____
   _____
   _____

4. Caminhe rapidamente rotulando de forma silenciosa com "levantando", "movendo", "pousando".

_____
_____
_____

5. Caminhe lentamente coordenando a respiração com seus passos.

_____
_____
_____

6. Caminhe rapidamente coordenando a respiração com seus passos.

_____
_____
_____

Alguns tipos de meditação durante a caminhada foram mais fáceis para você do que outros? Você imagina que um ou outro seria mais adequado para diferentes estados mentais?

MEDITAÇÃO DE BAIXO A CIMA: O ESCANEAMENTO CORPORAL

Outra técnica de meditação, chamada *escaneamento corporal*, pode ser praticada enquanto sentado, mas também é com frequência realizada na posição deitada (em geral, isso funciona melhor em uma superfície relativamente firme, para ajudar a manter-se alerta em vez de adormecer). Assim como a meditação durante a caminhada, essa técnica pode ser especialmente útil quando a mente está tendo dificuldade em permanecer com um objeto sutil de atenção. Ela serve sobretudo como prática de concentração, uma vez que dita onde colocamos nossa atenção. Você pode querer experimentá-la primeiro com o livro aberto e, mais tarde, após ter uma noção de como funciona, experimentá-la com os olhos fechados. Você provavelmente precisará de cerca de 30 minutos para fazer isso sem sentir-se apressado. Experimente agora, se tiver tempo.

Meditação de escaneamento corporal*

Comece com alguns minutos de meditação focada na respiração – observando as sensações de elevação e de descida do abdômen a cada respiração. Em seguida, direcione sua atenção para as sensações de contato com a cadeira e o chão, se estiver sentado, ou com o chão, o sofá ou a cama, se estiver deitado. Permita que a respiração fique em segundo plano enquanto você observa as complexas sensações do seu corpo sendo apoiado, ao mesmo tempo que a gravidade o puxa de forma suave para baixo.

Após ter uma noção do seu corpo no espaço, direcione sua atenção para os dedos de um pé. Observe todas as sensações que vêm desses dedos. Perceba se eles parecem quentes ou frios, relaxados ou tensos. Veja se consegue perceber como as sensações que vêm dos seus dedos não são sólidas, mas sim compostas por uma série de microssensações momentâneas encadeadas ao longo do tempo. Tente direcionar uma atitude de interesse ou de curiosidade para essas sensações, observando como elas mudam sutilmente de momento a momento. Caso você perceba em algum momento que sua mente se distraiu com pensamentos ou foi atraída para outras sensações, dirija com suavidade a atenção de volta para as sensações nos seus dedos do pé. Permita que sua atenção permaneça nos dedos por várias respirações, ou até sentir que os explorou completamente.

Em seguida, direcione sua atenção para o topo do mesmo pé. Sinta todas as sensações que ocorrem ali. Note quais são agradáveis e quais são desagradáveis. Mais uma vez, observe se a área está quente ou fria, relaxada ou tensa. Se em algum momento você perceber que sua mente se desviou, conduza-a suavemente de volta para as sensações no topo do seu pé. Tente permanecer com essas sensações por várias respirações ou até sentir que as explorou completamente.

Quando estiver pronto para prosseguir, direcione sua atenção para as sensações que surgem na sola do seu pé. Permaneça com as sensações que surgem nessa área por várias respirações, explorando-as como fez com as outras.

A meditação prossegue dessa maneira. A ordem em que você examina as regiões do corpo não é crucial, embora seja mais fácil sustentar a atenção se você fizer isso de forma sistemática, movendo-se progressivamente de uma extremidade do corpo para a outra (as pessoas geralmente começam pelos pés, para estarem o mais distante possível de onde surgem os

---

* Áudio (em inglês) disponível na página do livro em loja.grupoa.com.br.

pensamentos). Assim, após o pé, você pode direcionar sua atenção para o tornozelo, a panturrilha, a canela, o joelho, a coxa e a virilha da mesma perna. Isso pode ser seguido por uma pesquisa lenta e sistemática da outra perna e do outro pé, começando novamente pelos dedos do pé. Depois disso, você pode passar para o abdômen, o peito e o pescoço, seguindo pelas nádegas e pelas partes inferior, média e superior das costas. Os braços podem ser explorados da mesma forma que as pernas, começando pelos dedos de uma mão, passando para as palmas e pelo dorso da mão, e depois para o pulso, o antebraço, o braço e o ombro. Isso pode ser repetido na outra mão e no outro braço. Por fim, direcione sua atenção para a frente e a parte de trás do pescoço, o queixo, a boca, as bochechas, o nariz e os olhos, e depois para a testa, as orelhas e, por fim, o topo e a parte de trás da cabeça.

Você pode descobrir que consegue dar mais atenção a áreas do corpo ricas em nervos sensoriais, como o rosto. Enquanto você pode perceber toda a parte central das costas ou o abdômen como uma área única, os lábios, o nariz, os olhos e as bochechas podem ser explorados de maneira separada. Ao longo desse exercício, tente cultivar uma atitude de curiosidade, interesse e investigação em direção a todas as sensações que se apresentam à sua consciência. Também pratique a aceitação de tudo o que você descobrir, seja uma sensação agradável ou desagradável. Assim como em outras formas de meditação, sempre que perceber que a mente se desviou da área específica que você está explorando, conduza-a de volta com suavidade – como se estivesse treinando um cãozinho.

O QUE VOCÊ DESCOBRIU?

Após experimentar o escaneamento corporal, reserve alguns momentos para refletir sobre a experiência. Como ela se comparou com as meditações da respiração e da caminhada? Anote suas observações.

_____
_____
_____
_____
_____

Se você está familiarizado com o *relaxamento progressivo* de Edmund Jacobson, pode notar paralelos com o escaneamento corporal. No entanto, diferentemente do relaxamento progressivo, essa prática de meditação não envolve tensionar e relaxar os músculos, bem como não é projetada especificamente para promover o relaxamento. Em vez disso, como as outras práticas descritas aqui, é um exercício de concentração que pode ser utilizado como primeira etapa da prática de atenção plena. Ao mudar o objeto de atenção para diferentes partes do corpo, a mente tende a permanecer mais interessada e, portanto, pode estar menos distraída do que durante técnicas de foco único, como a meditação da respiração ou da caminhada. Além disso, ao explorar todo o corpo, há uma tendência a se perder menos em pensamentos e se tornar mais consciente das sensações físicas no aqui e agora.

LEVE MAIS POR MENOS: MEDITAÇÃO DURANTE A ALIMENTAÇÃO

Que tal desfrutar mais da alimentação enquanto ingere menos calorias? Parece um bom negócio? Tudo o que é necessário é um pouco de disciplina e uma mudança de abordagem.

A meditação durante a alimentação é uma forma especialmente envolvente de prática de concentração, com enorme potencial para nos ajudar a comer de maneira saudável. Ela também ilustra de forma vívida o poder da concentração para tornar nossa vida mais rica e recompensadora. Muitas vezes estamos "ausentes" durante as refeições, perdidos em pensamentos sobre o passado e o futuro (incluindo refeições passadas e futuras), em vez de atentos às sensações momento a momento da alimentação. Essa meditação não apenas ilustra como a mente normalmente está ocupada quando comemos, mas também nos dá a oportunidade de realmente saborear e apreciar nossa comida. Assim como a meditação durante a caminhada, essa prática pode ser tanto uma meditação formal quanto uma prática informal.

As primeiras vezes que você tentar essa meditação, é melhor começar com um pequeno pedaço de alimento simples. Professores de meditação com frequência escolhem uma uva-passa, pois é algo fácil de se encontrar e revela surpresas interessantes que reforçam nossa motivação para comer com atenção plena. Embora este exercício seja geralmente feito com os olhos fechados, como estas instruções estão escritas, você pode tentar primeiro com os olhos abertos para que possa segui-las. Você precisará de uma uva-passa e de cerca de 20 minutos de tempo ininterrupto.

Meditação com a uva-passa*

Comece praticando com 10 minutos de meditação da respiração. Após isso, abra os olhos e pegue a uva-passa. Todas as instruções devem ser seguidas muito lentamente – tente resistir ao impulso de se apressar.

Segure a uva-passa na mão e examine-a cuidadosamente com os olhos. Observe sua textura, sua cor e seus padrões. Veja onde ela é brilhante e onde é opaca. Note também quaisquer pensamentos ou sentimentos que surjam enquanto você a segura.

Em seguida, utilize o polegar e o indicador para explorar a textura da uva-passa (talvez você queira fechar os olhos para se concentrar melhor nas sensações táteis). Observe suas colinas e seus vales, se é macia ou dura, lisa ou rugosa.

Após explorá-la completamente na mão, mantendo-se consciente das sensações do seu braço movendo-se pelo espaço, levante a uva-passa até o ouvido. Segure-a logo fora do canal auditivo e role-a entre o polegar e o indicador, exercendo um pouco de pressão (resista a qualquer impulso que possa surgir de engolir a uva-passa). Veja se você consegue ouvir o som sutil que uma uva-passa faz ao ser manipulada.

Após escutar a uva-passa por alguns momentos, lenta e conscientemente a leve até suas narinas. Inspire e veja se consegue detectar algum aroma de uva-passa. Observe também suas reações ao que sente: você acha o cheiro agradável, desagradável ou neutro? Inspire profundamente várias vezes para de fato captar o cheiro da uva-passa.

Agora vem a parte realmente emocionante. Leve a uva-passa para perto dos lábios e permita que sua língua a capture (como só sua língua sabe fazer). Apenas deixe a uva-passa repousar entre a língua e o céu da boca por um tempo. Note qualquer reação que sua boca tenha. Observe mais uma vez quaisquer respostas emocionais que surgirem. Continue a segurar a uva-passa assim por um ou dois minutos.

Em seguida, comece a usar sua língua para explorar a uva-passa. Veja como essas sensações são semelhantes ou diferentes daquelas que você experimentou ao explorá-la com o polegar e o indicador. Note também como a uva-passa muda enquanto permanece na sua boca.

Uma vez que você sentir que explorou completamente a uva-passa com a língua (o que levará alguns minutos), posicione-a com suavidade entre os molares superiores e inferiores. Apenas segure-a lá por um momento e

---

* Áudio (em inglês) disponível na página do livro em loja.grupoa.com.br.

observe como é a sensação. Note qualquer vontade de morder ou talvez até de proteger a uva-passa.

Agora, permita que seus molares se encontrem uma vez, mas apenas uma vez. Observe o que acontece. Perceba qualquer sensação de sabor, desejos e sentimentos que surgem. Apenas fique com a experiência da uva-passa esmagada entre os dentes enquanto sua boca e sua mente reagem a ela.

Em seguida, utilize sua língua para capturar a uva-passa de novo e explorar seu resultado até aqui. Analise todas as formas como ela mudou e note como continua a mudar à medida que você a explora mais. Depois que a uva-passa se desintegrar, permita-se continuar mastigando, observando todas as diferentes sensações e desejos que surgem. Observe o reflexo de deglutição e como as sensações em sua boca continuam a mudar. Deseje boa sorte à uva-passa enquanto ela continua sua jornada pelo seu trato digestivo.

O QUE VOCÊ DESCOBRIU?

Uma primeira sessão de meditação durante a alimentação, sobretudo se feita de forma muito lenta, geralmente desperta todo tipo de reações. Reserve um momento para anotar o que você percebeu.

_____

_____

_____

_____

Agora observe como suas respostas se comparam com algumas das reações comuns que as pessoas têm quando tentam isso pela primeira vez.

De onde vieram estas uvas-passas?

Muitas vezes, esse exercício marca a primeira vez que de fato saboreamos uma uva-passa. O sabor pode ser incrivelmente intenso. Crianças conduzidas através desse exercício com frequência perguntam: "Onde você conseguiu essas uvas-passas?". Claro, não são as uvas-passas que são incomuns, mas sim o nosso nível de atenção. Começamos a perceber quanto da vida perdemos por estarmos distraídos.

Uma única uva-passa é realmente satisfatória

Em geral, não pensamos em uma única uva-passa como uma experiência *gourmet*. No entanto, ao comê-la com atenção plena, ela pode ser. Não é que a uva-passa encha nosso estômago, mas ainda assim pode ser muito satisfatória. A implicação para problemas alimentares é óbvia. Se formos capazes de experimentar a riqueza de uma única uva-passa, poderemos nos contentar com uma refeição de tamanho adequado e seremos menos impulsionados a comer mais do que é saudável para nós. Isso também levanta a possibilidade de que outras pequenas coisas em nossa vida poderiam ser muito mais gratificantes se de fato prestássemos atenção nelas. Exploraremos isso mais a fundo no Capítulo 9, quando discutirmos o uso da atenção plena para lidar com hábitos problemáticos.

Eu não queria machucar a uva-passa

Às vezes, as pessoas sentem que desenvolveram uma espécie de relacionamento com a uva-passa ao vê-la, ouvi-la, tocá-la e explorá-la com a língua. Podemos nos sentir quase cruéis ao mastigá-la. Essa experiência me lembra de como os nativos americanos historicamente honravam sua comida antes de comê-la, agradecendo a um animal por sacrificar sua vida. Embora uma uva-passa provavelmente não tenha as mesmas reações emocionais que um búfalo, podemos desenvolver um sentimento semelhante de respeito e apreciação ao prestar muita atenção à experiência de comê-la.

Eu queria mastigá-la logo

Em geral, quando comemos, estamos apenas parcialmente conscientes do sabor de nossa comida. Enquanto mastigamos um bocado, já estamos pegando outro com o garfo ou a colher. Pode ser difícil desacelerar esse processo, pois, quando o fazemos, sentimos nossa impaciência. Como todos os exercícios de atenção plena, a meditação durante a alimentação é projetada para iluminar como a mente funciona. Aqui, temos a oportunidade de ver nossa propensão psicológica a nos precipitar, notando como negligenciamos a experiência do momento presente enquanto corremos em busca do próximo.

Eu queria mais

Embora uma única uva-passa possa ser gratificante, o prazer de comê-la pode desencadear impulsos de querer mais. Esses impulsos podem ser poderosos, tornando difícil permanecer na experiência de comer essa uva-passa. Observá-los nos ajuda a ver como a mente busca de forma incessante repetir experiências prazerosas. A meditação com atenção plena não apenas ilumina isso, mas, como veremos, também nos dá a liberdade de decidir se agimos ou não com base nesses impulsos.

COMENDO UMA REFEIÇÃO COM ATENÇÃO PLENA

Embora geralmente não seja prático comer uma refeição inteira com o cuidado e a atenção que acabamos de dedicar a uma única uva-passa, é possível comer de forma muito mais consciente do que o habitual. A maioria das pessoas acha bastante gratificante comer uma refeição com atenção plena.

Escolha uma refeição durante a qual você não esteja com pressa, em que possa comer sozinho ou com outras pessoas que desejam praticar a meditação comendo. Escolha um momento e um ambiente em que você tenha pelo menos meia hora sem interrupções. O procedimento é simples. Se estiver com outras pessoas, combinem de comer em silêncio e evitar o contato visual. Se estiver sozinho, não ligue a TV, o rádio ou a música; não fale ao telefone nem leia. O objetivo será prestar o máximo de atenção possível à sua comida. Ao se servir, esteja ciente de que pode se sentir satisfeito mais rapidamente ao comer com atenção plena do que normalmente se sentiria, então não coloque muita comida no prato.

Meditação durante a refeição

Comece tomando consciência de estar sentado. Feche os olhos por alguns momentos e perceba sua respiração. Sinta seu corpo em contato com a cadeira e seus pés tocando o chão. Estabeleça-se no momento presente.

Em seguida, observe sua comida. Note sua textura, sua cor e sua posição no prato. Tente enxergá-la como uma obra de arte. Pense por um momento sobre como ela chegou até você. Quem plantou as sementes ou criou os animais, cuidou deles e os trouxe até você? Reflita sobre o esforço envolvido na produção dessa comida e os notáveis processos naturais que possibilitaram isso.

Após estudar a comida de modo cuidadoso e considerar suas origens, dê a primeira mordida. Normalmente, ajuda colocar o garfo ou a colher de lado antes de começar a mastigar. Ao longo da refeição, tente fazer uma coisa de cada vez: olhar para a comida, levantá-la, colocá-la na boca e mastigar. Quando levantar a comida até a boca, deixe o movimento de levantar ser o foco de sua atenção. Quando estiver mastigando, que isso seja o seu foco. Como em outras meditações, sua mente provavelmente vai divagar. Sempre que perceber que perdeu o contato com o que está acontecendo no presente, suavemente direcione sua atenção de volta para o que está fazendo. Permita-se comer apenas o quanto for necessário para se sentir satisfeito e, então, pare.

> ## O QUE VOCÊ DESCOBRIU?
>
> Comer uma refeição inteira como prática de meditação geralmente provoca uma variedade de reações. Tire um momento agora para anotar o que você percebeu.
>
> _____
> _____
> _____
> _____

Comendo dessa maneira, a maioria das pessoas descobre que leva mais tempo para comer, que os sabores se tornam mais vívidos e que elas se sentem satisfeitas mais cedo. Embora a prática possa parecer estranha no início, também pode ser muito atraente. Muitos de nós lutamos com o que e quanto comer, tentando equilibrar nossos desejos com nosso melhor julgamento. É provável que você descubra que comer com atenção plena ajuda a resolver essa tensão.

Como comer é algo que precisamos fazer na vida diária, a meditação durante a alimentação pode ser tanto uma prática formal quanto informal, dependendo de quanto tempo dedicamos a isso e se estamos ou não sociabilizando. Quando comemos sozinhos, podemos escolher eliminar as distrações habituais e de fato prestar atenção à nossa comida. Se tivermos tempo suficiente, poderemos fazer isso de forma muito lenta, como na prática formal já descrita. É claro que a maioria de nós terá a oportunidade de fazer isso apenas ocasionalmente.

Quando temos menos tempo, ainda podemos tentar prestar atenção; é provável que acabemos mastigando e engolindo mais rapidamente. Comer sozinho pode se tornar uma oportunidade regular para esse tipo de prática informal. Quando estamos comendo socialmente com outras pessoas, nossa atenção será dividida de maneira natural, mas ainda podemos nos lembrar de prestar atenção ao sabor da nossa comida, colocar o garfo ou a colher de lado enquanto mastigamos e perceber quando já tivemos o suficiente.

Pelo menos ocasionalmente, tente transformar uma refeição em uma sessão formal de meditação. Em geral, leva cerca de meia hora para comer uma refeição simples dessa maneira. Fazer isso não apenas lança luz sobre a experiência de comer, mas também tende a influenciar nossos outros momentos de refeição, ajudando-nos a estar mais atentos também a eles.

Agora que você teve um gostinho de diversas práticas de concentração, o próximo passo é ver como elas podem ser utilizadas para cultivar ainda mais a atenção plena. No Capítulo 4, exploraremos esse processo e veremos como você pode combinar práticas formais e informais para criar uma rotina que se ajuste à sua vida em especial.

4

Construindo uma vida plenamente atenta

Como discutimos no Capítulo 3, a concentração torna nossa mente focada, já a atenção plena direciona nossa atenção àquilo que estiver sob maior destaque em nossa consciência no exato momento em que a exercitamos. As práticas de concentração são úteis para acalmar uma mente agitada, desenvolver estabilidade mental, perceber a riqueza da vida e aumentar a consciência do que está acontecendo na mente a cada momento. A prática da atenção plena oferece a promessa de nos ajudar a ver como a mente funciona – em especial, como ela cria sofrimento e como ele pode ser aliviado. Um certo grau de concentração é necessário para praticar a atenção plena; sem ela, não conseguimos observar com clareza o funcionamento da mente e acabamos nos perdendo em pensamentos sobre o que está acontecendo, em vez de experimentarmos os acontecimentos de forma direta. Como a concentração é a base para a prática da atenção plena, os exercícios apresentados até agora foram sobretudo práticas de concentração.

DA CONCENTRAÇÃO À ATENÇÃO PLENA

No entanto, a maioria das práticas de concentração também pode ser realizada em prol da atenção plena. Uma vez percebendo que sua mente se acalmou durante a meditação de concentração, você pode tentar passar para a prática da atenção plena em si. Inicialmente, como mencionado no Capítulo 3, isso envolve notar para onde a mente foi quando ela deixou o objeto de atenção e rotular essas distrações em silêncio. Por exemplo, se durante a meditação da respiração perceber que sua mente está formulando planos, você pode registrar o ocorrido em sua mente ("planejando") e, em seguida, redirecionar sua atenção à respiração. Se perceber que pensamentos avaliativos (que carregam julgamentos) estão surgindo, você pode rotular esse processo, em silêncio, como "julgando". Se sua mente se desviar para outras sensações, como um som na sala, você pode utilizar o rótulo "ouvindo". Essa atitude, exercida em silêncio, é tomada em segundo plano, enquanto sua atenção permanece principalmente na respiração.

Se a mente se acalmar, você pode abandonar a respiração como âncora e permitir que sua atenção vá para quaisquer objetos que estejam mais destacados na consciência – sejam sons, sensações táteis enquanto você se senta, emoções manifestando-se no corpo ou outras experiências. Às vezes, isso é chamado de *consciência sem escolha*, pois permitimos que a mente se abra para o que quer que surja em nossa consciência. A mente é autorizada a divagar, mas, diferentemente do que ocorre nos períodos de desatenção, permanecemos alertas ao que está em nossa consciência a cada momento. É possível, inclusive, permitir que pensamentos e imagens sejam objetos de nossa atenção, mas, como a maioria de nós se perde rapidamente nesses processos, isso costuma ser adequado apenas durante práticas intensivas de retiro.

Encontrar o equilíbrio ideal entre a prática de concentração, na qual retornamos repetidamente a um objeto predefinido de atenção, e a prática da atenção plena, na qual permitimos que a mente se concentre em diferentes objetos à medida que eles se tornam destacados, é uma arte. Em geral, você pode deixar que a força da sua concentração seja a sua guia. Quando a concentração estiver forte, você pode experimentar mais a atenção plena. Quando ela estiver mais fraca e sua atenção, mais dispersa, você pode retornar à prática de concentração.

À medida que você desenvolver sua rotina de prática formal, é provável que suas preferências de meditação variem. Às vezes, você enfatizará a meditação sentada; já em outras ocasiões, incluirá o escaneamento corporal, a caminhada ou as práticas de alimentação – dependendo do que descobriu sobre os efeitos de cada uma delas em você. Independentemente do tipo que escolher, você também variará os momentos em que as executa como práticas de concentração ou de atenção plena. É difícil sugerir um padrão fixo, pois a mente e a vida de cada pessoa são únicas. No entanto, aqui estão algumas diretrizes gerais.

Se você puder dedicar apenas 20 minutos de cada vez em uma base não diária para a prática formal, provavelmente favorecerá a prática de concentração, pois sua mente não terá tempo suficiente para se acalmar. Se você puder praticar por períodos mais longos e com mais frequência, terá mais oportunidades para incluir a prática da atenção plena, pois notará mais sessões em que a mente se torna focada.

Mesmo com maior intensidade de prática, você pode optar por focar na concentração por dias ou semanas, sobretudo quando sua mente estiver ocupada ou agitada. No entanto, durante outros períodos, você pode começar cada sessão de meditação com a prática de concentração, mas, uma vez que a mente se acalmar um pouco, pode abrir seu campo de consciência para praticar a atenção plena – observando para onde a mente vai ou permitindo que sua atenção repouse em diferentes objetos mentais.

A chave para fazer essas escolhas é utilizar sua sensibilidade. Uma forma de prática não é "melhor" do que outra. Em última análise, ambas as práticas nos ajudam a compreender como nossa mente funciona e como, de maneira inadvertida, criamos sofrimento para nós mesmos e para os outros. Também existe considerável sobreposição entre as práticas de concentração e de atenção plena – quando realizamos a prática de concentração, podemos notar para onde a mente vai ao perdermos o foco, e, quando realizamos a prática de atenção plena, ainda nos concentramos no objeto presente. É melhor não se preocupar muito em alcançar um equilíbrio perfeito; com o tempo, você intuitivamente sentirá qual prática deve enfatizar em cada momento.

CULTIVANDO A ACEITAÇÃO

As práticas de meditação formal discutidas até agora envolvem direcionar a atenção para sensações corporais específicas e observar o conteúdo da mente sem tentar modificá-lo. Elas são orientadas para o cultivo da *consciência da experiência presente com aceitação*. Com frequência, a parte da aceitação nessas práticas é a mais desafiadora. Nossa mente pode ser implacavelmente crítica, condenando-nos por não nos concentrarmos bem, por pensarmos demais ou por sentirmos algo que não deveríamos. Uma forma divertida de ver isso em ação é fazendo alguns minutos de meditação de "julgamento".

Meditação de julgamento

Em geral, esta prática requer apenas de 10 a 15 minutos para chegar ao essencial. Sente-se, como faria para a meditação da respiração, e acompanhe sua respiração por um ou dois minutos. Em seguida, comece a observar seus pensamentos. Toda vez que surgir um julgamento, rotule-o em silêncio como "julgando".

> **O QUE VOCÊ DESCOBRIU?**
>
> Anote suas observações.
>
> _____
>
> _____
>
> _____
>
> _____

Muitas pessoas percebem um fluxo interno que se desenvolve mais ou menos assim: "Hum, estou indo bem. Ainda sem julgamentos. *Julgando*. Ah não. Eu deveria saber que não seria tão bom nisso. *Julgando*. Certo, certo, entendi. Nada disso. Vou apenas seguir minha respiração. Subindo, descendo, subindo, descendo. Assim está melhor. *Julgando*. Droga, sou mesmo muito crítico. *Julgando*".

Uma abordagem tradicional para lidar com nossas tendências rigorosas ou críticas é a meditação de bondade amorosa. Ela pode assumir muitas formas, todas projetadas para suavizar nosso coração e nos ajudar a sermos mais compreensivos conosco e com os outros, desenvolvendo a chamada "consciência afetuosa". Textos antigos de meditação descrevem a compaixão e a atenção plena como as duas asas de um pássaro – enfatizando que precisamos de um coração aberto para ter olhos abertos. A meditação de bondade amorosa contribui para a clareza da visão ao fortalecer a *intenção* de ser acolhedor e compassivo; ela não disfarça nossos sentimentos reais com sentimentos positivos falsos. Como todas as práticas de atenção plena, a diretriz principal é observar e aceitar o que de fato está acontecendo no momento.

A técnica mais simples da meditação de bondade amorosa envolve gerar sentimentos de compaixão ao repetir, de maneira silenciosa, frases evocativas. Em geral, isso funciona melhor se começarmos com um período de meditação de concentração, talvez focando na respiração ou fazendo uma prática de caminhada lenta. Quando a mente se acalmar um pouco, começamos a tentar nutrir aceitação e compaixão. Às vezes, isso funciona melhor se começarmos focando em nós mesmos; outras vezes, funciona melhor quando começamos com os outros. As frases exatas que utilizamos não são importantes – você pode experimentar com palavras que se ajustem ao seu contexto cultural e às suas preferências pessoais.

Para ter uma ideia de como funciona essa meditação, é melhor praticá-la por pelo menos 10 minutos. Se você tiver tempo agora, comece com um período de prática de concentração, depois leia estas instruções e experimente.

*Meditação de bondade amorosa**

Comece repetindo de modo silencioso para si mesmo: "Que eu possa ser feliz, que eu possa viver em paz, que eu me liberte do sofrimento". Simplesmente repita essa frase, desejando isso a si mesmo. Caso perceba que sua mente está "presa" em um padrão problemático, você pode abordar isso de maneira direta. Por exemplo, você pode utilizar as frases: "Que eu possa ser alegre e sereno", "Que eu aprenda a abrir mão", "Que eu aceite o que vier", "Que eu tenha coragem para enfrentar meus medos" ou "Que eu possa ser perdoado".

Como nas outras técnicas, você provavelmente perceberá que, após um tempo, sua mente divagará, e você precisará repetidamente redirecionar sua atenção às frases (é notável como a mente parece ser capaz de "dizer" essas frases de forma silenciosa, mesmo quando não estamos prestando atenção ao processo). Aqui também, a ideia é ser indulgente com isso e tratar o processo como se estivéssemos treinando um filhotinho.

Uma vez que você tenha se acomodado em uma dessas frases e tenha direcionado intenções compassivas a si mesmo, pode tentar passar para os outros (a meditação também pode ser feita na ordem inversa, começando com outra pessoa e depois movendo-se para si mesmo). Em geral, é mais fácil começar com um benfeitor – alguém que você ame ou por quem tenha apreço. Pode ser um amigo, um membro da família ou outro ente querido; um professor ou outra figura inspiradora, viva ou não, como Jesus, Buda ou Dalai Lama. Feche os olhos, imagine que essa pessoa está com você e sinta a presença dela. Em seguida, comece a repetir: "Que você possa ser feliz, que você fique em paz, que você se liberte do sofrimento", ou frases semelhantes. Novamente, é provável que a mente divague, e você precisará redirecioná-la com suavidade diversas vezes para sua imagem escolhida.

Após focar, por um tempo, em uma pessoa que inspira sentimentos de bondade amorosa, você pode direcionar sua atenção para outra pessoa importante para você. Uma a uma, mentalize pessoas que importam. Por fim, você poderá expandir o número de imagens para incluir pequenos grupos, como membros imediatos da família ou amigos próximos. Mentalizando-os, continue repetindo as frases, direcionando desejos compassivos a eles. A meditação continua dessa forma, expandindo-se para abranger cada vez mais pessoas. Se você perceber que os sentimentos de compaixão ou de

---

* Áudio (em inglês) disponível na página do livro em loja.grupoa.com.br.

bondade amorosa parecem se esgotar, volte para imagens de pessoas que mais prontamente os inspiram.

Expandindo o círculo, você pode seguir imaginando todos os seus familiares e seus amigos juntos, e, em seguida, seus colegas de trabalho, seus clientes, seus vizinhos ou qualquer outro grupo de que você faça parte. Com o tempo, passamos a enviar as mesmas boas intenções para comunidades cada vez mais amplas, até abranger nossa cidade, nosso país e, por fim, todos os indivíduos do planeta. Esse exercício pode até ser expandido para incluir todos os seres vivos. Em uma versão clássica, ele termina com as frases: "Que todos os seres sejam felizes, que todos os seres fiquem em paz, que todos os seres se libertem do sofrimento".

O QUE VOCÊ DESCOBRIU?

A meditação de bondade amorosa gera diferentes experiências para cada um de nós. Assim como em outras práticas, é provável que você tenha vivências diferentes cada vez que a experimentar. Reserve alguns minutos agora para anotar o que você percebeu durante cada fase do exercício, como se estivesse contando a experiência a um amigo.

_____

_____

_____

_____

_____

A meditação de bondade amorosa pode servir de base tanto para a meditação de concentração quanto para a meditação de atenção plena. Ao praticar a concentração, há um enorme risco de sermos excessivamente críticos com a nossa mente "divagadora". A meditação de bondade amorosa ajuda a fortalecer nossa capacidade de sermos gentis conosco quando nossa mente perde o foco. Da mesma forma, ao praticar atenção plena e observar todos os conteúdos nobres e não tão nobres que surgem na consciência, a meditação de bondade amorosa nos ajuda a acolhê-los como visitantes bem-vindos. Essa meditação pode ser integrada em uma sessão de meditação de concentração e/ou atenção plena, ou se pode dedicar uma sessão inteira a essa prática.

Respostas paradoxais

A maioria de nós tem sentimentos ambivalentes sobre muitas coisas. Às vezes, estamos conscientes desses sentimentos mistos; outras vezes, só os notamos quando finalmente conseguimos algo que pensávamos querer. Quase todos nós já tivemos a experiência de ir atrás de alguém que parecia extremamente desejável, até que essa pessoa demonstra interesse em nós. De repente, ficamos incertos sobre nossos sentimentos. Isso também ocorre quando outras pessoas nos pressionam para pensar, sentir ou agir de uma certa forma. Às vezes, em resposta a essa pressão, sentimos a necessidade de fazer o oposto.

Há uma história sobre Milton Erickson, psiquiatra conhecido por técnicas terapêuticas pouco convencionais. Ele estava em um haras e alguém estava lutando para colocar um cavalo no estábulo, mas, quanto mais puxava o cavalo, mais ele resistia. Erickson sugeriu uma abordagem inovadora: *puxar o rabo* do cavalo. O cavalo correu direto para sua cocheira.

Considerando esse aspecto da natureza humana (e animal), você pode perceber que, ao tentar praticar exercícios de bondade amorosa, sentimentos nada bons, ou opostos à aceitação, podem surgir. Você pode notar pensamentos críticos em relação a si mesmo ou aos outros. E está tudo bem. O objetivo desses exercícios não é apenas gerar sentimentos compassivos para sermos mais tolerantes com nós mesmos e com os outros. Assim como as práticas de atenção plena, eles também são projetados para revelar como a mente funciona, ajudando-nos a cultivar a *consciência da experiência atual com aceitação*. Portanto, se você perceber um Scrooge interior, um Darth Vader* ou outra parte não tão amorosa da sua personalidade, a ideia é dizer "sim" a ela. As práticas de bondade amorosa podem ajudá-lo a estar ciente e aceitar esses sentimentos também.

ISSO ESTÁ FICANDO COMPLICADO... COMO DECIDIR O QUE FAZER?

Vamos observar as diferentes formas de prática meditativa que temos discutido. As práticas de concentração, que escolhem um objeto de atenção e retornam a ele repetidamente, ajudam a focar e estabilizar a mente, permitindo-nos ficar menos presos às histórias que ocupam tanto de nossa consciência. Já a prática de atenção plena exige alguma concentração, mas depois se abre para qualquer coisa que surja em nossa consciência, acompanhando-a de perto. Ao fazer isso, a aten-

---

* N. de T. Ambos são personagens fictícios. Scrooge aparece pela primeira vez na obra *Uma canção de Natal*, do autor britânico Charles Dickens; já Darth Vader surge como um dos vilões da franquia *Guerra nas estrelas*, criada por George Lucas (cineasta estadunidense).

ção plena nos ajuda a ganhar *insights* sobre como nossas mentes funcionam, ver como geramos sofrimento e encontrar caminhos para o bem-estar. A meditação de bondade amorosa cultiva a intenção de sermos gentis conosco e com os outros; portanto, ela ajuda a desenvolver uma atitude de aceitação em relação a qualquer coisa que surja durante a prática de concentração ou atenção plena. Como veremos mais adiante, a meditação de bondade amorosa também pode ser muito útil em relacionamentos interpessoais.

Como já mencionado, descobrir qual forma de meditação priorizar em determinado momento é algo que envolve sensibilidade e prática. Quando a mente está particularmente dispersa, a concentração é necessária. Quando a mente está cheia de julgamentos, a meditação de bondade amorosa pode ser útil. Quando já estamos com um certo nível de concentração e conseguimos aceitar de forma razoável o que surge, a prática de atenção plena permite que nos abramos para toda a nossa experiência. Algumas pessoas combinam diferentes práticas toda vez que separam um tempo para meditar:

Kate estava meditando todos os dias nas últimas semanas, concentrando-se sobretudo em sua respiração. Ela percebeu que estava se sentindo mais calma e focada no trabalho, além de ter mais momentos de presença e percepção ao seu redor. Às vezes, quando meditava por 45 minutos, sua mente se acalmava, e ela mudava para a prática de atenção plena. Mantendo a respiração em segundo plano, ela deixava sua atenção repousar em diferentes sensações corporais que pareciam estar ligadas a emoções. Um dia, ela notou uma tensão no peito relacionada à culpa. Surgiram pensamentos autocríticos sobre ter decepcionado seus pais. Após sentir isso por um tempo, ela começou a praticar a meditação de bondade amorosa, direcionando compaixão a si mesma e a seus pais. A tensão suavizou e se transformou em tristeza. Ela permaneceu com a tristeza por um tempo e, de maneira gradual, começou a experimentar uma sensação de paz. Kate, então, voltou a observar sua respiração e os sons ao seu redor.

Outros focam predominantemente em uma técnica específica por determinado período:

Jonathan estava praticando meditação há alguns anos. Ele era um jovem com bastante tempo livre e vinha sendo bastante disciplinado em desenvolver sua concentração. Ele de fato apreciava a paz que sentia ao estar no momento presente sem prestar muita atenção aos pensamentos ou aos sentimentos. Passava um bom tempo na natureza, aproveitando sua beleza em constante mudança.

No entanto, ele se sentia solitário. De vez em quando, desejos por um relacionamento amoroso surgiam. Ele começou a perceber que estava sendo extremamente rígido com sua prática de concentração, em parte para bloquear esses sentimentos. Quando discutiu isso com uma professora de meditação, ela sugeriu que ele mudasse sua prática para dar mais ênfase à atenção plena e à bondade amorosa. Embora fosse difícil, ele começou a direcionar sua atenção para os sentimentos que surgiam em seu corpo durante a meditação. Notou que tinha muitos anseios por se sentir amado, mas temia essas emoções – elas pareciam muito profundas e dolorosas. Para melhorar sua relação com essas emoções, ele começou a alternar meditações de bondade amorosa com sua prática de atenção plena. Isso lhe deu a sensação de que ficaria bem, mesmo se precisasse conviver com os sentimentos de solidão por um tempo.

Segurança *versus* descoberta

Embora o objetivo final das práticas de atenção plena seja ficar confortável com toda a nossa experiência, talvez não seja sábio tentar fazer isso de uma só vez. Desde os primórdios da psicoterapia, os terapeutas perceberam que diferentes pessoas precisam trabalhar em ritmos diferentes. Assim como nossa capacidade de suportar experiências varia de dia para dia, ela também varia durante diferentes períodos de nossa vida. Durante épocas em que temos mais apoio e enfrentamos menos ameaças, nossa capacidade de lidar com experiências difíceis é maior. Em momentos em que falta apoio e enfrentamos muitos problemas, nossa capacidade é reduzida.

A capacidade de suportar experiências difíceis também varia de pessoa para pessoa. Parte disso é genética. Algumas pessoas nascem com um sistema nervoso mais reativo a mudanças ou ameaças, já outras nascem com um sistema menos reativo. Parte dessa capacidade de suportar dificuldades está relacionada à nossa criação – pessoas que tiveram a sorte de ter cuidadores amorosos e emocionalmente sintonizados tendem a lidar melhor com a adversidade do que aquelas que não tiveram. No entanto, o desenvolvimento humano é muito complexo, e às vezes ter uma vida muito fácil (não ser exposto a adversidades suficientes) pode, na verdade, tornar uma pessoa mais vulnerável ao sentimento de sobrecarga. Ela se torna como uma planta criada em uma estufa que não consegue lidar com um ambiente natural mais adverso.

Independentemente dos fatores que nos tornam mais ou menos capazes de lidar com experiências difíceis, é importante, ao iniciar a prática de atenção plena, estar ciente de nossas capacidades e nossos limites. Algumas práticas, como permanecer sentado com o foco na respiração por longos períodos ou participar de um retiro de meditação silenciosa, tendem a trazer à tona pensamentos e sentimentos difíceis. Freud descobriu que, se ele simplesmente pedisse a um paciente para deitar-se em um divã e dizer tudo o que viesse à mente, provavelmente todo tipo indesejável de pensamento e sentimento surgiria. Da mesma forma, sentar-se em meditação silenciosa por longos períodos trará, cedo ou tarde, uma variedade de pensamentos e sentimentos agradáveis e desagradáveis. E é claro que alguns deles serão difíceis de lidar.

Se você consegue tolerar esses conteúdos mentais difíceis sem se sentir totalmente sobrecarregado, essa será uma prática útil e libertadora. No entanto, se eles fazem você se sentir muito sobrecarregado, a experiência pode deixá-lo mais amedrontado com sua própria mente e, portanto, ser contraproducente.

Assim como na psicoterapia, é importante considerar o ritmo na prática de atenção plena. Durante períodos em que nos sentimos facilmente sobrecarregados, práticas mais estabilizadoras podem ser as mais úteis. Elas incluem práticas com um foco "externo", como a meditação durante a caminhada ou a meditação durante a alimentação. Práticas de bondade amorosa também podem aumentar a sensação de segurança, gerando sentimentos compassivos em relação a nós mesmos e aos outros. Elas podem fazer com que nos sintamos "acolhidos", da mesma forma que um pai acolhe uma criança aflita. Em capítulos posteriores, discutiremos outras técnicas, como a meditação na natureza e a meditação da montanha, que também aumentam nossa sensação de segurança e nossa capacidade de lidar com dificuldades.

Nos momentos em que não estivermos tão sobrecarregados, podemos utilizar práticas que nos ajudem a nos aproximarmos de experiências difíceis. A meditação sentada, que começa com foco na respiração e depois se abre para a atenção plena a todo o conteúdo mental, tende a fazer isso. Mais adiante, discutiremos práticas que envolvem mover-se de maneira intencional em direção ao medo, à tristeza ou à dor para aumentar nossa capacidade de suportar essas experiências, o que, em última instância, leva a mais flexibilidade e tranquilidade. Essa abordagem é, às vezes, chamada de *movimento em direção aos pontos sensíveis*: focar nossa atenção no que é indesejado na mente.

Cada pessoa é diferente, e cada um de nós descobrirá que algumas práticas são mais úteis em determinados momentos do que em outros. Com alguma experimentação, você entenderá quais são as mais úteis para você em diferentes momentos. Manter em mente o objetivo geral de se tornar *consciente da sua experiência atual com aceitação* o ajudará a encontrar o equilíbrio certo entre elas.

PRÁTICA INFORMAL DE ATENÇÃO PLENA

A prática informal de atenção plena envolve realizar suas rotinas diárias de maneira um pouco diferente para se tornar mais consciente. É como optar por subir as escadas em vez de utilizar o elevador para melhorar a forma física. Você pode começar assim que acordar. É possível reservar alguns momentos para perceber sua respiração, o modo como seu corpo se sente deitado na cama, a aparência do quarto, a temperatura do ar e os sons ao seu redor. Como a maioria dos exercícios de atenção plena, isso é mais fácil de se fazer quando não se estiver realizando outras tarefas; portanto, funcionará melhor se você acordar com um alarme simples em vez de começar o dia com as notícias do rádio.

O restante da rotina matinal pode ser feito como forma de prática meditativa. Ao escovar os dentes, preste atenção aos movimentos físicos envolvidos e ao sabor da pasta de dente. Quando tomar banho, tente focar na intensa experiência sensorial de milhares de gotas atingindo seu corpo nu e na sensação de esfregar o sabonete escorregadio em todo o corpo. Enquanto você se seca, tente realmente sentir a toalha. Ao se vestir, observe as cores e as texturas das suas roupas e a sensação de colocá-las.

Claro, algum grau de pensamento também é necessário enquanto você se prepara pela manhã. Pode ser preciso verificar o clima e sua agenda para decidir o que vestir; talvez você precise planejar o que levar. Durante essas "tarefas de pensamento", simplesmente esteja consciente de que está pensando. No entanto, uma vez que você tenha tomado suas decisões, tente, de maneira suave, conduzir sua atenção de volta para a experiência sensorial do momento presente enquanto se prepara.

Você pode continuar praticando a atenção plena ao sair de casa. Ao caminhar até o carro, o ponto de ônibus ou outro destino, preste atenção às sensações dos seus pés tocando o chão e das suas pernas se movendo no espaço. Isso se torna uma oportunidade para praticar a meditação caminhando, embora em um ritmo normal. Atente ao clima, aos sons e aos cheiros, e a tudo no seu campo visual, enquanto você segue para o trabalho, a escola ou o mercado. Você pode se treinar para acordar e "sentir o aroma das flores" a cada momento.

Refeições comuns se tornam uma oportunidade para a meditação. Embora você precise comer a maioria das refeições com mais rapidez do que comeu a uva-passa, ainda assim pode tentar realmente saborear sua comida e perceber quando está satisfeito. Ainda que isso seja mais fácil de fazer quando se come sozinho em silêncio, mesmo ao desfrutar de uma refeição social você pode tentar, periodicamente, focar sua atenção no sabor da comida.

É de fato possível manter essa intenção de estar presente ao longo do dia. Momentos específicos mencionados no Capítulo 3, como ouvir o som do telefone ou observar a cor das luzes traseiras dos veículos, podem se tornar lembretes para prestar atenção. Claro, atividades que você precisa fazer rapidamente ou que envolvem muito pensamento ou muitas palavras são mais difíceis de realizar com atenção plena. No entanto, ao praticar a atenção plena informal ao longo do dia, você pode desenvolver uma continuidade de percepção sobre onde está sua atenção e como sua mente está respondendo às circunstâncias.

Isso é um antídoto maravilhoso para o tédio. Em vez de fantasiar sobre o próximo momento de entretenimento, você pode direcionar sua atenção para os sons e as visões enquanto está na fila, comprando um café e caminhando pela rua. Em vez de se frustrar porque o trem está atrasado, você pode observar os outros passageiros (discretamente), notar a arquitetura da estação e prestar atenção às sensações no seu corpo enquanto você se senta e espera. Sempre há algo interessante para se fazer, basta prestar atenção ao que está acontecendo *agora mesmo*.

Conforme passa o dia dessa maneira, você se torna mais consciente de quais atividades são mais propícias à atenção plena e quais reforçam a falta de atenção. A ideia não é necessariamente viver como uma freira ou um monge, e sim tornar-se cada vez mais ciente de onde está sua atenção em cada momento, mesmo quando você está se divertindo muito.

A prática informal de atenção plena pode continuar até a hora de dormir, que se torna uma oportunidade para um pouco de prática formal. Ao se deitar para dormir, retorne sua atenção às sensações da respiração. Uma de duas coisas acontecerá: ou você terá oito horas ininterruptas de prática de *atenção plena*, ou você terá uma boa noite de sono. Falaremos mais sobre a prática de atenção plena e o sono no Capítulo 7.

PLANO DE PRÁTICA INFORMAL DE ATENÇÃO PLENA

Embora você possa manter a intenção de estar consciente da experiência presente com aceitação ao longo do dia, geralmente é útil identificar atividades regulares da vida que se prestam à prática informal e comprometer-se a tentar realizá-las com atenção plena todos os dias. Diversas possibilidades já foram mencionadas: tomar banho, ir para o trabalho, tomar café da manhã ou almoçar, lavar a louça, subir ou descer escadas, escovar os dentes, tomar uma xícara de chá.

Reserve alguns momentos agora para pensar em seu dia típico. Escolha algumas atividades rotineiras que você gostaria de usar como períodos de prática deliberada e anote-as. Faça disso um pequeno contrato com você mesmo.

1. _____
2. _____
3. _____

REALIZANDO UM PEQUENO RETIRO

Uma excelente maneira de observar o poder de todas as práticas que discutimos é combiná-las em um "pequeno retiro". Isso significa reservar um período mais longo, talvez algumas horas ou até um dia inteiro, para desenvolver a continuidade da prática. Embora isso não seja viável para todos, se você puder reservar esse tempo, pode ser uma experiência transformadora. Com mais tempo, a mente muitas vezes se acalma, tornando mais fácil experimentar o equilíbrio entre as práticas de concentração, atenção plena e amorosidade, além de perceber como elas naturalmente sustentam a prática informal.

Um ritmo comum envolve fazer a Meditação de concentração na respiração por 20 a 45 minutos, seguida pela Meditação durante a caminhada por 15 a 30 minutos, e depois retornar à prática de respiração. Você pode intercalar a Meditação de bondade amorosa conforme achar adequado. Se o seu retiro contar com uma refeição, é uma boa ideia incluir a Meditação durante a refeição. Ao mudar de uma atividade para outra, tente fazer com que todas as transições sejam oportunidades para prestar atenção à sua experiência momento a momento. Quando combinamos práticas dessa forma, a mente tende a desenvolver mais concentração do que ao meditar por um período mais curto. Tornamo-nos mais capazes de observar a mente e o corpo com mais clareza, e há maior probabilidade de a mente se estabilizar o suficiente para permitir a meditação de atenção plena, bem como as práticas de concentração.

Discutimos no Capítulo 3 como a prática de retiros intensivos pode ser uma forma poderosa de apoiar nossa prática de meditação e ganhar *insights* sobre o funcionamento de nossa mente. Como alternativa, ou além de configurar seu próprio retiro, pode ser muito útil participar de um retiro estruturado em grupo liderado por um facilitador experiente. Os recursos no final deste livro incluem dicas sobre como encontrar uma oportunidade de retiro adequada às suas necessidades específicas.

SALVA-VIDAS

Às vezes começamos a perder o controle no meio de uma crise. Com frequência, isso envolve outras pessoas: seu filho está fazendo birra no meio de um supermercado lotado; seu cônjuge está trazendo à tona *novamente* um problema que você achava que tinha resolvido ontem. Ou a experiência pode se centrar em uma emoção: seu coração está disparado, e você não consegue pensar com clareza antes de dar uma palestra; você está, mentalmente, se despedindo da sua família e de seus amigos enquanto o avião inicia o pouso em meio a uma tempestade. Também podemos ser dominados por sensações físicas: precisamos desesperadamente de um banheiro quando não há nenhum por perto; temos que voltar ao trabalho apesar de uma terrível dor nas costas. E podemos ser tomados por desejos intensos: comprar de forma compulsiva mais uma barra de chocolate; servir-se de mais uma bebida mesmo depois de já ter bebido o suficiente.

Embora estabelecer uma prática de atenção plena que equilibre práticas formais e informais aumente nossas chances de lidar melhor com essas situações, ainda assim, às vezes nos sentiremos sobrecarregados. É aí que os *salva-vidas* baseados em atenção plena são úteis. Psicoterapeutas e professores de meditação adaptaram práticas antigas para que possam ser utilizadas como refúgio no momento presente durante essas situações. Elas nos ajudam a enfrentar intensas ondas de emoções ou sensações no meio de uma crise sem reagir de maneira compulsiva a elas. Em geral, essas práticas envolvem direcionar nossa atenção de volta para o que está acontecendo agora, notar o que está ocorrendo no corpo e tentar acolher, em vez de evitar, a experiência. Embora qualquer prática formal ou informal possa ser usada como um "salva-vidas", você aprenderá exercícios específicos para diferentes situações problemáticas nos capítulos seguintes.

JUNTANDO AS COISAS: VIVENDO A VIDA DE FORMA PLENAMENTE ATENTA

Há muitas formas de estruturar uma prática de atenção plena. Oportunidades de prática informal se apresentam regularmente. Embora o objetivo seja desenvolver uma continuidade de atenção plena ao longo do dia, pode ser útil escolher algumas atividades rotineiras para enfatizar como períodos de prática informal.

Se você optar por sessões de prática formal de 20 minutos, talvez seja melhor se concentrar em um tipo de meditação de cada vez, para desenvolver algum ritmo com ela. Em contrapartida, se você puder dedicar 45 minutos a uma sessão de prática formal, poderá gastar todo o tempo em um único tipo de meditação ou dividir o tempo entre dois tipos diferentes (p. ex., 30 minutos de Meditação de concentração na respiração seguidos de 15 minutos de Meditação de bondade amorosa ou Meditação durante a caminhada). A maioria das pessoas ajusta sua rotina dependendo de quão calma ou agitada, crítica ou acolhedora e alerta ou sonolenta está a mente durante uma sessão específica. Algumas pessoas optam por focar de forma periódica a prática de bondade amorosa, exclusivamente, para cultivar compaixão e aceitação, já outras a acrescentam no início ou no final de uma sessão focada em outras práticas. Muitas pessoas preferem a Meditação durante a caminhada quando estão se sentindo sonolentas.

Cada forma de prática apoia as outras. A prática informal melhora nossa concentração e reforça o hábito de prestar atenção ao momento presente, facilitando a prática formal. Ao treinar a mente de modo mais intenso, a prática formal torna mais fácil estar consciente durante o restante do dia. Retiros de meditação (de maior ou menor duração) podem fornecer um estímulo significativo para essas práticas diárias. "Salva-vidas" que nos ajudam a passar por crises tanto apoiam quanto se desenvolvem em nossa prática em momentos mais calmos.

Como a maioria das coisas valiosas na vida, viver de maneira mais consciente exige intenção e esforço. É como afinar um violão; você precisará experimentar para encontrar um padrão de prática que funcione melhor para você. Se definir uma meta muito ambiciosa para a sua situação e não conseguir persegui-la, você poderá se sentir um fracasso e acabar desistindo de todo o projeto. Se a meta for muito simples, talvez você não perceba os frutos da prática e perca o interesse como resultado. Embora o seu padrão de prática seja, sem dúvida, diferente, veja como uma mulher estruturou o dela:

Jennifer experimentou um pouco de ioga e meditação quando estava na faculdade, mas só estabeleceu uma prática regular no final dos seus 20 anos. Ela havia terminado recentemente um relacionamento tumultuado de longo prazo, estava estressada no trabalho e sentia a necessidade de se reconectar consigo mesma. Após fazer uma aula em um centro de meditação local, ela se comprometeu com uma prática diária de 45 minutos. Jennifer começou com a Meditação de concentração na respiração. Não foi fácil. No início, sua mente estava frequentemente agitada e ela mal conseguia encontrar a respiração. Ela tentava focar nas sensações de elevação e de rebaixamento de sua barriga, mas sua atenção era desviada diversas vezes para memórias tanto dos bons momentos quanto das discussões com seu ex-namorado. Ela percebeu que ajudava um pouco rotular esses pensamentos silenciosamente como "obsessão". Em alguns dias, ela mal conseguia ficar sentada, então praticava a Meditação durante a caminhada pelos primeiros 15 minutos e depois trabalhava com a respiração. Iniciar dessa forma tornava a transição para a meditação sentada mais fácil.

Com frequência, Jennifer estava tão estressada que ligava a TV em vez de meditar. Inicialmente, isso parecia um alívio, mas ela tendia a comer alimentos pouco saudáveis enquanto assistia à TV e, quando desligava o aparelho, sentia-se pior – como se tivesse desperdiçado seu tempo e prejudicado seu corpo. À medida que Jennifer continuava tentando praticar, ela notava cada vez mais que as coisas que fazia para se acalmar (assistir à TV, comer alimentos reconfortantes, fazer compras, navegar na internet) não funcionavam tão bem a longo prazo.

Para a prática informal, Jennifer focava no banho matinal, no trajeto para o trabalho e em caminhar com seu cachorro. Ela tentava permanecer atenta às sensações do sabonete e das gotas de água no chuveiro, focava na estrada e mantinha o rádio e o celular desligados durante o trajeto, e praticava a meditação durante a caminhada enquanto passeava com seu cachorro. Ela gostava de perceber o clima e as estações de uma nova maneira.

Quando Jennifer estava se sentindo solitária, sua mente se enchia de pensamentos autocríticos. Se ela não estivesse vendo amigos ou saindo para um encontro em uma noite de fim de semana, começava a se sentir uma perdedora. Ela ficava desesperada para encontrar um novo relacionamento e gastava muita energia revisando seus próprios defeitos. Nessas horas, ela considerava a Meditação de bondade amorosa especialmente útil, pois permitia que ela acreditasse um pouco menos nesses pensamentos e focasse mais no presente.

Em um final de semana, Jennifer participou de algo que seu centro de meditação chamava de "retiro urbano". Durante o dia, ela praticava meditação sentada, caminhada meditativa e meditação durante as refeições, e à noite voltava para casa. Ela percebeu que sua mente ficava relativamente tranquila e foi capaz de passar de apenas tentar seguir sua respiração para uma consciência mais ampliada e atenta. Ela conseguia permanecer com sons, emoções e sensações corporais quando se tornavam mais proeminentes, sem se perder completamente nos pensamentos. Isso a ajudou a entender melhor como equilibrar a concentração e a atenção plena em suas meditações diárias.

À medida que sua prática avançava, Jennifer percebeu que estava se sentindo atraída por atividades que facilitavam estar presente. Ela passou mais tempo caminhando, sentando-se na praia e relaxando na banheira. Ela se sentiu menos tentada pela distração e pelo entretenimento, e mais interessada em atividades que a ajudavam a estar consciente. Sua urgência de encontrar um novo relacionamento diminuiu à medida que ela passou a gostar mais de estar consigo mesma. Jennifer sentiu que, quando o momento certo chegasse, isso tornaria mais fácil estar em um relacionamento.

PRÁTICAS FUNDAMENTAIS

Estas são as práticas básicas que você pode combinar para criar um plano de prática pessoal:

Práticas formais de meditação

- *Meditação de concentração na respiração* (página 55) para desenvolver concentração e atenção plena utilizando objetos de percepção relativamente sutis.
- *Meditação de escaneamento corporal* (página 72) para desenvolver concentração e atenção plena usando objetos variados de atenção; é útil sobretudo quando a mente está agitada.
- *Meditação com a uva-passa* (página 75) para se preparar para meditações formais e informais durante refeições.
- *Meditação durante a refeição* (página 78) para desenvolver concentração e atenção plena utilizando uma atividade cotidiana – e para apreciar nossa comida.
- *Meditação durante a caminhada* (página 67) para desenvolver concentração e atenção plena quando a mente estiver mais inquieta, quando for difícil se sentar parado ou quando o corpo estiver rígido.
- *Meditação de bondade amorosa* (página 85) para quando a mente está cheia de julgamentos ou pensamentos autocríticos.

Práticas informais de meditação

- *Meditação durante a caminhada* (página 67)
- *Meditação durante a refeição* (página 262)

- *Meditação enquanto dirige, toma banho, escova os dentes, faz a barba, etc.* (página 90)

Salva-vidas

Você aprenderá a usar estas e outras práticas para situações específicas e estados emocionais na Parte II deste livro.

- *Meditação durante a caminhada* (formal ou informal; página 67)
- *Meditação durante a refeição* (formal ou informal; páginas 78 e 262)

Desenvolvendo um plano

Talvez seja útil registrar um plano inicial. A tabela a seguir pode ajudá-lo a organizar seus pensamentos.

PLANO DE PRÁTICA

Prática formal	Quando	Com que frequência

Prática informal	Quando	Com que frequência

OBSTÁCULOS E APOIOS

Quando começar a praticar a atenção plena com regularidade, você provavelmente notará que tanto as práticas formais quanto as informais de atenção plena enriquecem bastante sua vida e aumentam sua sensação de estar saudável. Todos os desafios que discutimos no Capítulo 1 se tornam mais manejáveis. Você se perceberá aceitando a incerteza e a mudança com mais facilidade. Altos e baixos financeiros, doenças, coisas que não saem como planejado, envelhecimento e até a morte tornam-se mais fáceis de lidar. Você se torna menos preocupado com autoestima – ganhos e perdas, elogios e críticas se tornam menos relevantes. Ao observar os pensamentos indo e vindo, você acredita menos neles e se sente menos afligido pela "doença do pensamento". Você vai além da busca por prazer e da evitação da dor ao praticar a aceitação do que está acontecendo em cada momento. Sua capacidade de estar plenamente presente e aceitar seus entes queridos como eles são aumenta, o que melhora sua habilidade de ajudá-los. Você percebe que muitas das suas dificuldades específicas são inerentes à condição humana e para de se culpar tanto quando sente angústia.

Todas essas mudanças tornam mais fácil lidar com os desafios diários em casa e no trabalho. Você dormirá melhor, comerá de maneira mais sábia e apreciará mais o que tem. A vida se torna mais significativa. Tudo melhora.

Então, por que é tão fácil parar de praticar?

Quero que você esteja preparado quando a inevitável "falha" na prática de meditação de atenção plena ocorrer. Outros desejos e demandas invadirão o tempo que você dedica à meditação. Você descobrirá que, quando está cansado ou chateado e mais precisa praticar, você evita fazê-lo. Como Jennifer, você pode se ver ligando a TV e comendo besteira em vez de meditar. Por quê?

Uma razão é que a prática de atenção plena desafia nossas defesas e nos torna vividamente conscientes de tudo o que está acontecendo em nossa mente e nosso corpo naquele momento, incluindo as coisas desconfortáveis. E nós, seres humanos, assim como outros seres vivos, instintivamente nos afastamos da dor. Então, de modo paradoxal, embora as práticas de atenção plena sejam muito eficazes para aliviar o sofrimento, elas exigem que estejamos dispostos a experimentar a dor de maneira mais intensa. Limpar uma ferida infectada dói, embora isso permita que a ferida cicatrize e, em última análise, nos deixe melhor. Em ambas as situações, precisamos de fé e de coragem para seguir em frente, confiando que o nosso bem-estar geral vale o desconforto de curto prazo.

O restante deste livro mostrará como a prática de atenção plena pode ajudar você a lidar de forma eficaz com muitos dos diferentes tipos de dificuldades da vida, mesmo quando são dolorosos. Praticar com regularidade é essencial. Então, aqui estão algumas dicas sobre como estabelecer uma prática regular.

Escolha um horário regular para meditação

É um clichê, mas é verdade: somos todos criaturas de hábitos. Costumamos escovar os dentes e pentear o cabelo muito bem todos os dias, muitos até conseguem utilizar fio dental, e quase todos colocamos o cinto de segurança ao entrarmos no carro. Se transformamos algo em parte de uma rotina regular, é muito mais provável que façamos essa atividade. A vida de cada pessoa é diferente; por isso, encontrar o melhor momento do dia e os melhores dias da semana para a prática de atenção plena é uma questão individual. No entanto, você terá mais sucesso em estabelecer uma prática se torná-la parte regular da sua programação. Isso significa tanto escolher horários regulares para a prática formal quanto selecionar algumas atividades rotineiras para usar como oportunidades diárias de prática informal.

Pratique com outras pessoas

Outro clichê verdadeiro: somos criaturas sociais. A maioria de nós sofrerá mais decepções do que as infligirá. Se você conhece outras pessoas interessadas em meditação e pode encaixar isto na sua vida, tente agendar um horário regular para praticar conjuntamente. Provavelmente você ficará relutante em decepcioná-las não aparecendo, e isso pode ajudar naqueles dias em que você não está com vontade de meditar. Diz-se em algumas tradições asiáticas que "um tigre não sobrevive por muito tempo longe de sua montanha". O tigre é o meditador; a montanha é sua comunidade de companheiros meditadores. Mesmo que você não possa se juntar a um grupo regular, manter-se conectado com outras pessoas que praticam atenção plena proporcionará um suporte importante. Pode ser difícil lidar com o que surge na meditação sem isso. Como a escritora Anne Lamott disse famosamente: "Minha mente é um bairro desagradável no qual tento não entrar sozinha".

Seja realista em suas expectativas

Se você é pai ou mãe de crianças pequenas, estudante de pós-graduação em tempo integral ou alguém trabalhando em dois empregos, não espere conseguir manter uma rotina rigorosa de meditação. Faça um compromisso realista, talvez meditando por apenas 20 minutos em alguns dias da semana, com sessões mais longas ou mais frequentes quando houver oportunidade. Mais uma vez, se você criar uma expectativa irrealista para si mesmo e falhar, pode acabar desistindo completamente. É provável que você tenha uma experiência melhor estabelecendo metas mais modestas e se sentindo bem ao alcançá-las.

Cerque-se de lembretes

Apesar do enorme benefício que a prática de atenção plena oferece ao nos proporcionar uma visão de como nossa mente cria sofrimento e de como podemos nos libertar disso, todos nós caímos repetidamente na armadilha de buscar a felicidade nos lugares errados. Já discutimos sobre como nossas propensões evolutivas, voltadas para a busca do prazer e a evitação da dor, além de melhorar nossa posição social, muitas vezes nos colocam em apuros. Pode ser muito útil ter lembretes frequentes sobre o que de fato funciona e o que não funciona para melhorar nosso bem-estar.

Esses lembretes variam de pessoa para pessoa, dependendo de nosso contexto cultural e nossas crenças religiosas ou filosóficas. Em geral, livros, poesia e arte que apoiam a valorização do momento presente e a aceitação das coisas que não podemos mudar são úteis. Lembretes sobre nosso lugar no ciclo da vida, a inevitabilidade da mudança e nossas interconexões com outras pessoas e o mundo mais amplo também reforçam a prática de atenção plena. Esses lembretes podem assumir diversas formas (livros sobre atenção plena, dicas de programas de recuperação, escritos ou símbolos de várias tradições de sabedoria ou literatura religiosa da sua fé). Diversas possibilidades estão listadas na seção "Recursos", no final deste livro. É muito útil ter esses materiais no banheiro, na mesa de trabalho, ao lado da cama ou em qualquer outro lugar onde possam servir como lembretes ao longo do dia.

Faça de cada momento uma oportunidade de prática

Durante todos os momentos que não são reservados para a prática formal ou informal de atenção plena, você ainda pode tentar estar consciente de sua experiência presente com aceitação. Cerque-se de pequenos lembretes para "sentir o aroma das rosas" aonde quer que vá. Faça a escolha consciente de limitar sua tendência multitarefa para que tudo o que você faça possa ser feito de maneira mais consciente. Isso proporcionará continuidade à sua prática, transformando momentos anteriormente subvalorizados, como esperar na fila, ficar preso no trânsito ou pegar a correspondência, em momentos valiosos.

Lembre-se do que a prática de atenção plena é e do que ela não é

Discutimos no Capítulo 2 alguns equívocos comuns sobre a prática de atenção plena. Tais equívocos podem surgir quando estamos lidando com pensamentos, sentimentos e sensações corporais difíceis. Lembre-se: essa prática não se trata de esvaziar a mente, livrar-se de emoções difíceis, fugir dos problemas da vida, livrar-se da dor ou experimentar um êxtase sem fim. A prática de atenção plena consiste em abraçar nossa experiência como ela é – e, às vezes, o que ela é pode ser desagradável no momento.

É muito fácil se frustrar com sua mente rebelde e querer forçá-la a se acalmar e ficar em paz. Esse esforço quase sempre tem o efeito oposto. O mestre zen Shunryu Suzuki compara a mente a um animal de fazenda: se você tivesse uma vaca ou uma ovelha agitada, qual seria a melhor forma de ajudá-la a se acalmar? Colocá-la em uma pequena gaiola ou dar-lhe espaço livre? Para sua mente se acalmar, ela também precisa de muito espaço. Experiências desagradáveis precisam ser bem-vindas. Não tema; como todas as coisas, elas também passarão.

Já examinamos algumas das razões pelas quais a vida é difícil para todos nós, vimos como nossa herança evolutiva nos predispõe ao sofrimento e tivemos uma introdução às práticas formais e informais de atenção plena. O restante deste livro abordará como essas práticas podem nos ajudar a lidar de maneira eficaz com os desafios cotidianos de viver uma vida. Como a maioria das nossas dificuldades psicológicas têm muito em comum, as práticas de atenção plena se mostram ferramentas extraordinariamente eficazes para lidar com todas elas. Voltar-se para a experiência, tanto a agradável quanto a desagradável, pode ser incrivelmente libertador.

Os capítulos seguintes tratam do modo como se pode utilizar práticas de atenção plena para lidar com momentos de ansiedade, depressão e dor física, bem como com dificuldades decorrentes de doenças, envelhecimento e relacionamentos íntimos. Também veremos como a prática de atenção plena pode ir além do manejo das dificuldades e nos ajudar a ter vidas saudáveis, produtivas e repletas de sentido.

Alguns desses tópicos provavelmente serão mais relevantes para você do que outros. Embora seja possível desenvolver uma boa compreensão das práticas de atenção plena ao ler este livro sequencialmente, você pode se sentir tentado a começar pelos capítulos que tratam de maneira direta dos problemas que você está enfrentando atualmente.

Se você se sente estressado, tenso ou inquieto, se preocupa com o futuro ou detesta a incerteza, o Capítulo 5 mostrará formas de entender e lidar com todo tipo de tensão, medo e ansiedade – desde experiências comuns de pressão, tédio ou insegurança até momentos de puro terror.

Em contrapartida, talvez sua mente tenda a revisitar o passado e lutar contra a tristeza, a decepção, os sentimentos de inadequação, a depressão ou simplesmente a experiência de sentir-se apático, desanimado ou não totalmente engajado. Nesse caso, o Capítulo 6 oferece uma variedade de maneiras de colocar seus pensamentos em perspectiva e se ancorar no momento presente, enquanto você rejuvenesce e revitaliza sua vida emocional.

Muitos enfrentam, com regularidade, sintomas físicos causados ou agravados pelo estresse, como dores de cabeça, problemas digestivos, dores nas costas ou no pescoço, insônia e dificuldades sexuais. O Capítulo 7 explica que resistir a esses sintomas na verdade os piora, e indica como as práticas de atenção plena podem ajudar a libertá-lo dessas condições crônicas.

Você tem relações com crianças, pais, parceiros românticos ou de negócios, amigos, mentores, chefes ou subordinados? Já notou que essas relações nem sempre são tranquilas ou satisfatórias? Bem-vindo ao clube. O Capítulo 8 explorará como utilizar práticas de atenção plena para reduzir ou resolver conflitos interpessoais, tornando os relacionamentos mais ricos e gratificantes.

Poucos se comportam exatamente como gostariam. Todos temos hábitos que aumentam nosso sofrimento ou o sofrimento dos outros. Esses hábitos podem incluir alimentação inadequada, consumo imprudente de álcool ou outras substâncias, procrastinação, falta de sono, má gestão financeira, negligência com a família ou com os amigos, ou até desonestidade consigo mesmo ou com os outros. O Capítulo 9 mostra como a prática de atenção plena pode ser útil tanto para perceber esses padrões quanto para mudá-los.

Você nota alguma mudança em seu corpo ou sua mente à medida que envelhece? Alguma dessas mudanças foi indesejada? Após certa idade (bem precoce, aliás), quase todos nós começamos a nos preocupar com o envelhecimento e as doenças. E, se nossas defesas não forem muito sólidas, também pensamos na morte. O Capítulo 10 mostrará como usar a prática de atenção plena para de fato aceitar e abraçar nossa posição em evolução no ciclo da vida.

Embora o foco deste livro seja utilizar as práticas de atenção plena para lidar com as dificuldades do dia a dia e com questões mais sérias, seu potencial vai muito além disso. As práticas foram originalmente desenvolvidas como parte de um notável projeto de felicidade, projetado para levar qualquer pessoa que o siga ao despertar psicológico e à libertação do sofrimento. No Capítulo 11, veremos como a pesquisa científica está começando a validar a sabedoria antiga ao traçar esse caminho para a liberdade e a felicidade.

Você pode estar pensando que todos esses capítulos se aplicam a você (assim como se aplicam a mim). Se for o caso, siga em frente e leia-os em ordem. No entanto, se algum dos temas chamar mais a sua atenção, sinta-se à vontade para ir até ele primeiro – só não deixe de retornar aos outros mais tarde, para que você possa aproveitar ao máximo tudo o que as práticas de atenção plena têm a oferecer.

PARTE II

Práticas cotidianas para mentes, corpos e relacionamentos desafiadores

5

Tornando-se amigo do medo

Trabalhando com a preocupação e a ansiedade

Sou um homem velho e já passei por muitos problemas, muitos dos quais nunca aconteceram.
– MARK TWAIN

A vida é assustadora. Todos os dias surgem novas ameaças ou antigas retornam. Inúmeras coisas podem dar errado, e muitas delas de fato acontecem. Além disso, nossa mente com frequência antecipa ainda mais desgraças do que aquelas que realmente nos atingem.

Não é de surpreender que sintamos medo. Todos os dias ouvimos falar de coisas terríveis: acidentes, adições, agressões, aneurismas, adultério, Alzheimer, ataques, amputações, aterosclerose, abandono, aids – e esses são apenas alguns exemplos. Alguns infortúnios são causados por outras pessoas, alguns por nossos próprios erros e muitos simplesmente pelo fato de que tudo muda; envelhecemos, nossos filhos crescem, as condições econômicas mudam, tempestades se formam, madeira apodrece, metal enferruja, tudo o que nasce morre.

O medo é a resposta antiga e enraizada de nossa mente e nosso corpo a qualquer ameaça percebida, por mais sutil que seja. Por isso, sentimos medo grande parte do tempo, embora muitas vezes não pensemos nisso dessa maneira. Em muitos dias, simplesmente nos sentimos "estressados". Quando a ameaça é ainda menos evidente, podemos sentir inquietação, tédio ou impaciência ("Nada de bom está passando na TV"). Talvez nos peguemos procrastinando para evitar certa tarefa ou encontro ("Vou pagar as contas amanhã"). Ou nos sentimos pressionados para terminar projetos, alcançar metas ou cumprir prazos ("Não posso relaxar até terminar isto").

O medo também pode se manifestar como sintoma físico relacionado ao estresse, como dor de cabeça, desconforto digestivo, dor nas costas ou insônia (vamos discutir esses sintomas em detalhes no Capítulo 7). Ele pode nos levar a beber em excesso, assaltar a geladeira ou perder horas navegando na internet (tema do Capítulo 9). Além disso, o medo pode gerar arrependimentos sobre as coisas que evitamos por causa dele, como a ligação que não fazemos, a oportunidade que deixamos passar ou o encontro importante que adiamos. Essa evitação, por sua vez, leva a mais medo, à medida que nos preocupamos com os problemas que enfrentaremos (de nós mesmos ou de outra pessoa) por ter fugido da situação.

Embora às vezes não reconheçamos de imediato nosso medo, em outras ocasiões não temos dúvidas de que estamos assustados. Sentimos ansiedade, tensão, nervosismo, ou não conseguimos parar de nos preocupar. Talvez até fiquemos com as mãos suadas, os ombros tensos, o coração acelerado ou sensações de pânico. Essas sensações podem se intensificar tanto que queremos desesperadamente nos livrar delas.

O medo também está em constante mudança. Nosso nível de angústia pode ser baixo em um momento e alto no próximo. Podemos nos sentir ansiosos de forma regular ou apenas esporadicamente. Independentemente de nossos padrões específicos, a maioria de nós percebe que o medo, a preocupação ou a ansiedade atrapalham o aproveitamento da vida pelo menos de forma ocasional. Afinal, quase tudo é mais divertido quando nos sentimos relaxados. (Isso pode ter algo a ver com a prevalência mundial do consumo de bebidas alcoólicas.)

Quando o medo é intenso, ele pode interferir em nosso desempenho na escola, no trabalho, com a família ou em situações sociais. Seja indo mal no teste de matemática porque não conseguimos nos concentrar, hesitando durante uma grande apresentação por causa dos nervos, gritando com nossos filhos porque estamos preocupados com o comportamento deles, ou hesitando em convidar alguém para sair, o medo pode afetar tudo o que fazemos.

Quer você se considere ou não uma pessoa ansiosa ou medrosa, a prática de atenção plena pode ajudá-lo a lidar com suas reações diante das ameaças inevitáveis da vida, sejam grandes ou pequenas. Para utilizar tal prática dessa forma, comece completando o inventário na página seguinte para identificar como o medo, a preocupação e a ansiedade se manifestam em sua vida.

Se você for como a maioria das pessoas, pode se surpreender ao ver com que frequência o medo e a ansiedade afetam sua vida. Algumas pessoas consideram essas experiências distintas. Elas usam a palavra *medo* para descrever nossa reação a um perigo físico imediato (o carro derrapando ou nosso filho correndo para a rua), já *ansiedade* envolve preocupação (sentir-se nervoso antes de uma palestra importante ou de um grande teste). No entanto, essa distinção não é essencial. A prática da atenção plena nos ajuda a perceber que nossa mente e nosso corpo respondem de forma semelhante em todas essas situações, e pelo menos um pouco de medo ou ansiedade vem nos incomodar com bastante regularidade.

INVENTÁRIO DO MEDO, DA PREOCUPAÇÃO E DA ANSIEDADE

1 – Raramente   2 – Às vezes   3 – Frequentemente
4 – Muito frequentemente   5 – Quase o tempo todo

Utilizando essa escala de 1 a 5, avalie com que frequência cada uma das seguintes situações acontece:

- Eu me sinto tenso. (_____)
- Eu sinto que não consigo parar até terminar um projeto. (_____)
- Eu me preocupo com pequenas coisas. (_____)
- Eu imagino o pior. (_____)
- Sou incomodado por dores de cabeça, dores no pescoço ou nas costas, insônia ou problemas digestivos. (_____)
- Eu sinto meu coração bater rápido, tenho falta de ar ou me sinto trêmulo. (_____)
- Acho difícil ficar parado. (_____)
- Eu me preocupo com o que os outros pensam de mim. (_____)
- Eu me sinto inseguro com relação a minha aparência, minha inteligência ou meu nível de sucesso. (_____)
- Eu me sinto tenso ou no limite. (_____)
- Eu fico entediado. (_____)
- Eu não me sinto totalmente relaxado. (_____)
- Eu me preocupo com grandes problemas como dinheiro ou saúde. (_____)
- Eu hesito em convidar alguém para sair ou pedir um favor. (_____)
- Eu fico nervoso antes de falar em público. (_____)
- Eu fico desconfortável ao voar de avião ou ao estar em lugares altos ou confinados. (_____)
- Eu fico desconfortável perto de aranhas, cobras, cães ou outros animais. (_____)
- Eu fico desconfortável perto de pessoas com raiva. (_____)

A prática de atenção plena pode nos ajudar a lidar tanto com os pequenos momentos de medo e ansiedade que passam por nossa mente o tempo todo quanto com aqueles grandes que podem ser esmagadores. Se você geralmente consegue gerenciar bem essas situações sozinho ou tem lutado contra o medo e a ansiedade, e talvez esteja em tratamento com psicoterapia ou medicação, este capítulo mostrará como usar a prática de atenção plena para lidar de maneira mais eficaz com essas partes inevitáveis da vida.

Praticar as técnicas formais e informais de atenção plena discutidas nos Capítulos 3 e 4 já é um excelente ponto de partida. No entanto, ao entender como respondemos a ameaças e ao aprender técnicas específicas de atenção plena projetadas para lidar com estados de medo, você poderá lidar com eles de forma ainda mais eficaz.

Não importa o quão sutil ou perturbador seja, todo medo e ansiedade derivam dos mesmos mecanismos evolutivos adaptativos. Compreender essas respostas e como elas se tornam um problema pode revelar como e onde a prática de atenção plena pode ajudar.

O QUE EXATAMENTE É A ANSIEDADE?

Pesquisadores apontam que o que chamamos de "ansiedade" é, na verdade, composto por três processos inter-relacionados: um fisiológico, outro cognitivo e um terceiro comportamental.

Experimentamos o aspecto *fisiológico* da ansiedade na forma de sensações corporais. Estas podem incluir coração acelerado, respiração superficial, tontura, mãos suadas, inquietação, fadiga, tremores, tensão muscular ou um "nó na garganta", bem como dores de cabeça, dores no estômago, dores nas costas e uma variedade de outros problemas médicos relacionados ao estresse. Esses efeitos podem ser sutis – talvez você só sinta um pouco de vergonha por ter que limpar a garganta repetidamente ao falar com um cliente difícil, ou perceba que está inquieto na sala de espera antes de uma consulta médica.

O aspecto *cognitivo* da ansiedade se manifesta como preocupação com o futuro, imaginando desastres de todos os tipos e pensando em maneiras de evitá-los. Talvez, ao falar ao telefone com aquele cliente, uma vozinha no fundo da sua mente diga que ele acha que você é incompetente, ou você conclua na sala de espera que sua dor de cabeça é, na verdade, um tumor cerebral.

O terceiro aspecto da ansiedade envolve o *comportamento* de esquiva, ou evitação. Não surpreendentemente, as pessoas tentam evitar situações que provocam reações fisiológicas desagradáveis e pensamentos dolorosos. Desse modo, quando estamos ansiosos, acabamos limitando nossa vida, evitando atividades e situações que esperamos que gerem mais ansiedade (i.e., sejam ansiogênicas).

Infelizmente, em geral isso piora a situação. Não só nos metemos em problemas ao nos escondermos do cliente ou ao adiarmos o atendimento médico, mas evitar o que tememos tende a reforçar a ideia de que aquilo é de fato perigoso.

FISIOLOGIA DESCONTROLADA: OUTRO ACIDENTE EVOLUTIVO

Vamos revisitar nossa herança evolutiva. Como discutimos no Capítulo 1, os humanos são animais bastante comoventes. Imagine novamente um de nós em uma savana africana há alguns milhões de anos, com nossos dentes e nossas garras frágeis, pele fina, pelagem ridiculamente inútil e pés delicados, tentando sobreviver com visão, audição e olfato limitados. Como poderíamos, possivelmente, sobreviver?

Você já sabe a resposta: basicamente, graças ao nosso polegar opositor (que nos permite pegar objetos) e ao nosso córtex cerebral sofisticado, que nos permite *pensar*. Outros primatas têm o polegar, mas é a capacidade de pensar que nos permitiu dominar o planeta.

Como humanos, passamos a maior parte do dia pensando. Estamos constantemente procurando padrões em nosso ambiente, tentando descobrir como maximizar o prazer e minimizar a dor. Competimos por *status* em nosso grupo primata e pensamos bastante em como aprimorá-lo. Buscamos maneiras de satisfazer tanto nossas necessidades físicas quanto as psicológicas. Somos o animal pensante.

Se você tem experimentado as práticas de atenção plena já apresentadas, sem dúvida já notou que essa tendência a pensar é incrivelmente persistente. Mal conseguimos passar mais de um momento sem pensar. Isso faz sentido quando consideramos o quanto isso foi vital para nossa sobrevivência.

Embora nossos dentes e nossas garras sejam insignificantes em comparação com os da concorrência, compartilhamos com nossos colegas animais outros mecanismos de sobrevivência eficazes. De especial relevância aqui está o que os cientistas tradicionalmente chamam de "resposta de lutar ou fugir".

Imagine um coelho mastigando a grama de um campo de maneira sossegada quando avista uma raposa a distância. Seu corpo terá diversas respostas previsíveis, provocadas pelo sistema nervoso autônomo em conjunto com seu sistema hormonal. Suas orelhas se orientarão em direção à raposa (coelhos são fofos quando fazem isso), e sua audição se tornará ainda mais aguçada. Ele olhará para a raposa, e sua visão de fato melhorará. Sua temperatura corporal aumentará, sua frequência cardíaca subirá, sua respiração se acelerará e todos os músculos sob controle voluntário de seu corpo se tensionarão, preparando-se para lutar ou fugir (coelhos não são exatamente grandes lutadores, então é provável que ele esteja se preparando para correr). Tudo isso acontecerá em questão de segundos.

Agora, imagine que a raposa se afaste. Outro conjunto previsível de mudanças ocorrerá, revertendo os processos do sistema de lutar ou fugir. Em breve, o coelho estará calmo, e sua atenção voltará a focar na grama que estava mastigando.

No entanto, coelhos são criaturinhas primitivas, sem nossa sofisticada capacidade de usar palavras e pensar. Imagine que o coelho tivesse a sorte de ter nosso córtex cerebral, com sua capacidade de análise lógica. Ele seria capaz de pensar: "Onde será que a raposa foi? Talvez ela tenha ido chamar seus amigos para me pegar. Talvez ela esteja indo para o campo ao lado. Onde estão minha esposa e meus filhos?". Se o coelho de fato tivesse habilidades intelectuais sofisticadas, ele poderia até começar a calcular se tem cenouras suficientes em seu plano de aposentadoria para sobreviver.

Você pode imaginar o que esses pensamentos fariam ao sistema de lutar ou fugir do coelho: ele permaneceria em modo de resposta de emergência. Isso é essencialmente o que acontece conosco. Durante todo o dia, imaginamos o que nossa "raposa do dia" está tramando. Ficamos aflitos por chegar atrasados, ficar doentes, perder dinheiro, ser rejeitados, perder uma boa oportunidade, não ter a comida certa em casa para o jantar – a lista é realmente interminável. E cada um desses pensamentos não emergenciais é acompanhado pela ativação do nosso sistema de resposta de emergência. Evoluímos com dois mecanismos de sobrevivência altamente adaptativos: uma capacidade para pensamentos sofisticados e um sistema de lutar ou fugir; ambos permitiram aos nossos ancestrais lidarem com inúmeras ameaças. O problema é que, quando esses dois mecanismos coexistem no mesmo cérebro, isso o predispõe a se sentir amedrontado na maior parte do tempo, além de desenvolver uma série de problemas médicos relacionados ao estresse.

Felizmente, nosso polegar, em contrapartida, não parece causar muitos problemas.

NOSSA "DOENÇA DO PENSAMENTO": DESEQUILIBRADOS EM FRENTE

Então, esse é o nosso dilema. Como o pensamento foi tão importante para nossa sobrevivência, evoluímos para pensar quase o tempo todo. Quando nossos pensamentos são sobre o futuro, muitas vezes incluem ideias sobre o que pode dar errado. Isso ativa nosso sistema de lutar ou fugir, deixando-nos ansiosos. Se você prestar atenção ao padrão de seus pensamentos, provavelmente descobrirá que está com frequência planejando, tentando tomar decisões para maximizar experiências agradáveis e minimizar as desagradáveis. Isso, é claro, faz muito sentido na maior parte do tempo: se há previsão de chuva, faz sentido levar um guarda-chuva; se vamos passar a noite fora de casa, faz sentido levar uma escova de dentes.

No entanto, a mente tem vida própria, e essa tendência ao planejamento pode facilmente se tornar contraproducente. Às vezes, isso simplesmente nos afasta da riqueza do momento presente. Já vimos um exemplo disso. Quando saímos para jantar com amigos em um novo restaurante, mais cedo ou mais tarde a conversa se volta para outros lugares aonde gostaríamos de ir. Estamos lá, comendo uma comida interessante, que alguém se esforçou para preparar, e nossa mente está perdida em fantasias de outras refeições agradáveis que gostaríamos de desfrutar um dia. Algo semelhante acontece comigo quando estou na natureza. Posso estar caminhando ao lado de um belo lago congelado no inverno e pensar: "Aposto que este seria um ótimo lugar para nadar no verão". Estamos sempre esperando pelo próximo grande evento, perdendo a oportunidade de saborear o que está acontecendo agora.

> Nossa tendência a continuar olhando para frente nos torna excelentes planejadores, mas também gera ansiedade quando imaginamos um sofrimento futuro.

As coisas pioram quando, em vez de imaginar outra refeição ou estação, começamos a imaginar eventos desagradáveis. Isso está no cerne de toda ansiedade. A ansiedade é *antecipatória*, ela envolve imaginar sofrimento futuro.

Pensamos no futuro independentemente da nossa situação atual. Profissionais de emergência relatam que, ao resgatar pessoas de automóveis amassados, seus pacientes expressam mais preocupação com o futuro do que com a dor atual. Eles se preocupam: "Será que vou conseguir andar?", "Meu amigo vai ficar bem?". Mesmo que a pessoa ferida esteja sentindo muita dor no momento, seu sofrimento mental envolve imaginar o que pode vir a seguir.

A alegria de se preocupar

Também é muito fácil nos sentirmos totalmente infelizes, mesmo quando as coisas vão bem no momento. Eu, por exemplo, sou ótimo nisso. Uma atitude que me prende nessa armadilha é me *preocupar*:

Treino outros profissionais da saúde mental. Muitas vezes, viajo na véspera de *workshops*. Uma tarde, estava dirigindo para o aeroporto quando o tráfego na estrada parou completamente. Era o tipo de engarrafamento no qual as pessoas saem de seus carros para olhar em volta e tentar descobrir o que aconteceu. Minha mente imediatamente começou a pensar: "O que acontecerá se eu perder o voo? Acho que há outro mais tarde, mas hoje é um dia de viagem movimentado; pode não haver lugares disponíveis. Talvez eu possa pegar um trem, mas duvido que consiga chegar a tempo. E é definitivamente longe demais para dirigir. Isso é de fato ruim. Uma sala cheia de profissionais que tiraram o dia de folga e pagaram para participar de um *workshop*, e eu nem vou aparecer. Gostaria de ter saído mais cedo. Bem, não há nada que eu possa fazer agora; só vou ter que tentar resolver quando chegar ao aeroporto. Melhor tentar estar presente agora...".

Acompanhei minha respiração por alguns momentos e então comecei a pensar novamente: "O que acontecerá se eu perder o voo? Acho que há outro mais tarde, mas hoje é um dia de viagem movimentado; pode não haver lugares disponíveis. Talvez eu possa pegar um trem, mas duvido que consiga chegar a tempo...".

Agora, por que minha mente estava fazendo isso? Por que repetir o mesmo cenário apenas para chegar à mesma conclusão perturbadora? Claro, uma das razões pelas quais ficamos obcecados com problemas é para encontrar soluções. Às vezes, isso realmente funciona, e pensamos em algo que não percebemos na primeira, na segunda ou na terceira vez que passamos pela sequência. Mas outra razão para toda essa atividade mental dolorosa é que ela nos dá a sensação de que estamos agindo. Sentado no carro preso no trânsito, eu não estava apenas aguardando de forma passiva o meu destino. Eu estava fazendo algo ativo. Eu estava me *preocupando*.

O desafio da avaliação de risco é tornar as coisas ainda mais difíceis. Temos dificuldade em determinar quando nossos medos são justificados e quando não são, e as pessoas com frequência não concordam sobre isso. Você poderia presumir que pessoas ansiosas têm medos irreais. Nem sempre.

Imagine, por exemplo, que uma pessoa ansiosa esteja dirigindo pela estrada. Ela pode pensar: "Estou atravessando o espaço em uma lata de metal a 105 km/h. Um erro da minha parte, uma falha do meu mecânico ou um momento de desatenção de outro motorista pode resultar na minha lesão, na minha invalidez ou na minha morte. Isso é realmente assustador".

Uma pessoa sem predisposição para a ansiedade pode dirigir pela mesma estrada com pensamentos muito diferentes: "Estou em um automóvel moderno e bem projetado. Confio que meu mecânico é conscieniencioso. Tenho certeza de que as outras pessoas dirigindo seus carros ao meu redor estão totalmente atentas. Aquele homem ali gritando ao telefone claramente está preocupado com o meu bem-estar. O abuso de substâncias é um problema muito raro, então estou certo de que nenhum dos outros motoristas está drogado...".

> O problema é que os medos das pessoas ansiosas não são necessariamente irreais.

Percebeu a armadilha? Acontece que pessoas com problemas de ansiedade muitas vezes percebem os riscos com precisão, já aquelas sem ansiedade se recusam a ver esses riscos. Não é de admirar que os psicoterapeutas em geral falhem quando tentam convencer pacientes ansiosos a não se preocuparem; os pacientes simplesmente consideram que seu terapeuta está negando a realidade. Então, como veremos em breve, buscar garantias não é o melhor caminho para resolver problemas de ansiedade. A prática de atenção plena oferece uma rota melhor.

DO QUE REALMENTE TEMOS MEDO?

Triunfo e desastre

Embora os pensamentos que acionam nosso sistema de lutar ou fugir possam estar relacionados a ameaças imediatas, como perder um voo ou morrer em um acidente de carro, preocupações mais abstratas também podem nos causar ansiedade. Grande parte de nossa ansiedade envolve ameaças à nossa percepção de quem somos. Preocupamo-nos com nossa saúde, nossa riqueza e nossa autoimagem. Ficamos preocupados com o sofrimento e a perda de oportunidades que podem tanto nos atingir quanto atingir nossos entes queridos. Como discutido no Capítulo 1, toda mudança em nossa vida traz a ameaça de perder algo que valorizamos, e a mudança é tanto contínua quanto inevitável. Além disso, todos nós somos apegados à nossa autoimagem, com preocupações sobre nossa posição em relação aos outros, e não há como estar sempre no topo.

A prática de atenção plena pode nos ajudar a mudar nossa visão sobre nós mesmos e nossas expectativas em relação à vida, alinhando-as mais com a realidade. Quando meditamos ou nos engajamos em práticas informais de atenção plena, começamos a perceber quão rapidamente nossos pensamentos, nossos sentimentos e nossas sensações corporais mudam. Percebemos por nós mesmos que não há como prolongar os estados agradáveis e evitar os desagradáveis. Também notamos como nossa autoimagem está sempre em mudança: em alguns momentos, nos sentimos ótimos; em outros, completos fracassados. Observamos nossos altos e baixos e assistimos às nossas emoções ascenderem e despencarem.

Reconhecer isso pode nos ajudar a relaxar, levando nossos sucessos e nossos fracassos menos a sério. Há uma citação maravilhosa de Rudyard Kipling que está pendurada sobre a porta pela qual os competidores entram nas quadras de tênis de Wimbledon, na Inglaterra. Ela os exorta a "encontrar-se com o triunfo e o desastre, e tratá-los, igualmente, como impostores". Na medida em que conseguimos fazer isso, nos tornamos menos temerosos.

À medida que nossa prática de atenção plena se aprofunda ao longo do tempo, começamos a ver de modo mais claro nosso lugar no ciclo da vida. Ficamos mais confortáveis com a inevitabilidade da doença, do envelhecimento e da morte (tema do Capítulo 10). Também nos identificamos menos com o "eu" como um organismo separado e começamos a ter mais a experiência de nós mesmos na condição de componentes de um universo maior. Na verdade, como veremos no Capítulo 8, podemos até observar que nossa percepção de nós mesmos como separados dos outros e do mundo ao nosso redor é uma distorção.

Dado o nosso prognóstico coletivo, de fato temos apenas algumas opções. Podemos evoluir para nos percebermos como parte da teia da vida e nos preocuparmos menos com o nosso destino pessoal; podemos viver em negação quanto à realidade do nosso destino; ou podemos ficar perpetuamente ansiosos. A prática de atenção plena nos ajuda a seguir o primeiro caminho.

Os tigres interiores

Nossos pensamentos sobre o que deveríamos ou não pensar e sentir são outra fonte de ansiedade. Quando crianças, somos socializados por nossos pais; eles nos ajudam a aprender o certo e o errado e nos ensinam as regras para nos darmos bem com outras pessoas. É interessante observar como diferentes culturas lidam com isso. Para garantir um bom comportamento, a maioria das sociedades classifica certos pensamentos e sentimentos como proibidos ou pecaminosos. Se olharmos para os Dez Mandamentos, veremos que alguns se concentram em comportamentos ("Não roubarás"; "Não matarás"), já outros se concentram em pensamentos ou impulsos ("Não cobiçarás a mulher do próximo"). Em muitas tradições, é considerado pecaminoso ter pensamentos ou impulsos em direção a um comportamento inadequado; então, mesmo pensar em roubar ou matar seria um tabu. Independentemente de termos sido criados em uma tradição religiosa formal ou não, todos desenvolvemos uma lista interna de pensamentos e sentimentos que consideramos "ruins". Às vezes, nem sequer admitimos esses pensamentos para nós mesmos.

É aqui que surge o problema. Já que os seres humanos, assim como nossos primos animais, têm impulsos para comportamentos tanto éticos quanto antiéticos, a maioria de nós tem pensamentos e impulsos ocultos que não conseguimos aceitar com facilidade. Para uma pessoa, é a raiva; para outra, a tristeza; para uma terceira, sentimentos de dependência. Algumas pessoas têm medo de admitir que se sentem com medo. Muitos de nós temos questões relacionadas a sentimentos sexuais, seja desejando pessoas que *não deveríamos* desejar ou sentindo culpa por não desejar o suficiente alguém que *deveríamos*. Alguns de nós nos sentimos envergonhados por querer sexo demais, outros por querer sexo de menos. Todos nós temos memórias de coisas "ruins" que fizemos, ou que tivemos vontade de fazer, que tentamos manter fora de nossa consciência.

A mente tem uma reação interessante a tais pensamentos e sentimentos que tentamos reprimir: *aquilo a que resistimos persiste*. Como resultado, precisamos constantemente dedicar energia mental (em geral, de forma inconsciente) para manter certos conteúdos da mente fora de nossa consciência. Quando um desses pensamentos, sentimentos ou impulsos se aproxima da nossa consciência, ficamos ansiosos. Freud chamou isso de *ansiedade antecipatória*, o medo que sentimos quando uma experiência interior indesejada e potencialmente avassaladora ameaça aparecer. Nosso sistema de lutar ou fugir é ativado em resposta ao medo de que essas coisas venham à tona na consciência. Fisiologistas do estresse descrevem isso como uma reação ao *tigre interior*, considerando que evoluímos para responder a tigres no mundo exterior.

Peter era um cara muito legal. Seus amigos e seus familiares admiravam seu temperamento equilibrado. Contudo, recentemente passou a ficar nervoso perto de seu chefe. Isso não faz sentido, já que Peter sempre fazia um bom trabalho e seu chefe gostava dele.

Certo dia, ele teve um sonho. Peter acordou horrorizado, tendo acabado de esfaquear seu chefe até a morte em um ataque brutal. Naquela manhã, ele percebeu que estava com raiva de seu chefe há semanas por um comentário que ele havia feito, mas Peter não queria admitir que isso o incomodava. Seu "nervosismo" era a chamada ansiedade antecipatória; ele estava com medo de sua própria raiva secreta. Todos nós somos vulneráveis a esses sintomas misteriosos sempre que escondemos sentimentos de nós mesmos.

Mais uma vez, a prática de atenção plena nos oferece uma forma de lidar com o problema. Embora a prática possa nos auxiliar a agir de forma ética ao nos ajudar a estar cientes de nossos impulsos antes de agir sobre eles, ela não nos ajuda a bloquear pensamentos e sentimentos antiéticos. Pelo contrário, quando praticamos atenção plena, trabalhamos para *aceitar* todos os conteúdos da mente, bons e ruins.

Isso pode ser especialmente desafiador se fomos criados em uma cultura que ensina que até *pensar* em atos ruins é pecaminoso. A maioria das tradições que ensinam isso o faz para ajudar as pessoas a se comportarem bem. A ideia é refrear o impulso ruim antes mesmo que ele chegue à nossa consciência. A esperança é que, dessa forma, ele nunca se transforme em ação.

A prática de atenção plena oferece uma abordagem alternativa: estar cientes de nossos pensamentos e nossos sentimentos internos para que possamos decidir com consciência se agimos ou não sobre eles. Isso pode contribuir de modo significativo para reduzir a ansiedade antecipatória. Com o tempo, fazemos amizade com mais e mais conteúdos da nossa mente, até que restam poucas surpresas internas para nos assustar.

COMPORTAMENTO EVITATIVO: *DIVER DAN* EM AÇÃO

Vimos como nossas reações fisiológicas, combinadas com nossos pensamentos e nossos sentimentos, contribuem para nos manter ansiosos. O terceiro componente da ansiedade (comportamento evitativo) também desempenha um papel importante.

Aprendizagem de fuga e evitação

Já discutimos nossa tendência a recorrer à automedicação ou à distração para evitar experiências desagradáveis. Isso certamente ocorre com frequência em situações de ansiedade. Muitas pessoas bebem, usam outras drogas, assistem à TV, fazem compras ou comem para tentar reduzir a ansiedade. Também nos esforçamos para evitar situações que possam desencadear esses sentimentos. Embora, a curto prazo, essas abordagens pareçam ajudar, a longo prazo elas limitam nossas vidas e, na verdade, aumentam a ansiedade. A seguir está um exemplo clássico.

Imagine que um homem entra em um supermercado e começa a fazer compras. Ele passa pela seção de cereais e, sem perceber, é inconscientemente lembrado de um incidente perturbador da infância relacionado a determinado cereal. Sem estar ciente do motivo, ele começa a se sentir um pouco ansioso. Se esse homem já lutou com a ansiedade no passado ou está acostumado a se distrair de sentimentos desconfortáveis, ele pode ficar preocupado com a ativação fisiológica que está sentindo. Essa preocupação ativa ainda mais seu sistema de lutar ou fugir, e ele começa a experimentar sensações mais intensas. Agora ele de fato começa a se preocupar, talvez pensando que algo está errado com seu corpo ("Estou tendo um ataque cardíaco?") ou imaginando que os outros logo perceberão seu desconforto. Sentindo-se muito desconfortável, ele decide sair do supermercado e terminar as compras em outro dia.

Uma vez fora do estabelecimento, ele sente alívio. Seu coração desacelera, sua respiração se acalma, e ele se sente muito melhor. Teóricos do aprendizado dizem que esse alívio leva ao *reforço negativo* (tendência a repetir qualquer comportamento que faça um sentimento ruim desaparecer). Na próxima vez que o homem for ao supermercado, o que você imagina que acontecerá? É provável que, mesmo que nada novo aconteça para deixá-lo ansioso, mesmo que ele não passe perto da seção de cereais, ele tenha o pensamento preocupado: "Espero não me sentir assim de novo". Isso já é suficiente para ativar seu sistema de lutar ou fugir e provocar algum nível de ativação ansiosa. Então ele pensa: "Droga, *está* acontecendo de novo". Isso aumenta ainda mais a ativação, levando a mais sintomas e mais pensamentos negativos. Se ele decidir sair de novo, terá mais uma experiência de alívio e de reforço negativo. Na terceira vez que ele voltar ao supermercado, é quase certo que ele terá um episódio de ansiedade, e pode decidir desistir de fazer compras no local completamente.

Cair em um desses padrões pode realmente limitar nossa vida. Podemos acabar recusando voar em um avião, atravessar uma ponte, ficar em uma multidão, nadar em uma piscina, ir ao correio ou caminhar na floresta, com medo de que tenhamos outro episódio de pânico. Não importa qual memória ou evento aleatório desencadeou a ansiedade inicialmente. Ao fugir da situação na qual ela ocorreu para obter alívio, aprendemos a temer e evitar *essa* situação. Ocasionalmente, as pessoas começam a evitar tantas atividades que desenvolvem *agorafobia* e ficam relutantes em sair de casa. No entanto, a maioria de nós desenvolve esses problemas em menor grau em uma ou outra área de nossa vida.

Talvez você se sinta relutante em convidar alguém para sair, falar em público, dirigir na rodovia ou estar perto de aranhas ou cobras. Talvez você tente evitar lidar com pessoas zangadas ou tenha dificuldade em se afirmar quando alguém o trata de maneira injusta. Talvez você se sinta desconfortável em locais altos ou espaços fechados. Todos nós temos algumas áreas em que restringimos nossa vida por medo do próprio medo. É natural querer evitar atividades que nos deixam ansiosos.

Libertando-se

Felizmente, os psicólogos descobriram diversas maneiras de desfazer esses padrões quando ficamos presos neles. A maioria envolve o que é chamado de *exposição e prevenção de resposta*. Isso significa enfrentar nossos medos e nos colocarmos na situação que gera ansiedade, permanecendo lá até que a ansiedade diminua por conta própria. Ao estudar tratamentos em laboratório, os psicólogos muitas vezes fazem experimentos com fobias de cobras. Embora a maioria de tais fobias não seja um grande problema, elas podem se tornar tão severas que as pessoas ficam relutantes até em caminhar em um parque. Esse sintoma foi tão estudado na década de 1980 que os pesquisadores brincavam que não havia um único estudante de último ano nas faculdades dos Estados Unidos na época com uma fobia de cobras não tratada; todos haviam sido recrutados para estudos no departamento de psicologia.

O tratamento eficaz funciona assim: começamos com o sujeito em uma sala e a cobra em outra, trancada em uma gaiola. Uma vez que o sujeito se acalma, a cobra é trazida para a sala em que ele está, ainda trancada na gaiola. Se o sujeito ficar ansioso, ele apenas permanece lá, olhando para a cobra pelo tempo necessário até que comece a relaxar. O processo continua destrancando a gaiola, removendo a tampa e assim por diante, até que o sujeito seja capaz de manusear a cobra. Supondo que os pesquisadores tiveram a precaução de escolher uma espécie não venenosa, apenas algumas dessas sessões são capazes de curar a fobia de cobras.

O mesmo princípio (aproximar-se do que tememos e permanecer por perto até que a ansiedade por fim diminua) funciona para quase todos os problemas de ansiedade. É o oposto do aprendizado de fuga-evitação e é um caminho para a liberdade psicológica. A prática de atenção plena é, na verdade, uma forma antiga desse tratamento, e é por isso que pode ser tão útil no trabalho com a ansiedade. Aqui está como Buda descreveu o processo cerca de 2.500 anos atrás:

> Por que eu permaneço sempre esperando o medo e o pavor? E se eu subjugar esse medo e esse pavor mantendo a mesma postura em que estou quando eles surgem? Enquanto eu caminhava, o medo e o pavor surgiram; eu não me levantei, não me sentei nem me deitei até que eu tivesse subjugado esse medo e esse pavor.

Essa descrição simples é a chave para utilizar a atenção plena a fim de lidar com medos, tanto grandes quanto pequenos. Em breve, discutiremos como desenvolver seu próprio programa para lidar com a ansiedade à medida que ela surge em sua vida. Contudo, para se preparar, será útil ter uma ideia de como é aproximar-se em vez de evitar "o medo e o pavor". Uma forma de fazer isso é gerando de modo deliberado um pouco de ansiedade e praticando a habilidade de *estar com* ela. Isso aumenta nossa capacidade de suportar o medo.

Existe um exercício baseado em atenção plena que pode ajudá-lo a aprender a passar da fase de evitar para a de abraçar o medo. Você precisará de cerca de 20 minutos para experimentá-lo. Faça-o agora, se tiver tempo, ou retorne a este exercício mais tarde, quando tiver a oportunidade.

---

*Encarando o medo**

Comece com alguns minutos de meditação silenciosa, concentrando-se na respiração. Faça isso com os olhos fechados e, uma vez que você sinta que se acomodou em seu corpo, pegue o livro novamente para seguir as instruções:

Agora que você se concentrou na respiração por algum tempo, comece a escanear seu corpo para ver se consegue detectar algum sentimento de ansiedade ou tensão. Caso não detecte tais sentimentos, tente gerá-los

---

* Áudio (em inglês) disponível na página do livro em loja.grupoa.com.br.

pensando em algo que lhe provoque ansiedade. Faça isso agora por um ou dois minutos.

Após localizar alguma ansiedade ou tensão em seu corpo, veja se você consegue fazê-la aumentar. Talvez você consiga fazer isso apenas concentrando-se na excitação fisiológica em seu corpo, ou talvez precise evocar imagens ou pensamentos mais assustadores. A ideia é criar o máximo de ansiedade que você puder, para que de fato você possa praticar suportá-la. Passe alguns minutos fazendo isso antes de continuar a leitura.

Agora que você desenvolveu uma experiência clara de ansiedade, tente intensificá-la. Torne-a o mais intensa possível enquanto está sentado aqui com este livro. Não se preocupe; isso é seguro. Prometo que não vai durar para sempre.

Uma vez que você sinta que gerou o máximo de ansiedade que consegue, observe se é capaz de mantê-la. Programe um *timer* ou olhe para o seu relógio e tente manter a ansiedade no mesmo nível por pelo menos 10 minutos. Se ela começar a diminuir, tente intensificá-la de novo. Volte para estas instruções após 10 minutos ou mais terem se passado.

Agora que você praticou suportar sua ansiedade, pode voltar sua atenção para a respiração por mais alguns minutos e observar como ela está.

O que você notou? Pessoas diferentes têm reações diferentes a esse exercício. Algumas descobrem que a ansiedade se torna bastante intensa e permanece assim por um tempo, mesmo após o exercício terminar. Outras acham difícil manter a ansiedade em um nível elevado; precisam continuar intensificando as catástrofes imaginadas para mantê-la. Às vezes, sensações físicas estranhas surgem e são, por si mesmas, alarmantes. Algumas pessoas se sentem sobrecarregadas pela experiência e têm a tentação de parar antes do tempo (parar antes não é recomendado, pois isso tende a reforçar nosso medo).

George estava cético quando descrevi pela primeira vez o exercício Encarando o medo. Ele vinha lutando com a ansiedade desde que começara um novo trabalho e estava tentando uma técnica de relaxamento após a outra. Embora às vezes ele conseguisse controlar o medo, muitas vezes a emoção vencia a luta. A ideia de apostar todas as fichas parecia tola. Eu disse a ele que nunca soube de alguém que tivesse morrido durante o exercício. Desse modo, em uma combinação de desespero e confiança em mim, ele decidiu tentar.

A ansiedade estava pronta para surgir assim que George voltou sua atenção para a respiração. Apenas direcionar sua atenção para dentro já era alarmante. Ele percebeu que podia intensificar a ansiedade com facilidade ao focar nas sensações fisiológicas (aperto no estômago e na garganta, coração batendo rápido, ombros tensos). Apesar da tentação de recorrer às técnicas de relaxamento, com encorajamento, George perseverou. Quando foi solicitado a amplificar ainda mais sua ansiedade, ele pensou em uma apresentação que teria no trabalho e, em pouco tempo, começou a sentir pânico.

Embora os impulsos de fugir da ansiedade continuassem surgindo, George permaneceu tenso e com seu coração acelerado. Após um tempo, ele percebeu que seus sintomas começaram a oscilar, e ele precisava imaginar situações cada vez mais catastróficas para mantê-los em alta. Ele imaginou seu chefe o repreendendo na frente dos colegas, viu-se sendo demitido e perdendo sua casa. Por fim, precisou imaginar acidentes de trânsito e graves diagnósticos médicos. Depois de um tempo, tudo isso começou a parecer engraçado. Embora ele ainda sentisse alguma ansiedade ao final do exercício, ela era menos intensa e, mais importante, parecia menos séria.

Assim como George, muitas pessoas descobrem que, quando se movem em direção à ansiedade em vez de tentar reduzi-la, ela provavelmente perde força ou começa a diminuir; ela precisa de resistência para "se alimentar". O desafio é persistir o suficiente. Ver que a ansiedade é gerenciável quando não lutamos contra ela nos dá a coragem necessária para enfrentá-la quando ela surge em nossa vida diária. Isso está no cerne de um programa baseado em atenção plena para lidar com o medo.

Se você costuma ter pensamentos como "Espero não ficar ansioso quando..." ou "Preciso fazer isso parar", praticar o exercício Encarando o medo pode ajudar. Você pode adicioná-lo de vez em quando a um período de meditação formal de atenção plena ou experimentá-lo durante o dia quando notar pensamentos de resistência ao medo surgindo em sua mente. Apenas reserve tempo suficiente para não desistir assim que a ansiedade se intensificar, permanecendo com ela até que se estabilize ou diminua.

TERAPIA COGNITIVO-COMPORTAMENTAL TURBINADA

Além de combater o impulso de evitar experiências, que nos mantém presos à ansiedade, a prática de atenção plena pode nos ajudar de forma direta a abordar outro mecanismo que mantém o medo funcionando: nossa "doença do pensamento". Por meio da meditação, podemos perceber que nosso hábito de pensar é muito consistente e nossas tentativas de controlá-lo são inúteis. Em vez de tentar controlá-lo, a prática de atenção plena nos oferece uma nova perspectiva sobre nosso processo de pensamento.

Observamos como todos os nossos pensamentos são condicionados por nossas experiências e como isso determina o que nos deixa ansiosos. Se você já foi abandonado no passado, terá medo de abandono. Se você já enfrentou um problema de saúde, ficará ansioso com sua saúde. Se já teve dificuldades na escola, temerá parecer estúpido. A lista continua. Quando você consegue ver seus pensamentos surgindo e desaparecendo, e percebe como suas reações a eles são todas condicionadas por eventos passados, naturalmente começa a levá-los menos a sério.

Você também começa a perceber que pensamentos e sentimentos agradáveis e desagradáveis continuarão surgindo, independentemente do que você faça. Muitas vezes fantasiamos que, se conseguirmos organizar tudo com perfeição, arranjar as situações laborais e familiares ideais, estaremos livres de estresse e felizes. A prática de atenção plena revela que, independentemente de nossas circunstâncias, a mente continua inquieta e os humores continuam mudando. Todos os nossos pensamentos e sentimentos surgirão e desaparecerão, apenas para serem substituídos por novos. Até pensamentos e sentimentos terríveis por fim mudarão. Saber disso torna mais difícil levá-los tão a sério.

Utilizar a atenção plena dessa maneira pode ser um complemento poderoso às técnicas que as pessoas com frequência aprendem na psicoterapia. Uma forma amplamente utilizada de tratamento com considerável suporte de pesquisa é chamada de *terapia cognitivo-comportamental* (TCC). Em seu cerne, trata-se de identificar quais de nossos pensamentos são racionais e úteis, e quais são irracionais e contraproducentes. A ideia é refutar os pensamentos irracionais e substituí-los por pensamentos racionais. No caso da ansiedade, isso pode envolver examinar os pensamentos *catastróficos*. Esses são os tipos de pensamentos que todos temos de vez em quando, nos quais assumimos o pior: "Se eu ficar nervoso ao fazer esta apresentação, todos vão pensar que sou um idiota, e serei demitido"; "O avião vai cair e todos morrerão". E assim por diante.

Na TCC, as pessoas aprendem a desafiar o pensamento catastrófico. A prática de atenção plena segue um caminho diferente. Em vez de tentar refutar pensamentos inúteis, aprendemos a ver todos os pensamentos como eventos passageiros, como nuvens flutuando no céu ou bolhas viajando em um riacho. Não há necessidade de discutir consigo mesmo; podemos evitar ficar presos em pensamentos irracionais ou contraproducentes simplesmente deixando-os passar. O fato de a atenção plena proporcionar prática em deixar passar *todos* os pensamentos significa que as práticas neste livro podem fortalecer os esforços da TCC

> A prática de atenção plena nos ajuda a evitar a armadilha de pensamentos contraproducentes por meio da aprendizagem de como deixá-los passar.

para desafiar essa categoria mais restrita de pensamentos irracionais de modo ainda mais efetivo.

Embora as práticas de atenção plena por si sós possam ajudar a lidar com todos os tipos de ansiedade, se seus medos forem incapacitantes, pode ser necessário buscar ajuda externa – ao fim deste capítulo, veremos como tomar essa decisão.

PRÁTICAS DE ATENÇÃO PLENA PARA MOMENTOS DE ANSIEDADE

Como um primeiro passo para trabalhar com a ansiedade de maneira consciente, estabeleça uma prática regular, conforme discutido nos Capítulos 3 e 4. Isso formará a base para técnicas específicas voltadas para a ansiedade.

Uma parte importante da prática regular envolve reconhecer e aceitar os conteúdos de nosso coração e nossa mente, tanto durante a prática formal quanto no restante do nosso dia. Como uma possível fonte de angústia é a ansiedade antecipatória que surge quando pensamentos ou sentimentos indesejados ameaçam vir à tona, é especialmente importante tentar acolher esses conteúdos, por mais desagradáveis ou indesejáveis que possam ser.

Uma vez que você tenha uma prática regular estabelecida, pode adaptá-la para momentos nos quais sentir um pouco de ansiedade e empregar técnicas especiais durante o dia quando a ansiedade estiver especialmente aguda. A abordagem exata que você utilizará dependerá da sua experiência no momento (que, é claro, está sempre mudando). Assim como você pode equilibrar práticas de concentração, atenção plena e bondade amorosa dependendo de sua mente estar focada ou dispersa, autocrítica ou acolhedora, você pode escolher diferentes maneiras de lidar com a ansiedade dependendo de sua natureza, de sua intensidade e do quão sobrecarregado você se sente. Você pode usar as técnicas apresentadas aqui por conta própria ou como parte de um programa psicoterapêutico, caso esteja trabalhando com um terapeuta.

Modificando sua prática regular

Quando você estiver ansioso, mas não se sentir sobrecarregado, algumas modificações simples em seu programa regular de prática de atenção plena podem ser úteis. Qual delas você escolherá depende da natureza da ansiedade que você está experimentando. Embora toda ansiedade tenha componentes físicos, cognitivos e comportamentais, às vezes um desses componentes predomina – e a ansiedade responde melhor quando, com isso em mente, a abordamos de maneira específica.

Ansiedade corporal

Às vezes, o medo ou a ansiedade se manifestam de forma predominantemente fisiológica. O medo agudo de subir no palco, confrontar um colega de trabalho ou receber os resultados de um exame pode nos deixar nervosos, causar respiração superficial, batimentos cardíacos acelerados ou suor excessivo. A ansiedade de longo prazo relacionada à saúde de um ente querido, a um projeto no trabalho ou à nossa situação financeira pode levar ao desenvolvimento de ombros tensos, dores de estômago ou sensações de inquietação. Quando nossos sintomas são majoritariamente físicos, direcionar a atenção ao corpo é especialmente útil. O núcleo dessa prática, como no exercício Encarando o medo, já descrito, é aproximar-se das sensações no corpo em vez de evitá-las ou combatê-las. Como em qualquer período de prática formal de meditação, o exercício a seguir funcionará melhor se você reservar pelo menos 20 minutos para ele. No entanto, após ganhar alguma experiência, você pode aplicá-lo em períodos mais curtos, usando-o como um "salva-vidas" sempre que surgirem sensações de ansiedade.

Atenção plena à ansiedade corporal

Comece focando na sua respiração por alguns minutos, como você já fez antes. Quando conseguir acompanhar pelo menos alguns ciclos respiratórios, deixe a respiração recuar para o plano de fundo e escolha as sensações da ansiedade como o principal objeto de atenção. Sinta como elas se manifestam no corpo: observe o ritmo cardíaco, o padrão de respiração, a transpiração, a tensão muscular, a inquietação, entre outras. Tente abordar essas sensações com atitude de interesse ou de curiosidade, sem perguntar o que significam ou de onde vêm; apenas investigue como elas são sentidas em cada instante. Observe se as sensações são sólidas, ou talvez estejam mudando sutilmente de momento a momento. Como já fez antes, sempre que sua mente começar a se afastar das sensações, conduza-a de volta de modo gentil.

Perceba também qualquer impulso de se afastar das sensações de ansiedade, de se levantar, mudar de posição ou fazer as sensações desaparecerem. O ponto-chave aqui é permanecer com o que está acontecendo no corpo, em vez de tentar fazer as sensações pararem ou irem embora.

Essa prática de meditação, como a maioria das abordagens baseadas em atenção plena voltadas para a ansiedade, envolve permanecer com as experiências e deixá-las seguir seu curso natural, em vez de tentar modificá-las. Quando fazemos isso, interrompemos um mecanismo importante que mantém a ansiedade, já que deixamos de gerar medo da própria ansiedade. Essa abordagem também nos liberta para fazer escolhas inteligentes ou habilidosas, não mais limitadas por preocupações sobre se um caminho gerará mais medo do que outro, pois nos tornamos confiantes de que podemos lidar com qualquer sensação que surja. Cada nova onda de ansiedade se torna outra oportunidade para praticar e aumentar nossa capacidade de suportá-la, tornando-nos mais fortes e livres.

Essa é, na verdade, uma forma poderosa de desenvolver coragem. Uma vez ouvi um ator descrever uma conversa que ele teve com um dos primeiros astronautas. O ator estava prestes a interpretá-lo em um filme e queria entender como era pilotar uma aeronave experimental. O ator perguntou: "Como você fez isso? Eu não teria tido a coragem. Eu teria ficado apavorado". O astronauta respondeu: "Eu estava apavorado. Quase todas as vezes que eu subia. Ninguém jamais havia pilotado aeronaves assim antes, e não fazíamos ideia se elas aguentariam. Coragem não é não sentir medo; coragem é sentir medo e ainda assim fazer o que deve ser feito".

Trabalhando a preocupação

Toda preocupação é antecipatória. Mesmo em circunstâncias atuais terríveis, nossa preocupação está relacionada ao que vai acontecer em seguida, e não ao que está acontecendo agora. Como a prática de atenção plena cultiva a *consciência da experiência presente com aceitação*, ela tende a trazer nossa atenção para fora do passado ou do futuro e para o momento atual.

E o presente em geral é seguro. Assim como o coelho focado em comer grama não fica ansioso uma vez que a raposa se foi, nos tornamos muito mais calmos quando conseguimos trazer nossa atenção para o que está acontecendo agora. De fato, provavelmente percebemos, por meio da prática de atenção plena, que *apenas o presente realmente existe*. Todo o resto é uma história sobre o passado e o futuro. Lembrar-nos de retornar à nossa experiência no momento presente pode, portanto, ser muito útil para colocar nossos pensamentos preocupantes em perspectiva.

> Apenas o presente existe de verdade. Todo o resto é só uma história sobre o passado ou o futuro.

Embora um programa geral de prática de atenção plena repetidamente traga sua atenção de volta às sensações no momento presente e ajude você a levar menos a sério os pensamentos antecipatórios, algumas modificações são especialmente úteis quando você está preso a preocupações. O exercício a seguir funcionará melhor se você reservar pelo menos 20 minutos para fazê-lo. No entanto, assim como na Atenção plena à ansiedade corporal, uma vez que você tenha praticado, pode tentar esse exercício por períodos mais curtos sempre que perceber que está preso em pensamentos ansiosos.

Pensamentos são apenas pensamentos

Comece concentrando-se na sua respiração por alguns minutos. Observe se consegue seguir ciclos completos, desde o início de uma inalação até o ponto de plenitude, voltando ao ponto de relativo esvaziamento, e depois começando novamente. Se você estiver preocupado, não demorará muito para que pensamentos sobre o futuro surjam. Nos primeiros minutos, toda vez que você perceber que sua atenção se desviou da respiração para os pensamentos, apenas conduza gentilmente sua atenção de volta para a respiração.

Após fazer isso por um tempo, você pode tentar introduzir uma pequena imagem mental. Quando os pensamentos surgirem na mente, imagine-os como nuvens passando pelo céu. Perceba que "você" não é esses pensamentos. Em vez disso, "você" é a própria consciência, você é o céu, e os pensamentos são as nuvens, a chuva e a neve que o ocupam por um tempo. O céu permanece estável durante todo o processo.

Uma alternativa é imaginar que os pensamentos são como bolhas em um riacho: aparecendo e desaparecendo, passando. Aqui, "você" é a margem do riacho, observando a água fluir de modo contínuo enquanto as bolhas vêm e vão, estourando ou seguindo adiante. Se preferir máquinas à natureza, você pode até imaginar que "você" está assistindo a uma esteira rolante, enquanto os pensamentos passam até caírem no final da linha.

A ideia aqui não é parar ou mudar os pensamentos, mas sim deixar de se identificar e acreditar em cada um deles.

Ilana sempre foi uma pessoa preocupada. Quando adolescente e jovem adulta, preocupava-se com sua saúde e seu sucesso; mais tarde, como mãe, preocupava-se sobretudo com a saúde e o sucesso de seus filhos. Às vezes, essas preocupações de fato saíam de controle, como quando ela temia que seu filho pudesse escorregar no gelo ao voltar para casa do ponto de ônibus, que sua filha pudesse pegar amigdalite novamente, que seu filho não conseguisse sair do banco no basquete, e que sua filha não terminasse o trabalho de história a tempo.

Inicialmente, a prática de atenção plena foi muito difícil. Ilana percebeu com rapidez que vinha se apoiando em distrações para se acalmar. Passar um tempo sozinha com sua mente era alarmante; ela era uma máquina de preocupações. Por isso, ela ficou ávida para experimentar algo que a ajudasse a se desapegar dos pensamentos.

Ilana começou a prática de Pensamentos são apenas pensamentos tentando seguir sua respiração e, como de costume, teve dificuldade em manter o foco por um ciclo completo. Após desenvolver um pouco de concentração, ela decidiu mudar sua atenção para os pensamentos. Em vez de discutir com cada um ou acrescentá-los à sua lista de tarefas, ela simplesmente os deixou aparecer e desaparecer, como bolhas passando em um riacho:

> "Espero que Jimmy tenha um bom dia na escola."
>
> "Eu me pergunto o que devo fazer para o jantar."
>
> "Pode nevar – devo pegar as crianças no ônibus?"
>
> "Como vou levar todos para suas atividades na terça-feira?"
>
> "Eu realmente deveria estar seguindo minha respiração."

Os pensamentos continuavam surgindo, e Ilana continuava deixando-os ir. Embora estivesse tentada a seguir cada um deles para tomar uma decisão, resolver um problema ou acrescentar algo à sua programação, ela decidiu apenas observar o desfile de pensamentos. Após alguma prática, ela começou a se sentir menos desassossegada.

Salva-vidas para águas turbulentas

Algumas vezes, nossa ansiedade é mais forte, e outras ela é mais fraca. E, em determinadas ocasiões, nossa capacidade de lidar com a experiência é maior ou menor. Embora sejamos mais livres quando podemos vivenciar com plenitude o que surge em nosso corpo e nossa mente, há momentos em que não estamos prontos para isso. Podemos nos sentir agitados demais para ficar parados ou muito invadidos pelo medo para enfrentá-lo de forma direta.

Quando a ansiedade parece esmagadora, podemos não conseguir funcionar muito bem, muito menos manter nossa rotina regular de prática de atenção plena. Felizmente, há exercícios de atenção plena que podem aumentar nossa capacidade de suportar as sensações de ansiedade sem agravá-las. Eles podem substituir nossas práticas formais de atenção plena habituais (algumas das quais são difíceis de realizar quando nos sentimos sobrecarregados pela ansiedade) ou também podem ser utilizados como práticas informais ao longo do dia quando a ansiedade está especialmente intensa.

Como já mencionado, a prática de Atenção plena à ansiedade corporal pode ser usada como um salva-vidas quando as sensações físicas da ansiedade estão muito intensas. Outras práticas são mais adequadas para diferentes circunstâncias e estados mentais.

Meditação em movimento

Quando estamos especialmente inquietos ou agitados, meditar caminhando geralmente é mais fácil do que meditar sentado. Você deve se lembrar do Capítulo 3, em que abordamos que a meditação durante a caminhada é uma prática de concentração que envolve focar a atenção nas sensações dos pés em contato com o solo e das pernas se movendo pelo espaço. Há pelo menos duas razões pelas quais isso é mais fácil do que meditar sentados quando estamos muito ansiosos.

Primeiro, o movimento tende a reduzir a tensão muscular (é por isso que as pessoas costumam andar de um lado para o outro ou se mexer quando estão nervosas). Isso diminui a intensidade percebida da sensação de ansiedade, tornando-a mais suportável. Segundo, a meditação durante a caminhada tem um foco mais "externo" do que "interno". Quando nos sentamos e seguimos nossa respiração, nossa atenção se volta para o interior do corpo. Isso tende a trazer pensamentos e sentimentos à consciência. Embora, a longo prazo, seja importante tomar consciência deles e aprender a aceitá-los, quando nos sentimos sobrecarregados, geralmente é melhor estabelecer primeiro um senso de segurança. Focar em sensações externas, como os pés tocando o solo e as pernas se movendo pelo espaço, tende a nos "ancorar" na realidade externa, proporcionando uma sensação de segurança e força.

Você pode incluir uma caminhada meditativa mais formal em sua prática quando se sentir sobrecarregado pela ansiedade. Você também pode experimentar caminhar com atenção plena como prática informal ao se mover durante o dia caso se sinta sobrecarregado. Lembre-se, no entanto, de que o objetivo não é fazer com que os sentimentos de ansiedade desapareçam, mas sim aumentar sua capacidade de suportá-los, ancorando-se em outras sensações do momento presente.

Buscando refúgio na realidade externa

Outra prática que pode ser muito útil quando nos sentimos sobrecarregados envolve observar a natureza. Isso tem um foco ainda mais externo do que a meditação durante a caminhada, pois se concentra em coisas totalmente fora do nosso corpo. Pode ser útil quando a ansiedade está especialmente intensa.

Uma paciente que conheço bem veio ao meu consultório parecendo angustiada. Ela cresceu em um ambiente muito abusivo e, consequentemente, fica atormentada com facilidade quando as pessoas são cruéis com ela. A paciente havia tido um confronto com alguém que realmente a intimidou e agora estava consumida pela ansiedade. A situação estava tão grave que ela se sentia confusa, imaginava ver coisas que na verdade não estavam lá e mal conseguiu dirigir até meu consultório. Embora tenha achado útil discutir o que a levou a esse estado, mesmo após falar sobre o incidente, ela ainda se sentia sobrecarregada e desorganizada.

Perguntei-lhe se estaria interessada em tentar uma prática de meditação para ajudá-la a tolerar seus sentimentos. Quando ela concordou, convidei-a a ficar comigo perto da janela e olhar para uma árvore. Pedi que começasse do topo da árvore e descrevesse tudo o que via em detalhes: as folhas, os galhos e os detalhes de cor e de textura. Após ela fazer isso, passamos para outra árvore e, por fim, para tudo o mais que podíamos ver pela janela. Expliquei que não estávamos tentando fazer com que sua ansiedade desaparecesse ou apagar seus sentimentos sobre o encontro hostil, mas sim direcionar parte de sua atenção para a realidade do mundo externo no aqui e agora, para que ela pudesse notar que seus pensamentos e seus sentimentos surgiam em meio a um pano de fundo da realidade presente.

Após focar na natureza lá fora dessa maneira por cerca de 15 minutos, ela começou a se sentir mais confiante. A paciente estava menos preocupada com a possibilidade de alucinar e se sentia melhor para funcionar. Como nossa sessão estava terminando e eu tinha outro paciente agendado, sugeri que ela passasse a próxima hora caminhando pelo bairro, observando todas as árvores e plantas, trazendo sua atenção para elas como fizemos na janela. Ela fez isso, e, quando a vi na nossa próxima consulta, ela se sentiu segura para dirigir de volta para casa e continuar com seu dia. Embora essa abordagem nem sempre ajude uma pessoa a recuperar a confiança em situações de extremo estresse, muitas vezes ela é útil.

Meditação na natureza

Para experimentar isso você mesmo, simplesmente direcione sua atenção completamente para o mundo ao seu redor. Se você puder chegar a uma janela ou sair para fora, utilize o mundo natural como foco, assim como minha paciente fez. Se precisar ficar em um cômodo e não puder ir até a janela, você pode fazer o mesmo com as paredes, o chão e os objetos no ambiente. A ideia é olhar de modo sistemático para tudo no seu campo visual e descrevê-lo. Se sua mente divagar para pensamentos ou sensações corporais, apenas conduza-a com suavidade de volta para o mundo externo. Assim como a meditação durante a caminhada, essa prática pode ser usada como meditação formal, substituindo a meditação da respiração durante momentos de ansiedade intensa, ou como prática informal ao longo do dia. Se você a fizer como prática formal, tente reservar pelo menos 20 minutos para permitir que sua mente desenvolva alguma concentração.

Felizmente, a maioria de nós não se sente de todo sobrecarregada pela ansiedade com muita frequência, mas é bom saber que essa técnica pode ajudar quando isso acontece. Simplesmente atentar aos objetos no mundo externo e retornar nossa atenção para esses objetos sempre que a mente voltar aos nossos medos pode realmente ajudar a colocar as coisas em perspectiva.

Cultivando estabilidade

Existe um método alternativo que você pode experimentar quando se sentir sobrecarregado pela ansiedade. É uma prática formal com foco interno, mas projetada para aumentar sua capacidade de suportar a ansiedade sem intensificar os sentimentos ansiosos no processo.

Quando estamos muito ansiosos, podemos ficar presos em nossos pensamentos. É como se estivéssemos completamente com a cabeça nas nuvens e não notássemos o céu maior que as contém. Assim como o exercício Pensamentos são apenas pensamentos, este ajuda a mudar nosso foco do conteúdo específico de nossa mente para a experiência da própria consciência. Diferentemente de outras práticas que se concentram nas sensações, esta trabalha com imagens.

Pratique este exercício primeiro quando se sentir mais calmo, de modo que ele fique disponível em sua "caixa de ferramentas" para momentos mais avassaladores. Você precisará reservar de 10 a 15 minutos. Experimente agora, se tiver tempo e não estiver se sentindo sobrecarregado no momento. No futuro, se você se sentir agitado e tiver dificuldade em ficar parado, pode preceder essa prática com um período de meditação durante a caminhada ou de meditação na natureza.

---

*Meditação da montanha**

Neste exercício, você imaginará ser uma montanha passando por mudanças sazonais. Na primeira vez que tentar isso, pode ser melhor ler sobre uma estação do ano e depois colocar o livro de lado e ficar com suas ima-

---

* Áudio (em inglês) disponível na página do livro em loja.grupoa.com.br.

gens por alguns minutos. Assim que sentir que se estabeleceu e explorou uma estação, abra os olhos brevemente para ler sobre a próxima e, em seguida, feche-os mais uma vez para explorá-la.

Primavera

Imagine que você é uma montanha. Você é muito grande e muito forte, e está em seu lugar há muito, muito tempo. Claro, como todas as coisas, você muda, mas muda muito devagar, em tempo geológico. Neste momento, é primavera. Há vida por toda parte. As árvores todas têm folhas novas, as flores estão florescendo e os insetos estão voando ao redor. Animais estão cuidando de seus filhotes e os pássaros voltaram de suas migrações. Cada dia é diferente, às vezes está nublado, fresco e chovendo; outras vezes, está ensolarado e quente. Conforme a noite se transforma em dia e o dia em noite, você permanece ali, experimentando a vida se desdobrando em todos os lugares. À medida que os dias passam, eles gradualmente ficam mais longos, e as noites mais curtas. Cada um é diferente. Você permanece sólido e imóvel, experimentando todas as mudanças ao seu redor.

(Feche os olhos por alguns minutos agora e veja como é ser uma montanha na primavera, notando toda a atividade ao seu redor.)

Verão

Os dias continuam a ficar mais longos, e agora permanece claro até bem tarde. Às vezes, faz bastante calor, e os animais buscam sombra. Insetos estão por toda parte, rastejando e voando ao redor. Animais jovens estão começando a se aventurar sozinhos. Às vezes, o ar está bastante parado e o sol é brilhante. Outras vezes, tempestades violentas ressoam, raios caem e há uma chuva torrencial. Às vezes, os riachos correm e descem pelas suas encostas; outras vezes, estão quase secos. Toda essa atividade se desenrola enquanto você permanece ali, bastante sólido, observando tudo. À medida que os dias passam, você percebe que eles estão gradualmente se tornando mais curtos, embora ainda permaneçam bastante quentes. Você continua maciço e estável, absorvendo tudo isso.

(Feche os olhos por alguns minutos agora para experimentar o verão.)

Outono

O sol agora está se pondo visivelmente mais cedo, e as noites começam a ficar frescas. Você vê que as folhas estão começando a mudar de cor e os animais estão se preparando para o inverno. Os pássaros estão começando a partir. Cada dia é diferente, alguns são ensolarados e quentes, mas agora alguns são frescos e agradáveis. Conforme o dia se transforma em noite e a noite em dia, as folhas continuam a mudar, algumas se tornando brilhantes em cores. Às vezes chove suavemente, às vezes é tempestuoso, outras vezes é tranquilo e pacífico. Os dias continuam a encurtar até realmente escurecer cedo, e as noites ficam de fato frias. Você percebe agora que muitas das árvores já perderam suas folhas e as plantas mudaram do verde para o marrom. Enquanto tudo ao seu redor se transforma, você permanece relativamente imóvel e inalterado.

(Feche os olhos agora para vivenciar o outono.)

Inverno

A primeira neve chegou. Tudo está transformado. Os riachos estão congelados; tudo está coberto de branco. Você vê os animais apenas ocasionalmente; na maior parte do tempo, você nota suas pegadas. Poucos pássaros estão por perto, e os insetos parecem ter desaparecido. Alguns dias são ensolarados e mais quentes; outros são bastante frios. Tempestades ferozes passam com neve cegante e vento cortante. Você consegue se manter sólido, destemido, absorvendo tudo isso.

Conforme a noite se transforma em dia e o dia em noite, você percebe que os dias estão começando a ficar mais longos de novo. Em alguns dias, faz calor o suficiente para que a neve comece a derreter e os riachos comecem a fluir, mas, em outros, tudo congela novamente. Por fim, há mais dias quentes do que frios, e você começa a ver o solo descoberto. Você nota os primeiros brotos de plantas jovens e percebe que a primavera está quase chegando.

(Mais uma vez, feche os olhos para estar com essa experiência.)

As meditações durante a caminhada, na natureza e da montanha não são as únicas técnicas orientadas para atenção plena que podem ser úteis quando nos sentimos sobrecarregados pela ansiedade. Uma variedade de práticas meditativas físicas, como ioga e *tai chi*, também podem ser muito eficazes para trazer nossa atenção de volta ao presente, ao mesmo tempo que aumentam nossa sensação de segurança e nossa capacidade de estar com a experiência. Essas práticas têm o benefício adicional de alongar e mover com suavidade os músculos, ajudando a liberar a tensão muscular que faz parte da nossa resposta ao medo. Boas fontes para instruções básicas de ioga podem ser encontradas na seção "Recursos", no final deste livro.

AÇÃO HABILIDOSA

Até agora, discutimos como a prática de atenção plena pode nos ajudar a lidar com uma variedade de estados de ansiedade e como ela ajuda a combater os hábitos mentais que nos deixam ansiosos. Às vezes, no entanto, o medo é bem-fundamentado e deve ser encarado como um chamado à ação. Se um paciente me dissesse que fica muito nervoso ao caminhar em um bairro perigoso à noite ou quando o pneu do carro começa a tremer, eu poderia sugerir que ele respondesse a esse medo não com meditação, mas tomando uma atitude. O medo obviamente desempenha uma função protetiva importante em nossa vida. Assim como a dor nos impede de danificar os tecidos ao nos ensinar a não tocar em um fogão quente, o medo pode nos sinalizar para sair de situações perigosas. Na verdade, pessoas que não são medrosas o suficiente muitas vezes se colocam em problemas repetidamente. (Motoristas com adesivos no carro dizendo "As coisas acontecem" podem, de fato, sofrer mais desventuras do que a média.)

Muitas situações externas podem levar à ansiedade. Ameaças à nossa saúde, à nossa segurança ou à nossa sobrevivência econômica podem nos deixar com medo, assim como viver com pessoas abusivas, estar em ambientes de trabalho estressantes ou participar de relacionamentos nos quais não podemos ser honestos. Mesmo nesses casos, a prática de atenção plena pode ajudar. Ela pode nos tornar mais capazes de ver a realidade da nossa situação e perceber como isso nos assusta a cada momento. Ao nos tornarmos conscientes disso, percebemos que precisamos fazer mais do que meditar: precisamos mudar nossa situação de vida.

Portanto, além de utilizar as práticas que discutimos para ganhar perspectiva sobre nossos pensamentos ansiosos, também precisamos nos perguntar: "Esse é um pensamento que devo levar a sério?". Se for, então a melhor estratégia é de fato agir, em vez de simplesmente observar os pensamentos preocupantes surgirem e desaparecerem até que o desastre aconteça.

JUNTANDO AS COISAS

Medo e ansiedade se manifestam de tantas formas que não há uma abordagem única que seja a melhor. Ainda assim, há diretrizes gerais que você pode seguir para se sentir menos atormentado por sentimentos ansiosos e mais corajoso em sua vida diária.

Como já mencionado, o cerne do programa é sua prática geral de atenção plena, incluindo tanto a meditação formal regular quanto a prática informal diária. Além de equilibrar sua meditação formal entre práticas de concentração, atenção plena e bondade amorosa, tente a prática de Atenção plena à ansiedade corporal quando sentir mais sintomas físicos de ansiedade e a prática de Pensamentos são apenas pensamentos quando estiver mais preocupado. Quer sua ansiedade seja predominantemente fisiológica ou cognitiva, aumentar os momentos durante o dia nos quais você pratica informalmente vai focar mais sua atenção no presente, ajudando assim a sua mente a ficar menos presa em sentimentos e pensamentos ansiosos. A Meditação de bondade amorosa (Capítulo 4) pode ser especialmente útil se muitos pensamentos autocríticos sobre estar muito ansioso ou agitado para meditar surgirem.

Caso você perceba que está se envolvendo em comportamentos de evitação, temendo sua ansiedade e tendo pensamentos como "Espero que isso não piore" ou "Espero não ficar nervoso em _____", repetir o exercício Encarando o medo pode ser útil. Dê a si mesmo bastante tempo (pelo menos 20 minutos) para ver com que intensidade você consegue sentir seu medo e tente mantê-lo em seu nível máximo. Ao retornar ao exercício de forma periódica, provavelmente você sentirá menos medo de seus estados de ansiedade.

Se encontrar períodos em que sua ansiedade se torna avassaladora e faz você se sentir miserável ou interfere em sua capacidade de funcionar, o melhor é empregar um ou mais dos *salva-vidas*. A Meditação durante a caminhada é uma boa escolha quando você está muito agitado para ficar parado. Ela funciona bem tanto como prática formal quanto como prática informal ao longo do seu dia. A Atenção plena à ansiedade corporal também pode ser praticada por breves períodos quando os sintomas físicos são muito intensos.

A Meditação na natureza é útil quando as ondas de ansiedade são especialmente intensas, pois tende a desviar nossa atenção para fora do corpo e dos pensamentos e nos lembra de que o mundo ainda existe e que nem tudo está perdido. Você pode praticá-la formalmente por períodos mais longos, se tiver tempo, ou de modo informal quando tiver um momento no dia para notar seu ambiente.

Se você conseguir ficar parado por 10 a 15 minutos, a Meditação da montanha é especialmente útil para reforçar sua habilidade de observar o surgimento e desaparecimento de tudo em sua mente. Ela ajudará você a se identificar menos com cada preocupação ou onda de tensão e a desenvolver a coragem necessária para lidar com ondas cada vez maiores.

Quando sentimentos de ansiedade surgirem no meio de atividades importantes das quais você não pode se afastar, a melhor abordagem geralmente é transformar essa atividade em oportunidade de prática informal. Às vezes, isso exige uma modificação criativa de uma das práticas que discutimos. Mesmo no meio de uma reunião importante, você pode tirar alguns momentos para apenas estar com as sensações de ansiedade no corpo (um momento de prática de Atenção plena à ansiedade corporal) ou sintonizar as cores, as texturas, os sons e as sensações táteis da sala (um momento de Meditação na natureza, ainda que em ambiente fechado). Praticando dessa forma, descobrimos repetidamente um princípio orientador: ao trazer nossa atenção para o presente e não lutar contra nosso medo, este se torna gerenciável.

Embora sua experiência possa ser diferente, a aventura de um paciente com a ansiedade ilustra como diversas práticas de *atenção plena* podem se encaixar:

Jerry nem sempre se via como uma pessoa ansiosa. Quando criança, ele era bom em esportes, inteligente e trabalhador. Seu pai o pressionava, e ele conseguia sucesso em quase tudo o que tentava. No entanto, ele sempre foi um pouco tímido. Apesar de ser capaz e atraente, ele não namorava muito e sempre se sentia um pouco desconfortável com garotas.

Após se formar na faculdade, Jerry subiu rapidamente no mundo dos negócios, tornando-se vice-presidente de uma grande e bem-sucedida empresa aos 30 anos. Ele tinha muitas responsabilidades e se sentia confiante em relação às suas habilidades analíticas, mas desenvolveu algumas novas inseguranças. Ele se perguntava se seus superiores achavam que ele era muito jovem para o cargo e se preocupava com o fato de que seus subordinados, muitos dos quais eram mais velhos do que ele, poderiam sentir inveja.

Um dia, em uma reunião do conselho, Jerry congelou. Do nada, seu coração começou a disparar e ele não conseguia pensar com clareza. Ele pediu licença para ir ao banheiro, jogou água no rosto e voltou para, de alguma forma, conseguir concluir sua apresentação.

Jerry começou a se preocupar que isso pudesse acontecer de novo. Ele passou a notar sempre que ficava nervoso, e muitas vezes lutava para se acalmar. Ele respirava fundo e dizia a si mesmo para não se preocupar. Cada vez mais preocupado com a possibilidade de sua ansiedade interferir em sua carreira, ele veio me procurar para buscar ajuda.

Juntos, analisamos como Jerry lidava com suas emoções (medo e tristeza eram tabus) e as imagens que ele tinha de si mesmo (elas alternavam entre grandeza e inadequação). Exploramos as altas expectativas de seu pai e como ele se apegara ao sucesso. Embora essas abordagens terapêuticas tradicionais fossem úteis, logo ficou claro que Jerry estava se deixando levar completamente por pensamentos preocupantes e ficando cada vez mais assustado com seus sintomas de ansiedade. Então, eu o introduzi à prática de atenção plena.

No início, ele não achou fácil. Jerry era muito orientado para a ação e queria *fazer* algo com relação ao seu problema, não apenas ficar parado. A ideia de *estar com* as experiências em vez de tentar resolvê-las parecia bem estranha. No entanto, ele confiava em mim, então persistiu.

Muito ocupado e ainda querendo manter seus treinos, ele estabeleceu uma rotina formal de prática de 20 minutos, em dias alternados, realizando práticas informais durante seu trajeto. Logo ele percebeu que sua mente era extremamente ativa e que boa parte de seus pensamentos eram preocupações, incluindo preocupações sobre seus sintomas de ansiedade. Ele viu que, quando não estava ansioso, muitas vezes se sentia triste. Ele também notou que acumulava muita tensão no pescoço e nos ombros e que sentia dor ao se sentar por 20 minutos.

Como Jerry tinha desenvolvido tanto medo das sensações de ansiedade, eu o instruí a tentar o exercício Encarando o medo em seu escritório. Não demorou muito para ele gerar uma boa quantidade de ansiedade, e ele me perguntou diversas vezes se eu de fato achava que essa era uma boa ideia, já que parecia estar piorando as coisas. No entanto, ele persistiu e, por fim, percebeu que era necessário esforço para manter o medo no máximo. Ele também percebeu que as sensações de ansiedade em si não eram "tão ruins assim".

Tendo tido essa experiência, Jerry estava disposto a tentar a prática de Atenção plena à ansiedade corporal durante as sessões formais de meditação nas quais ele se sentia ansioso. Ele notou que as sensações de ansiedade mudavam de maneira um tanto imprevisível ao longo de cada sessão. Ele também percebeu que, quando se preocupava em "ficar nervoso", as sensações em geral pioravam, enquanto tendiam a se acalmar se ele simplesmente permanecesse com o que estava acontecendo em seu corpo. E ele sentia a tristeza que parecia estar por trás da ansiedade.

A ansiedade de Jerry nunca chegou a um ponto em que ele não pudesse lidar com ela, então ele não precisou utilizar os "salva-vidas" como práticas formais. No entanto, sua ansiedade ocasionalmente atingia picos no trabalho, então ele recorria a uma variação da Meditação na natureza e a um pouco de Atenção plena à ansiedade corporal quando isso acontecia. Seja em uma reunião, preparando uma apresentação ou viajando para um grande evento, se ele começasse a se sentir sobrecarregado pela ansiedade, Jerry praticava conduzir sua atenção para a observação cuidadosa de seu ambiente físico. Às vezes, era a natureza, se ele pudesse olhar pela janela ou caminhar ao ar livre; outras vezes, era apenas a sala em que ele estava. Ele permitia que seu corpo gerasse os sintomas que quisesse, praticava alguns momentos de Atenção plena à ansiedade corporal e, em seguida, retornava sua atenção ao ambiente.

À medida que continuava a praticar atenção plena e a prestar atenção às suas emoções, Jerry ficou menos preocupado com sua ansiedade e mais interessado em encontrar significado em sua vida. Ele começou a examinar o que tornava os relacionamentos íntimos difíceis para ele e descobriu um profundo anseio por proximidade. O sucesso em seu trabalho se tornou menos importante, ele começou a namorar mais e se interessou mais pela experiência do momento presente. Em retrospecto, ele viu seus problemas de ansiedade como um sinal de que seus valores estavam desequilibrados e de que sentimentos importantes e vulneráveis estavam fora de sua consciência. Jerry ficou grato pelo alerta.

PRÁTICAS DE ATENÇÃO PLENA PARA ANSIEDADE E MEDO

Uma vez que você estabeleça uma prática regular formal e informal, conforme descrito nos Capítulos 3 e 4, as seguintes práticas podem ser especialmente úteis:

Práticas formais de meditação

- *Atenção plena à ansiedade corporal* (página 123) quando os sintomas físicos da ansiedade são intensos.
- *Meditação de escaneamento corporal* (página 72) para aprender a tolerar sensações físicas intensas.
- *Pensamentos são apenas pensamentos* (página 125) quando pensamentos preocupantes predominam.
- *Encarando o medo* (página 118) quando surge resistência à ansiedade.
- *Meditação durante a caminhada* (página 67) quando é muito difícil ficar parado.
- *Meditação da montanha* (página 129) para aumentar sua capacidade de observar a ansiedade ir e vir.
- *Meditação de bondade amorosa* (página 85) quando se é duro consigo mesmo por estar ansioso.

Práticas informais de meditação

Todas as práticas a seguir ajudam a enfraquecer os pensamentos preocupantes sobre o futuro, trazendo a atenção de volta à experiência sensorial no presente. Todas podem ser feitas mesmo quando você se sentir agitado:

- *Meditação durante a caminhada* (página 67)
- *Meditação na natureza* (página 128)
- *Meditação durante a refeição* (página 262)
- *Meditação informal ao dirigir, tomar banho, escovar os dentes, fazer a barba, etc.* (página 90)

Salva-vidas

- *Meditação durante a caminhada* (formal ou informal; página 67) quando se sentir sobrecarregado e agitado.
- *Meditação na natureza* (formal ou informal; página 128) quando se sentir sobrecarregado em meio a responsabilidades.
- *Meditação da montanha* (página 129) para aumentar sua capacidade de observar a ansiedade ir e vir.
- *Atenção plena à ansiedade corporal* (página 123) para prática breve quando os sintomas físicos da ansiedade são intensos.

DESENVOLVENDO UM PLANO

Pode ser útil registrar um plano de ação para lidar com o medo e a ansiedade. O quadro a seguir pode ajudar a organizar seus pensamentos:

PLANO DE PRÁTICA

Comece refletindo sobre como e quando a ansiedade surge em sua vida.

Situações em que eu mais sinto ansiedade: _____
_____
_____
_____

Meus sintomas de ansiedade mais comuns:

Fisiológicos (sensações corporais): _____
_____
_____

Cognitivos (pensamentos preocupantes): _____
_____
_____

Comportamentais (coisas que evito): _____
_____
_____

Momentos em que mais preciso de um "salva-vidas": _____
_____
_____
_____

Agora, com base no que você leu e experimentou sobre as diferentes práticas, registre um plano inicial de prática (você pode variá-lo conforme suas necessidades mudem).

Prática formal	Quando	Com que frequência
_____	_____	_____
_____	_____	_____
_____	_____	_____

Prática informal	Quando	Com que frequência
_____	_____	_____
_____	_____	_____
_____	_____	_____

Salva-vidas	Situação provável
_____	_____
_____	_____
_____	_____

QUANDO VOCÊ PRECISAR DE MAIS AJUDA

Embora a prática de atenção plena possa ser extremamente útil no trabalho com a ansiedade, às vezes faz sentido explorar outras opções também. Jerry chegou à prática de atenção plena por meio da psicoterapia. Outras pessoas chegam à psicoterapia pela prática de atenção plena. Se você perceber que sua ansiedade faz parte de um ciclo vicioso em que você evita atividades como ir ao trabalho ou socializar, e isso, por sua vez, cria novos problemas que aumentam ainda mais a ansiedade, é provável que um tratamento profissional seja necessário. Isso deve incluir a consulta com um profissional da saúde mental para entender o que está criando e mantendo a ansiedade, bem como para explorar suas opções de lidar com ela. Em alguns casos, a medicação prescrita pode ser útil para interromper ciclos de medo e de evitação. A ajuda profissional pode complementar a prática de atenção plena ao auxiliar na identificação de outras emoções, talvez ocultas, que estão por trás e alimentam a ansiedade. Isso pode ser realizado na psicoterapia psicodinâmica e em outras abordagens exploratórias que examinam as raízes das suas reações atuais em experiências passadas, revisitando aquelas que podem ter sido difíceis de enfrentar por completo na época. Abordagens cognitivo-comportamentais, como as já descritas, podem ser especialmente úteis quando o pensamento obsessivo ou as ações compulsivas fazem parte de um problema de ansiedade. Elas podem ajudar a identificar padrões de pensamento que geram ansiedade e a desenvolver um plano para enfrentar de modo sistemático os medos. Dicas para encontrar um terapeuta, juntamente com recursos para lidar com a ansiedade, podem ser encontradas na seção "Recursos", no final deste livro.

O objetivo final da psicoterapia deve ser o mesmo da prática de atenção plena: ser capaz de viver de forma livre e aceitar tanto o conteúdo da nossa mente quanto os eventos da nossa vida. A longo prazo, aumentar nossa capacidade de sentir nossas emoções, aceitar nossos pensamentos e suportar a ansiedade em vez de lutar contra ela é o melhor caminho para uma vida plena e rica.

Agora que você dominou completamente suas reações ao viver em um mundo assustador, talvez esteja pronto para enfrentar outras emoções intensas. O próximo capítulo mostrará como as práticas de atenção plena podem nos ajudar a lidar de forma eficaz com dois outros visitantes frequentes: a tristeza e a depressão.

6

Adentrando os espaços escuros
Enxergando a tristeza e a depressão sob uma nova luz

Você já pensou sobre a diferença entre tristeza e depressão? Já fiz essa pergunta a psicoterapeutas, e eles sugerem uma variedade de respostas. Às vezes, eles dizem que a depressão dura mais do que a tristeza. Mas eu aponto que é perfeitamente possível sentir-se triste por vários dias seguidos e ainda assim ficar bastante deprimido por apenas algumas horas. Em seguida, eles sugerem que a tristeza surge em resposta a eventos externos, já a depressão vem de dentro e tem vida própria. Mas eu lembro que podemos ficar muito deprimidos após uma desgraça, como a perda de um emprego ou um relacionamento, e ainda assim sentir tristeza sem uma causa aparente. Por fim, após alguma discussão, eles chegam à conclusão de que *a tristeza parece viva e fluida* e é uma parte essencial de viver plenamente, já *a depressão parece morta e estagnada*, impedindo-nos de viver. Essa constatação leva a outra surpresa: ao nos ajudar a de fato estar com a tristeza (e outras emoções), a prática de atenção plena pode nos impedir de ficarmos presos na depressão.

VARIEDADES DE DEPRESSÃO

A depressão aparece de diversas formas. Pode ser leve ou grave, breve ou duradoura. Ela pode surgir sobretudo a partir de circunstâncias ambientais ou de uma predisposição biológica. Quando grave, a depressão pode ser debilitante. Ela suga a alegria de tudo, arruína relacionamentos, interfere no trabalho e nos faz desejar que nossa vida simplesmente acabe. Mesmo quando leve, a depressão torna difícil realmente aproveitar e valorizar a vida.

Pode parecer estranho, então, que não seja incomum estar deprimido sem perceber. Muitos de nós esperam que a depressão se pareça com uma profunda melancolia, mas, na verdade, ela pode aparecer como uma perda misteriosa de energia ou de interesse. Podemos nos sentir irritados por pequenas coisas, culpados por nossos pensamentos ou nossas ações, indecisos, pessimistas ou atormentados por pensamentos autocríticos. Às vezes, a depressão tem sintomas físicos, como insônia, muitas horas de sono, inquietação, perda de interesse sexual ou consumo excessivo ou insuficiente de comida. Os efeitos da depressão também podem ser sutis, de modo que tudo o que percebemos é um leve tédio, uma inquietação ou um desinteresse.

Mesmo que você não se considere uma pessoa particularmente deprimida, a prática de atenção plena pode ajudá-lo a lidar de maneira construtiva com os estados de humor negativos quando eles surgem. Para entender por que isso pode fazer sentido, reserve um momento para refletir sobre como a depressão pode estar afetando você (utilize o inventário na página seguinte).

O que você descobriu? A maioria das pessoas percebe que tem algumas dessas experiências pelo menos ocasionalmente. Embora muitos desses sintomas também possam resultar de doenças físicas, hábitos de saúde inadequados, ansiedade ou problemas de atenção, a depressão é muitas vezes a culpada quando diversos desses fatores se agrupam.

O restante deste capítulo examinará algumas formas pelas quais a depressão surge e como a prática de atenção plena pode nos ajudar a lidar com ela, independentemente de como se manifeste. Abraçar a tristeza e outras emoções por meio da prática de atenção plena nos ajuda a evitar ficar presos na depressão. E você pode se surpreender ao descobrir que a depressão pode até ser uma oportunidade para o despertar psicológico ou espiritual quando abordada com atenção plena.

Pode haver momentos em que determinada prática piora a situação e pode não ser apropriada para sua condição atual. Oferecerei algumas sugestões de quando tentar cada uma, mas cada pessoa é diferente, então você se sairá melhor experimentando e confiando no seu julgamento sobre o que melhor se adapta às suas necessidades no momento. Especialmente se a depressão estiver interferindo na sua vida diária, você também pode se beneficiar de outras formas de tratamento, como psicoterapia, medicação ou um programa de autoajuda mais detalhado. Descreverei como você pode determinar o tipo de ajuda de que pode precisar e onde encontrar assistência ao final deste capítulo.

INVENTÁRIO DE DEPRESSÃO

*1 – Raramente   2 – Às vezes   3 – Frequentemente
4 – Muito frequentemente   5 – Quase o tempo todo*

Utilizando essa escala de 1 a 5, avalie com que frequência cada uma das seguintes situações ocorre:

- Sinto-me triste, desanimado ou infeliz. (_____)
- Tenho perdido ou ganhado peso sem fazer dieta. (_____)
- Perco interesse em coisas que costumavam ser importantes para mim. (_____)
- Sinto falta de energia ou de força. (_____)
- Tenho dificuldade para dormir à noite ou durmo mais do que acho que deveria. (_____)
- Sinto-me culpado ou com a consciência pesada. (_____)
- Mesmo quando coisas boas acontecem, não me sinto realmente alegre. (_____)
- É difícil para mim me concentrar em coisas como leitura, assistir à TV ou *hobbies*. (_____)
- Sinto-me preso, encurralado ou sem saída. (_____)
- Sinto-me inquieto ou agitado e acho difícil realmente relaxar. (_____)
- Sinto-me um fracasso. (_____)
- Tenho dificuldade em tomar decisões. (_____)
- O sexo não me interessa muito mais. (_____)
- Não me sinto muito vivo ou envolvido na minha vida. (_____)
- Percebo que choro mesmo quando nada de especialmente ruim acontece. (_____)
- Não gosto muito de mim mesmo. (_____)
- Tenho dificuldade em me motivar. (_____)
- Sinto-me apático. (_____)
- Não me sinto muito confiante. (_____)
- Não tenho muito apetite ou não consigo parar de comer. (_____)
- O futuro não me parece muito promissor. (_____)
- Acho outras pessoas irritantes. (_____)
- Sinto-me cansado de viver. (_____)

TUDO OU NADA

A tristeza e a depressão têm uma relação curiosa. Podemos sentir tristeza como parte de um estado de humor deprimido, podemos nos deprimir por nos sentirmos tristes com muita frequência e até ficarmos tristes por estarmos deprimidos e perdermos oportunidades na vida. A forma como lidamos com a tristeza também tem muito a ver com o quão deprimidos nos tornamos.

A maioria de nós não gosta de tristeza. Assim como acontece com a ansiedade, nossa abordagem normal é tentar nos livrar dela. Podemos nos distrair, esperando gerar algum sentimento positivo ao focarmos em outras coisas. Podemos tentar nos animar pensando em coisas felizes. (Como Maria canta em *A noviça rebelde*: "Eu simplesmente lembro das minhas coisas favoritas, e então não me sinto tão mal.") E, claro, há os métodos antigos: álcool, outras drogas, comida, jogos de azar, compras e sexo.

No entanto, talvez devêssemos ter cuidado com o que desejamos. Sem a tristeza como parte de nossa vida emocional, seríamos capazes de reconhecer a alegria? O fato é que estamos cientes de estados negativos em parte pelo contraste com os positivos. Conhecemos o medo em contraste com a segurança; conhecemos a raiva em contraste com o amor, o afeto ou a aceitação; e conhecemos a tristeza em contraste com a alegria ou a felicidade. Na verdade, reconhecemos tudo comparando com o oposto: grande *versus* pequeno, cheio *versus* vazio, molhado *versus* seco, quente *versus* frio.

Ter tristeza em nossa vida não apenas nos permite reconhecer a alegria. Ela pode nos permitir *sentir* alegria. Algo curioso acontece sempre que tentamos cortar um lado de nossa experiência emocional: enfraquecemos o outro lado também. Emoções são como ondas no mundo físico. Imagine uma onda na água ou representada em um osciloscópio. (Ela se parece com um "s" deitado.) O que acontece se você suavizar a parte inferior da onda? O topo da onda também se achata. Cortar um polo de uma experiência sensorial ou emocional comprime o outro polo. Reduzir sua fome ao se encher de pão em um restaurante torna o resto da refeição menos prazeroso. E quem nunca evitou um relacionamento romântico para não se machucar, apenas para perder as alegrias do amor?

Tentar eliminar sentimentos dolorosos achata nossa vida emocional, levando a um estado geral de apatia. Esse é um dos aspectos do que acontece na depressão. Em nossas tentativas de evitar sentir tristeza, nos desligamos da alegria e do interesse. Acontece que podemos ter tudo – os altos e baixos da vida – ou nada.

> Sem a tristeza, talvez não consigamos reconhecer, ou sentir, alegria.

Descobriu-se que reprimir quase qualquer sentimento, empolgação, excitação sexual, medo ou raiva, pode contribuir para a depressão. Parece que há diversos mecanismos em ação aqui. No capítulo anterior, discutimos a *ansiedade antecipatória*, o medo experimentado quando um pensamento ou uma emoção indesejada ameaça entrar em nossa consciência. Quando isso persiste ao longo do tempo, podemos sentir seus efeitos na forma de exaustão, dificuldades para dormir, problemas de concentração e outros sintomas de depressão. A mente e o corpo ficam exaustos, e perdemos nossa vitalidade. Agravando o problema, para manter pensamentos e sentimentos fora da consciência, a mente pode se desligar ou se desconectar, aumentando nossa sensação de apatia.

Reprimir a raiva parece ser especialmente problemático nesse sentido. Freud sugeriu que a depressão pode ser causada por raiva voltada contra si mesmo e chamou o suicídio de *homicídio em 180 graus*. A raiva direcionada a outros que não conseguimos reconhecer é redirecionada para nós mesmos e aparece na forma de culpa, sentimentos de inadequação e pensamentos autocríticos. Embora nem todos nos tornemos suicidas, a raiva não reconhecida muitas vezes desempenha um grande papel na depressão.

A prática de atenção plena pode nos ajudar a manter a consciência desses sentimentos subjacentes, ajudando-nos a prevenir a depressão ou a lidar com episódios quando eles surgem. Vi isso de forma vívida durante meu primeiro retiro intensivo de meditação em silêncio.

Eu havia me formado recentemente na faculdade e me separado da minha namorada. Embora a história completa seja complicada, o resultado foi que ela se mudou para longe e agora estava morando com seu antigo namorado, deixando-me solitário e deprimido. Eu conseguia funcionar, mas sentia pouca alegria e estava obcecado com meu desejo por ela. Sentindo que precisava fazer *algo*, me inscrevi para um retiro de meditação em silêncio de 10 dias. Achei que isso me ajudaria a estar mais presente e a pensar menos na minha ex-namorada.

Nos primeiros dias do retiro, minha mente estava agitada e inquieta, mas fiquei animado ao notar que minha concentração estava se fortalecendo. Com o passar do tempo, minha mente se tornou mais tranquila e tive momentos agradáveis de apreciação do ambiente natural ao meu redor.

Então, os demônios chegaram. Imagens vívidas da minha namorada começaram a surgir. Primeiro, vieram as imagens de como ela era linda e as lembranças dos nossos momentos íntimos, cheias de desejo e excitação sexual. Depois, ondas de tristeza me invadiram enquanto as cenas se desenrolavam como um filme em uma tela de cinema, e percebi o quanto sentia sua falta. Sem distrações disponíveis, as cenas se repetiam por horas a fio.

Então chegaram os pensamentos dela com o ex-namorado, o que partiu meu coração. Depois disso, veio a raiva. Não era uma raiva comum, mas explosiva. Imaginei atacá-los com violência, literalmente arrancando seus membros. Não era uma visão bonita, e ela se repetia várias vezes. Embora eu soubesse que a prática de meditação poderia trazer à tona sentimentos subjacentes, não esperava *isso*.

À medida que o retiro continuava, essas imagens e os sentimentos associados iam e vinham. Outras emoções também surgiram, incluindo momentos de profunda alegria e paz. Quando o retiro acabou e eu voltei à "vida normal", ainda estava solitário e sentia falta da minha ex-namorada, mas meu estado de espírito havia se transformado. Em vez de sentir depressão, agora eu me sentia muito vivo, experimentando momentos de tristeza e raiva intercalados com interesse e alegria.

Atenção plena às emoções

Ao nos permitir vivenciar plenamente nossos sentimentos dessa maneira, a prática de atenção plena ajuda a evitar que fiquemos presos na depressão. Embora isso possa acontecer durante um retiro intensivo, também pode ocorrer na meditação diária ou por meio da prática informal de atenção plena. Tornamo-nos mais vivos ao nos conectar com os sentimentos no presente, ao prestar atenção *ao que* está acontecendo no momento, em vez de especular sobre *por que* isso está acontecendo. Você pode começar a perceber isso por conta própria fazendo um exercício simples e breve. Posteriormente, você pode utilizar esse exercício tanto como forma de "retornar" às suas emoções ao longo do dia quanto como prática de meditação formal para momentos em que sentir que não está plenamente conectado com sua experiência emocional. Isso leva apenas alguns minutos, então talvez você possa tentar agora:

Observando emoções no corpo

Após ler estas instruções, feche os olhos e conecte-se com sua respiração por alguns minutos. Em seguida, veja se consegue identificar quais emoções estão presentes. Como elas se manifestam no seu corpo? Você as sente na garganta, nos olhos, no peito ou no abdômen? Tente permanecer com essas emoções e sensações e respire com elas. Perceba o que o afasta dos sentimentos e como pode retornar a eles.

Na depressão, agravamos nosso sofrimento ao nos afastar da dor. Tornamo-nos menos conscientes de nossos sentimentos e com isso acabamos nos sentindo apáticos. Na prática de atenção plena, voltamo-nos para a experiência presente, desafiando a postura depressiva. Um dos pontos-chave para conseguir fazer isso é perceber as emoções à medida que aparecem no corpo. Vemos que todas as emoções são, na verdade, conjuntos de sensações corporais acompanhadas de pensamentos e imagens. Utilizando a habilidade de estar com e prestar atenção às sensações corporais agradáveis e desagradáveis, desenvolvida durante a meditação, você pode aprender a explorar as emoções à medida que elas surgem no corpo. Isso as torna muito mais fáceis de suportar e aumenta sua capacidade de estar com elas.

Se você teve dificuldade em se conectar com os sentimentos na prática Observando emoções no corpo, há uma variação que pode ajudar a observar as emoções em um nível físico de maneira mais clara e sistemática. Talvez você deseje tentar o exercício descrito na página seguinte em algumas ocasiões até que pegue o jeito. Se localizar diferentes emoções no corpo ainda for um desafio, continue tentando periodicamente até que notar emoções no corpo se torne algo natural. O exercício exigirá cerca de 10 minutos para ser concluído de cada vez.

Na prática de atenção plena, também podemos observar nossas reações às emoções. De quais delas você costuma se afastar? Quais você julga pensando "Eu realmente não deveria sentir isso?"? A prática de atenção plena nos permite ver pensamentos de julgamento sobre os sentimentos como qualquer outro pensamento, indo e vindo como nuvens no céu. Isso facilita a aceitação e a convivência com todas as nossas emoções.

Miriam muitas vezes lutava contra a depressão. Sua mãe nunca escondeu sua preferência pelo irmão de Miriam, e seu pai era emocionalmente ausente. Não é de se admirar que Miriam se sentisse insegura e tivesse dificuldade em se conectar com as pessoas.

Recentemente, ela teve problemas com Marty, um de seus poucos amigos. O relacionamento platônico de longa data nunca havia sido equilibrado, mas ultimamente Marty estava sendo especialmente egoísta. Um dia, após ele cancelar planos no último minuto, Miriam ficou realmente deprimida.

Ela começou a pensar que sua vida sempre fora assim: outras pessoas tinham amor, mas ela não. Ela se sentia desajeitada, pouco atraente e despreparada para se defender neste mundo competitivo. Sentia-se sem esperança.

Tendo praticado meditação de forma intermitente, ela intuía que meditar poderia ajudar. Sabia que o incidente com Marty havia desencadeado sua depressão, mas estava confusa sobre seus sentimentos. Ela começou focando na respiração e depois expandiu sua consciência para fazer a prática Observando emoções no corpo. Primeiro, ela percebeu um nó na garganta, lágrimas suaves e um sentimento vazio ao redor de seu coração – sentimentos familiares de tristeza e de não ser amada.

> **EXPLORANDO EMOÇÕES NO CORPO**
>
> Reserve um momento para fechar os olhos e respirar, sintonizando-se com as sensações em seu corpo. Quando sua mente estiver mais tranquila, imagine algo que tenha acontecido e lhe traga grande alegria. Perceba como você sente essa alegria em seu corpo. O que acontece em seu rosto, seu peito e outras áreas? Anote essas sensações ao lado de "Alegria", nas linhas a seguir.
>
> Agora, feche os olhos novamente, volte a se conectar com seu corpo e sua respiração, e imagine algo que lhe traga grande tristeza. Observe o que acontece em seu rosto, sua garganta, seu peito, seu abdômen e outras áreas. Anote essas sensações ao lado de "Tristeza".
>
> Continue preenchendo as linhas a seguir da mesma forma, dedicando um tempo para cada uma das outras emoções (medo, raiva, nojo, vergonha e culpa), observando exatamente como cada uma delas se manifesta. Anote quais áreas do corpo são afetadas por cada emoção e o que exatamente você experimenta nessas áreas.
>
> Alegria: _____
>
> Tristeza: _____
>
> Medo: _____
>
> Raiva: _____
>
> Nojo: _____
>
> Vergonha: _____
>
> Culpa: _____

Enquanto ela permanecia com essas sensações por alguns minutos, elas começaram a mudar, e Miriam passou a sentir pressão no peito e tensão nos ombros, junto com pensamentos sobre como Marty estava sendo egoísta. Ela percebeu que estava realmente irritada com ele, mas tinha medo de sentir essa raiva, não querendo perder um de seus poucos amigos. Miriam lembrou-se de outras vezes em que ele a magoou e ela não disse nada. Quando decidiu contar-lhe o que ela estava sentindo e exigir um tratamento melhor, sua depressão começou a diminuir um pouco.

Encontrando emoções ocultas

Todos nós temos mais facilidade em nos conectar com algumas emoções do que com outras. Miriam conseguia se conectar diretamente com a tristeza e o sentimento de não ser amada, mas a raiva tendia a ficar enterrada. Outra maneira de se conscientizar da sua experiência emocional é procurar as emoções que você tende a negligenciar. Você pode fazer isso preenchendo o quadro na página seguinte ao longo de diversos dias. Revise cada categoria no final do dia e anote o evento desencadeador, qual emoção surgiu, quão forte foi e como você reagiu a ela.

Após alguns dias, observe o seu quadro. Algumas emoções aparecem repetidamente? Outras estão ausentes? Há emoções que você sempre tenta evitar? São as emoções ausentes ou indesejadas que merecem atenção especial. No futuro, toda vez que perceber que elas estão surgindo, seja durante a prática formal de atenção plena ou em sua rotina normal, faça questão de notá-las à medida que aparecem no corpo e tente se concentrar nelas até que desapareçam por conta própria.

A DOENÇA DO PENSAMENTO ATACA NOVAMENTE

O pensamento desempenha um papel enorme na depressão. Quando estamos deprimidos, nos perdemos em ideias negativas sobre nós mesmos e nossa situação. Pensamentos como "Eu sou um fracasso", "Ninguém se importa comigo" e "Deve haver algo de errado comigo" se repetem como discos quebrados. Psicólogos chamam isso de *ruminação* (ficar revisitando o mesmo pensamento repetidamente, como uma vaca ruminando). Ruminamos sobre nossas perdas, nossas falhas, nossos erros, nossos defeitos e nossas perspectivas ruins.

Assim como a ansiedade é perpetuada por pensamentos preocupantes sobre desgraças futuras, a depressão muitas vezes é alimentada por pensamentos negativos sobre o passado. Como o pensamento é tão importante para a nossa sobrevivência, recorremos a ele repetidamente, mesmo quando não é minimamente útil. Quando estamos ansiosos, cada pensamento preocupado revisa o mesmo cenário, que culmina em um final desastroso, criando ainda mais ansiedade. Na depressão, ruminamos ou refletimos pelo mesmo motivo que nos preocupamos quando estamos ansiosos: porque utilizar nossa mente analítica nos dá a sensação de que estamos trabalhando para resolver o problema. Revisamos o que deu errado para nos preparar para o que virá a seguir. Infelizmente, os estados de humor deprimidos geram pensamentos negativos, então nossas conclusões são quase sempre deprimentes.

OBSERVANDO EMOÇÕES AO LONGO DO DIA

Evento desencadeador e emoção que surgiu (alegria, tristeza, medo, preocupação, raiva, frustração, nojo, vergonha, culpa, etc.)	Força do sentimento 1 = leve 2 = moderada 3 = forte	Reação ao sentimento (afastar, reter, ignorar, expressar, transformar em ação, etc.)
Família		
Amigos/social		
Trabalho/escola		
Hobby/recreação/lazer		
Outro		

Adaptado de Ronald D. Siegel, Michael H. Urdang e Douglas R. Johnson, *Back Sense: A Revolutionary Approach to Halting the Cycle of Chronic Back Pain*. New York: Broadway Books (2001, pp. 123–124). Copyright 2001 por Ronald D. Siegel, Michael H. Urdang e Douglas R. Johnson. Adaptado com permissão.

Da tristeza à depressão

Cientistas cognitivos descrevem um mecanismo pelo qual podemos ficar especialmente presos em pensamentos negativos. Ao trabalhar com pessoas que passaram por episódios repetidos de depressão grave, pesquisadores descobriram que elas reagem à tristeza de maneira diferente em comparação com pessoas que nunca tiveram depressão significativa. Isso acontece por conta de uma peculiaridade em nosso sistema de memória.

A memória é altamente dependente de pistas contextuais. Pense em uma vez em que você visitou sua antiga escola primária ou sua faculdade. Provavelmente, centenas de memórias vieram à tona, coisas em que talvez você não pensasse há anos: um garoto ou uma garota de quem você gostava, um professor gentil ou rude, um lugar onde você costumava se sentar e pensar. Contextos ativam memórias.

Da mesma forma, quando aprendemos algo novo, nossas chances de lembrar aumentam se tentarmos recordar no mesmo ambiente em que aprendemos. Em um estudo fascinante, psicólogos britânicos mostraram listas de palavras a mergulhadores tanto debaixo d'água quanto na praia. Quando a memória dos mergulhadores foi testada mais tarde nos dois ambientes, eles se saíram melhor ao lembrar as palavras no ambiente em que as haviam aprendido pela primeira vez.

Esse princípio pode causar grandes problemas quando o "contexto" para nossos pensamentos é um estado de humor. Se estávamos deprimidos na última vez em que nos sentimos tristes ou desanimados, é provável que nosso humor tenha sido acompanhado por pensamentos autocríticos e negativos. Desse modo, da próxima vez que ficarmos tristes ou desanimados, nossa mente lembrará desses pensamentos negativos. Se não tivermos perspectiva sobre esse processo, provavelmente acreditaremos nesses pensamentos e ficaremos deprimidos de novo. Não perceberemos que estamos revivendo pensamentos passados, ouvindo velhas gravações, e tomaremos isso como realidade. Cada vez que passamos por um período de depressão, uma conexão mais profunda é construída entre o humor baixo e os pensamentos negativos, tornando mais provável que o ciclo se repita.

> Após a depressão encher nossa cabeça de pensamentos negativos, as mesmas reflexões autocríticas tendem a surgir sempre que nos sentirmos tristes ou desencorajados em relação ao futuro, levando a um novo episódio depressivo.

Meteorologia emocional

Ao trabalhar com a depressão, os terapeutas cognitivo-comportamentais tradicionalmente encorajam seus pacientes a separar os pensamentos racionais dos irracionais e de favorecer aqueles que são racionais. Eles ajudam os pacientes a identificar pensamentos automáticos negativos e a refutar suas mensagens. Embora isso possa ser útil, enfrenta o problema de que os estados de humor deprimidos distorcem nosso pensamento. Há um exercício simples que você pode fazer de vez em quando para observar isso em ação. Reserve um momento para experimentá-lo.

> **OBSERVANDO COMO OS PENSAMENTOS MUDAM**
>
> Se você está se sentindo deprimido neste momento, pense na última vez em que se sentiu bem. Lembra-se dos seus pensamentos naquela ocasião? O senso de otimismo, imaginando coisas agradáveis para o futuro? Feche os olhos e reserve um minuto para recordar como sua vida parecia e o que você imaginava para o seu futuro.
>
> Se você está se sentindo bem agora, pense na última vez em que se sentiu deprimido. Lembra-se dos pensamentos negativos? Imaginando que as coisas nunca vão melhorar, sentindo-se mal consigo mesmo? Feche os olhos por um minuto e recorde essa experiência.
>
> Nossos estados de humor podem mudar como o clima, e, com cada mudança, vem um conjunto diferente de pensamentos. Quando estamos com determinado humor, tendemos a acreditar nos pensamentos que o acompanham. Por isso, quando tentamos argumentar com nós mesmos e ver o outro lado das coisas, é muito difícil acreditar em um ponto de vista que não corresponde ao nosso estado emocional. Quando as pessoas estão deprimidas, elas pensam: "Ah, eu costumava achar que estava tudo bem. Mas agora percebo que estava apenas me iludindo".

A alternativa da atenção plena

Assim como a prática de atenção plena pode enfraquecer nossa crença em pensamentos ansiosos, ela também pode nos ajudar a encarar os pensamentos depressivos de maneira mais leve. Em vez de discutir com os pensamentos negativos, trabalhamos para vê-los como fenômenos passageiros, nuvens escuras passando pelo céu. Esse é o cerne de um sistema de tratamento desenvolvido no Canadá por Zindel Segal e, na Grã-Bretanha, por Mark Williams e John Teasdale, chamado *terapia cognitiva baseada em atenção plena* (MBCT, na sigla em inglês), que se mostrou notavelmente eficaz em ajudar as pessoas a evitarem recaídas em episódios depressivos graves. A abordagem ensina práticas de atenção plena com ênfase especial em não levar os pensamentos muito a sério, mas permanecer ancorado na realidade sensorial do aqui e agora.

Um importante estudo utilizando essa abordagem deu credibilidade científica ao uso da prática de atenção plena na psicoterapia. Psicólogos ensinaram tal prática a pacientes que haviam passado por episódios graves de depressão no passado, mas não estavam atualmente presos em um. Eles também educaram os pacientes sobre como pensamentos negativos são desencadeados por estados de humor deprimidos e como poderiam se tornar mais conscientes de suas emoções. Os resultados foram surpreendentes. Para pessoas que haviam tido três ou mais episódios depressivos no passado, as chances de recaída ao longo de um ano foram reduzidas pela metade ao participar de pelo menos quatro sessões do programa. Em outro estudo, mais recente, a MBCT mostrou-se tão eficaz quanto os antidepressivos na prevenção de recaídas da depressão, permitindo que muitos participantes descontinuassem a medicação.

Pensamentos não são realidade

A prática de atenção plena pode nos ajudar também a levar nossos pensamentos menos a sério de outras formas, o que é útil não apenas em crises graves de depressão, mas também nos episódios breves ou leves que muitos de nós experimentamos com regularidade. A prática de atenção plena traz diversos *insights* sobre o funcionamento da mente. Talvez o mais difícil de entender seja a ideia de que pensamentos não são realidade. Estamos tão acostumados a fornecer uma narrativa contínua para nossa vida e a acreditar em nossas histórias que ver as coisas de outra forma é um verdadeiro desafio.

Pode ser fascinante observar as diferentes histórias que geramos em diferentes estados de humor. Imagine caminhar pela rua e avistar um conhecido. Você acena para cumprimentá-lo, mas ele continua andando, parecendo ignorá-lo. O que aconteceu? Em um estado de humor, você pode pensar: "Acho que ele está distraído com algo e não me notou". Em outro, "Acho que não sou muito importante para ele, ele não parece ter me notado". Se você estiver de fato deprimido, pode presumir: "Ele acha que eu não valho nem um reconhecimento".

Em geral, não temos como determinar a verdade. Nossas conclusões são moldadas por nossos humores e, consequentemente, são muito pouco confiáveis. Os criadores do programa MBCT colocam isso da seguinte forma: "Nossa vida é como um filme mudo no qual cada um de nós escreve sua própria legenda". Um famoso mestre zen, tentando comunicar que nossos pensamentos não são a realidade, costumava dizer: "Um dedo apontando para a lua não é a lua". Infelizmente, na maior parte do tempo, simplesmente acreditamos em nossas histórias.

Como ficamos tão presos aos nossos pensamentos quando deprimidos, e esses pensamentos tendem a ser tão negativos, técnicas meditativas que nos ajudam a nos identificar menos com os pensamentos podem ser especialmente úteis. Há duas abordagens básicas que podemos tentar.

Conectando-se aos sentidos

Uma das abordagens para lidar com pensamentos depressivos envolve fortalecer nossa conexão com a realidade sensorial do momento presente, desviando nossa atenção das narrativas internas. Você pode experimentar isso por alguns momentos sempre que perceber que está preso em uma cadeia de pensamentos depressivos.

Refugiando-se nas sensações presentes

Neste momento, concentre sua atenção nas sensações em sua mão direita. Perceba como a pele é sentida em contato com o ar: quente, fria ou neutra? Sinta qualquer formigamento ou sensação de pressão vinda do interior de sua mão. Observe se consegue perceber o espaço entre seus dedos, os pontos de contato entre sua mão e este livro. Foque apenas nessas sensações por alguns momentos.

Agora deslize sua mão lenta e atentamente para cima e para baixo na borda deste livro e perceba como é a sensação. Note como as sensações de contato são diferentes dos pensamentos ou das imagens de segurar o livro. Experimente isso com os olhos abertos, para que você possa ver sua mão se movendo, e com os olhos fechados. Observe a diferença que a visão faz.

Você pode notar que esse exercício é semelhante à Meditação de escaneamento corporal, descrita no Capítulo 3, exceto que lá não nos movíamos, e explorávamos não apenas a mão direita, mas todas as partes do corpo. No programa de MBCT, os terapeutas pedem aos pacientes que realizem a Meditação de escaneamento corporal por 45 minutos ao dia, seis dias por semana, para reforçar o hábito de estar com as sensações corporais, em vez de se perder em pensamentos. Se você se perceber ruminando regularmente, pode achar útil adotar essa "dose alta" de atenção às sensações corporais. Caso contrário, você pode simplesmente retornar à prática Refugiando-se nas sensações presentes quando pensamentos depressivos surgirem.

Ancorar nossa consciência no corpo dessas maneiras é um antídoto poderoso contra se perder em pensamentos. Outra alternativa que também ajuda a aumentar a consciência corporal é a prática suave de ioga. Boas fontes de instruções introdutórias para isso podem ser encontradas na seção "Recursos", no final deste livro.

Atenção plena ao pensamento

Complementando essas técnicas focadas no corpo, existem exercícios cognitivos projetados para nos ajudar a dar menos atenção aos nossos pensamentos. Uma prática antiga envolve rotular o tipo de pensamento que surge na mente. Você pode experimentar isso por alguns minutos agora ou na próxima vez que fizer uma prática formal de atenção plena.

Rotulação de pensamentos*

Comece se acomodando em sua cadeira ou uma almofada. Sinta seu corpo entrar em contato com o assento. Perceba sua respiração e comece a focar nas sensações de seu abdômen subindo e descendo, ou nas sensações do ar entrando e saindo de suas narinas com cada inalação e exalação. Uma vez que o corpo e a mente estejam um pouco mais tranquilos, você provavelmente perceberá que pensamentos surgem. Quando os pensamentos aparecerem, rotule-os em silêncio antes de deixá-los ir. Não é necessário ter muitas categorias. Você pode escolher rótulos como "planejando", "duvidando", "julgando", "fantasiando", "preocupando-se" ou "criticando". Os rótulos específicos não são cruciais; o importante é utilizá-los para evitar ser capturado por histórias ou repetições. Após rotular um pensamento, conduza suavemente sua atenção de volta à respiração.

Se você perceber que sua atenção é repetidamente atraída por histórias específicas, tente criar um rótulo humorístico para elas. Dê a esses *grandes sucessos* seus próprios nomes, como "Eu errei de novo", "Ninguém me respeita", "Nunca consigo o que quero" e assim por diante.

Você pode tornar essa prática uma parte consistente da sua meditação se perceber que sua mente é regularmente tomada por pensamentos depressivos. Ela também funciona bem para ganhar perspectiva sobre os pensamentos obsessivos e ansiosos que às vezes acompanham estados de humor agitados.

---

* Áudio (em inglês) disponível na página do livro em loja.grupoa.com.br.

Na próxima vez que Miriam viu Marty, ela o confrontou com seus sentimentos de mágoa e raiva. Ele não reagiu bem. Ele se tornou defensivo e irritado, dizendo-lhe que ela estava exigindo demais dele e que era por isso que ela quase não tinha amigos.

Miriam ficou arrasada. Pensamentos negativos surgiram com rapidez: "Ele tem razão", "Ninguém gosta de estar perto de mim", "É inútil", "Nunca terei amigos de verdade". Sentindo-se afundar, ela tentou meditar mais.

De início, ela voltou à prática Observando emoções no corpo. Ela novamente sentiu sua tristeza, mas achou mais difícil se conectar com a raiva em relação a Marty. Os pensamentos negativos de fato capturaram sua atenção. Ela se viu sendo levada por um rio muito escuro.

Para se orientar e não se afogar, Miriam começou a dedicar tempo ao longo do dia para praticar Refugiando-se nas sensações presentes. Perceber periodicamente que seus pensamentos não eram a única realidade, que também havia a realidade do toque, da visão, do som e do cheiro manteve-a flutuando. Ela também intensificou sua prática de meditação formal, enfatizando a Rotulação de pensamentos. Isso a ajudou a acreditar um pouco menos em seus pensamentos autocríticos e de autossabotagem. Ela percebeu que a cascata de negatividade havia sido desencadeada pela reação de Marty e que os pensamentos surgiam mais quando sua raiva por ele diminuía. Isso a levou a examinar com mais atenção sua relutância em aceitar a raiva.

A Rotulação de pensamentos é apenas uma das diversas maneiras de ganhar perspectiva sobre o nosso pensamento. No capítulo anterior, você praticou deixar os pensamentos virem e irem como nuvens no céu ou bolhas em um riacho usando a prática Pensamentos são apenas pensamentos. Outra maneira de apoiar essa atitude é por meio da Meditação de escuta. (Fizemos alguns minutos dela no final da primeira meditação com foco na respiração.) Você pode tentar este exercício também, seja agora ou como parte de suas sessões regulares de meditação, como outra maneira de aliviar o impacto dos pensamentos depressivos.

*Meditação de escuta**

Comece novamente se acomodando em seu assento e focando em sua respiração. Uma vez que o corpo e a mente se acalmem, comece a desviar sua atenção da respiração para os sons ao seu redor. Permita que as sensações da respiração fiquem em segundo plano, enquanto direciona sua atenção para qualquer som que atinja seus ouvidos. Tente simplesmente ouvir as

---

* Áudio (em inglês) disponível na página do livro em loja.grupoa.com.br.

vibrações sonoras como se estivesse escutando uma sinfonia ou os sons do oceano. Você não está tentando identificar o que escuta (um pássaro, o sistema de aquecimento, etc.), e sim absorver tais coisas como uma experiência sensual, como a música.

A meditação de escuta pode ter um efeito interessante na nossa relação com os pensamentos. Alguns cientistas cognitivos especulam há tempos que o que chamamos de "pensamento" é, na verdade, uma aquisição humana relativamente nova. Analisando escritos antigos, eles sugerem que, até a época de Homero, a maioria das pessoas descrevia o que chamamos de "pensamento" como ouvir vozes de deuses ou espíritos. Se pararmos por um momento para examinar como experimentamos o "pensamento", percebemos que ele envolve palavras se formando de forma silenciosa em nossa mente. Conte até cinco silenciosamente agora e você entenderá o que quero dizer. De verdade, feche os olhos e tente. Perceba como os números aparecem como uma "voz" falando dentro da sua cabeça? Crianças pequenas muitas vezes descrevem seus pensamentos como "vozes", como se viessem de um anjo ou um demônio de desenho animado que fica em seus ombros dizendo para fazer algo bom ou ruim.

Quando praticamos a meditação de escuta, identificamo-nos com a própria consciência no domínio da audição. Isso se transfere de forma interessante para "escutar" pensamentos como se fossem apenas sons – como vozes externas que não precisamos necessariamente atender. Passamos a ver os pensamentos e suas emoções associadas como eventos passageiros, como sons, visões, cheiros, gostos e sensações táteis. Isso ajuda a impedir que eles abafem outras experiências.

Amando os demônios até a morte

Às vezes, apesar de tentarmos nos ancorar na realidade sensorial e deixar os pensamentos virem e irem, ainda nos encontramos presos em pensamentos duros e julgadores sobre nós mesmos. Afinal, a mente julgadora é especialmente ativa quando estamos deprimidos. Bom/ruim, adequado/inadequado, amável/não amável, inteligente/burro: toda ação convida a uma avaliação, e, em geral, nos damos notas ruins.

Quando essa tendência é especialmente forte, você pode achar útil fazer alguma Meditação de bondade amorosa para gerar compaixão por si mesmo e pela sua situação emocional. Como descrito no Capítulo 4, isso pode ser feito de diferentes maneiras. Você pode começar gerando sentimentos de bondade para outra pessoa primeiro ou começar por si mesmo. Pode modificar as frases para adequá-las à sua situação atual. Por exemplo, para lidar com uma mente julgadora, você pode repetir: "Que eu seja feliz, que eu seja pacífico, que eu esteja livre do sofrimento... que eu seja gentil comigo mesmo" ou "Que eu me aceite exatamente como sou". A ideia é desafiar de forma gentil uma postura rígida em relação a nós mesmos ao praticarmos um pouco de autocompaixão. Claro, como já discutimos, efeitos paradoxais podem surgir, em que você se vê argumentando que de fato não merece gentileza. Caso isso aconteça, apenas aceite esses pensamentos e retorne sua atenção para direcionar intenções de cuidado para si mesmo. (Para técnicas adicionais de desenvolvimento da autocompaixão, você pode querer consultar o livro do meu amigo e colega Christopher Germer intitulado *The Mindful Path to Self-Compassion: Freeing Yourself from Destructive Thoughts and Emotions*).

REFÚGIO NO MOMENTO PRESENTE

Tornar-se consciente dos seus estados emocionais, ver como eles influenciam o seu pensamento, aprender a levar seus pensamentos menos a sério e desenvolver autocompaixão pode ser extremamente útil para manter a depressão afastada. No entanto, pode haver momentos nos quais você ainda se perceba totalmente envolvido em uma tempestade mental de pensamentos negativos. Esses são os momentos em que a atenção plena seria mais útil. Porém, são também os momentos em que normalmente é mais difícil reservar um tempo para realizar meditação formal ou até utilizar atividades rotineiras como oportunidades para prática informal.

Os desenvolvedores da MBCT ensinam a seus pacientes um exercício breve e simples projetado para ampliar a perspectiva nesses momentos. Muitas pessoas acham que ele funciona bem como um ponto de ancoragem em tempos turbulentos, incluindo quando estamos em risco de fazer algo impulsivo por desespero. Ele também pode ajudar quando nos sentimos confusos ou percebemos que algo nos incomoda, mas não temos certeza do que se trata. O exercício foi criado para nos ajudar a nos identificar menos com nossos pensamentos, experimentar de maneira direta o que está acontecendo agora em nossa mente e nosso corpo, e enfrentar o que for difícil. A ideia é primeiro praticar a técnica regularmente, talvez algumas vezes ao dia, e então tê-la à mão sempre que necessário. Como é uma prática formal muito breve, você pode usá-la como um "intervalo" em situações difíceis. A técnica tem três partes.

Três minutos de espaço para respirar

Passo 1: tornando-se consciente

Comece deliberadamente adotando uma postura ereta e digna, seja sentado ou em pé. Se possível, feche os olhos. Em seguida, direcionando sua consciência para sua experiência interna, pergunte: qual é a minha experiência agora?

- Que *pensamentos* estão passando pela mente? Observe-os como eventos mentais passageiros.
- Que *sentimentos* estão presentes? Direcione sua atenção, em especial, para qualquer desconforto emocional ou sentimentos desagradáveis.
- Que *sensações corporais* estão presentes neste momento? Faça uma rápida varredura no corpo para notar qualquer tensão ou rigidez.

Passo 2: reunificando

Direcione sua atenção para a respiração; perceba que, se tudo está bem, você já está respirando. Note o abdômen subindo na inspiração e descendo na expiração.

Tente acompanhá-la de perto por alguns ciclos para direcionar ainda mais sua atenção ao momento presente.

Passo 3: expandindo

Agora, expanda sua consciência além da respiração para abranger a sensação de seu corpo como um todo, incluindo sua postura e sua expressão facial. Perceba e respire nas áreas de tensão, como fez durante a Meditação de escaneamento corporal. Permita que seu corpo suavize e se abra. Você pode sugerir a si mesmo: "Está tudo bem... Seja o que for, já está aqui: deixe-me senti-lo".

Na medida do possível, leve essa consciência de aceitação para os próximos momentos do seu dia.

Adaptado de Mark Williams, John Teasdale, Zindel Segal & Jon Kabat-Zinn, *The Mindful Way through Depression: Freeing Yourself from Chronic Unhappiness*. New York: The Guilford Press (2007, pp. 183–184). Copyright 2007 por The Guilford Press. Adaptado com permissão.

A ideia desse exercício não é fazer com que sentimentos desagradáveis desapareçam, mas aumentar nossa capacidade de suportá-los. Ele faz isso ao deslocar nossa atenção da história sobre nossa experiência para a realidade do momento presente, usando uma breve pausa nas atividades para nos lembrar de que podemos estar cientes de nossa experiência presente com aceitação. É uma breve oportunidade para buscar refúgio no momento presente. O exercício Três minutos de espaço para respirar combina elementos de outras práticas como um salva-vidas para momentos de desespero.

ADENTRANDO OS LUGARES SOMBRIOS

Nossas tentativas de evitar a ansiedade podem, na verdade, nos aprisionar nela. Tentar evitar emoções difíceis também pode contribuir para a depressão. Essas são boas razões para querer se abrir para sentimentos desagradáveis. Mas outro motivo convincente para se aventurar em nossas emoções mais difíceis é se tornar plenamente vivo e experimentar as alegrias e as maravilhas da vida, viver todos os altos e baixos. Se você fizer a prática formal de atenção plena por tempo suficiente (como a história do meu primeiro retiro ilustra), sentimentos difíceis provavelmente começarão a surgir por conta própria. No entanto, quando você sentir que está preparado para explorar mais a fundo, também pode convidar intencionalmente esses sentimentos para sua prática diária.

Por uma série de razões, não é fácil enfrentar emoções dolorosas. A maioria de nós aprende a esconder estados negativos desde muito jovem. Seus pais podem ter tentado animá-lo quando você estava triste ou com raiva, enviando de maneira inadvertida a mensagem de que algo estava muito errado se você se sentisse mal. Ou talvez eles estivessem preocupados com as aparências e deixaram claro que se lamentar ou expressar raiva era algo desagradável ou indelicado. Entre os colegas, também, a maioria de nós recebe a mensagem de que apenas os "perdedores" têm mau humor. Afinal, se você fosse bem-sucedido, se sentiria bem. Se estivesse namorando alguém atraente, fosse bom nos esportes e nos estudos e fosse popular, por que estaria triste ou com raiva? Isso desperta nosso desejo inato de parecer bem aos olhos dos outros – de tentar elevar nossa posição no grupo. Quase todo mundo finge felicidade às vezes para manter uma boa imagem. "Como você está?", perguntam as pessoas. "Bem, obrigado", respondemos. (E, às vezes, alguns vão além e dão aquela resposta realmente irritante projetada para fazer todos os outros se sentirem mal: *Maravilhoso!*)

A liberdade emocional (liberdade do medo da solidão, do desespero, da raiva ou da aversão a si mesmo) depende de superar esse condicionamento. Aqui, aproximar-se de forma deliberada das emoções difíceis pode realmente fazer diferença. Assim como no exercício Encarando o medo do capítulo anterior, no entanto, você precisa avaliar se você se sente seguro o suficiente no momento para encarar essa situação. É provável que não faça sentido tentar quando você está especialmente deprimido ou isolado, mas, se você está pronto para aumentar sua capacidade de suportar sentimentos difíceis, reserve cerca de 20 minutos para a seguinte meditação. Você pode experimentá-la em vez de uma de suas sessões regulares de prática formal. O exercício é especialmente útil quando você percebe certa tristeza à qual você não se conectou de todo – talvez porque você tenha se mantido ocupado para evitar isso.

*Encarando a tristeza**

Comece com alguns minutos de meditação silenciosa, focando na respiração. Faça isso primeiro com os olhos fechados. Quando sentir que se estabeleceu em seu corpo, pegue este livro de novo e leia o restante das instruções.

Agora que você já focou na respiração por um tempo, se sua mente conseguir se concentrar, faça uma varredura no corpo em busca de sensações associadas à tristeza. Se não conseguir encontrar nenhuma, tente pensar em algo que normalmente o entristece. Direcione sua atenção para as sensações e observe se consegue percebê-las em detalhes – sentindo sua forma e sua textura. Faça isso por um ou dois minutos.

Uma vez localizadas as sensações de tristeza, note se consegue intensificá-las. Você pode fazer isso tanto continuando a focar nelas no corpo quanto gerando imagens ou pensamentos tristes. A ideia é aumentar ao máximo a intensidade dos sentimentos para trabalhar no aumento da sua capacidade de suportá-los. Passe alguns minutos fazendo isso antes de continuar a leitura.

Agora que você desenvolveu uma experiência clara de tristeza, tente intensificá-la ainda mais. Tente torná-la o mais forte possível enquanto está

---

* Áudio (em inglês) disponível na página do livro em loja.grupoa.com.br.

sentado aqui segurando este livro. Não se preocupe; isso é seguro. Se as lágrimas vierem, apenas as deixe fluir. É apenas um sentimento e não vai durar para sempre.

Uma vez que o sentimento de tristeza atinja sua intensidade máxima, tente permanecer com ele. Faça isso por mais 10 minutos. Observe quando surgem impulsos para se afastar da tristeza e como você responde a eles.

Agora que você praticou estar com a tristeza, você pode voltar sua atenção para a respiração por mais alguns minutos e sentir como ela está antes de abrir os olhos.

O que você percebeu? Como o exercício Encarando o medo, esse exercício geralmente provoca diferentes reações em diferentes pessoas e em momentos diferentes. Às vezes, é difícil gerar sentimentos de tristeza; em outras, eles surgem com facilidade. Às vezes, surge um impulso para se afastar da tristeza. Muitas pessoas sentem medo de que os sentimentos sejam muito profundos ou durem muito tempo, mas permanecer fazendo o exercício geralmente revela que a tristeza, assim como o medo, é autolimitante. Na verdade, pode ser difícil manter a tristeza em seu pico durante todo o exercício. Praticar isso de vez em quando, sobretudo quando percebemos que estamos evitando a tristeza, pode tornar mais fácil nos aproximarmos dela.

Uma prática relacionada pode ajudar você a superar a aversão à raiva. Em outra ocasião, se você se sentir preparado para explorar outros sentimentos intensos, experimente o exercício Encarando a raiva. Esse exercício também pode ser realizado no lugar de uma prática formal regular de *atenção plena*. É feito exatamente da mesma maneira, apenas substituindo a tristeza pela raiva. O exercício pode ser útil se você sentir que há raiva ou irritação em segundo plano com as quais você não se conectou totalmente. Assim como nas outras práticas Encarando, ele demonstra que sentimentos de raiva não são realmente perigosos. Embora possam ser intensos, eles também são autolimitantes – sobretudo quando bem-vindos.

Após ter oportunidades de experimentar tanto o exercício Encarando a tristeza quanto o Encarando a raiva, observe como eles são diferentes para você. Um foi mais fácil? Um foi mais perturbador? Tendemos a variar no conforto com diferentes sentimentos, e experimentar essas práticas é outra maneira de obter *insights* sobre isso.

Uma variação desses exercícios, projetada para cultivar a compaixão pelos outros enquanto aumenta nossa própria capacidade de nos abrir para a dor psicológica, é chamada de Prática de *tonglen*. É uma forma antiga de meditação desenvolvida no Tibete. Assim como a Meditação de bondade amorosa, essa prática pode ser realizada com foco inicial em outras pessoas ou em nós mesmos. Também como a prática de gentileza amorosa, você pode achar útil integrá-la com regularidade em um período de prática formal. Enquanto a prática de gentileza amorosa é um bom antídoto para pensamentos excessivamente críticos, essa prática pode ser especialmente útil quando estamos nos sentindo tristes ou com raiva.

Prática de tonglen*

Comece encontrando uma postura meditativa, acomodando-se em seu assento e respirando. Em seguida, gere em sua mente a imagem de alguém que você sabe que está sofrendo no momento; se você estiver trabalhando com tristeza, raiva ou depressão, pode focar em alguém que esteja particularmente triste, com raiva ou desesperado. A cada inspiração, imagine respirar a dor dessa pessoa sofrendo, e, a cada expiração, envie a essa pessoa paz, felicidade ou o que você imaginar que aliviaria seu sofrimento. A ideia é absorver de forma plena a dor do outro e praticar estar com ela enquanto emana uma intenção amorosa em direção a essa pessoa.

Assim como os exercícios Encarando, essa prática vai contra nosso instinto normal. Em vez de tentar se afastar das emoções negativas, praticamos acolhê-las, estando com elas de todo o coração. Isso tem a vantagem adicional de nos conectar com outras pessoas, o que pode nos ajudar a nos sentir "amparados" em momentos difíceis.

Em momentos nos quais você está sentindo muita dor psicológica, pode achar uma variação dessa prática mais fácil: imagine respirar seus próprios sentimentos difíceis enquanto, ao mesmo tempo, respira a dor dos milhões de outras pessoas no planeta que estão sentindo o mesmo desconforto ou angústia neste exato momento. Ao expirar, envie a si mesmo e a todos os outros paz, felicidade ou o que quer que você e eles possam precisar.

Miriam sentia que sua meditação estava ajudando a obter certa perspectiva sobre seus pensamentos negativos, mas ela se sentia muito isolada após seu en-

---

* Áudio (em inglês) disponível na página do livro em loja.grupoa.com.br.

contro com Marty. Os comentários dele a fizeram se sentir rejeitada. Ela já havia praticado *tonglen* antes e esperava que isso pudesse ajudá-la a se sentir menos sozinha com sua dor. Ainda se sentindo bastante frágil, ela tentou respirar seu próprio sofrimento junto com o de outros e expirar amor e cuidado. Ela imaginou todas as pessoas que se sentiam isoladas e rejeitadas naquele exato momento, incluindo aquelas em situações piores do que a dela. Imagens de crianças abandonadas, pessoas viúvas, inválidos em asilos e refugiados vieram à sua mente. Elas foram acompanhadas por imagens de amantes desprezados, trabalhadores demitidos e estudantes fracassados. Ela inspirou a dor deles junto com a sua e expirou bondade, cuidado e amor. Era doloroso. Lágrimas vieram aos seus olhos. Mas, de alguma forma, isso também parecia "correto". A prática parecia afrouxar o domínio de seu padrão autocrítico enquanto a fazia se sentir menos sozinha.

Na Prática de *tonglen* e nas outras, a ideia é acolher e fazer amizade com todas as emoções, incluindo as dolorosas. Um poema clássico do poeta persa do século XIII Rumi captura essa atitude de forma belíssima:

A *casa de hóspedes**

Ser humano é ser uma casa de hóspedes.
Toda manhã, uma nova chegada.

Uma alegria, uma depressão, uma mesquinharia,
uma percepção momentânea vem
como um visitante inesperado.
Receba e entretenha a todos!

Mesmo que sejam uma multidão de tristezas,
que varrem violentamente sua casa
esvaziando-a de seus móveis,
ainda assim, trate cada hóspede com honra.
Ele pode estar purificando você
para alguma nova alegria.

O pensamento sombrio, a vergonha, a maldade,
encontre-os na porta sorrindo,
e os convide a entrar.

Seja grato por quem quer que venha,
pois cada um foi enviado
como um guia do além.

---

* De Coleman Barks e John Moyne, *The essential Rumi* (San Francisco: Harper, 1997). Originalmente publicado por Threshold Books. Copyright 1995 por Coleman Barks e John Moyne. Reimpresso com permissão de Coleman Barks (trad.).

Uma vez que sejamos capazes de acolher as emoções – incluindo as negativas –, tudo passa a ser manejável. O próprio ato de direcionar nossa atenção para as experiências difíceis nos traz um senso de que seremos capazes de lidar com elas. Deixamos de nos esforçar para nos sentirmos bem e passamos a tentar nos despertar para o que quer que estejamos de fato sentindo no momento. Ironicamente, pode ser um verdadeiro alívio ser liberado da tirania de precisar estar de bom humor.

A DEPRESSÃO COMO UMA OPORTUNIDADE

A liberdade emocional é uma razão bastante convincente para querermos explorar nossos sentimentos mais difíceis. Mas ser mais consciente da tristeza e da depressão pode abrir outra porta, uma que leva a uma vida mais significativa. Como você sabe, a desconexão que acompanha a depressão pode fazer a existência parecer bastante vazia. É natural, à medida que a depressão se aprofunda, perguntar: "O que realmente importa?". Desconectados de sentir-nos vivos, nossa primeira resposta costuma ser "Nada". No entanto, se investigamos mais a fundo, temos a oportunidade de nos reconectar com nossos valores mais profundos.

Na correria do dia a dia, a maioria de nós ignora essa questão. Muitas vezes estamos tão ocupados tentando alcançar o próximo momento de prazer e evitar o próximo momento de dor que não pensamos sobre o que de fato importa. Quando estamos deprimidos, essas buscas não funcionam tão bem, não nos entretemos com tanta facilidade. A depressão também tende a nos desacelerar, a nos desengajar de nosso ritmo frenético. Como resultado, a depressão pode nos abrir para a possibilidade de reflexão e redirecionamento.

> Investigar a depressão pode nos ajudar a descobrir o que realmente importa para nós.

Quando estamos deprimidos, também percebemos muitas coisas que em geral ignoramos. Vemos a realidade da perda. Percebemos que não podemos de fato nos apegar a nada, que nossas tentativas de fazer isso são como tentar agarrar gelatina. Notamos nosso envelhecimento, nossa vida passando. Reconhecemos que realmente vamos morrer.

Essas percepções podem ser motivadores poderosos para direcionarmos nossa atenção ao que importa. Como nossa energia geralmente é baixa quando estamos deprimidos, podemos pensar: "Vou começar a viver de maneira diferente quando me sentir melhor". Uma alternativa, no entanto, é utilizar nossa maior consciência da brevidade da vida para nos engajar agora, para orientar nossa atenção para o que mais importa.

Minha amiga e colega Stephanie Morgan aponta que fazer a nós mesmos perguntas fundamentais pode ajudar com estados depressivos. Reserve um momento agora para pensar onde você encontra significado na vida. Pode ser útil anotar suas respostas.

O QUE REALMENTE IMPORTA?

Qual é o desejo do seu coração?

_____

_____

_____

O que realmente importa para você?

_____

_____

_____

Dado o tempo que você ainda tem neste planeta, como você gostaria de vivê-lo?

_____

_____

_____

Adaptado de Stephanie P. Morgan, "Depression: Turning toward Life", em Christopher K. Germer, Ronald D. Siegel, e Paul R. Fulton (Eds.), *Mindfulness and Psychotherapy* (New York: Guilford Press, 2005). Copyright 2005 pela The Guilford Press. Adaptado com permissão.

O que veio à mente? Para a maioria das pessoas, as respostas estão na conexão: conexão com outras pessoas, com a natureza ou com algum talento ou interesse. Às vezes, isso é expresso em termos religiosos como conexão com Deus, alma ou espírito. Quase sempre envolve ir além da preocupação com o "eu". Gastamos uma quantidade desproporcional de energia preocupados com o "eu", mas, a longo prazo, isso não dá muito sentido à vida – considerando sobretudo nosso infeliz prognóstico.

A prática de atenção plena pode fornecer uma forma de focar nossa atenção no que dá sentido à nossa vida. Atentar ao que está realmente acontecendo, incluindo seus aspectos agradáveis e desagradáveis, nos ajuda a nos reconectar com o mundo fora de nós mesmos. Também vemos, em primeira mão, como nossas tentativas de distração só nos deixam mais desconectados e experimentamos a alternativa de nos conectarmos ao que está acontecendo no momento. Como veremos no Capítulo 8, a atenção plena também pode nos ajudar a perceber a futilidade de estarmos preocupados com o "eu", facilitando a conexão com os outros.

A noite escura da alma

A maioria das tradições psicológicas e espirituais do mundo descreve uma fase no desenvolvimento em que tudo desmorona. Nossas visões sobre nossa identidade e nossos planos para o futuro são interrompidos, e não sabemos mais quem somos ou para onde estamos indo. Resistimos a essas crises, pois elas são tanto dolorosas quanto desorientadoras. Mas quase sempre abrem portas para maior flexibilidade e consciência.

O primeiro desafio ao entrar em tal estado é lidar com o medo que ele provoca. Pelas razões já mencionadas, a maioria de nós resiste aos estados sombrios não apenas porque são dolorosos, mas também porque os associamos ao fracasso. Não queremos que outros saibam sobre eles e tememos que não queiram estar perto de nós se souberem o quão mal nos sentimos. Podemos nos sentir tóxicos e contagiosos, com medo de que nosso mau humor afete os outros.

A prática de atenção plena nos permite, em vez disso, abordar nossos estados negativos com interesse e curiosidade. Ela pode nos ajudar a não temer o desespero. Em vez disso, podemos nos voltar para o nosso sofrimento e perguntar: "O que é isso? O que posso observar sobre o funcionamento da mente enquanto estou nesse estado?". Às vezes, isso leva a importantes *insights* sobre quem somos.

Os pensamentos que passam pela nossa mente o dia todo definem quem pensamos que somos, quem os outros são e o que a vida representa. Eles são moldados por nossa história pessoal e cultural, e tendem a limitar nossa flexibilidade. Por exemplo, se eu me vejo como um homem inteligente, gentil e generoso, terei dificuldade em reconhecer as partes de mim que são confusas, raivosas e gananciosas. Também serei crítico em relação a esses atributos quando os vir em você. No entanto, durante um momento de crise psicológica, posso notar o quanto também sou confuso, raivoso e ganancioso. Embora isso possa inicialmente ser perturbador e deprimente, também me oferece a oportunidade de desenvolver uma visão mais ampla de quem sou. Posso perceber que sou um homem inteligente, gentil e generoso às vezes, mas outras vezes não. A longo prazo, isso me tornará uma pessoa mais sábia e melhor, capaz de me conectar com os outros.

> A atenção plena durante uma crise psicológica pode nos ajudar a aceitar as partes de nós mesmos de que não gostamos, tornando-nos, assim, menos julgadores dos outros.

Se pudermos nos abrir para nossa crise depressiva como um desenvolvimento interessante (uma oportunidade para ver como nossa mente funciona e como geramos crenças), ela pode contribuir para o nosso despertar. Minha experiência em um retiro intensivo após perder minha namorada me ensinou muito sobre como eu lidava com as emoções e sobre quem eu de fato era. A luta de Miriam para lidar com suas reações a Marty a ajudou a se conectar com sentimentos importantes, ganhar perspectiva sobre seus pensamentos e sentir seu ponto comum com outras pessoas. Essas não foram experiências isoladas. Reservar um tempo para realmente estar com e explorar sentimentos difíceis pode ser libertador para qualquer pessoa.

JUNTANDO AS COISAS

Como a tristeza e a depressão nos visitam de diversas formas e por diferentes razões, não há uma única maneira ideal de lidar com elas. No entanto, certos princípios gerais podem nos guiar. Todos os exercícios apresentados neste capítulo pressupõem que você já estabeleceu uma prática regular de atenção plena do tipo descrito nos Capítulos 3 e 4. Dependendo de seus compromissos, o ideal é que você pratique atenção plena informalmente todos os dias e a pratique formalmente pelo menos algumas vezes por semana.

Em seguida, preste atenção à diferença entre tristeza e depressão em sua própria experiência. A tristeza tende a ser fluida, viva e pungente, se tivermos o bom senso de acolhê-la. A depressão, em contrapartida, geralmente parece morta, estática e alienante. Como nossas tentativas de evitar ou banir a tristeza e outras emoções podem nos aprisionar na depressão, é importante, de forma sistemática, fazer amizade com todos os sentimentos.

Tente prestar atenção quando eles surgirem naturalmente ao longo do seu dia. A maneira mais simples é com a prática Observando emoções no corpo. Periodicamente, perceba as emoções presentes e observe seus efeitos em seu corpo. Permita-se, em particular, experimentar como elas se manifestam no rosto, na garganta, no peito e no abdômen. Focar nas sensações corporais conectadas às emoções contrabalançará qualquer tendência de se afastar delas. Se você tiver dificuldade com isso, pode retornar ao quadro Explorando emoções no corpo para praticar a observação das sensações corporais correspondentes a cada emoção. Isso facilitará a identificação dos sentimentos à medida que surgirem.

Às vezes, os sentimentos estão tão bloqueados que ficamos completamente alheios a eles. Completar o quadro Observando emoções ao longo do dia durante vários dias pode fornecer pistas importantes sobre onde procurar. Qualquer emoção que não apareça merece exploração.

Se você notar sentimentos que estão ausentes ou que tende a ignorar ou enfrentar, pode tentar os exercícios Encarando para ficar mais confortável com eles. Como essas práticas amplificam de forma intencional emoções negativas, é melhor utilizá-las quando você se sentir apoiado ou, ao contrário, pronto para um desafio, em vez de sobrecarregado. O exercício Encarando a tristeza pode ajudar quando você percebe que está evitando sentimentos tristes (talvez mantendo-se ocupado) ou bloqueando as lágrimas (talvez tentando ser "forte"). Você pode experimentá-lo em substituição a um ou mais de seus períodos de prática formal.

A raiva não reconhecida é um grande problema para muitas pessoas. Como a raiva ameaça desestabilizar relacionamentos e nos causar problemas, muitos de nós tentamos não senti-la (quanto mais expressá-la). Se você perceber que isso ocorre com você, experimente o exercício Encarando a raiva. Não se assuste se notar um reservatório de raiva, como o que eu descobri durante meu primeiro retiro de meditação; eles são mais comuns do que a maioria de nós espera. À medida que você se sentir mais confortável com a raiva, poderá se conectar com ela e com outras emoções durante o dia usando a prática Observando emoções no corpo.

Algumas pessoas utilizam os exercícios Encarando apenas uma ou duas vezes, apenas para ver por si mesmas que tristeza e raiva são suportáveis e autolimitadas. Outras os acham úteis para revisitar periodicamente e acolher de novo esses sentimentos. Com um pouco de experimentação, você descobrirá por si mesmo como melhor utilizá-los.

Combatendo a doença do pensamento

Embora se sentir confortável com suas emoções quase sempre seja útil, dependendo de sua história e das circunstâncias, você ainda pode cair em depressão de vez em quando. Diferentemente da tristeza, a depressão geralmente inclui pensamentos autocríticos e pessimistas. Se você se ver preso em tal ruminação negativa, existem diversas técnicas a serem experimentadas. Comece com o exercício Observando como os pensamentos mudam para lembrar a si mesmo de que os pensamentos de fato não podem ser confiáveis, eles variam conforme nosso clima emocional. Então, periodicamente ao longo do seu dia, pratique o exercício Refugiando-se nas sensações presentes para desviar sua atenção dos pensamentos e focá-la na realidade sensorial. Durante os períodos de prática formal, experimente a Rotulação de pensamentos e a Meditação de escuta. Ambas ajudam a não levar nossos pensamentos tão a sério e a ganhar perspectiva sobre como eles surgem e desaparecem. Por fim, se seus pensamentos forem especialmente autocríticos, inclua a Meditação de bondade amorosa como parte de sua prática formal para cultivar a autoaceitação.

Lance a si mesmo um salva-vidas

Tornar-se consciente e aceitar as emoções, além de colocar os pensamentos em perspectiva, pode ajudar muito a diminuir o domínio geral do humor deprimido.

No entanto, ainda pode haver momentos em que essas emoções sobrecarreguem você. O exercício Três minutos de espaço para respirar pode ser utilizado nessas ocasiões. É melhor praticá-lo primeiro quando você não estiver sobrecarregado, para que possa utilizá-lo posteriormente quando precisar. Lembre-se, o objetivo não é se livrar dos sentimentos difíceis, mas sim notar seus pensamentos, conectar-se às suas emoções à medida que aparecem no corpo e lembrar-se de que você pode se abrir e aceitar o que estiver acontecendo no momento.

Além de usar o Três minutos de espaço para respirar durante momentos de sobrecarga ao longo do dia, você também pode experimentar a Prática de *tonglen* em vez de sua meditação formal usual. Durante períodos difíceis, ajuda incluir a si mesmo na respiração de paz, cura ou qualquer coisa de que você e outros que sofrem junto com você possam precisar no momento. A Meditação da natureza (Capítulo 5) e o Refugiando-se nas sensações presentes também podem ajudar a tirá-lo do fluxo de pensamentos quando você se sentir sobrecarregado, trazendo-o para a segurança do momento e do mundo mais amplo.

Por fim, para aproveitar o potencial da depressão para o crescimento psicológico ou espiritual, permita-se refletir sobre o que de fato importa para você e quais crenças antigas, autoimagens ou apegos você pode abandonar. De fato, seus problemas podem, como sugeriu Rumi, estar "purificando você para alguma nova alegria", mesmo que não pareça assim no momento.

Pense em todos esses exercícios como partes de um *kit* de ferramentas. Ao experimentar, você descobrirá como cada um afeta você em diferentes momentos. Enquanto você estiver trabalhando para se permitir sentir uma gama completa de emoções e não acreditar tão fortemente em seus pensamentos, a prática de atenção plena pode ajudá-lo a encontrar seu caminho tanto pela tristeza quanto pela depressão.

Embora o seu próprio caminho seja, sem dúvida, diferente, aqui está como isso se desenrolou para Gail:

Externamente, Gail teve uma boa infância. Ela cresceu em um subúrbio agradável com dois pais bem-sucedidos, um irmão mais novo e uma irmã mais velha. Sua família conservadora, frequentadora de igreja, era bem respeitada na comunidade. Ela se vestia bem, frequentava uma boa escola e tirava boas notas.

No entanto, por baixo da superfície, nem tudo estava bem. Sua irmã, Paula, era um ano mais velha, muito bonita e muito popular. Gail a admirava e queria brincar com Paula e suas amigas. Mas Paula não queria isso. De fato, ela aproveitava todas as oportunidades que tinha para rejeitar Gail, chamá-la de feia e estúpida e convencer suas amigas a se juntarem à diversão.

As coisas pioraram sobretudo quando elas chegaram ao ensino fundamental. Diversas vezes, Paula e suas amigas fizeram questão de humilhar Gail. Desesperada por amizade, Gail foi em direção a uma garota mais velha do bairro, que também era meio deslocada. O relacionamento das garotas eventualmente se tornou sexual – trazendo conforto a Gail, mas um conforto que, por causa de sua criação religiosa, também trouxe muita vergonha.

Certo dia, o mundo de Gail desmoronou. Paula a viu beijando sua amiga. Enojada (e, no fundo, satisfeita), Paula contou aos pais das garotas, que ficaram chateados e proibiram Gail de se encontrar com a amiga para sempre.

Gail permaneceu solitária durante o ensino médio e a faculdade. Ela se sentia um "lixo" e secretamente envergonhada de seu antigo relacionamento sexual. Embora tenha continuado a ir bem na escola, ela tinha dificuldade de namorar e se sentia insegura em relação à própria aparência, e considerava que as outras crianças não gostariam dela.

Esses sentimentos duraram até seus 20 anos, quando ela me procurou. Ela não dormia bem, sentia pouca alegria em seu emprego, sentia-se agitada e ainda tinha poucos amigos. Gail agora estava interessada em homens, mas se sentia em conflito com relação a romance e sexo. Apesar de ser inteligente, atenciosa e fisicamente atraente, ela não acreditava que qualquer homem realmente gostava dela. Ela fazia sexo de forma casual, pensando que era a única maneira de os manter interessados. Os relacionamentos terminavam de forma dolorosa.

Gail procurou-me porque estava interessada em meditação de atenção plena. Essa prática a fazia se sentir mais relaxada, e ela estava impressionada com a gentileza do professor que ministrava sua aula de meditação. Quando nos encontramos, ela já havia começado a perceber como as emoções podem ser observadas no corpo e tinha esperança de que isso pudesse torná-las menos avassaladoras para ela.

Após entender sua história e sua situação atual, começamos a explorar sua relação com diferentes emoções. Ela percebeu que, após o término de um relacionamento, rapidamente "colocava de lado" as lembranças para não afundar em depressão. Discutimos como, ao bloquear os sentimentos, ela poderia estar contribuindo para sua depressão.

Quando começou a confiar em mim, tentamos o exercício Encarando a tristeza. No início, Gail não sentiu muito, mas, depois de persistir por um tempo, descobriu que sua tristeza parecia "um lago profundo" no qual ela tinha medo de entrar. Eu a encorajei a arriscar, e, embora muitas lágrimas tenham surgido, ela descobriu que a tristeza era suportável.

Em outra ocasião, tentamos o exercício Encarando a raiva. Isso foi ainda mais assustador, pois, apesar de suas decepções, Gail queria se ver como uma "boa menina", não como uma mulher raivosa. Não demorou muito para perceber que a imagem de Paula funcionava perfeitamente para despertar a raiva. À medida que começou a intensificá-la, as memórias do ensino médio voltaram, e uma sensação de raiva "como uma bomba nuclear" emergiu.

Após experimentar essas emoções no consultório, Gail achou mais fácil notá-las no restante do tempo. Ela percebeu que muitas vezes estava triste ou com raiva, mas não queria estar.

Como sua mente estava cheia de pensamentos autocríticos e inseguros, eu a encorajei a notar como seus pensamentos sobre si mesma eram diferentes nos "dias bons" em comparação aos "dias ruins" usando o exercício Observando como os pensamentos mudam . Sugeri que ela tentasse a prática Refugiando-se nas sensações presentes quando pensamentos negativos surgissem. Como ela já estava familiarizada com a meditação, isso veio de maneira natural para ela. Ela já havia sido exposta à Rotulação de pensamentos, à Meditação de escuta e à Meditação de bondade amorosa (Capítulo 4) em sua aula de meditação, então foi fácil para ela integrar essas práticas em sua rotina diária.

Não surpreendentemente, Gail percebeu que seus estados depressivos eram desencadeados sempre que se sentia rejeitada. Muitas vezes, ela reagia de modo impulsivo, dizendo ou fazendo coisas das quais se arrependia depois. Sugeri que ela tentasse o exercício Três minutos de espaço para respirar quando se sentisse sobrecarregada e compelida a agir. Isso a ajudou a sintonizar seus pensamentos e seus sentimentos e a se sentir "amparada" por alguns momentos antes de dizer ou fazer algo precipitado.

A prática geral de atenção plena de Gail, juntamente com esses exercícios, ajudou. Ela começou a perceber que não eram os eventos externos que a faziam se sentir tão miserável, mas sim seus pensamentos sobre eles. Ela viu como havia realmente passado a acreditar em ideias distorcidas sobre si mesma estabelecidas na infância, e começou a entender que essas ideias poderiam não representar a "realidade". Ela também se sentiu mais livre para chorar e expressar sua raiva quando magoada.

Nesse processo, Gail também explorou o que realmente importava para ela. Ela percebeu que, acima de tudo, queria ser capaz de amar e ser amada sem tanto medo. Ela se deu conta de que havia sido desonesta de muitas formas, tentando parecer descolada, agindo com sofisticação ou exagerando suas conquistas, para que as pessoas gostassem dela. Ela passou a se interessar mais por ser franca com os outros e estabelecer conexões genuínas.

A depressão de Gail faz muito sentido, considerando sua história. Até agora, sua história não teve um final feliz. Mas ela agora vê sua situação como algo manejável, sente que está em um bom caminho e é grata à sua prática de atenção plena por ajudá-la a trilhar esse percurso.

PRÁTICAS DE ATENÇÃO PLENA PARA A DEPRESSÃO

Uma vez que você estabeleça uma prática formal e informal regular, conforme descrito nos Capítulos 3 e 4, pode tentar o seguinte:

Práticas formais de meditação

- *Observando emoções no corpo* (página 145) para trazer à consciência emoções não reconhecidas.
- *Encarando a tristeza* (página 160) quando perceber resistência à tristeza.
- *Encarando a raiva* (página 161) quando perceber resistência à raiva.
- *Refugiando-se nas sensações presentes* (página 153) para ancorar a atenção no mundo fora dos pensamentos depressivos.
- *Rotulação de pensamentos* (página 154) para ganhar perspectiva sobre fluxos de pensamentos depressivos.
- *Meditação de escuta* (página 155) ou *Pensamentos são apenas pensamentos* (página 125) para praticar o desapego dos pensamentos depressivos.
- *Meditação de bondade amorosa* (página 85) para acalmar o discurso autocrítico.
- *Prática de* tonglen (página 162) ao sentir-se isolado com tristeza ou decepção.

Práticas informais de meditação

Todas estas práticas ajudam a diminuir o poder da ruminação depressiva ao conduzir a atenção de volta para a experiência sensorial no presente:

- *Meditação durante a caminhada* (página 67)
- *Meditação da natureza* (página 128)
- *Meditação durante a refeição* (página 262)
- *Meditação ao dirigir, tomar banho, escovar os dentes, barbear-se, etc.* (página 90)

Salva-vidas

- *Três minutos de espaço para respirar* (página 158) ao sentir-se sobrecarregado por pensamentos e sentimentos depressivos, sobretudo se houver tentação de fazer algo impulsivo.
- *Refugiando-se nas sensações presentes* (página 153) para direcionar a atenção para a segurança do mundo fora dos pensamentos depressivos.
- *Prática de* tonglen (página 162) ao sentir-se isolado por tristeza ou decepção.
- *Meditação da natureza* (formal ou informal; página 128) ao sentir-se isolado ou sobrecarregado.

DESENVOLVENDO UM PLANO

Você pode achar útil registrar um plano de ação para lidar com pensamentos e sentimentos depressivos. O quadro a seguir pode ajudá-lo a organizar suas ideias:

PLANO DE PRÁTICA

Comece refletindo sobre como e quando a depressão surge em sua vida.

Situações em que mais frequentemente me sinto deprimido: _____

_____
_____
_____

Meus sintomas mais comuns de depressão:

Físicos: _____
_____
_____

Cognitivos (pensamentos negativos): _____
_____
_____

Comportamentais (coisas que faço ou evito compulsivamente): _____
_____
_____

Momentos em que mais preciso de um "salva-vidas": _____
_____
_____

Agora, com base no que você leu e experimentou com as diferentes práticas, registre um plano de prática inicial (você pode variar conforme suas necessidades mudem).

Prática formal	*Quando*	*Com que frequência*
_____	_____	_____
_____	_____	_____
_____	_____	_____

Prática informal	Quando	Com que frequência
_____	_____	_____
_____	_____	_____
_____	_____	_____

Salva-vidas	Situação provável
_____	_____
_____	_____
_____	_____

SERÁ QUE POSSO ME BENEFICIAR DE PSICOTERAPIA, MEDICAÇÃO OU OUTRAS ABORDAGENS?

Quando a depressão se torna duradoura ou grave, obter ajuda adicional é uma boa ideia. Isso é especialmente verdadeiro quando os sintomas dessa condição geram mais depressão. Quando um estado depressivo impede você de funcionar no trabalho ou na escola, ou o afasta de amigos ou de familiares, você pode ficar preso em um ciclo vicioso. A vida de fato será deprimente se você estiver desempregado e sem amigos. É importante interromper esse ciclo. A depressão pode ser até perigosa se você se tornar suicida ou adotar comportamentos autodestrutivos. Nessas situações, ninguém deve tentar lidar com isso sozinho.

Embora a psicoterapia tenha diversas formas, o simples fato de ter a oportunidade de falar de maneira honesta com alguém sobre sua situação geralmente ajuda. Você pode se sentir muito isolado quando está deprimido; conectar-se com alguém que esteja ativamente tentando entender sua experiência pode ser extremamente útil. Você pode desejar encontrar um terapeuta familiarizado com práticas de atenção plena e um tratamento orientado pela atenção plena. Não tenha receio de perguntar sobre isso. Alguns terapeutas tendem a trabalhar mais com o presente, ajudando você a observar seus pensamentos e seus humores. Outros vão investigar mais o seu passado para entender por que suas circunstâncias atuais estão trazendo à tona certos sentimentos. Como a história de Gail ilustra, ambas as abordagens podem ser úteis. O mais importante é que você sinta que pode ser honesto com o terapeuta e compartilhar suas observações sobre o que é útil no trabalho conjunto. Sugestões adicionais para encontrar um terapeuta podem ser encontradas na seção "Recursos", no final deste livro.

A medicação também pode desempenhar um papel útil no tratamento da depressão. Se você tem um histórico familiar do problema, ela pode ajudar a compensar qualquer predisposição biológica que possa ter para desenvolver depressão. Mesmo que você não tenha esse histórico, a medicação tende a fornecer uma "base" para o seu humor, evitando que você afunde demais. Isso pode ajudar a manter seu funcionamento enquanto aprende a lidar com seus pensamentos e seus sentimentos.

Embora o foco deste capítulo seja aprender a abordar e lidar *com* experiências difíceis, o equilíbrio e o bom senso são importantes. Em um estudo interessante, meditadores que tomavam antidepressivos sentiram que a medicação apoiava sua prática de meditação, tornando mais fácil não se deixar capturar completamente por pensamentos autocríticos. O objetivo de combinar a medicação com a prática de atenção plena e a psicoterapia é ajudar você a funcionar de forma plena e manter a perspectiva, ao mesmo tempo que continua a ter acesso a uma gama completa de emoções. Dessa forma, todos os seus esforços se complementam e contribuem para viver uma vida rica e gratificante.

Se você está lutando com uma depressão significativa atualmente, ou já lutou no passado, talvez também queira obter um exemplar de um livro de autoajuda escrito pelos criadores da MBCT, *The Mindful Way through Depression*. Esse livro aprofunda alguns dos temas que discutimos aqui e apresenta um programa que se mostrou eficaz na redução da probabilidade de recorrência de episódios graves de depressão. Ele pode ser usado sozinho ou como complemento tanto à psicoterapia quanto à medicação. Outros guias úteis estão listados nos "Recursos", no final deste livro.

Os métodos descritos nos últimos dois capítulos podem ajudar você a lidar de maneira eficaz com todos os tipos de estados mentais angustiantes; mas, claro, não é apenas nossa mente que é indisciplinada; nosso corpo também nos dá problemas. No próximo capítulo, veremos como utilizar as práticas de atenção plena para lidar com uma variedade notável de problemas físicos comuns.

7

Para além do manejo de sintomas

Reformulando dores e problemas médicos relacionados ao estresse

É uma bela noite de verão. Você está sentado na varanda observando o pôr do sol, se preparando para desfrutar de uma taça de vinho. Tudo está banhado por uma luz maravilhosa. Enquanto procura descansar, você se pergunta se acabou de ouvir um som leve. "Não… foi só minha imaginação." Um minuto depois, o som fica mais claro: "zzzzzzzzzzzzzzzzzzzzz". E, então, mais alto: "ZZZZZZZZZZZZZZZZ". Droga. Eles estão aqui. Em pouco tempo, você se vê inutilmente batendo no ar, ficando cada vez mais agitado. Derrotado, desiste e sai da varanda.

Picadas de mosquitos não são realmente tão dolorosas, tampouco tão perigosas (exceto por surtos regionais do vírus do Nilo Ocidental ou pela encefalite equina oriental, assim como por algumas doenças tropicais exóticas). No entanto, a preocupação com ser picado ainda pode arruinar uma noite. Já foi acampar e um mosquito entrou na barraca com você? Um inseto muito pequeno pode causar muito sofrimento.

Certa vez, em um retiro de meditação, recebemos instruções para a realização de um experimento com mosquitos. Se um pousasse em nosso corpo, deveríamos permitir que ele se alimentasse. Senti quase nada quando meu primeiro convidado aterrissou em minha pele. Eu mal senti quando o mosquito enfiou sua probóscide em mim, injetando anticoagulante para impedir a coagulação do sangue e enchendo sua barriga. Foi de fato muito interessante vê-lo se estufar, ficar vermelho e voar embora. Alguns minutos depois, a coceira começou, mas nem isso me transtornou, conquanto eu simplesmente atentasse às sensações sem resistir a elas. Embora eu não tenha percebido na época, observar um mosquito se alimentar representava a chave para lidar com uma série de problemas médicos com sucesso.

UMA CAUSA, MUITOS MALES

Ninguém gosta da dor ou da doença. Ao longo da história, as pessoas fizeram grandes esforços para evitá-las – realizando rituais, coletando plantas medicinais, rezando para deuses ou, mais recentemente, desenvolvendo a higiene e a medicina modernas. Apesar de nossos melhores esforços, ainda somos visitados com frequência por ambas. Algumas dores e doenças são inevitáveis, já outras podem ser prevenidas com reflexão e cuidado. No entanto, uma quantidade considerável de dor e doença é causada justamente por nossas tentativas de evitá-las. Assim como as dificuldades psicológicas que discutimos, muitos distúrbios físicos resultam, de maneira inadvertida, de nossos esforços para evitar experiências desagradáveis – essencialmente, de tentar espantar os mosquitos. O estresse – nossa reação a coisas de que não gostamos – está no centro de todos esses problemas.

A gama de condições médicas causadas ou agravadas pelo estresse é notável. Dependendo dos critérios utilizados, algo entre 60 e 90% de todas as consultas médicas estão relacionadas a distúrbios causados pelo estresse. Tire um momento para refletir sobre quantos desses problemas já o afetaram em algum momento (use o inventário apresentado a seguir).

Embora cada uma dessas condições possa ter diversas causas, todas podem resultar de ou ser exacerbadas por processos psicológicos. O principal desses processos é nossa tendência de rejeitar experiências desagradáveis. Como essa propensão muitas vezes está no centro dos males já listados, a prática de atenção plena pode ajudar a resolvê-los.

O ESTRANHO CASO DA DOR CRÔNICA NAS COSTAS

A dor crônica nas costas é um bom exemplo de como isso funciona. Envolvi-me no tratamento dessa condição por meio de uma experiência pessoal que me demonstrou a causa do problema e como a prática de atenção plena pode ajudar a resolvê-lo. Como veremos, os princípios envolvidos no entendimento e no tratamento da dor crônica nas costas também podem nos ajudar a lidar com uma ampla gama de outros problemas de dor e distúrbios médicos relacionados ao estresse.

No final da década de 1980, passei quatro miseráveis meses deitado, sem poder me levantar, com uma hérnia de disco.

> **INVENTÁRIO MÉDICO RELACIONADO AO ESTRESSE**
>
> Marque os sintomas que você já tenha experimentado.
>
> - Dores de cabeça recorrentes (_____)
> - Azia ou queimação no estômago (_____)
> - Cólica intestinal (_____)
> - Diarreia ou constipação inexplicáveis (_____)
> - Dor crônica no pescoço (_____)
> - Dor crônica nas costas (_____)
> - Dor pélvica crônica (_____)
> - Dificuldade para dormir (_____)
> - Dificuldades sexuais: ausência de ereções, ejaculação precoce, falta de interesse ou dificuldade para atingir o orgasmo (_____)
> - Coceira persistente (_____)
> - Eczema ou urticária (_____)
> - Zumbido nos ouvidos (*tinnitus*) (_____)
> - Ranger de dentes à noite (bruxismo) (_____)
> - Hábito de roer unhas (_____)
> - Dor ou tensão na mandíbula (ATM) (_____)
> - Fadiga inexplicável (_____)
> - Resfriados e dores de garganta frequentes (_____)
> - Asma (_____)

Após praticar exercícios em uma máquina de esqui *cross-country*, desenvolvi dor e dormência na perna esquerda. Quando a situação piorou, procurei orientação médica e, por fim, me vi no consultório de um ortopedista. Ele realizou uma tomografia computadorizada, diagnosticou o problema como uma hérnia de disco na região L5-S1 e recomendou repouso absoluto.

Como eu fazia parte do corpo docente de uma faculdade de medicina, tinha acesso a textos ortopédicos. Mantinha esses textos na minha mesa de cabeceira, ao lado do meu laudo radiológico. Eu lia repetidamente que o disco poderia se curar com repouso – mas, se isso não acontecesse, seria necessária uma cirurgia, que muitas vezes não era bem-sucedida. Com o passar dos dias, não notei nenhuma melhora.

Desesperado por uma abordagem mais ativa, consultei um especialista em medicina esportiva. Ele olhou minha tomografia e me disse que, se eu ficasse muito em pé, eu estaria "implorando por uma cirurgia" em seis meses. Não era o que eu queria ouvir.

Eu estava ficando tão deprimido e ansioso que sentia que não conseguia mais ficar de cama. Então, decidi construir uma plataforma no meu escritório. Assim começou uma paródia bizarra da cena clássica da psicanálise – eu deitado em um sofá improvisado enquanto meus pacientes se sentavam, provavelmente pensando em minha patologia e meu prognóstico. Ao dirigir para o trabalho, eu inclinava o banco do carro o máximo que conseguia, quase sem enxergar por cima do volante, tentando aliviar o peso da minha coluna. É um milagre que não tenha me matado ou causado algum acidente.

Após alguns meses, minha esposa, que também é psicóloga clínica, fez uma observação: "Sabe, querido, você parece reclamar mais da dor sempre que discutimos". Dá para imaginar o quanto eu apreciei a observação.... Agora, além de ter que suportar essa dor horrível, eu ainda tinha que ouvir as teorias psicológicas da minha parceira. Eu já sabia o porquê da dor. Ela era causada pelo disco herniado – afinal de contas, eu relia meu laudo radiológico todas as noites.

Ainda tentando ser útil, minha esposa trouxe para casa o livro *Anatomy of an Illness*, de Norman Cousins. O autor era um famoso jornalista que havia se curado de artrite degenerativa tomando altas doses de vitamina C, assistindo a filmes dos irmãos Marx e rindo. Era uma história muito inspiradora, mas que não parecia relevante. "Que bom para o Norman", eu disse à minha esposa, "mas tenho uma hérnia de disco!"

Mais ou menos na mesma época, um amigo me aconselhava a falar com uma conhecida em comum. Supostamente, ela havia curado seu problema nas costas tratando-o como se fosse um problema de tensão muscular – uma reação ao estresse. "Lá vamos nós de novo", pensei. "Este é meu castigo por me cercar de psicoterapeutas."

Em parte por desespero, em parte para que todos parassem de me importunar, eu a contatei.

"O que você está fazendo agora?", ela perguntou.

"Estou deitado – é tudo o que eu faço."

"Por que você não vai fazer compras para a família – sua esposa adoraria."

Ótimo, uma conspiração feminista, pensei. Ela continuou descrevendo como havia se recuperado completamente da dor crônica nas costas se exercitando e tratando a dor como tensão muscular em vez de tratá-la como um problema ortopédico.

Eu não estava disposto a fazer compras, mas estava tão desesperado que pensei em tentar um experimento. Naquela altura, eu não conseguia andar mais do que um quarteirão antes que a dor piorasse muito. Então decidi me desafiar. Caminhei um quarteirão. Como esperado, senti a dor descendo pela minha perna esquerda. Determinado a perseverar, andei mais dois quarteirões. Para minha completa surpresa, agora não apenas sentia a dor descendo pela perna esquerda como também pela direita. *Genial*, pensei, irônico.

Caminhando com dificuldade de volta para casa, percebi que aquilo talvez tivesse sido, na verdade, uma boa ideia. Segundo meu laudo radiológico, eu deveria sentir dor na perna esquerda. Se estava sentindo dor também na direita, ou eu havia destruído completamente minha coluna (uma hipótese que considerei), ou a dor poderia estar sendo causada por outra coisa. Talvez a tensão muscular *fosse*, pelo menos, parte do problema.

Eu estava desesperado para melhorar. Comecei a ler tudo o que podia sobre estresse, tensão muscular e dor crônica nas costas, e comecei a me mover mais, mesmo com dor. Em algumas semanas, removi a plataforma do meu escritório e voltei a dirigir mais ou menos normalmente. Logo estava fazendo exercícios e praticando ioga. Senti como se tivesse acordado de um pesadelo muito ruim.

Fiquei tão impressionado com essa experiência que decidi aprender tudo o que pudesse sobre as interações mente-corpo e o potencial de utilizar intervenções psicológicas para ajudar com problemas médicos. Logo percebi que a prática de atenção plena poderia ser enormemente útil nesses esforços e comecei a colaborar com médicos da região, incorporando-a ao meu trabalho. O que aprendi estudando e tratando a dor nas costas me revelou a chave para usar a prática de atenção plena de forma eficaz em uma gama surpreendentemente ampla de distúrbios relacionados ao estresse.

Dor nas costas?

Acontece que a grande maioria das dores crônicas nas costas é causada, como no meu caso, por tensão muscular, e essa tensão é mantida pelo estresse psicológico. É necessário entender isso para melhorar. Se acreditarmos, em vez disso, que nossa dor é causada por um disco danificado ou outra estrutura da coluna, será muito difícil relaxar e nos mover com normalidade.

Embora não haja espaço aqui para todos os detalhes, mencionarei algumas das evidências mais convincentes que apoiam essa ideia. Primeiro, acontece que a condição da coluna geralmente tem pouca influência sobre a presença ou a ausência de dor em uma pessoa:

- Aproximadamente dois terços das pessoas que nunca sofreram com dores graves nas costas apresentam o mesmo tipo de estruturas "anormais" nas costas, como discos herniados, que muitas vezes são responsabilizados por dores crônicas nas costas.
- Milhões de pessoas que sofrem de dor crônica nas costas não apresentam "anormalidades" em suas costas, mesmo após extensos testes.

- Muitas pessoas continuam a sentir dor após "reparos" cirúrgicos bem-sucedidos. Há pouca relação entre o sucesso mecânico da cirurgia e a continuidade ou não da dor do paciente.

Outros estudos nos dão pistas sobre o papel do estresse psicológico e da tensão muscular:

- A epidemia mundial de dores crônicas nas costas está, em grande parte, limitada a nações industrializadas. De modo notável, há pouca dor crônica nas costas em países em desenvolvimento, nos quais as pessoas fazem trabalhos fisicamente extenuantes, utilizam móveis e ferramentas rudimentares, não dormem em colchões ortopédicos de última geração e percorrem longas distâncias em estradas esburacadas, sentadas na caçamba de velhas caminhonetes.
- O estresse psicológico, sobretudo a insatisfação no trabalho, prediz quem desenvolverá dores incapacitantes nas costas de maneira mais confiável do que medidas físicas ou as demandas físicas do trabalho.
- Retornar rapidamente a uma atividade física plena e vigorosa em geral é seguro e a maneira mais eficaz de resolver episódios de dor nas costas.

Nada disso faria sentido se a maioria das dores nas costas fosse causada por discos herniados e outros problemas estruturais, mas tudo faz muito sentido se as dores nas costas forem causadas por estresse e tensão muscular.

O ciclo da dor crônica nas costas

O estresse emocional se transforma em dor nas costas por meio de um processo que meus colegas e eu chamamos de *ciclo da dor crônica nas costas*. Ele pode começar tanto por um evento emocional quanto por um físico. Imagine, por exemplo, que você levante mais peso do que o normal, talvez instalando um ar-condicionado no início do verão ou removendo neve no começo do inverno. Você força suas costas, e elas começam a doer. Se você vive em uma cultura industrializada, em que há uma epidemia de problemas nas costas, pode começar a se preocupar: "Espero não ter machucado minhas costas como aconteceu com meu primo", "Espero poder ir trabalhar amanhã". Se a dor for intensa ou persistente, esses pensamentos começarão a gerar ansiedade.

Tente agora um pequeno experimento (isso exigirá um pouco de atuação dramática – não tenha vergonha). Faça uma encenação, com expressões faciais e gestos, demonstrando como o medo se parece. Exagere bastante. (Não se preocupe, ninguém está olhando.) Mantenha a pose por alguns segundos. O que você sente no seu corpo? Quais músculos ficam tensos?

Você pode perceber por si mesmo que o medo gera tensão muscular. E sabe, por outras experiências, que a tensão muscular aumenta a dor. Basta pensar em como os músculos do pescoço podem doer após um dia estressante ou como pode ser dolorosa uma cãibra na panturrilha.

É assim que o ciclo da dor crônica nas costas funciona. Nossa dor inicial gera preocupações, estas criam ansiedade, e esta causa tensão muscular. Músculos tensos aumentam a dor, e a dor aumentada desencadeia ainda mais preocupações. Uma vez que o ciclo se estabelece, outras emoções, como frustração e raiva, entram em ação.

Tire um momento para fazer mais um pouco de atuação dramática. Encenando, demonstre primeiro frustração e depois raiva com o rosto e o corpo. Exagere de novo. (Ainda não há ninguém olhando.) Mantenha cada pose por alguns segundos. Percebe como essas emoções secundárias produzem ainda mais tensão muscular?

O PROGRAMA "CONSCIÊNCIA DAS COSTAS" (*BACK SENSE*)

Meus colegas e eu desenvolvemos o *Back Sense*, um programa de tratamento passo a passo que incorpora meditação de atenção plena e ajuda as pessoas a interromperem esse ciclo. O programa tem três elementos básicos, todos os quais funcionam melhor em conjunto com a prática de atenção plena: (1) *compreender o problema*, (2) *retomar a atividade física normal* e (3) *lidar com emoções negativas*. Revisarei o programa e, em seguida, mostrarei como as mesmas etapas, em conjunto com técnicas de atenção plena, podem ajudar em outros problemas de dor e distúrbios relacionados ao estresse.*

Passo 1: compreender o problema

Como vimos ao discutir ansiedade e depressão, compreender um problema é o primeiro passo importante para superá-lo. No caso da dor crônica nas costas, todos precisamos perceber por conta própria o papel que a tensão muscular desempenha. Enquanto você acreditar que suas costas estão danificadas, terá medo de

---

* Antes de iniciar o programa, é importante passar por um exame físico completo para descartar causas médicas raras – mas potencialmente graves – da dor e obter permissão médica para retomar atividades normais. Sem essa permissão, será muito difícil superar seus medos. Fisiatras (médicos especializados em reabilitação) são boas fontes para essas avaliações, pois são os mais propensos a encorajar o retorno ao movimento pleno. A boa notícia é que esses distúrbios médicos raros, que incluem tumores, infecções, lesões e anomalias estruturais incomuns, são a causa de apenas cerca de 1 em 200 casos de dor crônica nas costas.

se movimentar normalmente e restringirá seus movimentos como consequência. Isso deixará seus músculos rígidos e fracos. Também manterá seu nível de medo elevado, o que continuará alimentando o ciclo da dor.

Embora você possa ler sobre a dor nas costas e obter explicações de médicos, a observação direta do papel que sua mente desempenha no problema é, de fato, a única maneira de mudar sua perspectiva. Se você está atualmente sofrendo de dor nas costas ou de dor em outra parte do corpo, tente este exercício:

> **MONITORANDO SUAS PREOCUPAÇÕES**
>
> Mantenha um caderninho com você durante o dia. Cada vez que se preocupar com suas costas (ou outra área de preocupação), faça uma marca nesse caderninho. Veja quantas vezes, ao longo de cada hora, um desses pensamentos aparece.

Se você estiver com dificuldades reais, perceberá que as preocupações surgem em intervalos pequenos – ou até com mais frequência ao realizar atividades que teme que agravem sua condição. Ao notar isso, você pode começar a observar o papel que o medo da dor ou do desconforto pode estar desempenhando no problema. (Em geral, preocupações semelhantes cercam outras condições relacionadas ao estresse.)

A prática de atenção plena revela que não podemos confiar realmente em nossos pensamentos, pois eles são fortemente influenciados tanto por nossa história quanto por nosso estado emocional do momento. Da mesma forma que nossa mente se enche de pensamentos autocríticos quando estamos deprimidos ou de pensamentos medrosos quando estamos ansiosos, temos pensamentos de medo, frustração e raiva quando estamos com dor crônica. Quando a dor é mais intensa, tendemos a acreditar que estamos com uma lesão grave; quando sentimos menos dor, é possível considerarmos a possibilidade de que nossa condição seja mais manejável – que talvez, na verdade, seja um problema de tensão muscular.

> Quando a dor é intensa, tendemos a acreditar que estamos gravemente feridos. Quando a dor é branda, é mais provável que consideremos que o problema pode ser causado por estresse.

Com a prática de atenção plena, começamos a observar essas mudanças nos padrões de pensamento se desenrolando momento a momento e a perceber como as crenças negativas aumentam a tensão em todo o corpo.

Passo 2: retomar a atividade física normal

É essencial retomar uma vida normal para superar a dor crônica nas costas. Quando você não se move normalmente, seus músculos ficam fracos e você perde flexibilidade. Além disso, impedir-se de se mover com normalidade pode aumentar o medo e a ansiedade sempre que você tenta sair da sua zona de conforto. Por fim, você pode desenvolver *cinesiofobia* (medo de se mover). Assim como alguém pode ser dominado pela ansiedade toda vez que entra em um supermercado e, por isso, começar a evitar fazer compras, você também pode ser condicionado a sentir ansiedade toda vez que se curva, agacha, senta-se ou fica de pé, restringindo seus movimentos. Se você ousar se mover, se contrairá com o medo e, naturalmente, sentirá mais dor. Então, você concluirá: "Isso é ruim para mim e devo parar", e um padrão de evitação será estabelecido. Da mesma forma que uma pessoa pode evoluir de temer o supermercado a se tornar agorafóbica e nunca sair de casa, quem sofre de dor nas costas pode progredir da evitação de alguns movimentos para uma atitude de viver como se sua coluna fosse feita de vidro.

Um passo importante para superar a cinesiofobia é avaliar o que você teme. Se você está lutando contra dores nas costas ou outras dores crônicas, tire um momento agora para listar todas as atividades que você atualmente evita ou limita por causa disso.

O Capítulo 5 explicou que o antídoto para padrões de evitação é enfrentar nossos medos e utilizar a prática de atenção plena para estar presente na experiência que se segue, mesmo que seja desagradável. A mesma abordagem funciona com a dor crônica nas costas e problemas relacionados. Se você tiver atividades na lista, a prática de atenção plena pode ajudá-lo a recuperá-las. Retornaremos à sua lista em breve.

A história das duas flechas

Um famoso sermão proferido pelo Buda há cerca de 2.500 anos aborda como podemos lidar com a dor de forma consciente. Ele é tão útil hoje quanto era naquela época.

As duas flechas

Quando tocada por uma sensação de dor, a pessoa comum, não instruída, se entristece, lamenta, bate no peito e fica perturbada. Então, ela sente duas dores: uma física, outra mental. É como se ela fosse atingida por uma flecha e, logo em seguida, por outra, sentindo assim a dor das duas flechas.

> ## ATIVIDADES PERDIDAS
>
> Liste rotinas diárias e quaisquer atividades de trabalho, sociais, esportivas, familiares, de viagem ou outras que você limita devido à preocupação com sua dor. Classifique seu sentimento em relação a cada uma como **A**gradável, **D**esagradável ou **N**eutro.
>
> | Atividade | Sentimento (A, D ou N) | Atividade | Sentimento (A, D ou N) |
> |---|---|---|---|
> | _____ | ( ) | _____ | ( ) |
> | _____ | ( ) | _____ | ( ) |
> | _____ | ( ) | _____ | ( ) |
>
> Adaptado de Ronald D. Siegel, Michael H. Urdang, & Douglas R. Johnson, *Back Sense: A Revolutionary Approach to Halting the Cycle of Chronic Back Pain*. New York: Broadway Books (2001, pp. 86–87). Copyright 2001 por Ronald D. Siegel, Michael H. Urdang, & Douglas R. Johnson. Adaptado com permissão.

Vamos analisar isso com atenção. A primeira flecha na história se refere às sensações de dor bruta – a pulsação, a queimação, o desconforto latejante ou agudo que chamamos de "dor". Essas são sensações corporais desprovidas de comentários; são o que está acontecendo no corpo no momento presente.

A segunda flecha se refere às nossas respostas a essas sensações de dor. É aqui que as coisas ficam interessantes. Com um pouco de atenção plena, percebemos que temos diversos tipos de reações aversivas à dor. Algumas delas são físicas, como tensionar nossos músculos para "nos prepararmos" ou "protegermos" contra a dor, ou manter nosso corpo em certas posições para evitar desencadeá-la. Outras reações são emocionais, como sentir raiva de nós mesmos ou dos outros por terem causado a dor ("Eu nunca deveria ter limpado aquele quintal"; "Você nunca deveria ter me pedido para instalar o ar-condicionado") ou sentir medo ("E se isso nunca melhorar?"). A prática de atenção plena nos permite enxergar as duas flechas como distintas. Como veremos, a primeira flecha (as sensações de dor) é inevitável, mas podemos escolher se vamos ou não nos ferir com a segunda flecha (nossas respostas de aversão).

Momentos da mente

A melhor maneira de diferenciar as duas flechas é a prática da concentração. Ela nos ajuda a desenvolver a precisão mental necessária para ver as sensações de dor e perceber que nossas respostas de aversão a elas são, na verdade, distintas da própria dor. Você precisará de 20 a 25 minutos para entender como isso funciona. Se tiver tempo agora, tente fazer o exercício. Caso não possa agora, retorne a ele mais tarde. É mais fácil realizá-lo quando você está experimentando alguma dor, mas você pode experimentar a essência da prática mesmo quando não está.

*Separando as duas flechas**

Comece acomodando-se no seu assento de meditação e encontrando sua respiração. Nos primeiros 10 a 15 minutos, simplesmente siga a respiração como já fez antes, focando nas sensações de subida e descida do abdômen ou nas sensações do ar entrando e saindo pelas narinas, na ponta do nariz. Cada vez que sua mente se desviar da respiração, conduza-a de volta com suavidade. Lembre-se de que isso é como treinar um filhote: a mente se desvia; você a conduz de volta com carinho. Ela se desvia de novo; você a conduz de volta com carinho novamente.

Enquanto você medita, tente observar a respiração com o máximo de precisão possível. Note cada respiração e examine suas qualidades complexas e variadas. Observe se consegue desenvolver uma atitude de interesse ou de curiosidade em relação a todas essas sensações. Comece a meditar agora e retorne ao restante das instruções em 10 a 15 minutos.

Agora que sua mente se acalmou um pouco, comece a deslocar seu foco para onde você sentir mais desconforto no corpo. As sensações podem ser leves ou intensas. A ideia é permitir que a respiração se acomode no plano de fundo e que as sensações dolorosas ou desconfortáveis venham para o primeiro plano.

Comece apenas direcionando sua atenção para a área geral da dor. Relaxe e acomode-se nas sensações físicas. Tente observar com cuidado sua natureza – ardente, tensa, perfurante, opaca, aguda, etc. Assim que identificar o que está acontecendo, concentre sua atenção para focar no ponto específico do seu corpo que mais dói.

Tente direcionar ao desconforto a mesma atitude de precisão, interesse e curiosidade que direcionou para a respiração. Você não está tentando mudá-lo, mas sim vê-lo com clareza. Observe como as sensações variam com sutileza de momento a momento. Talvez em um momento elas late-

---

* Áudio (em inglês) disponível na página do livro em loja.grupoa.com.br.

jem, já no próximo elas queimem ou doam. Observe se consegue perceber que a "dor" é, na verdade, uma série de sensações momentâneas conectadas como cenas de um filme, criando uma ilusão de continuidade.

Se sua dor for intensa, você perceberá que começa a se sentir sobrecarregado ou que sua mente se retrai das sensações de dor. Se isso acontecer, experimente direcionar sua atenção de volta para a área geral da dor ou até para a respiração por um tempo, antes de retorná-la para a fonte precisa. Deslocar o foco dessa maneira provavelmente o ajudará a permanecer com a experiência por mais tempo.

Enquanto você permanece com as sensações de dor, observe qualquer pensamento que surja em sua mente. Você pode experimentar rotulá-los: medo, ódio, preocupação, etc. A ideia é perceber que os pensamentos vêm e vão independentemente das sensações de dor.

Continue com as sensações de dor pelos próximos 10 minutos, aproximadamente.

Se você está lidando com dor crônica, será útil integrar o exercício Separando as duas flechas em sua prática formal regular. Desse modo, você também poderá utilizá-lo como um salva-vidas para lidar com os momentos do dia em que você lutar contra sensações de dor.

Monges e freiras que dedicam muitas horas à prática de meditação relatam que a mente se torna capaz de discernir sensações muito sutis. Na Antiguidade, antes que fosse possível medir milissegundos ou nanossegundos, monges e freiras descreviam o menor momento observável de consciência como um *momento da mente*. Ele era definido como "um décimo de milésimo do tempo que uma bolha leva para estourar". Embora na meditação diária a maioria de nós não atinja esse nível de refinamento, estamos, ainda assim, caminhando nessa direção com o exercício Separando as duas flechas. Quando sentimos dor dessa maneira (como um conjunto de "pontos" momentâneos e em constante mudança na consciência), ela se torna muito mais fácil de se suportar.

Uma fórmula matemática

A história das duas flechas aponta para o princípio delineado no Capítulo 2: grande parte do sofrimento é gerado pela resistência à experiência. Já vimos como isso funciona na ansiedade e na depressão, em que nossos esforços para nos sentirmos melhor acabam nos prendendo a sentimentos piores. O mesmo acontece com a dor física. A boa notícia é que *a consciência da experiência presente com aceita-*

ção pode nos ajudar a lidar de forma eficaz com a dor física, assim como nos ajuda a trabalhar com emoções difíceis.

Eu estava explicando esse mecanismo a um paciente do MIT um dia. Ele disse, como as pessoas do MIT costumam fazer: "Acho que existe uma fórmula matemática para isso". Perguntei-lhe qual seria. Ele disse: "Dor vezes resistência é igual a sofrimento". Note como isso funciona. Quando as sensações de dor são extremamente intensas (como quando um elefante pisa no nosso pé), é provável que soframos, a menos que consigamos praticamente não ter resistência (o que é muito improvável). Quando a dor é leve ou moderada, se nossa resistência for baixa, o sofrimento também será limitado, mas, se nossa resistência à mesma dor for alta, ainda sofreremos muito. Em outras palavras, na medida em que conseguirmos aceitar nossa dor, não sofreremos. Essa é a história das duas flechas do Buda expressa de maneira matemática. Vemos isso de forma vívida com mosquitos: mesmo que a dor de uma picada seja muito leve, resistir à picada pode nos fazer sofrer.

> Dor × resistência = sofrimento

Não estou sugerindo que é tão fácil lidar com uma dor intensa quanto com a picada de um mosquito, mas a abordagem pode ser a mesma. Ao direcionar de modo intencional nossa atenção para as sensações de dor e adotar uma atitude de aceitação, podemos tolerar muito mais dor do que poderíamos imaginar. Isso é vital para recuperar atividades perdidas.

Relatividade

Um dos *insights* mais importantes obtidos da prática de atenção plena é o fato de que tudo muda. Muitas vezes, isso é angustiante. (Como mencionado no Capítulo 1, a maioria de nossas dificuldades psicológicas vem de tentar lidar com nossas perdas inevitáveis ao longo do ciclo de vida.)

No entanto, quando estamos com dor, a realidade da mudança constante pode ser um alívio. Um dos maiores obstáculos para aceitar a dor é o medo de que ela seja contínua. Quando estamos com dor, o tempo parece desacelerar. Albert Einstein foi instado a dar uma explicação palpável para a relatividade. Ele disse: "Quando um homem se senta com uma bela garota por uma hora, parece um minuto. Mas, se ele se sentar em um fogão quente por um minuto, parece mais longo do que qualquer hora. Isso é relatividade".

Há um experimento interessante que demonstra a importância do tempo e das expectativas na percepção da dor. Para induzir dor sem serem processados, os pesquisadores inserem a mão de um sujeito em água com gelo (é inofensivo, mas pode realmente doer). Se eles disserem às pessoas que terão que manter a mão na água por 10 minutos e pedirem que classifiquem a dor após 20 segundos, a maioria dos participantes relata que a dor já é intensa e que não acreditam que conseguirão completar o experimento. Em contrapartida, se os pesquisadores disserem aos sujeitos que terão que manter a mão na água por apenas 30 segundos e pedirem que classifiquem a dor após 20 segundos, a maioria relata que a dor é bastante leve. A ansiedade de ser submetido a dor contínua, na verdade, *aumenta a intensidade das sensações de dor*.

No caso da dor nas costas e outras dores musculoesqueléticas, a preocupação de não melhorar nos prende ao ciclo da dor de duas maneiras. Primeiro, a ansiedade tensiona os músculos, o que aumenta de forma direta a dor. Em seguida, a ansiedade aumenta a intensidade com que experimentamos as sensações de dor provenientes desses músculos tensionados.

> Preocupar-se com a continuidade da dor aumenta a intensidade da dor que sentimos.

Isso nos ajuda a entender por que a prática de atenção plena pode ser tão útil para lidar com desconfortos corporais. Ao redirecionar nossa atenção para as sensações de dor no presente, nossa ansiedade orientada para o futuro é reduzida. Além disso, ao cultivarmos a aceitação das sensações de dor, não as amplificamos com resistência.

Ao praticar atenção plena com a dor, aprendemos a separar as duas flechas. Passamos a aceitar que a dor é inevitável, mas nos libertamos de grande parte do sofrimento típico: os pensamentos de aversão, os desejos de alívio, as fantasias catastróficas sobre nosso futuro, os julgamentos autocríticos e todo o medo, a raiva e a frustração com nossa condição. Isso nos liberta para realizarmos atividades, mesmo que doam (desde que saibamos que não estão causando danos).

Surfando o impulso

A maioria das pessoas com dor crônica nas costas e distúrbios semelhantes sente-se mais perturbada pela incapacidade ou pela limitação em suas atividades do que pela dor em si. Se você puder perceber que é possível viver uma vida plena apesar da dor, sentirá menos medo e raiva em relação a ela; portanto, sofrerá menos. Já vimos que abordar as sensações de dor com atenção plena – em vez de tentar eliminá-las – pode ajudar a interromper os ciclos de dor crônica. Mas o que fazer quando algumas atividades parecem simplesmente doer demais?

A prática de atenção plena pode nos ajudar a lidar não apenas com as sensações de dor, mas também com a percepção de que elas são insuportáveis. Deixe-me dar um exemplo.

Sarah era uma policial que amava seu trabalho. Sua dor nas costas começou quando sua viatura foi destruída após ser atingida por um motorista bêbado.

Ressonâncias magnéticas e outros exames não mostraram problemas. Ela havia passado por um regime intenso de fisioterapia, mas ainda sentia dor e não conseguia retornar ao seu trabalho regular. No último ano, ela ocupara uma posição administrativa, mas o financiamento para essa função estava terminando, e ela precisava voltar a patrulhar ou deixar a força policial. A perspectiva de se tornar uma mãe solteira desempregada era intolerável.

Sarah, compreensivelmente, estava tanto ansiosa quanto furiosa. Perguntei a ela o que a impedia de voltar ao serviço regular. "Eu preciso ser capaz de me sentar naquela viatura", ela disse.

Propus que praticássemos nos sentarmos juntos. Convidei-a a se sentar e tentar a meditação Separando as duas flechas. No início, quando direcionou sua atenção da respiração para as sensações de dor nas costas, ela lidou bem com a dor. As sensações não eram tão ruins, e ela conseguiu observar como a dor em si era distinta de seu sofrimento em relação a ela. No entanto, após cerca de 20 minutos, ela disse: "Preciso me levantar. A dor está intensa demais". Perguntei: "Onde em seu corpo você sente que precisa se levantar?". No início, ela ficou confusa com a pergunta e disse que precisava se levantar porque suas costas doíam. No entanto, quando pedi que ela ficasse sentada mais um pouco e tentasse localizar o impulso de se levantar, ela o encontrou. Ela disse que havia uma pressão no peito e no pescoço, uma urgência em buscar alívio.

Sugeri que ela direcionasse sua atenção para esse impulso de se levantar. Que notasse sua textura, seus detalhes. Será que, como a dor, esse impulso também era composto de uma série de sensações momentâneas conectadas? Ela descreveu o impulso como uma espécie de pressão ou tensão, e, à medida que continuava a observar, percebeu que vinha em ondas. A pressão aumentava, atingia um clímax e depois diminuía por um momento, até que a próxima onda começasse.

Sarah conseguiu permanecer sentada na cadeira por mais tempo do que esperava ao *surfar o impulso*, como se surfasse as ondas de desconforto. As sensações de dor permaneceram, mas ela se sentiu menos compelida a corrigi-las ao perceber que o impulso de se levantar era distinto da dor. Isso deu-lhe confiança, pela primeira vez, de que talvez pudesse voltar a patrulhar na viatura.

Você pode surfar seus impulsos como uma técnica salva-vidas quando se sentir tentado a interromper uma atividade por causa da dor. Isso pode ajudá-lo a separar sentimentos de desespero da dor em si mesma. Tente por, no mínimo, 10 minutos em sua primeira vez:

Surfando o impulso da dor*

Feche os olhos e direcione sua atenção primeiro para sua respiração por alguns minutos. Em seguida, permita-se estar com as sensações de dor, observando-as com curiosidade e interesse. Note como elas mudam de momento a momento.

Se surgir o impulso de se levantar ou de interromper sua atividade, perceba exatamente onde no corpo você sente esse impulso. Direcione toda a sua atenção para ele, notando sua intensidade e sua textura. Observe como o impulso de se levantar ou de parar é distinto das próprias sensações de dor.

Agora, redirecione de modo parcial sua atenção para a respiração. Usando a respiração como uma prancha de surfe, surfe cada onda de impulso desde seu início, como uma pequena ondulação, até o ponto em que atinge seu ápice. Permita que cada onda se eleve o quanto quiser, confiando que ela alcançará um clímax e depois diminuirá novamente.

Veremos, no Capítulo 9, como surfar o impulso também pode ajudar com outras dificuldades, incluindo problemas com uso de substâncias e comportamentos compulsivos.

Renunciando ao controle

Assim como acontece com a ansiedade e a depressão, as tentativas de controlar a dor estão muitas vezes no cerne de nossas dificuldades. Somos como crianças cultivando sua primeira muda de planta. Querendo acelerar o processo, as crianças pequenas puxam o broto delicado, matando a planta no processo. A prática de atenção plena nos ajuda a diferenciar o que podemos controlar de forma proveitosa e o que não podemos. No caso da dor nas costas e de outros distúrbios relacionados ao estresse, podemos controlar nosso comportamento, mas não nossos sintomas. Costumo sugerir aos meus pacientes que os sintomas estão nas mãos da natureza, do destino ou de Deus. Eles são como o clima: não podemos influenciá-los de forma significativa. Nossas ações, em contrapartida, estão mais ou menos sob nosso controle. Podemos escolher nos mover normalmente e retomar de forma sistemática uma vida plena.

---

* Áudio (em inglês) disponível na página do livro em loja.grupoa.com.br.

Mesmo após receber a permissão do médico para se movimentar normalmente, muitas pessoas permanecem presas nos ciclos de dor crônica porque acreditam que precisam eliminar a dor *antes* de retomar as atividades. Infelizmente, podem acabar esperando para sempre, pois o movimento normal é geralmente necessário para interromper os ciclos de dor. Com a prática de atenção plena, podemos aprender a lidar de forma eficaz com o medo e o desconforto que surgem quando começamos a nos movimentar de novo, o que é um passo importante para resolver nosso problema.

Passo 3: lidar com emoções negativas

Para muitos, compreender que sua dor é causada por tensão muscular em vez de dano estrutural e utilizar técnicas de atenção plena para auxiliar no retorno ao movimento normal completo é o suficiente para se libertar da dor crônica nas costas. O ciclo de dor-preocupação-medo-dor é interrompido, e o problema é resolvido. Para outros, porém, processos adicionais também mantêm os músculos tensos. A prática de atenção plena pode ajudar com esses casos também.

O Capítulo 5 explicou como nossa herança evolutiva nos predispõe à ansiedade. Nosso sistema de lutar ou fugir, tão bem ajustado para lidar com emergências, fica preso no modo "ligado" devido ao nosso pensamento incessante. Você deve se lembrar de que um aspecto desse sistema de alerta envolve a tensão muscular. Nós (e outros animais) tensionamos os músculos do corpo quando percebemos perigo, preparando-nos para lutar, congelar ou fugir.

Você também deve lembrar que essa tensão ocorre não apenas em resposta a ameaças externas, como um tigre na selva, mas também a ameaças internas – os "tigres internos". Essa é a ansiedade antecipatória de Freud, a tensão que sentimos quando um pensamento ou uma emoção indesejada ameaça vir à tona.

Às vezes, a dor crônica nas costas começa com uma distensão muscular ou um momento de atividade excessiva. Outras vezes, no entanto, não há um gatilho físico plausível. Nesses casos, em geral é uma emoção ameaçadora, que pode estar fora da nossa consciência imediata, que inicia o ciclo da dor. Há, na verdade, muitas evidências de que resistir a esses sentimentos indesejados desempenha um papel nas dores e nos distúrbios relacionados ao estresse. A prática de atenção plena pode nos ajudar a reconhecer e sentir essas emoções.

John era um cara excepcionalmente agradável. Era um amigo leal e um trabalhador esforçado. Ele cresceu em uma família estável, mas sempre teve problemas com seu irmão mais velho. John era sensível e artístico; seu irmão, rude e atlético. Embora John tenha suportado muitas provocações e intimidações de seu irmão e de outros garotos durões quando era jovem, ele por fim encontrou amor e companheirismo entre artistas. Ele agora tinha um bom emprego e um bom casamento, e estava relativamente feliz... até que suas costas travaram.

John não conseguia entender a causa disso. Ele já tinha tido dores nas costas antes, mas essa simplesmente não desaparecia. Ele tentou os tratamentos habituais, mas nada funcionava. Os médicos encontraram um disco protuberante, mas disseram não acreditar que fosse a causa da dor.

Quando iniciamos nosso acompanhamento, descobri que John era tímido, sereno e evitava confrontos. Ensinei-lhe a técnica Separando as duas flechas para lidar com a dor à medida que ele começava a retornar às atividades normais. Durante nossa discussão sobre o seu problema, ele percebeu que tudo havia começado quando sua mãe ficou em estado terminal. Esse foi um período especialmente difícil, já que seu irmão mais velho assumiu o controle dos cuidados dela e ignorou os desejos de John.

Quando John começou a meditar, foi inundado por emoções. Descobriu que estava com medo de suas costas, triste pela morte de sua mãe e enfurecido com seu irmão. Essa última emoção foi particularmente desafiadora, já que ele sempre tentou evitar conflitos.

Com a meditação contínua de atenção plena, ele foi ficando cada vez mais confortável com todos os seus sentimentos (medo, tristeza e até raiva). Ele não era mais tão "bonzinho", mas, nesse processo, sua dor nas costas diminuiu.

Ao nos despertar para toda a gama de nossa experiência emocional, a prática de atenção plena nos ajuda a parar de temer os "tigres internos", permitindo que nossos músculos relaxem e que a dor diminua.

JUNTANDO AS COISAS

Assim como a ansiedade e a depressão, a dor crônica nas costas se apresenta de diversas formas, então nenhuma abordagem única será ideal para todos. Ainda assim, a maioria das pessoas deve começar fazendo uma avaliação médica completa para descartar problemas que tornariam o retorno à atividade normal imprudente. A pergunta importante a se fazer ao médico é: "Você tem bons motivos para acreditar que me exercitar e viver minha vida normalmente danificaria minhas costas?". Se a resposta for "Não, o exercício pode ser doloroso, mas provavelmente não causará nenhum dano permanente", você está pronto para começar.

Em seguida, você precisará perceber como o medo e a preocupação desempenham um papel no problema, atentando a todos os pensamentos ansiosos que surgem quando a dor aumenta. Você pode utilizar o exercício Monitorando suas preocupações para fazer isso. Quanto mais claramente você puder ver sua dor como um problema relacionado ao estresse, e não ortopédico, mais rápido se recuperará.

Uma vez que você tenha permissão para usar seu corpo normalmente e tenha examinado seus medos, comece a retomar atividades normais que você pode ter abandonado por preocupação com suas costas. Consulte sua lista de Atividades perdidas na página 185. Escolha uma atividade para retomar que (1) você acredita que não seja prejudicial (embora possa ser dolorosa); (2) você classificou como *agradável* (isso aumentará sua motivação); (3) não seria muito intimidante retomar (para manter seu medo sob controle); e (4) você poderia realizar três ou mais vezes por semana. Esse último critério é importante para que você possa observar a oscilação no nível da dor enquanto realiza a atividade de maneira regular (ajudando a desassociar a atividade e a dor). Você pode registrar seu plano aqui:

PLANO DE ATIVIDADE

Atividade: _____

Frequência: _____
(Com que frequência você a realizará — vezes por dia ou semana)

Duração: _____
(Por quanto tempo você a realizará — tempo, distância, número de repetições)

Intensidade: _____
(Com que intensidade você a realizará — peso, velocidade, etc.)

Adaptado de Ronald D. Siegel, Michael H. Urdang, & Douglas R. Johnson, *Back Sense: A Revolutionary Approach to Halting the Cycle of Chronic Back Pain*. New York: Broadway Books (2001, p. 91). Copyright 2001 por Ronald D. Siegel, Michael H. Urdang, & Douglas R. Johnson. Adaptado com permissão.

A ideia é manter-se fiel ao seu plano por tempo suficiente para parar de temer que a atividade esteja piorando sua condição. Um programa de exercícios estruturado e vigoroso para desenvolver força, flexibilidade e resistência também pode ser muito útil, tanto para superar o medo do movimento quanto para devolver seus músculos ao funcionamento normal.

Durante essa fase, provavelmente você sentirá mais ansiedade. O programa de prática regular descrito nos Capítulos 3 e 4 fornecerá uma boa base para lidar com isso, talvez enfatizando a Meditação de escaneamento corporal (Capítulo 3) para praticar *estar presente* com uma ampla gama de sensações físicas. Também será útil consultar o Capítulo 5 e revisar diversas técnicas de atenção plena para lidar com a ansiedade, escolhendo uma ou outra, dependendo de quão sobrecarregado você se sinta. Se você estiver sendo atormentado por preocupações sobre suas costas, a prática de Rotulação de pensamentos, descrita no Capítulo 6, também pode ser útil.

Esse também é o momento de utilizar periodicamente a meditação Separando as duas flechas para ajudá-lo a relaxar em relação à sua dor, em vez de temê-la e lutar contra ela. Praticar isso aumentará sua capacidade de suportar o desconforto. Caso a dor se torne especialmente intensa, a ponto de você se sentir compelido a interromper uma atividade, experimente o Surfando o impulso da dor. Assim como Sarah fez, observe onde em seu corpo você sente o impulso de se levantar, de parar de andar, de parar de levantar peso, e assim por diante. Direcione sua atenção para esse impulso da mesma forma que fez com a dor na meditação Separando as duas flechas – observe sua textura, sua intensidade e outras qualidades. Provavelmente você descobrirá, como Sarah, que o impulso de parar aumenta e depois diminui.

Se você ainda sentir dor mesmo após mexer seu corpo normalmente, é hora de observar outras forças emocionais que podem estar contribuindo para a tensão contínua. Os exercícios e as práticas descritos no Capítulo 6, sobretudo Observando emoções no corpo, Explorando emoções no corpo e Observando emoções ao longo do dia, podem ajudá-lo a se tornar mais consciente dessas emoções.

Para mais orientações sobre o programa *Back Sense*, incluindo uma discussão completa sobre diagnósticos e tratamentos de dor crônica nas costas, bem como instruções detalhadas e passo a passo sobre como fazer uma boa avaliação médica, retomar atividades normais, estabelecer um programa de exercícios estruturado e lidar com emoções negativas, você pode visitar www.backsense.org ou ler o guia de autotratamento *Back Sense: A Revolutionary Approach to Halting the Cycle of Chronic Back Pain*.

OUTROS TRANSTORNOS DE DOR

Uma variedade notável de transtornos de dor segue o mesmo padrão da dor crônica nas costas. Dores no pescoço, na mandíbula, no punho, no joelho, nos pés, nos ombros, na pelve e dores de cabeça são as mais comuns. Claro, qualquer uma delas pode ser causada por uma lesão, uma infecção ou outra condição médica. No entanto, todas também podem ser causadas ou mantidas por ciclos de tensão crônica, nos quais o medo do sintoma e as tentativas de evitar o desconforto nos mantêm presos.

O primeiro passo para lidar com esses sintomas é fazer uma boa avaliação médica, de preferência com um médico que entenda as complexas interações entre mente, comportamento e dor. Você precisará descobrir se pode se mover com liberdade sem prejudicar seu corpo. Fisiatras (médicos de reabilitação) costumam ser boas fontes de orientação.

Uma vez que as causas físicas, além da tensão, forem descartadas, os mesmos três passos (compreender o problema, retomar a atividade física normal e lidar com emoções negativas) podem frequentemente ser utilizados com sucesso para resolver o problema. As evidências de pesquisas apontando a tensão muscular como causa da maioria das dores crônicas nas costas são muito convincentes. E as evidências estão apenas começando a se acumular, sugerindo que a dor em outras áreas segue padrão semelhante.

DIFICULDADES DIGESTIVAS

Você já passou pela experiência de ter um "estômago nervoso"? Lembre-se da história no Capítulo 5 sobre o astronauta que se sentiu "*morrendo* de medo" ao voar em aeronaves não testadas. O sistema gastrintestinal é notavelmente sensível ao nosso estado emocional. Lembro-me de ter aprendido, no início da minha formação, que os dois medicamentos mais prescritos à época eram Valium (tranquilizante) e Tagamet (controlador de ácido estomacal então recém-lançado). Isso não era por acaso.

Fisiologistas do estresse nos dizem que nosso sistema digestivo reage ao perigo percebido de maneiras complexas. Quando um animal é ameaçado e seu sistema de lutar ou fugir é ativado, o sistema digestivo é desativado (os cientistas dizem que não há necessidade de digerir seu próprio almoço quando você está prestes a se tornar o almoço de alguém). Quando a ameaça termina, o sistema pode se recuperar, ultrapassar seu nível normal de atividade e se tornar hiperativo. Cientistas também sabem há muitos anos que o estômago secreta mais ácido quando um animal se sente ameaçado repetidamente, levando (em humanos, pelo menos) a azia, inchaço e outros sintomas de indigestão.

Esses eventos digestivos muitas vezes escapam à nossa atenção. No entanto, caso se tornem especialmente intensos ou prolongados, podem desenvolver-se em ciclos disruptivos. Assim como no caso da dor nas costas, esses ciclos podem começar com um fator externo de estresse, como infecção viral ou intoxicação alimentar, mas também podem começar com os efeitos cumulativos de perturbações emocionais.

O verdadeiro problema começa quando nos preocupamos com um sintoma. Por exemplo, a síndrome do intestino irritável, na qual a diarreia pode se intercalar com a constipação, cria o medo de não se conseguir chegar ao banheiro a tempo. A azia gera preocupação com a incapacidade de se manter uma dieta normal ou, pior, com o desenvolvimento de câncer devido à irritação contínua. Assim como no ciclo da dor nas costas, essas preocupações geram medo e outras emoções, que, por sua vez, provocam mais sintomas.

A maioria das intervenções médicas tenta controlar os sintomas com medicamentos ou mudanças na dieta. Embora essas medidas possam ser úteis, elas também podem nos manter preocupados com nossos sintomas e em ter um controle rigorosíssimo sobre nossa dieta ou nossos hábitos de saúde, em um esforço de controlar as coisas.

Assim como nos distúrbios de tensão muscular, muitas vezes (1) compreender o problema, (2) retomar a atividade normal e (3) lidar com emoções negativas revelam-se uma estratégia melhor – e a prática de atenção plena pode ajudar nesse processo. Novamente, é importante descartar primeiro doenças graves que possam estar causando os sintomas. Depois disso, você pode utilizar a atenção plena para observar todas as preocupações que surgem com relação ao seu sistema digestivo. Você pode usar práticas de meditação para rotular esses pensamentos e aumentar sua capacidade de vivenciar e tolerar de maneira plena seus sintomas. À medida que você relaxa nas diversas sensações, fica mais fácil retornar a hábitos normais de alimentação e uso do banheiro. Novos ruídos intestinais, gases, cólicas e dores deixam de ser motivo de alarme e passam a ser sensações interessantes de se explorar. Você pratica o desapego, abrindo mão do controle sobre os sintomas, permitindo que eles venham e vão como as estações. Ao mesmo tempo, você direciona sua atenção para viver de forma normal.

A prática de atenção plena facilita essa mudança de atitude. Ela também pode nos ajudar a lidar com emoções estressantes subjacentes que podem estar contribuindo para o desconforto digestivo. Veja como uma de minhas pacientes utilizou a prática de atenção plena para se recuperar de seus problemas gastrintestinais crônicos:

Maria era uma profissional bem-sucedida por volta dos 40 anos. Ela conseguia lidar com as demandas de uma carreira agitada, um casamento e três filhos. O único problema era seu estômago.

Por vários anos, ela lutou contra azia, inchaço, gases constrangedores e diarreia intercalada com constipação. Ela se consultava regularmente com médicos e curandeiros alternativos, além de tomar medicamentos e suplementos alimentares para controlar seus sintomas. Desejando chegar à raiz do problema, ela estudou de forma sistemática quais alimentos pareciam desencadear os sintomas e, como resultado, eliminou laticínios, tomates, chocolate, cafeína, pimentões e alimentos picantes. Cada vez que ela eliminava mais um alimento, seus sintomas melhoravam por um tempo, mas depois voltavam. Recentemente, um médico havia especulado que ela estava sofrendo da síndrome do intestino permeável, em que os alimentos não eram digeridos normalmente. Ele sugeriu que ela seguisse uma dieta ainda mais restritiva, o que estava transformando sua alimentação em um pesadelo.

Logo após conhecer Maria, ficou claro para mim que ela estava muito tensa. Em meio a todas as suas responsabilidades e ao controle rigoroso de sua dieta, ela vivia em estado de tensão constante. Também ficou evidente que, há muito tempo, Maria havia aprendido a afugentar de sua mente emoções perturbadoras na tentativa de lidar com todas as suas responsabilidades.

A paciente fez diversas observações importantes durante suas primeiras tentativas de atenção plena. Ela percebeu que estava de fato muito ansiosa; sua mente estava se revolvendo constantemente com preocupações sobre trabalho, família e o próprio sistema digestivo. Ela também se deu conta de que estava obcecada pelos temas de alimentação e digestão, e de que sua atenção sempre se voltava para o abdômen, a fim de verificar se ele parecia "normal".

Após um pouco mais de prática de atenção plena, Maria notou que pensamentos perturbadores continuavam surgindo, apesar de seus esforços para ignorá-los. Quando começou a explorar esses pensamentos, percebeu que estava triste com sua vida – ela tinha tudo o que pensava querer, mas se sentia afastada do marido e insatisfeita no trabalho.

Essas observações ajudaram Maria a considerar a possibilidade de que suas dificuldades digestivas fossem causadas mais por sua mente do que por sua dieta. Ela decidiu arriscar e voltar a uma dieta normal e saudável, concentrando-se mais em suas emoções do que no cardápio. Maria começou a perceber que, às vezes, seu desconforto digestivo se seguia a uma perturbação emocional. À medida que reintroduzia alimentos, percebeu que isso não necessariamente piorava seus sintomas; na verdade, estes eram mais reativos aos seus estados de humor. Por fim, ela conseguiu voltar a comer normalmente, utilizando a prática de atenção plena para lidar tanto com sua ansiedade em relação aos sintomas quanto com as outras emoções em sua vida. Após alguns meses, seu sistema digestivo se estabilizou, e ela pôde concentrar sua atenção em melhorar seu trabalho e seu casamento.

Práticas de atenção plena para dificuldades digestivas

Mais uma vez, não há uma única abordagem que funcione para todos, mas a experiência de Maria sugere algumas diretrizes. Assim como na dor por tensão muscular, você pode começar apenas observando com que frequência as preocupações em relação a seus sintomas aparecem – o exercício Monitorando suas preocupações pode ajudar. Se a ansiedade for intensa, tente usar algumas das práticas do Capítulo 5 para lidar com ela. Técnicas como Rotulação de pensamentos (descrita no Capítulo 6) e Pensamentos são apenas pensamentos (Capítulo 5) podem ser utilizadas para identificar e liberar pensamentos persistentes sobre seu sistema digestivo.

Após receber a garantia de um profissional médico de confiança de que você pode seguir uma dieta normal e saudável (algumas pessoas têm alergias alimentares genuínas ou outras condições que impedem isso), comece a se alimentar normalmente. Você pode, então, usar as práticas Separando as duas flechas e Surfando o impulso da dor, já discutidas neste capítulo, tanto para cultivar uma atitude de aceitação em relação às várias sensações que ocorrem em seu sistema digestivo quanto para manter sua dieta normal. Quando surgirem preocupações sobre a digestão, simplesmente as observe e redirecione sua atenção para a experiência sensorial do momento.

Se essa abordagem não resolver o problema, assim como na dor crônica nas costas, pode ser útil prestar mais atenção à sua experiência emocional, sobretudo a sentimentos que você pode habitualmente ignorar ou tentar evitar (os "tigres internos"). Aqui, os exercícios e as práticas do Capítulo 6, especialmente Observando emoções no corpo, Explorando emoções no corpo e Observando emoções ao longo do dia, podem ser muito úteis.

Para entender melhor o papel do estresse e da ansiedade nos distúrbios digestivos, você também pode consultar *Irritable Bowel Syndrome and the Mind-Body--Spirit Connection: 7 Steps for Living a Healthy Life with a Functional Bowel Disorder, Crohn's Disease, or Colitis*.

PROBLEMAS SEXUAIS

A julgar pelo conteúdo de filtros de *spam* e comerciais de TV, estamos no meio de uma epidemia de disfunção erétil e outros distúrbios sexuais. Por que isso está acontecendo? Outros animais parecem não ter muita dificuldade em ter relações sexuais. Se eles conseguem encontrar um parceiro disposto, o "sistema" geralmente funciona bem.

Há uma pequena e divertida história que ajuda a explicar nossas dificuldades. Um jovem monge foi instruído a meditar e tentar esvaziar sua mente de pensamentos. De forma não surpreendente, o dia todo ele foi atormentado por pensamentos incessantes. Seu mestre elogiou seus esforços e disse-lhe que no dia seguinte deveria tentar pensar sem parar, sem intervalos. O jovem monge pensou que isso seria fácil. No entanto, quando tentou, ficou tão ansioso em manter o fluxo de pensamentos que não conseguia encadear outro pensamento.

Nossos problemas na cama decorrem do fato de que nossos órgãos sexuais têm algo em comum com nossa mente: quando tentamos forçá-los a fazer uma coisa, muitas vezes fazem o oposto. Some-se a isso os valores confusos que nos são ensinados, nosso desejo intenso de ter sucesso nessa área e nossas dificuldades em nos relacionarmos uns com os outros, e temos o cenário ideal para problemas.

Vamos tomar a disfunção erétil como exemplo. A maioria dos homens já teve a experiência, em algum momento, de querer ter um bom desempenho sexual, mas descobrir que não conseguia obter ou manter uma ereção. Em geral, isso começa em uma situação na qual o homem está ansioso para agradar ou impressionar sua parceira. Esse pequeno nível de ansiedade pode ser suficiente para interferir em uma ereção completa. Ele, então, pensa: "Espero não ter problemas", o que, é claro, só aumenta sua ansiedade. Isso interfere ainda mais na ereção, levando a pensamentos ansiosos adicionais, às vezes minando completamente sua excitação. Supondo que ele fique chateado com isso, da próxima vez que estiver em uma situação sexual, o pensamento "Espero não ter problemas como da última vez" surgirá, o que é suficiente para iniciar outro ciclo de medo-disfunção-medo.

Você reconhecerá paralelos entre esse padrão e os ciclos que criam outros transtornos de ansiedade e problemas médicos relacionados ao estresse, como dor crônica nas costas e desconforto digestivo. Portanto, não é surpresa que uma abordagem semelhante, baseada na prática da consciência da experiência presente com aceitação, possa ajudar a resolver isso. De fato, antes de termos os milagres farmacêuticos modernos, como Viagra e Cialis, os tratamentos mais eficazes para esse tipo de problema envolviam a prática de atenção plena.

Na década de 1970, os pesquisadores da sexualidade William Masters e Virginia E. Johnson desenvolveram o que chamaram de *foco sensorial*, técnica que é basicamente uma meditação de atenção plena para o sexo. Por fim, essa técnica tornou-se um pilar da maioria das terapias sexuais. Aqui estão as instruções:

Foco sensorial

Comece tocando o corpo do outro, mas sem tocar nos seios ou nos órgãos genitais do parceiro. Desfrute e preste atenção na textura, na temperatura e em outras qualidades da pele do seu parceiro. Evite falar ou ter relações sexuais. Apenas traga sua atenção para as sensações de momento a momento ao tocar seu parceiro e ao ser tocado por ele. Concentre-se no que você acha interessante na pele do seu parceiro – ignore, por enquanto, o que você acha que seu parceiro pode gostar. Se uma ereção ou uma lubrificação vaginal ocorrer, tudo bem. Se não, também está tudo bem.

Após você e seu parceiro terem algum sucesso ao se tocarem com atenção plena e ao deixarem de lado as preocupações habituais orientadas para o desempenho, vocês estarão prontos para passar para a próxima fase:

Nesta fase, comece novamente tocando a pele do outro, prestando atenção em sua textura, sua temperatura e outras qualidades. Mais uma vez, você não está tentando agradar ou excitar seu parceiro; está praticando estar consciente das sensações de tocar e de ser tocado. Desta vez, você pode abarcar todo o corpo do seu parceiro, incluindo os órgãos sexuais. Apenas observe como é tocar e ser tocado. Tente permitir que as ereções, a lubrificação vaginal e as sensações de excitação venham e vão como quiserem.

Depois que você e seu parceiro se sentirem confortáveis com isso, passe para a terceira fase, onde vocês começam a se comunicar sobre o que consideram prazeroso:

Comece novamente tocando o outro com atenção plena por alguns minutos. Quando se sentirem à vontade com isso, coloque sua mão sobre a mão do seu parceiro e guie-o enquanto ele toca seu corpo. Comunique como você prefere ser tocado em diferentes partes – informe-o sobre o ritmo ou o grau de pressão que lhe parece melhor. Quando você for guiado pelo seu parceiro, concentre sua atenção no que sente ao tocá-lo e use essa oportunidade para aprender sobre as preferências dele. Após alguns minutos, troquem de papéis. Mesmo nesta fase, não é necessário obter ou manter uma ereção, ter lubrificação vaginal ou sentir excitação. Apenas desfrute de tocar e aprender sobre o corpo do seu parceiro.

Você achará mais eficaz praticar o Foco sensorial inicialmente como um programa sistemático, dedicando quantas sessões forem necessárias para cada fase. Após você e seu parceiro se sentirem mais confortáveis sexualmente, poderão utilizar o Foco sensorial como um salva-vidas sempre que a ansiedade com o desempenho sexual voltar. Sinta-se à vontade para retornar às etapas anteriores sempre que isso acontecer.

Relacionamentos

Além de aprender a tocar e ser tocado com atenção plena, Masters e Johnson descobriram que era importante explorar questões emocionais que poderiam contribuir para problemas sexuais. Portanto, os casais são incentivados a discutir seus sentimentos sobre a sexualidade, incluindo as mensagens que receberam ao crescer e os efeitos que experiências sexuais passadas podem ter tido sobre eles. Eles também são incentivados a reconhecer e discutir o que os faz se sentirem mais próximos ou mais distantes um do outro e a prestar atenção em como se sentem ao abraçar, beijar e conversar. Tocar um ao outro com atenção plena torna muito mais fácil perceber o papel que esses fatores emocionais desempenham em nossas respostas sexuais.

Relacionamentos não são fáceis. Mesmo uma interação de cinco minutos com uma pessoa amada pode arruinar o nosso dia inteiro (se não for bem-sucedida). Somos extremamente sensíveis uns aos outros, e não há nada como tensões não resolvidas em um casal para arruinar sua vida sexual. No Capítulo 8, discutiremos como utilizar a prática de atenção plena para lidar com essas questões e nos ajudar a sustentar relacionamentos íntimos.

No Foco sensorial, uma vez que você e seu parceiro estejam confortáveis com o contato sensual com atenção plena e tenham tido a chance de explorar outras questões que podem dificultar a proximidade, vocês são convidados a incluir a relação sexual em sua intimidade. Renunciar à busca para eliminar o sintoma, praticar a atenção plena sensorial e lidar com outros fatores emocionais costuma resolver a disfunção erétil na grande maioria dos casos.

> Um sexo atento é melhor.

Muitas outras dificuldades sexuais seguem padrão semelhante. A ejaculação precoce é geralmente similar, exceto que, em vez de se preocupar com a obtenção ou a perda de uma ereção, o homem se preocupa com a possibilidade de ejacular muito cedo. Muitas vezes, as mulheres se queixam de dificuldades para se lubrificar ou atingir o orgasmo, o que é frequentemente causado por – você adivinhou – concentrar-se no objetivo de lubrificação ou orgasmo. Em todas essas circunstâncias, mudar o foco da preocupação com o desempenho para a prática da consciência da experiência presente com aceitação é geralmente a chave para resolver a dificuldade.

Para algumas pessoas, tudo isso é apenas de interesse histórico. Atualmente, muitas pessoas recorrem a Viagra, Cialis ou outros medicamentos ao primeiro sinal de problema. Embora esses medicamentos possam ser clinicamente necessários e, às vezes, possam interromper um ciclo de medo-disfunção-medo, eles também podem privar as pessoas da oportunidade de aprender a estar de fato presentes durante o sexo. Assim como comer, o sexo é *mais prazeroso* quando estamos mais plenamente atentos a ele.

Dificuldades sexuais também costumam ser sintomas de questões no relacionamento. Quando ignoramos esses problemas com medicamentos, eles podem nunca ser resolvidos. Devido aos avanços na psicofarmacologia, há agora muitos casais que não conseguem se comunicar, que se odeiam e temem um ao outro, e que não prestam atenção na cama, mas que conseguem ter relações sexuais regulares.

Otimizando sua vida sexual

Embora muitas dificuldades sexuais surjam dos padrões que discutimos, elas também podem ser causadas por medicamentos, alterações hormonais ou outros problemas médicos. Se você está enfrentando uma nova dificuldade, comece com uma avaliação médica para descartar essas causas. Mesmo que questões médicas estejam desempenhando um papel, uma abordagem com atenção plena pode ajudar.

O Foco sensorial pode otimizar qualquer relacionamento sexual, independentemente de você estar enfrentando dificuldades ou não. Se tanto você quanto seu parceiro estiverem abertos a isso, vocês podem até começar o ato sexual com a Meditação de concentração na respiração, a Meditação de escaneamento corporal ou outra das práticas de concentração descritas no Capítulo 3. Assim como na Meditação durante a refeição, isso facilita a sintonia com as sensações de momento a momento do contato sensual, ao mesmo tempo que evita julgamentos avaliativos sobre a experiência.

Se você está enfrentando dificuldades com o funcionamento sexual, você e seu parceiro podem explorar de forma sequencial as três fases do Foco sensorial já apresentadas. A chave é evitar apressar-se para a próxima etapa antes de se sentir totalmente confortável com a fase em que está; lembre-se de que o objetivo não é "ter sucesso", mas estar presente.

Ao longo do processo, a comunicação também é muito importante. Se você (e idealmente seu parceiro) estiver praticando atenção plena, provavelmente estará mais consciente dos diferentes pensamentos e sentimentos que surgem durante as experiências sexuais. Embora isso possa ser constrangedor no início, compartilhar esses sentimentos pode ajudar muito você e seu parceiro a se sentirem mais relaxados um com o outro. Isso também permitirá que vocês voltem juntos ao Foco sensorial como um salva-vidas sempre que a ansiedade de desempenho se tornar um problema. As práticas projetadas para melhorar os relacionamentos íntimos, descritas no Capítulo 8, também apoiarão seus esforços para se sentir emocional e sexualmente confortável e conectado com seu parceiro.

INSÔNIA

Você já teve dificuldade para dormir? A maioria de nós já passou por isso. Novamente, aqui parecemos muito diferentes de outros animais. Cães e gatos parecem dormir com facilidade em qualquer lugar, já nós compramos colchões sofisticados e tomamos todos os tipos de medicamentos para tentar nos desligar.

Não é preciso muita introspecção para perceber que nossa "doença do pensamento" desempenha um papel nisso. Quando não conseguimos dormir, nossa mente fica agitada com pensamentos acerca do passado ou do futuro. Estamos ocupados resolvendo problemas, antecipando desastres ou revendo infortúnios quando poderíamos estar descansando. Muitos de nossos pensamentos são assustadores, ativando nosso sistema de lutar ou fugir. Não é surpresa que uma das funções desse sistema seja nos manter acordados – afinal, não iríamos querer começar a cochilar enquanto somos perseguidos por um tigre. Nosso problema é que os "tigres internos" podem nos perseguir a noite toda.

Um desses "tigres" é geralmente a ansiedade de não conseguir dormir o suficiente. É por isso que com frequência é mais fácil dormir na sexta ou no sábado à noite do que no domingo. Na sexta ou no sábado, pensamos: "Tudo bem se eu não dormir agora; sempre posso dormir até mais tarde pela manhã". No domingo, é mais provável que pensemos: "Se eu não dormir logo, amanhã estarei acabado, e tenho tanta coisa para fazer". A ansiedade em relação ao sono pode ser a maior ameaça que enfrentamos quando estamos virando de um lado para o outro. Outros "tigres internos" incluem todo o nosso conjunto de medos e arrependimentos; todos têm uma forma de nos visitar quando nossa guarda baixa à noite.

> A prática de atenção plena pode fazer adormecer os "tigres internos" para que possamos dormir.

Como a insônia, além de outros problemas relacionados ao estresse, é alimentada tanto por nossa luta contra o sintoma quanto por outras questões emocionais perturbadoras, não é surpresa que a prática de atenção plena possa ser útil. Ela funciona melhor quando combinada com outras técnicas.

Os tratamentos convencionais para insônia sem medicamentos se concentram em três estratégias gerais: *controle de estímulos*, *higiene do sono* e *relaxamento*. O controle de estímulos é projetado para nos ensinar a associar a cama ao sono. Para isso, é aconselhável não ler, assistir à TV ou comer na cama. A maioria das abordagens instrui os pacientes a reservar a cama apenas para dormir e para atividades sexuais.* Além disso, sugere que, se você não estiver dormindo após cerca de 20 minutos, você deve se levantar e ler ou tomar um chá (sem cafeína), retornando à cama quando sentir sono (a ideia é não associar a cama com ficar rolando de um lado para o outro).

A segunda abordagem, higiene do sono, é projetada para estabelecer um padrão regular de sono noturno. Isso é feito indo para a cama no mesmo horário todas as noites, levantando-se da cama no mesmo horário todas as manhãs e evitando cochilos, independentemente de quanto tempo você dormiu. Dessa forma, você não cairá no padrão de cochilar durante o dia para recuperar o sono, apenas para se sentir totalmente desperto à noite.

---

* Você pode se perguntar por que reservaria a cama para dormir e ter relações sexuais se está tentando criar uma associação entre a cama e o sono. A resposta é que os profissionais da saúde são muito pudicos para sugerir que você durma na cama e tenha relações sexuais na sala de estar, embora essa fosse a melhor estratégia.

A terceira abordagem é o treinamento de relaxamento. A ideia aqui é que, ao praticar o relaxamento, você pode reverter a excitação da resposta de lutar ou fugir e dormir com mais facilidade.

Experiências reunidas durante retiros de meditação de atenção plena levaram ao desenvolvimento de outra abordagem, baseada em três observações. Primeiro, quando praticamos atenção plena de forma intensiva, percebemos que temos menor necessidade de sono (nos sentimos revigorados e alertas com menos horas na cama). Isso sugere que ou parte da função restauradora do sono é atendida pela meditação de atenção plena, ou ela nos ajuda a dormir mais profundamente. Segundo, lutar contra a insônia apenas nos mantém acordados. A atenção plena, com sua ênfase em aceitar o que está acontecendo no momento, tende a desarmar essa batalha. Terceiro, a prática de atenção plena nos ajuda a deixar de lado pensamentos orientados por objetivos e a lidar com emoções difíceis, tornando-se uma forma eficaz de enfrentar os "tigres internos" que nos mantêm acordados à noite.

Essas observações sugerem que você pode tentar praticar meditação de atenção plena ao se deitar. Uma de duas coisas acontecerá: ou você terá uma oportunidade de oito horas de prática ininterrupta de atenção plena ou poderá falhar e acabar dormindo. De qualquer maneira, está tudo bem. Se você não dormir, ainda terá algum descanso e uma oportunidade de lidar com o que o mantém acordado à noite. Se você dormir, sua insônia estará resolvida naquela noite. Em ambos os casos, a luta contra o sintoma, central para a condição, estará encerrada.

Lisa nunca foi uma boa dorminhoca. Quando criança, ela era perturbada pelo irmão mais velho barulhento. No ensino médio, ficava acordada preocupada com trabalhos e provas, e, na faculdade, era mantida acordada pelos estudos de sua colega de quarto. Embora conseguisse sobreviver com cinco ou seis horas de sono, não se sentia de fato alerta e revigorada com menos de sete ou oito horas.

Quando por fim conseguiu seu próprio apartamento, Lisa garantiu que ele seria tranquilo. Ela ficou no último andar, voltada para os fundos. Comprou persianas blecaute e um bom colchão. Tudo isso ajudou, e muitas noites ela dormia bem; mas, quando as coisas ficavam difíceis no trabalho, ou ela tinha problemas com o namorado ou a família, seu sono era prejudicado. Ela entrava em ciclos em que tinha dificuldade para adormecer, ficava cansada no trabalho no dia seguinte e se preocupava ainda mais com o sono da noite posterior. Ela odiava as horas passadas rolando na cama, olhando para o relógio, ficando mais angustiada à medida que a noite avançava. Às vezes, em desespero, tomava Benadryl ou Ambien, mas não gostava da sensação de sonolência que os medicamentos lhe causavam na manhã seguinte.

O padrão de sono de Lisa se transformou após seu primeiro retiro de meditação de atenção plena. Após uma semana de prática intensiva, ela se acostumou a utilizar seu tempo livre como oportunidade para prática informal. Sem nada mais específico a ser feito, ela naturalmente seguia sua respiração quando se deitava.

Lisa ainda não dormia profundamente todas as noites, mas noites inquietas já não eram um grande problema. Ela se concentrava em sua respiração e permitia que os pensamentos sobre estar cansada viessem e partissem. Em geral, outras preocupações surgiam em sua mente, mas ela também as deixava surgirem e passarem. Mesmo quando não dormia suas sete ou oito horas completas, ela se sentia mais descansada do que nos velhos tempos, quando ficava se virando de um lado para o outro tentando adormecer.

Prática de atenção plena para o sono

Se sua insônia se desenvolveu de repente, sobretudo se acompanhada por outros novos sintomas, é aconselhável consultar seu médico para descartar qualquer doença incomum. Depois disso, muitas orientações convencionais do senso comum para a insônia são possíveis: não consuma bebidas com cafeína à noite; durma em um quarto escuro; evite exercícios intensos e livros ou programas de TV perturbadores logo antes de dormir. Muitas pessoas também acham útil praticar o controle de estímulos, em que você reserva a cama principalmente para dormir, e a higiene do sono, em que você tenta ir para a cama e se levantar no mesmo horário todas as noites e manhãs.

Além dessas medidas, você pode utilizar a prática de atenção plena, como Lisa fez para abandonar toda a batalha contra a insônia. Muitas práticas diferentes são adequadas para a hora de dormir. Se você estiver agitado ou alerta, as práticas de concentração apresentadas no Capítulo 3 podem ser úteis. A Meditação de concentração na respiração, seja focada no abdômen ou na ponta do nariz, talvez incluindo a rotulação ou a contagem da respiração, tende a ser calmante. A Meditação de escaneamento corporal também aumenta a estabilidade mental e funciona bem quando se está deitado. Caso você tenha dificuldade em aceitar seu estado mental atual, a Meditação de bondade amorosa, apresentada no Capítulo 4, pode ajudá-lo a cultivar autocompaixão reconfortante.

Se você estiver sendo visitado por pensamentos ansiosos, as práticas Pensamentos são apenas pensamentos e Meditação da montanha, no Capítulo 5, também podem ser úteis. Se dificuldades com tristeza, raiva ou outras emoções parecerem estar interrompendo seu sono, você pode experimentar os exercícios do Capítulo 6 projetados para lidar com esses estados mentais.

No entanto, a hora de dormir geralmente não é o melhor momento para tentar práticas mais exploratórias, como Encarando o medo, no Capítulo 5, ou Encarando a tristeza e Encarando a raiva, no Capítulo 6, pois elas tendem a ser mais estimulantes.

O princípio mais importante é utilizar o seu tempo na cama, até adormecer, para praticar *a consciência da experiência presente com aceitação*. Diga *sim* a tudo o que surgir. Sua mente e seu corpo se beneficiarão de qualquer coisa que aconteça, seja meditação ou sono.

PRÁTICAS DE ATENÇÃO PLENA PARA DORES E PROBLEMAS MÉDICOS RELACIONADOS AO ESTRESSE

Todas as seguintes práticas se baseiam nos alicerces de prática formal e informal regular, como descrito nos Capítulos 3 e 4. Elas podem ser adaptadas à maioria dos problemas médicos relacionados ao estresse, da maneira descrita.

Práticas formais de meditação

- *Meditação de escaneamento corporal* (página 72) para praticar estar com sensações físicas agradáveis e desagradáveis.
- *Separando as duas flechas* (página 186) para relaxar na dor e aumentar sua capacidade de suportá-la.
- *Surfando o impulso da dor* (página 191) para persistir com uma atividade desconfortável, apesar do impulso de parar.
- *Observando emoções no corpo* (página 145) para trazer emoções não reconhecidas à consciência.
- *Rotulação de pensamentos* (página 154) para identificar e liberar pensamentos preocupantes sobre sua condição.
- *Meditação de escuta* (página 155) ou *Pensamentos são apenas pensamentos* (página 125) para permitir que preocupações sobre sua condição surjam e passem.
- *Foco sensorial* (página 200) para cultivar a consciência e a aceitação, e para abandonar metas durante o sexo.
- *Meditação de concentração na respiração* (página 55) enquanto estiver deitado na cama à noite.
- *Meditação de bondade amorosa* (página 85) para acalmar a conversa interna autocrítica.

Práticas informais de meditação

Todas estas práticas podem ajudar a direcionar a atenção para a experiência sensorial ao longo do dia e afastá-la de preocupações com condições médicas:

- *Meditação durante a caminhada* (página 67)
- *Meditação na natureza* (página 128)
- *Meditação durante a refeição* (página 262)
- *Meditação dirigindo, tomando banho, escovando os dentes, fazendo a barba, etc.* (página 90)

Salva-vidas

- *Separando as duas flechas* (página 186) para momentos em que você está lutando contra a dor.
- *Surfando o impulso da dor* (página 191) para momentos em que você sente desespero para fazer a dor desaparecer.
- *Foco sensorial* (página 200) quando a ansiedade sobre o desempenho sexual reaparecer.
- *Meditação na natureza* (formal ou informal; página 128) para ancorar sua atenção no mundo além de suas preocupações e das sensações físicas angustiantes.

DESENVOLVENDO UM PLANO

Você pode achar útil registrar um plano de ação para lidar com sua dor ou sua condição relacionada ao estresse. O quadro na página seguinte pode ajudá-lo a organizar seus pensamentos.

QUANDO VOCÊ PRECISAR DE MAIS AJUDA

Embora você possa ser capaz de lidar com os problemas discutidos neste capítulo utilizando práticas de atenção plena e abordagens relacionadas, às vezes a ajuda profissional também pode ser uma boa ideia. Discutimos a importância de descartar causas não relacionadas ao estresse para diversas condições. Seu médico de atenção primária pode ajudá-lo a fazer isso em casos de dificuldades com o sono, a digestão e o sexo. Um fisiatra (especialista em medicina de reabilitação) pode estar mais bem preparado para esclarecer seu diagnóstico e lhe dar permissão para retomar atividades completas no caso de dor nas costas ou outras dores musculoesqueléticas.

Às vezes, é difícil lidar com o medo, a raiva, a tristeza ou outras emoções relacionadas a uma condição médica. Nesses casos, um profissional da saúde mental pode ser útil. Clínicos treinados em *medicina comportamental* se especializam em trabalhar com os aspectos psicológicos e comportamentais de transtornos médicos relacionados ao estresse. Atualmente, muitos deles também estão familiarizados com a prática de atenção plena; portanto, você deve perguntar sobre isso. Junto com seu médico, um profissional da saúde mental pode ajudá-lo a decidir quando o uso de medicação para problemas de sono, digestão ou dor pode ou não ser uma boa ideia.

Se você encontrar dificuldades ao usar o Foco sensorial para lidar com um problema sexual, um terapeuta sexual pode ajudar. Esses profissionais da saúde mental são especializados em trabalhar com casais e podem ajudar você e seu parceiro a resolver tanto questões de desempenho quanto de relacionamento que possam estar contribuindo para a sua dificuldade sexual. Eles também podem ajudar a decidir se medicamentos que melhoram o desempenho, como Viagra ou Cialis, seriam úteis ou prejudiciais.

Sugestões para encontrar um terapeuta para trabalhar com condições relacionadas ao estresse, em conjunto com outros recursos, podem ser encontradas no final deste livro.

PLANO DE PRÁTICA

Comece refletindo sobre como a condição está afetando sua vida.

Condição angustiante: _____

Situações em que a condição ocorre: _____
_____

Componentes da minha condição:

Físicos: _____
_____

Cognitivos (preocupações): _____
_____

Comportamentais (coisas que faço ou evito por causa disso) (use o quadro Atividades perdidas neste capítulo para condições de dor): _____
_____

Momentos em que mais preciso de um "salva-vidas": _____

_____

Agora, com base no que você leu e experimentou com as diferentes práticas, registre um plano inicial de prática (você pode variá-lo conforme suas necessidades mudem).

Prática formal	*Quando*	*Com que frequência*
_____	_____	_____
_____	_____	_____
_____	_____	_____

Prática informal	*Quando*	*Com que frequência*
_____	_____	_____
_____	_____	_____
_____	_____	_____

Salva-vidas	*Situação provável*
_____	_____
_____	_____
_____	_____

Para condições de dor crônica, pode ser útil também preencher o Plano de atividade neste capítulo para apoiá-lo na retomada das atividades normais.

UM PROBLEMA, MUITAS FACETAS

É impressionante como muitos problemas médicos relacionados ao estresse são causados ou exacerbados pelos mesmos padrões emocionais e mentais. Também é notável ver como a prática de atenção plena pode, portanto, nos ajudar a lidar com todos eles. Claro que isso não significa que qualquer um de nós possa escapar completamente da dor ou da doença. Felizmente, a prática de atenção plena também pode nos ajudar com aqueles acometimentos inesperados em nosso corpo que uma mudança de atitude e de comportamento não pode curar (assunto do Capítulo 10).

Mas, antes de chegarmos a isso, vamos ver como a prática de atenção plena pode nos ajudar com outro desafio incontornável: o problema da boa convivência com outras pessoas.

8

Vivendo a catástrofe completa

Atenção plena para romance, parentalidade e outros relacionamentos íntimos

Você já se perguntou por que pode ser tão difícil se dar bem com outras pessoas? Por que elas insistem em ser tão complicadas? O problema parece derivar de mal-entendidos sobre quem somos combinados com os resultados de nossas tentativas equivocadas de nos sentirmos bem.

A maioria dos problemas do mundo está relacionada à nossa dificuldade em cooperar. Isso pode ter sido assim desde sempre. Lembra-se das dificuldades de Fred e Wilma, há 40 mil anos? Muitas delas envolviam conflitos pessoais. Havia as discussões entre eles sobre quem deveria carregar a água nos dias quentes. E, enquanto Fred achava perfeitamente natural olhar para as atraentes mulheres das cavernas do outro lado da colina, Wilma não partilhava dessa concepção. Quando ela ficava irritada com isso, Fred pensava que ela estava sendo fria e distante ao recusar-se a ter relações com ele. No entanto, eles sempre concordavam em uma coisa: sua raiva dos vizinhos irritantemente arrogantes donos da grande caverna. Eles ficavam acordados à noite discutindo sobre como os vizinhos eram idiotas. Isso levava a tensões regulares, e, de maneira ocasional, a brigas sobre qual família tinha o direito de colher frutas perto do riacho, desenterrar as raízes mais saborosas e comer as larvas mais gordas.

Se ao menos Fred e Wilma conhecessem as práticas de atenção plena... Embora essas práticas tenham sido originalmente refinadas por monges, freiras e eremitas, as pessoas estão descobrindo que elas têm enorme potencial para ajudar indivíduos comuns a se relacionarem. Elas fazem isso de diversas maneiras. Primeiro, mudam nossa visão de quem pensamos que somos. As práticas de atenção plena ajudam cada um de nós a se sentir menos como um "eu" separado e mais como parte do mundo mais amplo. Isso cria uma mudança de ênfase do "eu" para o "nós", o que pode reduzir muito os conflitos. Em segundo lugar, as práticas de atenção plena podem nos ajudar a apreciar o quão arbitrários são nossa identidade, nossas crenças e nossos valores. Isso pode nos tornar muito mais flexíveis. Terceiro, essas práticas nos ajudam a de fato estar *com* os outros, tanto em suas alegrias quanto em suas tristezas. Ouvir verdadeiramente as outras pessoas, sem imediatamente tentar consertar ou mudar algo, pode fazer muito para aumentar a compreensão mútua. Por fim, as práticas de atenção plena nos ajudam a reconhecer nossos sentimentos e escolher se devemos ou não agir em conformidade com eles. Isso nos ajuda a responder de forma habilidosa, em vez de reagir de maneira reflexiva aos outros, algo especialmente útil em momentos tensos. Neste capítulo, você verá como utilizar as práticas que já aprendeu, junto com algumas novas, para se relacionar melhor com todos, mesmo quando todos parecem ser um empecilho.

QUEM SOU EU?

Estamos tão acostumados a pensar em um "eu" que raramente investigamos com profundidade quem realmente somos. Reserve cinco minutos agora para ver o quão centrais são os pensamentos sobre você mesmo em seu fluxo de consciência.

Eu, somente eu e eu mesmo

Comece seguindo sua respiração, como já fez antes, por um ou dois minutos. Em seguida, comece a notar o conteúdo dos pensamentos que surgem. Apenas observe com que frequência surgem pensamentos como "Eu quero", "Eu acho", "Eu sinto", "Eu espero", "Eu gosto" ou "Eu não gosto". Continue fazendo notas mentais disso por mais alguns minutos.

A maioria de nós considera a própria identidade algo dado, sem perceber como ela é construída. Antropólogos apontam que nosso senso de identidade é determinado pela cultura em que crescemos. No Ocidente, vemos os indivíduos mais como entidades separadas do que como membros de grupos, como uma família, uma comunidade ou o mundo natural. Considera-se que a maturação psicológica saudável no Ocidente demanda que desenvolvamos uma identidade e uma compreensão claras de nós mesmos, boas barreiras e conhecimento de nossas próprias necessidades. Os psicólogos tradicionalmente chamam essa conquista de estar *bem individuado*.

Outras culturas, incluindo muitas sociedades africanas, asiáticas e indígenas, constroem suas identidades de forma diferente. Desmond Tutu, líder espiritual sul-africano, diz que, em sociedades africanas tradicionais, a identidade sempre envolve o grupo. Se você pergunta a alguém "Como você está?", ele responderá: "Nós estamos bem" ou "Nós não estamos indo muito bem". Simplesmente não faz sentido, nessas culturas, um indivíduo se sentir bem se o resto do seu grupo estiver sofrendo.

Narcisismo

É claro que, mesmo em uma sociedade, as pessoas variam quanto ao foco em si mesmas em comparação com os outros. Profissionais da saúde mental ocidentais diagnosticam indivíduos com transtorno da personalidade narcisista quando estão tão preocupados com sua posição no grupo que não conseguem se dar bem com os outros (apesar de sermos *macacos inteligentes,* agimos muito como outros primatas). Essas são pessoas cuja autoestima sempre parece estar em jogo. Elas se preocupam com como se comparam e com o quanto de respeito recebem dos outros. Muitas vezes, tratam as outras pessoas com desrespeito em suas tentativas de reforçar sua própria autoestima.

Todos nós conhecemos homens e mulheres assim em graus variados. Normalmente, sentimo-nos deslocados ou desafiados ao redor deles. Às vezes, é muito sutil. Essas pessoas dizem coisas que nos fazem sentir inveja. Elas citam nomes, falam sobre promoções, comentam sobre seu novo vestido ou seu novo carro, descrevem suas férias fantásticas ou nos contam sobre as conquistas de seus filhos.

No entanto, mesmo entre pessoas mais saudáveis, a preocupação com a construção da identidade e a manutenção da autoestima gera inveja, mágoa e conflito. A prática de atenção plena nos ajuda a perceber que nossa visão de nós mesmos como fundamentalmente separados uns dos outros está no cerne do problema.

Quando Albert Einstein desenvolveu sua teoria da relatividade, ele realizou muitos de seus trabalhos por meio de "experimentos mentais". Ele não tinha acesso a aceleradores de partículas modernos e precisava descobrir as coisas utilizando sua imaginação. Podemos realizar um experimento mental para ver como nosso senso habitual de identidade é, na verdade, baseado em um mal-entendido. Tente responder às seguintes perguntas, considerando uma de cada vez antes de ler a próxima:

> **UM EXPERIMENTO MENTAL**
>
> Imagine que você está segurando uma maçã. Se você der uma mordida e começar a mastigá-la, mas então notar metade de um verme no restante da maçã, provavelmente cuspirá a fruta parcialmente mastigada. Nesse ponto, esse material parcialmente mastigado é *você* ou a *maçã*? (Escolha uma opção.)
>
> Agora, imagine que não havia verme; você continua mastigando a maçã, e ela já está no seu estômago, misturada com os sucos digestivos. Claro, se você estiver tendo um dia ruim, o conteúdo do seu estômago ainda pode voltar. Esse material agora é *você* ou a *maçã*? (Mais uma vez, escolha uma opção.)
>
> Agora, imagine que seu sistema digestivo está funcionando bem e a maçã passou do seu estômago para os intestinos, onde os açúcares da maçã foram absorvidos. Os açúcares viajam pela corrente sanguínea e são absorvidos pelas células do seu corpo. As células utilizam a energia dos açúcares para construir proteínas a partir de aminoácidos e criar novas estruturas celulares. Essas novas estruturas celulares são *você* ou a *maçã*? (Escolha novamente.)
>
> Por fim, as fibras da maçã continuam sua jornada pelo sistema digestivo. Elas entram no cólon, perdem umidade e se solidificam, preparando-se para serem depositadas em um recipiente de porcelana familiar. Esse material agora é *você* ou *outra coisa*? (A maioria de nós não gosta de se identificar com as próprias fezes, então sabemos a resposta para esta.)

Você percebe o desafio desse experimento mental? Onde está a linha de demarcação entre "você" e "a maçã"? Não há uma linha evidente. Na verdade, existe um sistema maçã-humano no qual as moléculas da maçã são transformadas em partes de um ser humano. Podemos realizar o mesmo experimento mental com tudo o que comemos e com cada átomo de oxigênio que respiramos. Neste exato momento, bilhões de átomos de oxigênio estão mudando de identidade, deixando de serem "o ar" para serem "você".

Biólogos refletiram bastante sobre essas questões. Eles concluíram que nossos conceitos de organismos separados são arbitrários. Vemos isso claramente ao observar uma colônia de formigas. Qual é o organismo: a formiga individual ou a colônia? Os chamados indivíduos têm suas próprias funções, mas todos são necessários para a sobrevivência da comunidade. Em muitos aspectos, a colônia inteira é o organismo. Assim como não consideramos as células individuais em nosso corpo como indivíduos separados, já que todas precisam umas das outras para sobreviver, podemos ver todas as formigas como partes inter-relacionadas de uma única colônia. A menos que sejamos agricultores de subsistência, somos todos como a formiga ou uma célula do corpo: totalmente dependentes de um organismo maior para sobreviver.

POR QUE NÃO PERCEBEMOS ISSO?

Apesar de entendermos essa interdependência de maneira intelectual, temos dificuldade em viver como se isso fosse verdade. Quando estou atrasado para um compromisso e o homem à minha frente na loja de conveniência está comprando 26 números de loteria escolhidos de modo meticuloso, eu não o vejo como parte de "mim". Na verdade, nem sequer penso que somos vagamente relacionados. Eu o vejo como um obstáculo. Por quê?

Você provavelmente conhece a famosa frase de René Descartes: "Penso, logo existo". Há mais verdade nisso do que muitas vezes percebemos. Construímos nosso senso de identidade separada em grande parte por meio de pensamentos, pensamentos sobre quem eu sou e quem você é.

> Uma coisa é reconhecermos intelectualmente nossa interdependência uns em relação aos outros, outra coisa é viver como se ela fosse real.

Embora seja necessário para a vida cotidiana (e é por isso que todas as línguas têm palavras para "eu" e "você"), isso cria uma visão fundamentalmente distorcida do mundo. De fato, todos os nossos conceitos são, de certa forma, enganosos, pois traçam distinções arbitrárias entre coisas que, na realidade, são inter-relacionadas e interdependentes. E, como vimos antes, já que o pensamento tem sido tão útil para nossa sobrevivência, nós, humanos, pensamos o tempo todo.

Ao aprofundar nossa compreensão de nossos pensamentos – de modo que os vejamos vindo e indo como nuvens no céu –, a prática de atenção plena nos ajuda a ver a natureza arbitrária das distinções que fazemos. Muitas tradições religiosas e filosóficas do mundo também descrevem isso, ou seja, nossa inclinação para pensar em palavras nos impede de perceber nossa conexão com os outros e com o mundo mais amplo.

Algumas pessoas interpretam a história bíblica do Gênesis dessa maneira. Adão e Eva foram expulsos do Jardim do Éden por comerem do fruto da Árvore do Conhecimento do Bem e do Mal. Nessa visão, a árvore representa nossa propensão humana para o pensamento, para traçar distinções entre as coisas, fundamental para o modo como acumulamos conhecimento e formamos julgamentos. Quando Adão e Eva comeram o fruto, eles deixaram o paraíso e entraram no mundo humano doloroso, tornando-se "cientes de sua nudez". Isso pode ser visto como o início de nossa "doença do pensamento", a tendência de viver em pensamentos e fantasias, o que nos predispõe a tanto sofrimento psicológico.

As tradições orientais também nos lembram de que as palavras distorcem a realidade ao criarem separações e distinções arbitrárias. O texto central do taoísmo, o *Tao Te Ching*, começa com uma linha frequentemente traduzida como

"O Caminho que pode ser descrito não é o Caminho absoluto (verdadeiro, eterno)". O texto continua descrevendo como criamos nossa compreensão da realidade a partir de conceitos opostos:

> Quando todas as pessoas do mundo conhecem a beleza como beleza,
> surge o reconhecimento da feiura.
> Quando todas conhecem o bem como bem,
> surge o reconhecimento do mal;
> Portanto, o ser e o não ser produzem um ao outro;
> o difícil e o fácil completam um ao outro;
> o longo e o curto contrastam um ao outro;
> o alto e o baixo distinguem-se um do outro...
> Portanto, o sábio administra os assuntos sem interferir e ensina além das palavras.

Ser com o outro

A prática de atenção plena pode nos ajudar a nos tornarmos sábios dessa maneira. Ao deixarmos de nos identificar tanto com nossos pensamentos e nossos conceitos, conseguimos ver melhor a natureza inter-relacionada de todas as coisas, o que os biólogos chamam de *sistemas ecológicos*, e os físicos chamam de *campos de matéria e energia*. Na prática meditativa, podemos observar como nossos pensamentos criam um senso de separação. Uma vez que desenvolvemos um pouco de concentração, o mundo todo começa a parecer mais vivo, mais interconectado. Plantas, animais e *até outras pessoas* são experimentados como parte de um todo vibrante e interativo. Se temos uma perspectiva teísta, a prática de atenção plena nos ajuda a nos conectar diretamente com Deus ou o divino. Tudo se torna sagrado, impregnado com o espírito da vida. De uma perspectiva científica, sentimos que fazemos parte da natureza (o que não é menos mágico).

Diz-se que o primeiro ensinamento transmitido pelo Buda foi uma lição sobre atenção plena apresentada a um grupo de crianças. O professor zen Thich Nhat Hanh apresenta essa história como uma meditação durante a refeição, que mostra como a prática de atenção plena pode nos ajudar a apreciar esse sentido de interconectividade. Aqui está um trecho:

> Vocês são todas crianças inteligentes, e tenho certeza de que serão capazes de entender e praticar as coisas que compartilharei com vocês... Quando vocês descascam uma tangerina, podem comê-la com atenção ou sem atenção. O que significa comer uma tangerina com atenção? Quando você está comendo a tangerina, está ciente de que está comendo a tangerina. Você experimenta de forma plena seu aroma agradável e seu sabor doce. Quando descasca a tangerina, você sabe que está descascando a tangerina; quando remove um gomo e o coloca na boca, você sabe que está removendo um

gomo e colocando-o na boca; quando experimenta o aroma agradável e o sabor doce da tangerina, você está ciente de que está experimentando o aroma agradável e o sabor doce da tangerina...

Uma pessoa que pratica atenção plena pode ver coisas na tangerina que outras pessoas não conseguem ver. Uma pessoa consciente pode ver a árvore da tangerina, a flor da tangerina na primavera, o sol e a chuva que nutriram a tangerina. Ao olhar profundamente, pode-se ver 10 mil coisas que tornaram a tangerina possível. Olhando para uma tangerina, uma pessoa que pratica a presença pode ver todas as maravilhas do universo e como todas as coisas interagem umas com as outras...

Thich Nhat Hanh chama a realidade da natureza interconectada de todas as coisas de *ser com o outro*. Como veremos em breve, despertar para essa realidade pode fazer muito para nos ajudar a nos relacionarmos melhor uns com os outros.

CONSTRUINDO UMA IDENTIDADE E UM "EU"

Psicólogos do desenvolvimento têm estudado há muito tempo como desenvolvemos um senso de identidade e o que pode dar errado nesse processo. Principalmente, criamos nosso senso de quem somos a partir das respostas que recebemos dos outros. Não é surpresa que pessoas rotineiramente ignoradas ou criticadas por seus pais ou seus colegas em geral desenvolvam autoimagens negativas, enquanto aquelas que são amadas e apreciadas desenvolvem autoimagens positivas. Nossa história de sucessos e fracassos ao enfrentar desafios, sejam acadêmicos, artísticos, atléticos ou sociais, também molda como nos vemos. Se eu sempre tirei notas A, mas, em contrapartida, nunca consegui desenhar muito bem, costumava deixar a bola de basquete cair diversas vezes e, ainda assim, tinha muitos amigos, eu me veria como uma pessoa inteligente, com dificuldades artísticas, descoordenada, mas simpática. É como se fôssemos esponjas com memórias. Absorvemos todos os *feedbacks* que recebemos dos outros e criamos um senso de identidade a partir disso.

Para ver esse processo em ação, experimente o exercício na página seguinte, projetado para esclarecer nosso senso específico de identidade. Funciona melhor após um período de prática de concentração, então você vai querer dedicar de 20 a 30 minutos para a experiência completa.

QUEM SOU EU?

Comece com 10 a 20 minutos de foco na sua respiração, seja na borda das narinas ou no abdômen. Como já fez antes, tente desenvolver um senso de interesse ou de curiosidade na respiração. Sempre que sua mente divagar e você se perder em uma cadeia de pensamentos narrativos, gentilmente conduza sua atenção de volta à respiração. Tente permanecer com a respiração em ciclos completos, desde o início de uma inalação, passando pelo ponto de plenitude, até o momento em que os pulmões estão relativamente vazios e o ciclo recomeça.

Quando sua mente estiver razoavelmente tranquila, comece a se perguntar: "Quem sou eu?". Perceba quaisquer palavras que surgirem na mente como resposta e então repita a pergunta: "Quem sou eu?". Continue esse processo por pelo menos alguns minutos, até que sua mente pareça esgotar as respostas. Anote algumas das respostas que surgiram em sua mente.

_____

_____

Neste ponto, tente variar levemente a pergunta. Pergunte: "O que sou eu?". Novamente, acolha quaisquer pensamentos que surgirem em resposta. Continue perguntando até que a mente pareça ter esgotado as respostas. Mais uma vez, anote algumas das respostas.

_____

_____

O que você percebeu? Com frequência, as pessoas descobrem que a mente percorre papéis familiares (como filho, filha, irmão, irmã, pai, mãe, esposa, marido), papéis sociais (amigo, amante, companheiro) e papéis ocupacionais. Às vezes, ela passa para categorias mais individuais (homem, mulher) ou qualidades (pessoa inteligente, pessoa generosa, pessoa ansiosa, pessoa engraçada). Às vezes, imagens de nosso corpo vêm à mente. Não há resposta certa. A ideia é simplesmente enxergar alguns dos elementos que você utiliza para criar essa noção de "eu".

Observando a mente de forma objetiva

Por meio da prática de atenção plena, começamos a perceber que todos esses papéis e atributos são, na verdade, apenas conceitos. Podemos até perceber que nosso senso de identidade está sendo criado a cada instante a partir de experiências sensoriais. Para de fato entender isso, é útil olhar com objetividade para como nossa mente funciona de momento a momento. Ao observar a mente cuidadosamente durante a meditação, você pode notar como sua consciência é construída por uma série de etapas que se desenrolam com muita rapidez.

Primeiro, há o contato entre um órgão sensorial e um estímulo sensorial (a consciência de ver, ouvir, tocar, provar ou cheirar), assim como a consciência de outros eventos mentais, como pensamentos, sentimentos e imagens que surgem. Mas a mente não permanece nesse nível.

Momentos de sensação são imediatamente organizados em percepções. Quando vemos um padrão de forma, cor e textura no mundo que associamos a uma "cadeira", a mente instantaneamente se move do nível de contato sensorial para a percepção de uma "cadeira". Esse movimento é, claro, condicionado por nossas experiências passadas e pela cultura na qual vivemos – se nunca tivéssemos visto uma cadeira antes, não a reconheceríamos como tal.

Há um experimento psicológico clássico que ilustra esse movimento da mente da sensação para a percepção. Reserve um momento para olhar esta figura:

Em breve você provavelmente verá tanto dois rostos olhando um para o outro quanto um cálice. Observe por um pouco mais de tempo e veja se consegue observar os rostos e o cálice ao mesmo tempo ou se, na verdade, você só consegue vê-los oscilando rapidamente de um para o outro. (Faça isso por cerca de 30 segundos antes de continuar lendo.) O que você percebeu? A maioria das pessoas descobre que as imagens oscilam; temos dificuldade em manter duas percepções diferentes simultaneamente. Claro, como no caso da cadeira, se você nunca tivesse visto um cálice antes, provavelmente teria notado apenas os rostos.

Uma vez que aprendemos a perceber as coisas de uma forma, é difícil vê-las de outra. Por exemplo, olhe para este padrão de formas claras e escuras:

PERCEPÇÃO

Você consegue olhar para ele e absorvê-lo como uma experiência sensorial sem ler a palavra? (Eu não consigo.) No entanto, se estivesse escrito em uma língua diferente, seria fácil absorvê-lo em um nível sensorial como um padrão de formas claras e escuras e rabiscos (a menos, é claro, que você leia árabe):

إدراكا

Cada ato de percepção envolve omitir alguns detalhes que não se encaixam em nossas expectativas e preencher outros. Quando olhamos para os rostos e o cálice, não há muita informação nos dizendo que são rostos, mas a mente não tem dificuldade em preencher a informação que falta. Da mesma forma, se você olha para estas palavras: par_nte e am_go, a mente não tem problemas em preencher as lacunas. (Como veremos em breve, saber que nossa mente faz isso pode nos ajudar a evitar muitos problemas interpessoais.)

À medida que organizamos nossa experiência sensorial em percepções, nossa mente acrescenta de imediato uma reação emocional. Como já discutimos antes, experimentamos tudo como agradável, desagradável ou neutro. Um sabor doce pode ser agradável; um som alto, desagradável; já a imagem deste livro em suas mãos pode ser neutra. Essas reações emocionais são imediatamente acompanhadas por intenções; queremos nos aproximar do que é agradável, afastar-nos do que é desagradável e ignorar o que é neutro. Você pode observar isso por si mesmo com o pequeno experimento na página seguinte.

Quando temos as mesmas reações emocionais repetidas vezes, elas se solidificam em nossas disposições, respostas condicionadas ou características de personalidade, importantes blocos de construção para nossas identidades. Isso é mais fácil de ver nos adolescentes. Eles prontamente dirão: "Eu adoro música _____", "Eu gosto de _____ e nunca usaria _____", "Ela é tão irritante; ela gosta de _____". As categorias de identidade dos adolescentes (*nerd*, atleta, maconheiro, emo) refletem seus gostos e seus desgostos habituais. Podemos imaginar que, como adultos, nossas identidades são baseadas em algo mais profundo do que preferências e imagens. De fato, nossas categorias de identidade podem ser mais complexas e variadas do que as de um estudante típico de ensino médio. No entanto, se você dirige um carro elétrico, posso imaginar seus sentimentos sobre parques nacionais, consumo de cigarro, automóveis *off-road* e até sua preferência eleitoral.

NOTANDO SENTIMENTOS E INTENÇÕES

Tire um momento para evocar imagens das seguintes pessoas, uma por vez, e observe sua reação a cada uma delas. Você considera a imagem agradável, desagradável ou neutra? Qual é o impulso ou a intenção que você sente em relação à imagem? Perceba como cada uma dessas reações se manifesta em seu corpo enquanto você mantém a imagem em mente por alguns momentos.

Imagem	*Impulso ou intenção em relação à imagem (atração, repulsa, neutralidade, etc.) e reação física:*
Adolf Hitler	
Martin Luther King Jr.	
Marilyn Monroe	
Seu primeiro namorado ou namorada	
Osama bin Laden	
George W. Bush	
Dalai Lama	
Um homem muito atraente	
Uma mulher muito atraente	

Então, onde está o "eu" em tudo isso? Uma observação cuidadosa revela que ele é um processo. Como meu amigo, o estudioso budista Andrew Olendzki, salienta, nós *existimos* menos do que *ocorremos*. Em cada momento no qual experimentamos contato sensorial, percepções, reações emocionais e respostas habituais, nosso senso de eu renasce. Quando acrescentamos palavras e nos descrevemos em termos de nossos papéis sociais, nossos pontos fortes, nossas fraquezas e nossas preferências, transformamos esse processo fluido em uma sensação de algo sólido e estável. É assim que *o "eu" se constrói*. Nossa mente

> Nós "ocorremos" mais do que existimos.

cria uma ilusão de continuidade a partir de experiências momentâneas, assim como ela junta os quadros separados de um filme para criar a ilusão de movimento contínuo. A meditação de atenção plena pode nos ajudar a enxergar isso em ação – tornando-nos mais flexíveis como consequência.

COMPREENDENDO A MIM MESMO PARA ME DAR BEM COM VOCÊ

Quando começamos a perceber que nossa identidade é, na verdade, um conjunto de padrões formados por experiências ao longo do tempo, e que nosso senso de "eu" é recriado a cada momento, podemos nos levar menos a sério. Combinada com a compreensão de nossa interdependência ou nossa não separação, essa mudança de atitude pode criar muito mais flexibilidade ao nos relacionarmos com os outros.

REFLEXÃO SOBRE MOMENTOS TENSOS

Tire um momento para relembrar algumas ocasiões no último mês em que você sentiu alguma tensão com amigos, familiares ou colegas de trabalho sobre quem estava certo, quem estava sendo muito mandão ou controlador, quem estava levando vantagem ou questões semelhantes. Essas situações podem envolver qualquer coisa (momentos de discussão casual, decisões sobre aonde ir comer ou debates sobre quem deixou bagunça na cozinha). Anote algumas dessas situações.

_____

_____

_____

Agora, imagine como seria mais fácil se dar bem com os outros se você não se importasse tanto em estar certo ou em estabelecer quem está tendo suas necessidades atendidas com mais frequência. Isso não significa que devemos aceitar relacionamentos desequilibrados ou abusivos, e sim que tudo se desenrola de maneira muito diferente quando ambas as partes estão menos preocupadas com o "eu".

Eu tinha uma pequena sombra...

Um dos problemas em desenvolver uma identidade é que isso envolve excluir os aspectos do "eu" que não se encaixam. Como mencionei no Capítulo 6, se penso em mim como um homem inteligente, compassivo e generoso (em dias bons), terei dificuldade sempre que notar meu lado estúpido, insensível e egoísta (no resto do tempo). Na verdade, quando esses outros lados da minha personalidade surgirem em uma interação, provavelmente vou me irritar – e sentir raiva de *você* por trazê-los à tona. O famoso psiquiatra C. G. Jung descreveu essas partes da nossa personalidade que não reconhecemos porque não se encaixam na nossa identidade consciente como nossa *sombra*. Todos temos uma, composta por tudo aquilo de que não gostamos em nós mesmos. Você pode encontrar a sua com um pouco de reflexão agora:

ENCONTRANDO MINHA SOMBRA

Primeiro, faça uma lista de algumas das suas qualidades ou suas virtudes favoráveis (as coisas que você gosta em si mesmo e que fazem você se sentir bem quando os outros notam).

1. _____
2. _____
3. _____
4. _____
5. _____
6. _____

Agora, olhe para cada item na lista acima e descreva o seu oposto a seguir, na linha correspondente numerada:

1. _____
2. _____
3. _____
4. _____
5. _____
6. _____

Imagine uma pessoa que incorpora essas qualidades negativas. Esse é um esboço da sua sombra.

Ao entendermos melhor como construímos nossa identidade, a prática de atenção plena nos ajuda a reconhecer e aceitar nossa sombra momento a momento. Cada sentimento, pensamento e imagem desejáveis e indesejáveis provavelmente surgem na meditação, e praticamos notá-los e aceitá-los todos. Vemos nossa raiva, nossa ganância, nossa luxúria e nosso medo junto com nosso amor, nossa generosidade, nosso cuidado e nossa coragem. Ao ver todo esse conteúdo, gradualmente paramos de nos identificar com um conjunto específico e de rejeitar o outro. Por fim, percebemos que temos muito em comum com todos os outros, incluindo aqueles que somos tentados a julgar com severidade. Compreendemos, por nós mesmos, por que pessoas em casas de vidro não deveriam atirar pedras.

> A prática de atenção plena nos ajuda a compreender por que pessoas em casas de vidro não deveriam atirar pedras.

Diz-se que *a prática de atenção plena não é um caminho para a perfeição, mas um caminho para a totalidade*. Não eliminamos os aspectos de nossa personalidade que não se encaixam em nossa identidade desejada, e sim fazemos amizade com esses elementos. Isso é humilhante mas também libertador. Um antigo mestre zen certa vez disse: "O limite do que podemos aceitar em nós mesmos é o limite de nossa liberdade". Simplesmente praticando a consciência da experiência presente com aceitação, podemos ver a nós mesmos e aos outros com mais clareza, sem a distorção do desejo de nos vermos de certa maneira.

Trabalhar com nossa experiência dessa forma nos ajuda a celebrar nossa comunalidade enquanto derrubamos algumas das barreiras que nos separam. Houve um grupo de comédia, há alguns anos, que criou um álbum intitulado *I Think We're All Bozos on This Bus* ("Acho que todos somos palhaços neste ônibus"). Um dos esquetes seguia mais ou menos assim: "Você é um palhaço?" "Eu também sou um palhaço" "Minha mãe era uma palhaça na faculdade". Apesar de todas as nossas tentativas de nos distinguir uns dos outros, compartilhamos muitas falhas humanas. Naturalmente, começamos a nos relacionar com os outros com compaixão quando vemos que eles são exatamente como nós. Também passamos a apreciar que somos únicos, assim como todo mundo.

ABRAÇANDO AS EMOÇÕES

Profissionais da saúde mental usam a frase *tolerância afetiva* para descrever a capacidade de sentir plenamente as emoções sem fugir delas. Essa é outra habilidade essencial para se dar bem com os outros. Se eu não puder reconhecer e tolerar meus próprios sentimentos, ou vou projetá-los em você (por exemplo, imaginar que você está com raiva de mim quando, na verdade, sou eu quem está com raiva de você), ou culpá-lo por "fazer com que eu me sinta" de certa maneira. A prática da atenção plena cultiva a tolerância afetiva e, assim, nos dá uma liberdade muito maior nos relacionamentos. Uma história clássica japonesa captura bem essa ideia:

Um general cruel e sádico entrou na cidade um dia com seu exército. Seus homens começaram a roubar o que podiam e a causar estragos. Eles estupraram mulheres, mataram crianças, incendiaram casas e destruíram plantações. Quando o general soube que havia um mestre zen reverenciado na cidade, ele decidiu destruí-lo também.

O general galopou colina acima, na periferia da cidade, e entrou diretamente no salão principal do templo zen. Lá, meditando em uma almofada, estava um velhinho. O general trouxe seu cavalo para perto dele e segurou sua espada ensanguentada sobre a cabeça do homem. O mestre olhou para cima. "Você não percebe que eu poderia perfurá-lo com esta espada sem piscar os olhos?", perguntou o general. "Você não percebe que eu poderia ser perfurado por esta espada sem piscar os olhos?", respondeu o mestre zen. Diz-se que, nesse ponto, o general ficou desorientado, fez uma reverência e saiu da cidade.

Agora, não estou sugerindo que isso sempre funcione como intervenção militar. No entanto, isso ilustra um aspecto poderoso da prática de atenção plena. Ao vivenciarmos tanto as experiências agradáveis quanto as desagradáveis, sem fugir para o entretenimento ou a distração, tornamo-nos melhores em tolerar o desconforto. Além disso, ao nos vermos como parte de um mundo maior e percebermos como nossa sensação de um eu separado é construída momento a momento, ficamos muito menos preocupados com a autopreservação, seja literal, como nessa história, ou simbólica, como na maioria dos conflitos interpessoais. Isso nos dá enorme flexibilidade para respondermos aos outros. Se o mestre zen pode ser perfurado por uma espada, talvez possamos ouvir a reclamação de nosso parceiro sobre a louça na pia sem iniciar um contra-ataque em grande escala.

Não é pessoal

Outra maneira pela qual a prática de atenção plena nos ajuda a tolerar nossos sentimentos é nos mostrando sua natureza impessoal. Quando observamos os sentimentos surgindo durante a prática de meditação, focamos em como eles são experienciados no corpo. Vemos a tensão associada à raiva ou ao medo; a sensação na garganta, no peito e nos olhos que vem com a tristeza; a leveza que vem com a alegria. Ao atender às emoções dessa forma, o "eu" se torna desnecessário. Não experienciamos "minha" raiva, "meu" amor, "meu" medo, "minha" alegria, "minha" tristeza ou "meu" desejo, mas "a" raiva, "o" amor, "o" medo, "a" alegria, "a" tristeza ou "o" desejo surgindo no corpo. À medida que passamos a acreditar menos em nossos pensamentos narrativos habituais ("Eu o odeio porque você foi muito cruel comigo"), torna-se muito mais fácil tolerar uma gama completa de sentimentos. Na verdade, até emoções negativas podem se tornar interessantes; observamos como elas vêm e vão, atingem picos e depois diminuem. Elas se tornam outros eventos corporais, como uma coceira ou uma dor. Essa nova perspectiva aumenta nossa flexibilidade para responder a elas.

Uma metáfora clássica compara as emoções ao sal na água. Se dissolvemos uma colher de sopa de sal em um copo de água, é difícil de beber. Se, em contrapartida, dissolvemos a mesma colher de sopa de sal em um lago cristalino, beber essa água não é problema algum (ou pelo menos não era, antes de tantos lagos serem poluídos). A atenção plena transforma a mente em um lago claro, capaz de integrar todos os tipos de conteúdo sem se sentir sobrecarregada por eles. Como a mente se tornou expansiva, não nos sentimos mais compelidos a nos livrar de sentimentos desagradáveis ou a nos apegar aos agradáveis. Podemos praticar *estar com* todas as emoções que surgem nos relacionamentos. Assim, podemos ser muito mais flexíveis ao responder a situações interpessoais, sem tanto medo de ter nossos sentimentos feridos.

> A prática de atenção plena nos ajuda a acolher sentimentos intensos, diminuindo nosso medo de sermos magoados.

ESCUTANDO UNS AOS OUTROS

Outro benefício enorme de aprender a tolerar nossos sentimentos, sobretudo quando combinado com maior capacidade de prestar atenção, é ser capaz de escutar os outros. Muitas vezes, isso não é fácil. As preocupações de outras pessoas tocam nas nossas e despertam reações dolorosas. Quando nossos amigos nos contam sobre um dos pais que está doente ou sobre um filho que está enfrentando dificuldades, somos lembrados das vulnerabilidades de nossos próprios entes queridos. Apenas estar presente junto à raiva, ao medo ou à tristeza de outra pessoa pode ser difícil, pois os sentimentos tendem a ser contagiosos. E, no entanto, estar com o outro dessa forma pode ser útil para a pessoa e enriquecedor para o relacionamento. (Na verdade, a palavra "compaixão" vem do latim *com pati*, "sofrer com".) Aprendi essa lição com um paciente no início do meu treinamento clínico.

Eu era um jovem estagiário de psicologia em um hospital universitário municipal. Embora a instituição tivesse uma excelente equipe e estivesse associada a uma escola de medicina conceituada, a estrutura física era terrível. A antiga residência das enfermeiras havia sido convertida em consultórios clínicos. Era um prédio imponente com tetos altos e enormes janelas, mas já havia caído em decadência há muito tempo. Como o prédio seria reformado em breve, o hospital, desmonetizado, praticamente interrompeu toda a manutenção. Certa vez, após um paciente furioso arrancar um vaso sanitário do banheiro masculino, ele ficou no corredor por semanas.

Meu escritório em particular era uma sala de bom tamanho no terceiro andar. Havia uma antiga mesa de madeira e duas cadeiras institucionais. A tinta nas paredes estava descascando, e não havia cortinas na janela. O escritório era iluminado por uma única lâmpada incandescente e, à noite, a janela se tornava um retângulo negro e vazio.

Foi nesse cenário que atendi um jovem muito deprimido. Ele estava convencido de que não havia possibilidade de felicidade para ele, nenhuma chance de fazer amigos ou de encontrar o amor. Semana após semana, ele me contava sobre sua situação desesperadora. Eu fazia tentativas ineficazes de ajudar, sugerindo outras formas de lidar com as interações, oferecendo a possibilidade de que as coisas poderiam terminar melhor do que ele esperava. Analisamos seu passado e discutimos por que ele estaria se sentindo daquela forma. Discutimos a possibilidade de ele tomar medicação. Ele não considerava nenhuma dessas sugestões úteis.

Muitas vezes, eu saía dessas sessões bastante deprimido, pensando: "Sou uma pessoa inteligente. Eu poderia ter seguido tantas carreiras. Claramente, não fui feito para *isso*". Às vezes, após uma sessão especialmente deprimente, meu paciente voltava na semana seguinte parecendo um pouco mais animado. Às vezes ele até sugeria que nossa última reunião tinha sido um pouco útil. Eu pensava: "Para *você*, talvez – ela só me deixou deprimido".

Com o tempo, comecei a entender o que estava acontecendo. Se eu conseguia de fato ouvi-lo e sentir a mesma estagnação que ele sentia, isso, de alguma forma, o ajudava. Ele finalmente se sentia um pouco compreendido, um pouco menos sozinho. Meu desafio era ser capaz de realmente *estar com ele* – sentir e tolerar sua profunda tristeza e a sensação de não ter um caminho a seguir. Demorei um tempo para mudar de abordagem, mas provavelmente melhorei apenas por estar presente. Em vez de tentar de forma frenética ajudar, aprendi a escutar sua experiência e a perceber como sua tristeza, sua solidão e seu luto ressoavam em minha própria mente e em meu corpo. A mudança provavelmente parecia sutil externamente, mas as pessoas são extraordinariamente sensíveis a essas coisas. Isso o ajudou a se conectar com seus próprios sentimentos e, com o tempo, até a começar a se conectar com outras pessoas.

Embora nem todas as nossas interações interpessoais sejam tão intensas ou difíceis quanto essas sessões de psicoterapia, princípios semelhantes se aplicam. Quando podemos de fato estar com alguém e empatizar com sua experiência, mesmo que seja muito dolorosa, o relacionamento se aprofunda. Quantas vezes ouvimos falar de relacionamentos românticos, casamentos ou amizades se desfazendo porque uma ou ambas as partes sentem que o outro não presta atenção de verdade? "Você nunca me escuta de verdade." "Você não tenta entender." "Você está sempre distraído com _____ (seu computador; seu trabalho; o jogo de futebol; aquela novela; telefonemas com _____)." E, embora essa habilidade seja importante para todos os relacionamentos, como veremos em breve, é absolutamente essencial para uma parentalidade eficaz.

VIDA COM E SEM TRAJE ESPACIAL

Assim como nossas tentativas de evitar desconforto podem nos prender a condições de ansiedade, depressão e problemas médicos relacionados ao estresse, elas também podem nos isolar dos outros. Em nossa luta para evitar sentir dor, acabamos utilizando camadas de proteção que nos deixam isolados. Discutimos, no Capítulo 1, nossa relutância comum em contar nossas dificuldades aos outros – ninguém quer ser visto como fracassado nesta terra de abundância. Se estamos infelizes, presumimos que é porque cometemos erros (escolhemos a carreira, o cônjuge ou o produto de consumo errado). Afinal, as pessoas nas propagandas parecem tão felizes.

Ao tentar parecer felizes e evitar expor nossas vulnerabilidades aos outros, acabamos sozinhos e, paradoxalmente, mais vulneráveis. Os Beatles já tinham acertado anos atrás ao cantar: "É um tolo quem se faz de durão, tornando seu mundo um pouco mais frio".* Infelizmente, em graus variados, todos somos esse tolo.

A prática de atenção plena nos ajuda a perceber que a vida é difícil para todos; que estamos, de fato, no mesmo barco. Como disse o Dalai Lama: "Por meio da compaixão, você descobre que todos os seres humanos são exatamente como você". Se pensamos sobre o que faz com que nos sintamos próximos nas relações de amor ou amizade, concluímos que geralmente é a comunicação aberta de nossa vulnerabilidade compartilhada.

Ironia do destino, muitas pessoas são atraídas pela meditação na esperança de se tornarem *invulneráveis*, não sentindo mais carência, insegurança ou dependência dos outros. Mas não é assim que funciona. Em vez disso, a prática de atenção plena nos ensina a ser vulneráveis. Há um mito sobre um paraíso perdido chamado Shambhala que antecede a chegada do budismo no Tibete (como a maioria dos mitos, ele pode ser entendido tanto como domínio mítico quanto como estado psicológico). Ali vivia uma casta especial de guerreiros. Eles não eram guerreiros no sentido convencional, derrotando inimigos externos em batalha, mas sim guerreiros psicológicos. Diz-se que tinham a coragem de viver a vida *como uma vaca sem pele*. Treinaram-se para serem extremamente vulneráveis aos sentimentos, sensíveis a tudo. Isso é o oposto de viver a vida em um traje espacial, protegido por defesas. Sermos tão sensíveis e vulneráveis permite de fato

---

* N. de T. Trecho de *Hey Jude*, música dos Beatles: *It's a fool who plays it cool by making his world a little colder*.

nos conectarmos uns com os outros. Descascar nossas camadas de proteção nos permite tocar e ser tocados.

A maioria de nós teme esse nível de vulnerabilidade, associando-o à fraqueza. Afinal, vivemos em uma cultura em que um político pode arruinar sua carreira ao admitir ter feito psicoterapia. No entanto, isso revela uma compreensão equivocada do que é força psicológica e interpessoal. Há um provérbio japonês tradicional que captura essa confusão:

Qual é mais forte, um poderoso carvalho ou um bambu? Muitos assumem que é o carvalho, mas a verdadeira resposta é o bambu. Quando uma monção chega, o poderoso carvalho facilmente perde um galho ou se parte ao meio. Até mesmo com uma brisa suave, o bambu se curva. Ele pode até se dobrar quase completamente em um vento forte, mas, assim que a tempestade passa, o bambu volta a ficar ereto.

> A atenção plena nos ajuda a sermos mais resilientes ao mesmo tempo que nos faz mais vulneráveis e sensíveis.

A prática de atenção plena nos ajuda a desenvolver uma vida emocional como a do bambu ou a dos guerreiros de Shambhala. Tornamo-nos vulneráveis e sensíveis, mas recuperamos nossa estabilidade facilmente após a passagem da dificuldade. Ao praticar a consciência da experiência presente com aceitação, percebemos uma ampla gama de respostas emocionais e nos tornamos vulneráveis a todas elas. Porém, porque as sentimos plenamente, elas deixam menos vestígios quando passam; assim, ficamos frescos e abertos para o próximo momento. Estar presente dessa maneira permite nos conectarmos profundamente com os outros. Podemos estar com as alegrias e as tristezas de nossos amigos porque podemos acolher as nossas próprias. A experiência de um paciente ilustra bem por que vestimos trajes de proteção e como a prática de atenção plena pode nos ajudar a removê-los:

Larry odiava ser tão sensível. Quando criança, preocupava-se em ir bem na escola, sentia saudades de casa quando ia para o acampamento de verão e muitas vezes ficava constrangido. Outras crianças zombavam dele por chorar, e seus pais sempre lhe diziam que ele precisava "engrossar o couro".

No ensino médio, Larry começou a se impor, cresceu bastante e se destacou nos esportes. Começou a sentir mais confiança e conseguiu esconder suas inseguranças.

Na faculdade, Larry se tornou uma espécie de conquistador. Ele agora era muito atraente e atraía mulheres com facilidade. Com frequência, bebia com seus amigos e, ocasionalmente, usava outras drogas. Ele gostava de ser popular e de ter muitos amigos.

Quando adulto, o lado sensível de Larry começou a lhe trazer problemas novamente. Ele se casou com uma mulher amorosa e conseguiu um emprego respeitável, mas começou a se sentir deslocado no trabalho. Ele odiava sentir-se fraco.

Desenvolveu insônia e problemas estomacais, ambos relacionados ao estresse. Também percebeu que estava bebendo mais.

Para lidar com o estresse, Larry começou a praticar atenção plena. Embora isso o ajudasse a relaxar, também sinalizou o quanto ele realmente era sensível. Ele notou que quase todas as interações com outros homens o faziam sentir-se vulnerável, imaginando o que pensavam dele e debatendo o quão assertivo deveria ser. Frequentemente sentia raiva após os encontros, mesmo aqueles que, na superfície, iam bem. Larry também percebeu que era sentimental com coisas pequenas, atos de bondade aleatórios, uma criança chorando, alguém cuidando de um animal. Observar esses sentimentos indo e vindo era confuso. Ele desejava ser mais resistente, mas também percebeu que precisar ser forte era como estar em uma prisão. Por fim, ele sentiu o quanto desejava profundamente ser aceito por quem de fato era (sem precisar ser tão "durão" o tempo todo).

Então, Larry começou a correr mais riscos. Ele contou à esposa sobre alguns de seus sentimentos, e, felizmente, ela foi compreensiva. Ele até começou a ser mais honesto com alguns colegas de trabalho e desenvolveu amizades verdadeiras lá. Sua insônia e sua indigestão diminuíram à medida que suas conexões com os outros se aprofundaram.

ATENÇÃO PLENA NOS RELACIONAMENTOS

Conectar-se com outras pessoas não apenas facilita nossa convivência, mas também enriquece nossa vida. Pesquisas mostram que, ao nos sentirmos próximos de amigos e entes queridos, experimentamos maior energia e vitalidade, maior capacidade de ação, mais clareza, um senso ampliado de valor ou dignidade e tanto o desejo quanto a capacidade de estabelecer mais conexões. A conexão interpessoal gera uma sensação de estar fazendo a coisa "certa" e se reforça de forma natural. Quando meu colega e eu nos entendemos e apoiamos um ao outro, ideias criativas fluem, e o trabalho se torna um prazer; quando minha esposa e eu nos sentimos próximos e afetuosos, ficamos ansiosos para enfrentar o mundo e lidar com o que a vida nos trouxer.

Vimos como nossa prática individual de atenção plena pode transformar nossa relação com nossas próprias emoções, possibilitando que desenvolvamos uma melhor conexão com outras pessoas. Há também técnicas de atenção plena que podemos praticar com os outros para aprofundar os relacionamentos.

Você precisará de um parceiro para este exercício. Embora ele possa parecer intenso e íntimo, o exercício funciona tanto com pessoas queridas quanto com aquelas que você conhece menos. Tanto você quanto seu parceiro devem ter, ao menos, alguma experiência prévia com práticas de meditação antes de tentá-lo. Reserve de 20 a 30 minutos.

*Respirando juntos**

Inicie sentando-se de frente para seu parceiro, com as costas relativamente eretas. Feche os olhos e faça de 10 a 15 minutos de prática de concentração. Direcione sua atenção para as sensações da respiração em seu abdômen. Observe como seu abdômen se eleva a cada inspiração e desce a cada expiração. Sempre que perceber sua atenção vagando, gentilmente a conduza de volta para as sensações da respiração. Você pode sentir ansiedade ou apreensão ao fazer isso enquanto encara outra pessoa. Apenas permita que essas sensações surjam e desapareçam, retornando a atenção para a respiração.

Quando já tiver desenvolvido um pouco de concentração, abra suavemente os olhos. Deixe que seu olhar repouse sobre o abdômen do parceiro. Observe a respiração dele enquanto continua notando as sensações de subida e de descida em seu próprio corpo. Talvez sua respiração comece a sincronizar com a de seu parceiro; talvez não. De qualquer forma, tente permanecer consciente de sua própria respiração e da de seu parceiro nos próximos cinco minutos.

A fase seguinte pode parecer bastante intensa, então ajuste seu olhar conforme preferir. Tente elevar o olhar para encarar em silêncio os olhos de seu parceiro. Não tente comunicar nada em especial, apenas absorva a experiência de estar com ele. Permita-se notar a respiração ao fundo enquanto foca a maior parte da atenção em olhar nos olhos do parceiro. Se isso começar a se tornar desconfortável, sinta-se à vontade para abaixar o olhar de volta ao abdômen do parceiro. Você pode alternar entre o abdômen e os olhos para ajustar a intensidade da experiência.

Após alguns minutos olhando nos olhos do parceiro, comece a imaginar como ele era quando criança. Imagine-o tendo uma mãe e um pai, crescendo com outras crianças. Pense em como ele passou pelas mesmas fases que você (indo para a escola, tornando-se adolescente e, possivelmente,

---

* Áudio (em inglês) disponível na página do livro em loja.grupoa.com.br.

saindo de casa). Perceba que seu parceiro teve milhares de momentos de alegria e tristeza, medo e raiva, desejo e realização, assim como você.

Agora, comece a imaginar como seu parceiro ficará ao envelhecer. Perceba que, assim como você, ele lidará com as próximas fases do ciclo da vida. Provavelmente, ele terá que enfrentar a fragilidade e a velhice. Imagine como isso será para ele, tanto os aspectos agradáveis quanto os desagradáveis.

Por fim, perceba que, assim como você, algum dia seu parceiro também morrerá. As moléculas do corpo dele voltarão para a terra ou para a atmosfera e se transformarão em outra coisa.

Quando tiver imaginado seu parceiro em todas as fases do ciclo da vida, conduza sua atenção de volta para como ele está no presente. Depois, olhe para o abdômen do parceiro e respirem juntos mais uma vez por alguns minutos.

Finalize o exercício com alguns minutos de meditação de olhos fechados. Observe os diferentes sentimentos que acompanharam cada fase do exercício.

Atenção no relacionamento

O exercício Respirando juntos pode ser ao mesmo tempo interessante e um pouco intenso. Ele esclarece o quanto, na maior parte do tempo, estamos menos atentos e mais defensivos em relação a de fato nos conectarmos com outra pessoa. Também pode ajudar a diminuir as distâncias que sentimos entre nós e os outros, ao destacar nossa humanidade em comum. E pode nos motivar a sermos compassivos e a seguir a antiga prescrição, geralmente atribuída a Platão: "Seja gentil, pois todos que você encontra estão travando uma batalha difícil".

Claro, a maioria dos contatos com outras pessoas não será como o exercício Respirando juntos (se você insistir nisso, provavelmente não terá muitos amigos). No entanto, existem maneiras de praticar atenção plena nos relacionamentos de maneira menos formal.

Minha amiga e colega Janet Surrey tem estudado maneiras de utilizar a prática de atenção plena tanto em psicoterapia quanto nas interações cotidianas. Ela aponta que, sempre que estamos conversando com outra pessoa, podemos direcionar nossa atenção a três objetos de consciência. Primeiro, existem as sensações corporais, os pensamentos e os sentimentos que ocorrem em nós.

Estamos familiarizados com eles pela prática da meditação; simplesmente os notamos enquanto interagimos com a outra pessoa. Em segundo lugar, há as sensações corporais, os pensamentos e os sentimentos que percebemos no outro. Intuímos isso por meio das palavras, da linguagem corporal e das expressões faciais de nosso parceiro. Terceiro, e este pode parecer estranho no começo: somos capazes de direcionar nossa atenção para nossa *sensação de conexão ou de desconexão com a outra pessoa*.

Há uma cena clássica que se desenrola inúmeras vezes na terapia de casais (perdoem-me o estereótipo de gênero). A esposa diz ao marido: "Querido, odeio o fato de que, toda vez que fico chateada, você desaparece". Ele fica confuso e responde: "Mas, querida, estou sentado bem ao seu lado". Ela começa a se frustrar e diz: "Não estou dizendo que você desaparece *literalmente*; quero dizer que você desaparece *emocionalmente*". "Mas estou prestando atenção a todos os seus sentimentos", ele responde, desconcertado.

A conversa geralmente sai dos trilhos nesse ponto, sem que nenhuma das partes compreenda a outra. O que a esposa está descrevendo é sua sensação de conexão ou de desconexão com o marido. Essa é uma experiência sutil – não é fácil de medir ou definir com clareza. No entanto, é um aspecto importante de todos os relacionamentos.

Ao atentarmos à nossa sensação de conexão ou de desconexão, em conjunto com nossas emoções internas e as do nosso parceiro, podemos nos sentir mais profundamente relacionados com outras pessoas. Existe uma prática informal de atenção plena que você pode tentar sempre que estiver em uma interação:

Três objetos de consciência

Assim como você deve prestar atenção aos seus pés se movendo no espaço e tocando o chão ao meditar caminhando, direcione sua atenção para estes três objetos de consciência quando estiver conversando com outra pessoa:

1. Suas próprias sensações corporais, seus pensamentos e seus sentimentos.
2. As palavras, a linguagem corporal e as expressões faciais de seu interlocutor.
3. Sua sensação de conexão e de desconexão com seu interlocutor.

Quando sua mente se desviar desses três focos, conduza-a gentilmente de volta.

Você pode tentar essa prática informal com amigos, entes queridos, colegas de trabalho ou qualquer outra pessoa com quem você tenha contato mais prolongado.

Mente de principiante

Você já disse ou fez algo e ficou surpreso com a reação da outra pessoa? Seguimos nosso dia pensando que estamos sendo razoáveis e cordiais, e, de repente, nos deparamos com um mal-entendido. Isso já é incômodo em situações públicas: uma estudante responde a uma pergunta e não entende por que seu professor ficou irritado; um supervisor não vê como poderia ter ofendido seu subordinado. No entanto, quando isso ocorre em relacionamentos íntimos, pode deixar ambos os parceiros profundamente infelizes.

Russ mal podia acreditar no que tinha acontecido. Era sexta-feira à noite, e ele estava feliz em ir para casa. Tinha trabalhado muito a semana toda, e ele e Nancy quase não haviam tido tempo para conversar. Ele estava ansioso para finalmente relaxar e passar um tempo com ela.

Quando chegou, Nancy estava linda. Ela estava com uma roupa nova e tinha feito um penteado diferente. Eles se abraçaram e se beijaram, e ele começou a contar a ela sobre o quão estressante fora o dia e como estava feliz em vê-la. Após conversarem um pouco, Nancy perguntou: "Então, para onde vamos esta noite?". Russ respondeu: "Não sei. O que você gostaria de fazer?". Ela não respondeu de imediato. Russ começou a perceber que algo estava errado. "Acho que realmente não importa", respondeu ela após alguns segundos.

A noite começou a desandar a partir daí. Nancy, de repente, parecia fria. Russ perguntou se ela estava chateada com alguma coisa, mas não conseguia imaginar o que poderia ser. Demorou alguns minutos, mas, por fim, ela disse que achava que ele havia dito que a levaria para sair e estava irritada por ele não ter feito um plano. Russ odiava a sensação de que, de alguma forma, a havia decepcionado novamente e começou a reagir de forma defensiva, dizendo que tudo o que haviam discutido era "passar um tempo juntos" na sexta à noite. Nancy mencionou algo sobre esse tipo de coisa acontecer "muito" desde que Russ estava tão focado no trabalho. Ele mencionou que ela sempre achava que ele não fazia o suficiente. Não demorou muito até que ambos estivessem magoados e irritados, convencidos de que o outro estava sendo injusto.

Como a prática de atenção plena poderia ter ajudado? A meditação de atenção plena cultiva o que o mestre zen Shunryu Suzuki chamou de *mente de principiante* (a habilidade de deixar de lado concepções prévias e ver as coisas com novos olhos). São famosas suas palavras: *"Na mente do principiante, há muitas possibilidades; na do especialista, poucas"*. A prática de atenção plena ajuda a não levar nossos pensamentos tão a sério, vendo como eles mudam conforme nosso humor e nos ajudando a notar o que de fato está acontecendo no momento.

Em relacionamentos íntimos, pode ser especialmente difícil ver as coisas com mente de principiante. Tornamo-nos tão acostumados com nossas suposições sobre a outra pessoa e tão influenciados por nossas emoções que não enxergamos nosso parceiro com clareza.

Se tanto Russ quanto Nancy tivessem abordado a situação de modo mais atento, cada um poderia ter respondido de forma diferente. Abordar a situação com curiosidade aberta e disposição para sentir plenamente os sentimentos poderia ter feito uma grande diferença.

Quando Nancy pareceu chateada, Russ poderia ter praticado os Três objetos de consciência, tentando apenas escutá-la enquanto observava suas próprias reações emocionais, em vez de responder de forma defensiva. Ele poderia ter considerado a possibilidade de que ela estava irritada porque estava magoada, e magoada porque o amava e sentia falta dele. Ele poderia ter sentido e suportado a dor da decepção dela, em vez de imediatamente vê-la como um reflexo de suas próprias falhas. E ele poderia ter imaginado como tinha sido para Nancy nas últimas semanas, enquanto ele estava tão absorto em seu trabalho.

Quando ficou claro que Russ não havia feito planos, praticando atenção plena, Nancy poderia ter notado com mais clareza a mágoa por trás de sua raiva. Ela teria sido capaz de experimentar e tolerar seu desejo de conexão e seus sentimentos de ser negligenciada com mais facilidade. Em vez de presumir que ele não fez planos porque não se importava com ela, ela poderia ter ouvido que Russ realmente queria estar com ela e talvez tivesse dito a ele como sentiu sua falta.

Se ambos tivessem sido capazes de ver o outro com um olhar novo e claro, e estivessem abertos tanto à própria dor quanto à dor do outro, poderiam ter respondido com empatia e compreensão. Isso teria permitido que se reconectassem emocionalmente, encontrassem um meio-termo sobre os planos para a noite e aproveitassem-na juntos.

PARENTALIDADE

Qualquer pessoa que já cuidou de crianças, mesmo que brevemente, sabe que é uma aventura emocional. Uma dedicada estudante de meditação uma vez reclamou que sua mente estava cheia de desejos. Ela havia lido sobre praticantes de espiritualidade que renunciaram aos prazeres mundanos e pensou que talvez devesse fazer o mesmo. Ela perguntou a Jack Kornfield, conhecido psicólogo e professor de meditação: "Como posso superar meu desejo constante? Que práticas devo seguir para me tornar resignada?". Jack perguntou o que ela fazia no dia a dia. Ela respondeu: "Não muito. Sou mãe e fico em casa, cuido dos meus três filhos e tento encontrar tempo para meditar". Ele disse: "Você já tem oportunidades mais do que suficientes para praticar a renúncia".

Ao cuidar de outro, somos desafiados a deixar de lado nosso foco em satisfazer nossos próprios desejos. Muitas vezes, isso é um alívio. Obtemos uma sensação de propósito ao cuidar dos outros que falta quando estamos focados em tentar nos fazer felizes. Contudo, não é uma tarefa fácil. As crianças precisam de muita atenção e cuidado, e muitas vezes acabam revelando todas as nossas questões emocionais não resolvidas e nossas vulnerabilidades. A parentalidade é uma tarefa difícil para a qual a maioria de nós tem pouca ou nenhuma formação formal. Felizmente, a prática de atenção plena pode nos ajudar a lidar com isso de maneira mais habilidosa.

Estar presente

Nas últimas décadas, psicólogos aprenderam muito sobre como as interações entre pais e filhos moldam o desenvolvimento. Bebês nascem com uma capacidade de comunicação extremamente sensível, mas sem um "tradutor". Pais enfrentam o desafio de entender a linguagem pré-verbal de seus filhos desde o primeiro dia. Quem já cuidou de um bebê chorando já passou pela lista de verificação: (1) fralda molhada? (2) Frio? (3) Calor? (4) Fome? (5) Sono? Às vezes, nada disso é o problema, e o bebê só precisa de colo.

Após atender às necessidades básicas, essa última necessidade é fundamental. As crianças dependem de seus cuidadores para regular suas emoções. Discutimos no Capítulo 2 o equilíbrio entre a intensidade das experiências desagradáveis e nossa capacidade de suportá-las. Quanto mais forte essa capacidade, melhor lidamos com infortúnios. Quanto mais fraca, mais facilmente somos sobrecarregados por pequenas coisas. Quanto mais jovem a criança, menos ela consegue lidar sozinha com experiências desagradáveis. Desse modo, as crianças "tomam emprestada" nossa capacidade de suportar o desconforto.

Todos nós já vimos uma criança pequena em grande angústia se acalmar rapidamente ao ser segurada pela mãe ou pelo pai. Esse "segurar" é, na verdade, um processo muito complexo. Pesquisadores registraram interações entre pais e bebês, filmando ambos os rostos. Ao desacelerar as gravações, observaram microcomunicações. O bebê começa a sorrir, o pai responde; o olhar do pai muda, o bebê responde. Essas microcomunicações acontecem rapidamente, até *10 vezes por segundo*. É por meio desse processo que o bebê sente a presença do cuidador, e, se o cuidador consegue suportar a emoção do momento, o bebê muitas vezes também consegue. Claro, isso não é importante apenas para bebês; quando as crianças crescem, nossa capacidade de "segurá-las" quando estão angustiadas continua sendo igualmente importante.

Ampliando essa visão, a capacidade humana de suportar experiências difíceis é contagiosa, sobretudo em tempos de crise. Um exemplo claro descrito por Thich Nhat Hanh envolveu pessoas que fugiam do Vietnã no fim da guerra.

As condições nos barcos superlotados de refugiados eram terríveis. Os passageiros tinham passado por traumas horríveis; muitos estavam separados de sua família e temiam por sua vida. A maioria havia perdido todos os seus pertences. Os próprios barcos estavam sobrecarregados e vulneráveis, tanto a ataques de piratas quanto a afundar. Mesmo que conseguissem chegar ao destino, não estava claro se seriam aceitos ou mandados de volta ao mar.

Nesse ambiente, era muito fácil que o pânico se espalhasse. Às vezes, havia um monge, uma monja ou outra pessoa com uma prática sólida de atenção plena a bordo. Os passageiros próximos dessa pessoa tendiam a se acalmar. Era como se houvesse anéis concêntricos de aceitação ao redor dela. Quanto mais próximos estavam, mais forte era a influência. O oposto também era visto; se um passageiro estava histérico ou hostil, outros ao seu redor tendiam a ficar agitados também.

A prática de atenção plena nos ajuda a oferecer esse "segurar" para nossos filhos de duas formas. Primeiro, ao ajudar-nos a prestar atenção, nos permite ler suas comunicações com mais precisão. Embora talvez não estejamos totalmente conscientes de sinais sutis que são transmitidos com rapidez, podemos estar mais atentos ao estado emocional de nossos filhos e a nossas próprias reações. Segundo, a prática de atenção plena aumenta nossa capacidade de suportar desconforto. Como é especialmente difícil para a maioria de nós ver nossos filhos em sofrimento, quanto maior for nossa capacidade de suportar isso, melhores serão as chances de conseguirmos ajudá-los a lidar com emoções difíceis. Para Stacey, isso foi um divisor de águas.

> Por meio da prática de atenção plena, aprendemos a ler as comunicações de nossos filhos com mais precisão e a confortá-los de maneira mais eficaz.

Como uma jovem mãe, Stacey sentia muita dificuldade sempre que sua filha chorava. Ela mesma havia sido criada por pais alcoólatras que não estavam emocionalmente disponíveis. O choro de sua filha lhe lembrava de suas próprias lágrimas de infância, mas ela não sabia como responder.

Para lidar com os estresses de ser mãe, Stacey começou a praticar ioga e aprendeu meditação de atenção plena. Durante a prática formal, Stacey começou a se lembrar de sentimentos de abandono por parte de seus pais. Tornou-se consciente de sentimentos profundos de medo e de tristeza. Percebeu que nunca se sentira de fato vista ou amada.

Recordando o quanto se sentira sozinha quando criança, Stacey comprometeu-se a estar mais presente para sua filha. Em vez de reagir com medo ou se desligar, ela praticou realmente olhar e escutar sua filha quando ela estava chateada. Aos poucos, Stacey percebeu como sua filha respondia ao seu próprio estado mental: se Stacey conseguia acreditar que ela mesma ficaria bem, sua filha se acalmava quando ela a segurava. Cuidar de sua filha dessa forma parecia estar curando suas próprias feridas.

Embora muitos de nós tenhamos tido uma criação melhor do que a de Stacey, todos podemos utilizar as práticas de atenção plena para nos tornarmos mais conscientes de nossas próprias respostas emocionais e para atendermos nossos filhos com mais habilidade. Diversas práticas e exercícios discutidos no Capítulo 6, sobretudo Observando emoções no corpo e Observando emoções ao longo do dia, podem ser especialmente úteis quando notamos áreas de emoção que nos levam a nos afastar ou reagir exageradamente. A prática dos Três objetos de consciência também pode nos ajudar a estar mais presentes e atentos a nossos filhos.

Entrando no mundo da criança

Um dos desafios na comunicação com as crianças envolve diferenças culturais. Mesmo que você esteja criando seu filho na mesma comunidade em que cresceu, o mundo de uma criança é muito diferente do de um adulto. A cultura das crianças envolve um sentido distinto de tempo e realidade.

Quanto mais jovem é a criança, mais ela vive o momento presente. Quando meus filhos eram pequenos, perguntei a Karlen Lyons-Ruth, uma psicóloga do desenvolvimento bem conhecida, o que ela pensava sobre a "fase dos terríveis 2 anos". Por que os pequenos são tão difíceis de lidar nessa idade? Ela explicou que as emoções das crianças não mudam tanto aos 2 anos em comparação com 1 ano de idade. O que muda é a capacidade de pensar sobre o passado e o futuro. Quando uma menina de 1 ano quer um biscoito e eu digo "Não", ela se chateia. Mas se eu digo: "Olha o Teddy, acho que ele quer brincar", ela rapidamente se envolve no presente e desvia sua atenção para o urso. Aos 2 anos, quando apresento o Teddy, ela sorri, olha para o urso e logo volta a pedir o biscoito. Essa capacidade de pensar sobre coisas do passado e imaginar um futuro fica mais consistente a cada ano, até que as crianças estejam, como seus pais, majoritariamente vivendo em seus pensamentos sobre o passado e o futuro.

Para nos conectarmos bem com crianças pequenas, precisamos ser capazes de voltar ao presente. A prática de atenção plena ajuda. Se aprendemos a estar presentes enquanto seguimos nossa respiração, certamente podemos estar engajados olhando para nosso bebê, lendo um livro ou jogando um jogo mais uma vez. Nossa habilidade de estar presentes para o que quer que esteja acontecendo no momento, mesmo que não tenha grande valor de entretenimento, é muito útil com crianças pequenas.

As crianças também vivem em uma realidade diferente. Quanto mais jovem a criança, menos ela vive em um mundo de conceitos lógicos e mais em um mundo caleidoscópico de imagens. O que os adultos chamam de fantasia e realidade se misturam, sem barreiras. Aqui, também, a prática de atenção plena pode nos ajudar a estar com as crianças pequenas. Quanto mais praticamos a atenção plena, menos levamos a sério nossos próprios conceitos e mais abertos ficamos para a experiência fluida da consciência momento a momento. Notamos como nossas próprias fantasias se entrelaçam com experiências que consideramos "realidade". À medida que nos tornamos mais confortáveis com esse aspecto da mente e mais conscientes de como seus conteúdos mudam, ficamos mais sintonizados com o mundo mágico das crianças.

Podemos observar isso de forma vívida quando brincamos com as crianças. É interessante pensar em como o trabalho e o brincar diferem. O trabalho tende a ser orientado para objetivos, focado em fazer ao invés de ser, e favorece o resultado em detrimento do processo – o objetivo final é concluir a tarefa. Já o brincar, em contrapartida, é desprovido de objetivos, focado no ser em vez de no fazer, e favorece o processo em detrimento do resultado – o único objetivo ou resultado é o momento de diversão. Como adultos, podemos nos envolver tanto no trabalho que se torna difícil brincar. Realizando tarefas, pagando contas, respondendo a *e-mails* e fazendo compras, nos acostumamos a simplesmente terminar as coisas para chegar ao que consideramos ser "o melhor".

As práticas de atenção plena nos ajudam a recuperar a capacidade de brincar. Cultivando a consciência e a aceitação, elas nos ensinam a estar com a experiência no momento presente, em vez de apenas perseguir metas. Se seguirmos um padrão regular de prática que inclua tanto meditação formal quanto prática informal ao longo do dia, o treinamento em atenção plena pode nos ajudar a lembrar como brincar com nossos filhos.

> A prática de atenção plena nos ajuda a nos conectarmos com nossos filhos, pois resgata nosso "mundo fantástico", ajudando-nos a relembrar como se brinca.

AMOR E LIMITES

Quando minhas filhas gêmeas eram pequenas, fiquei horrorizado ao perceber quantas vezes eu dizia "Não". Recordo-me de uma visita ao pediatra delas, quando eram crianças pequenas. Ele as examinou, perguntou sobre seus hábitos de sono e sua alimentação, e nos tranquilizou ao dizer que pareciam saudáveis fisicamente. Ele então perguntou se tínhamos alguma outra preocupação. Eu disse: "Minha única preocupação é que ambas parecem suicidas". Elas tentavam perambular na rua, tocar no fogão quente, subir as escadas, entre outras ações perigosas. Em resposta, eu dizia protetoramente "Não... não... não" o dia todo.

É quase como treinar um filhote. Como pais de crianças pequenas, passamos horas tentando protegê-las de perigos físicos ou socializá-las para que consigam se relacionar bem com os outros ("Qual é a palavra mágica?", "Não pode bater!", "Você precisa esperar sua vez"). Isso exige um fluxo constante de críticas, pois muitas das ações naturais das crianças pequenas são perigosas ou socialmente inaceitáveis.

É surpreendente que crianças cresçam com boa autoimagem. O que equilibra nossa constante desaprovação é o amor e a capacidade de separar o ato da pessoa. Se conseguimos manter profundo senso de amor e aceitação ao trabalhar para corrigir o comportamento dos nossos filhos, as chances de eles desenvolverem aversão a si mesmos diminuem de forma drástica. Também ajuda estar realmente presente ao ler histórias, jogar damas, brincar com uma bola e aconchegar-se com eles.

A prática regular de atenção plena, incluindo sobretudo a Meditação de bondade amorosa, descrita no Capítulo 4, e a prática Respirando juntos, já descrita neste capítulo, nos ajuda a fazer isso. Quanto mais praticamos a aceitação de nós mesmos e nos vemos como parte de um universo maior, mais conseguimos de fato aceitar nossos filhos, mesmo quando eles não estão se comportando da melhor forma. E, quanto mais praticamos estar presentes em geral, mais fácil se torna estar presente ao brincar com nossos filhos ou compartilhar de suas experiências de admiração e descoberta. Nos momentos difíceis, podemos recorrer à prática de bondade amorosa como um salva-vidas para nos mantermos à tona e evitarmos ser pegos por uma tempestade de pensamentos críticos em relação ao nosso filho.

De novo, não é pessoal

Talvez o maior obstáculo que enfrentamos ao aceitar nossos filhos seja interpretar seus comportamentos de forma pessoal. Que pai ou mãe nunca sentiu que o bom comportamento de seu filho é um reflexo de sua própria "bondade", enquanto sente vergonha quando ele se comporta mal? Em algum nível, mesmo sabendo que não deveríamos, todos vemos nossos filhos como extensões de nós mesmos. Agora, não só nos preocupamos com nossa própria posição no grupo como também com a deles. Qual criança é um atleta melhor? Qual é a melhor aluna? Qual é mais gentil ou madura? Qual é mais atraente? Cada dimensão sobre a qual já nos preocupamos em nossas próprias vidas se torna uma arena para preocuparmo-nos com o sucesso ou fracasso de nosso filho.

Em geral, isso leva a problemas. Faz com que pressionemos nossos filhos a atingir objetivos que podem não ser do melhor interesse deles. Faz com que nos sintamos ansiosos ou sobrecarregados justamente nos momentos em que mais precisam que estejamos presentes para eles. Esse é o motor por trás de muitos dos nossos erros na educação dos filhos.

Se você é pai, mãe ou já cuidou de crianças, pense nos momentos em que ficou mais chateado com o comportamento de uma criança. Tire um momento para relembrar um incidente antes de continuar lendo. O que você estava sentindo por dentro naquele momento? Sentiu vergonha ou humilhação? A percepção de que não conseguimos fazer uma criança se comportar ou o pensamento de que criamos mal nosso filho levam muitos de nós ao limite. Nesses momentos, quando vemos o comportamento de nossos filhos como reflexo da nossa competência, nos tornamos menos eficazes. Uma experiência que tive ao mudar para uma nova comunidade trouxe isso à tona.

Nossa nova cidade possuía muitas áreas de conservação e atraía um público voltado para atividades ao ar livre. Todo ano, cerca de 20 famílias participavam de uma caminhada comunitária de vários dias nas White Mountains. As trilhas eram desafiadoras, com mudanças consideráveis de altitude, às vezes em clima quente e com muitos insetos.

Algumas horas após o início de nossa primeira caminhada, minhas filhas começaram a se sentir cansadas. Uma das mães veteranas disse: "Você está caminhando com suas filhas. Pode ser melhor se caminharem separados". Achei o comentário estranho – até algumas horas depois, quando as coisas começaram a piorar. Minha esposa e eu começamos a discutir; primeiro com nossas filhas e depois entre nós mesmos. A mãe veterana ofereceu-se para caminhar com nossas meninas por um tempo, deixando-nos caminhar com outro grupo. Aceitamos sua oferta, e tudo melhorou bastante. Nossas filhas terminaram a caminhada cansadas, mas felizes.

O que fez a diferença? Podemos cuidar das crianças da melhor forma quando não levamos o que elas fazem para o lado pessoal (as crianças, é claro, tendem a se comportar melhor com adultos que não são seus pais). Eu não tinha problemas para lidar com as reclamações dos filhos dos outros – elas não refletiam a mim em nada. Da mesma forma, outros pais conseguiam apoiar e redirecionar minhas filhas com mais facilidade quando elas estavam com dificuldades.

Ao diminuir nossa preocupação com o "eu", ajudando-nos a ver como a identidade é construída e aumentando nossa capacidade de lidar com emoções, a prática regular de atenção plena nos ajuda a não tratar a parentalidade de forma tão pessoal; ela nos permite responder aos nossos próprios filhos com a compaixão e a objetividade que poderíamos ter com os filhos de outras pessoas. Assim como nos ajuda a ficarmos menos preocupados com nossos próprios sucessos e fracassos, permite-nos levar menos a sério os sucessos e os fracassos de nossos filhos. E isso torna muito mais fácil amá-los.

Definindo limites

A maioria de nós não tem muita dificuldade em saber como seria uma boa paternidade/maternidade. Nossa dificuldade está em colocar isso em prática. É fácil entender que limites claros com consequências consistentes ajudam as crianças a se comportarem bem. Recompense o bom comportamento; ignore ou, com cuidado, corrija o mau comportamento. Não grite, critique ou envergonhe a criança, mas siga seu plano. É algo bastante simples.

O problema é que a maioria de nós tem dificuldade em responder de forma adequada no calor do momento. Grande parte do tempo respondemos automaticamente aos nossos sentimentos. Isso é tão integrado à nossa experiência cotidiana que até nossa linguagem se confunde. Quando digo: "Fiquei com raiva", o que de fato quero dizer? Quero dizer que senti a raiva surgindo na minha mente e no meu corpo? Ou que expressei minha raiva para outra pessoa? Estamos tão desacostumados a ter um intervalo entre o sentimento e o comportamento que nem sequer temos meios linguísticos para distinguir essas duas respostas com clareza.

> Quando dizemos "Me irritei", nossa linguagem revela que quase não reconhecemos uma separação entre sentir e agir com base nesse sentimento.

A prática de atenção plena cria esse intervalo necessário, o que, nas tradições de meditação, é chamado de *reconhecer a faísca antes da chama*. Ela nos ajuda a perceber quando um sentimento surge e notar o impulso para agir em seguida. A prática de atenção plena permite-nos sentir a vontade de agir sob esse impulso e decidir se é hábil agir assim nesse momento. Ela nos oferece a possibilidade de respirar fundo e nos ancorar no que estamos experimentando naquele instante, *antes* de agir.

Modificação comportamental para pais

As crianças colocam seus pais em "programas de modificação comportamental" com frequência. Um garoto quer que sua mãe compre um brinquedo para ele. Sua mãe diz "Não", e o garoto começa a reclamar. Ele diz que ela nunca compra nada que ele quer, mas sempre compra coisas para sua irmã. À medida que andam pela loja, ele insiste cada vez mais. Por fim, exasperada, sua mãe compra o brinquedo. *Voilà*! O garoto fica feliz e cooperativo novamente. A mãe recebe um reforço por comprar o brinquedo e terá mais chances de ceder da próxima vez.

As crianças nos treinam para gritarmos de maneira similar. "É hora de guardar seus brinquedos." Quinze minutos depois, nada aconteceu. "Querido, você tem que guardar antes do jantar." Mais 10 minutos, e ainda nenhum progresso.

"EU JÁ DISSE DUAS VEZES. É HORA DE GUARDAR!" Agora a criança começa a arrumar as coisas, e o pai recebe reforço positivo por gritar.

A prática de atenção plena pode nos ajudar a evitar esse tipo de treinamento comportamental. No primeiro caso, ajuda-nos a tolerar a sensação de desapontar nosso filho. No segundo, permite-nos abrir uma lacuna entre sentimento, impulso e ação, dando-nos a oportunidade de mudar o curso.

Embora estabelecer uma prática regular de atenção plena geralmente nos ajude a responder de modo mais adequado a esse tipo de desafio, no calor do momento, a prática do exercício Três minutos de espaço para respirar, descrita no Capítulo 6, pode ser um recurso valioso. Fazer uma breve pausa no drama para notar nossos pensamentos, nossos sentimentos e nossas sensações corporais, encontrar refúgio no fato de que a respiração ainda está lá e relaxar na experiência do momento pode nos ajudar a tolerar o que está acontecendo e discernir a melhor resposta.

Absolvição

Minha amiga e colega Trudy Goodman, pioneira no uso de práticas de atenção plena na terapia infantil e familiar, chama nossos erros na criação de filhos de *crimes de parentalidade*. Todos temos nosso histórico de condenações. Esses são os incidentes em que gritamos com nossos filhos, os humilhamos, fazemos com que se sintam rejeitados ou inadequados, falhamos em estabelecer limites eficazes, sobrecarregamo-nos com preocupações adultas... A lista é extensa.

Eles incluem todos os momentos em que somos gratos pela existência do Estatuto da Criança e do Adolescente. Como naquele dia na loja de materiais de construção, quando eu consegui evitar estrangular uma de minhas filhas pequenas ao pensar: "Seria muito embaraçoso para um psicólogo clínico ser denunciado por abuso infantil".

Condenar-nos por esses "crimes de parentalidade" raramente ajuda. Isso nos leva a compensar com exagero nossos erros (cedendo às demandas após termos sido muito rígidos ou tornando-nos severos depois de ceder). Essas autocríticas também nos deixam mais inseguros e menos capazes de lidar com o próximo desafio.

A prática de atenção plena em geral, e a Meditação de bondade amorosa em especial, pode ajudar aqui também. Quando aprendemos a levar todo o drama de forma menos pessoal e vemos como nossas próprias respostas surgem de nossa história pessoal e nossos condicionamentos, deixamos de nos condenar tão duramente. Começamos a ver nossas falhas como parte da vulnerabilidade e das falhas humanas em geral, e não apenas como nossas próprias deficiências. Vemos todos os pensamentos autocríticos como mais julgamentos, e não como realidades sólidas. E percebemos que, por mais que tentemos, não há como sermos pais perfeitos ou protegermos nossos filhos de todas as dificuldades. Eles enfrentarão os mesmos desafios de perda e mudança que todos os seres humanos enfrentam. Viverão alegrias e tristezas, prazeres e dores, independentemente do que façamos.

JUNTANDO TUDO: PRATICANDO A ATENÇÃO PLENA NAS RELAÇÕES

A maioria dos benefícios que a prática de atenção plena traz para os relacionamentos ocorre de forma gradual e cumulativa. Às vezes, quando falo sobre esse tema em palestras, fico feliz que minha esposa não esteja na plateia. Ela poderia levantar e se opor, como as pessoas são convidadas a fazer em cerimônias de casamento, dizendo: "Acho que essas coisas não funcionam. Mesmo com toda a prática de atenção plena dele, ele não é muito bom em intimidade. *Ele ainda é só um cara*". Ela pode estar certa, mas sua objeção ignora uma possibilidade importante, mencionada no Prefácio: não temos um grupo-controle. Quem sabe como eu seria *sem* anos de treinamento em atenção plena?

Para a maioria de nós, lidar bem com os outros nunca será algo tranquilo, com ou sem prática de atenção plena. No entanto, engajar-se regularmente em práticas formais e informais de atenção plena, além de lembrar de utilizar os salva-vidas quando nos encontramos em tempestades emocionais que poderiam nos levar a agir impulsivamente, pode ajudar.

Como parte do estabelecimento de uma prática geral de atenção plena, do tipo descrito nos Capítulos 3 e 4, a Meditação de bondade amorosa é especialmente importante para gerar aceitação, não apenas de si mesmo, mas também dos outros. Você pode tentar direcionar intenções positivas tanto para pessoas de quem você gosta quanto para aquelas com quem tem dificuldades. O princípio orientador não é forçar sentimentos falsos, mas aceitar o que surgir. Como discutido no Capítulo 4, isso pode envolver o reconhecimento de respostas negativas ou paradoxais.

Se você tiver um parceiro interessado na prática de atenção plena, o exercício Respirando juntos, descrito neste capítulo, pode ser muito poderoso. Fazer isso periodicamente pode ajudar a reforçar o sentimento de conexão entre vocês.

Durante o tumulto das interações cotidianas, a prática dos Três objetos de consciência pode ajudá-lo a estar mais plenamente presente. Pode ser muito enriquecedor ver conversas comuns como oportunidades de prática informal de atenção plena, já que até nossas trocas mais simples revelam muitas emoções e significados quando as atendemos completamente. Se você tiver dificuldade em saber o que de fato sente em um relacionamento, as práticas e os exercícios discutidos no Capítulo 6, como Observando emoções no corpo, Observando emoções ao longo do dia e Explorando emoções no corpo, podem ajudá-lo a se tornar mais consciente dessas sensações. Se você se pegar preso em pensamentos repetitivos e obsessivos sobre um relacionamento, o exercício de Rotulação de pensamentos (Capítulo 6) pode ajudar a ver o padrão com mais clareza; já o exercício Pensamentos são apenas pensamentos (Capítulo 5) pode ajudar a deixá-los ir.

E, então, há aqueles momentos inevitáveis em que podemos "perder o controle" de uma forma ou de outra. São interações em que a raiva ou o medo assumem e nos vemos em risco de dizer ou fazer coisas das quais poderíamos nos arrepender mais tarde. Nesses momentos, o Três minutos de espaço para respirar (Capítulo 6) pode ser um recurso valioso. Pode ser necessário se ausentar brevemente da interação, mas isso tem o potencial de evitar grandes problemas para você e para a outra pessoa.

Às vezes, temos tempo para pensar sobre nossa resposta a outra pessoa e entendemos qual é o melhor curso de ação, mas encontramos dificuldade em resistir ao impulso de fazer algo tolo. Isso pode acontecer em momentos de ciúme com um parceiro, raiva com um filho desobediente ou frustração com um amigo. Nessas situações, o exercício Surfando o impulso da dor (Capítulos 7 e 9) pode ser um recurso de apoio. Você pode observar o impulso de fazer uma ligação, enviar um *e-mail* ou ir à casa da pessoa surgindo, chegando ao ápice e passando, sem agir sobre ele. Da mesma forma, há momentos em que ficamos tão absorvidos em um drama relacional que precisamos clarear nossa mente focando em algo que não é pessoal nem interpessoal. Nesses casos, a Meditação na natureza (Capítulo 5) pode ser útil, seja como prática formal ou informal.

Como há ainda mais variedades de questões relacionais do que de problemas relacionados a ansiedade, depressão ou estresse, nenhuma receita única se encaixará para todos. A seguir, você pode ver como as práticas de atenção plena podem se encaixar para aprimorar a vida relacional de uma pessoa. Sua própria experiência será provavelmente um pouco distinta.

Stuart era gerente e pai de três filhos; ele tentava se sair bem no trabalho e estar presente para sua esposa, seus filhos e seus pais doentes. Embora amasse sua família, ele com frequência ficava estressado e sentia falta de quando tinha tempo para si mesmo.

Para tentar relaxar, Stuart começou a praticar atenção plena. Ele estabeleceu uma rotina de meditação – várias vezes por semana, antes do trabalho – e iniciou práticas informais durante seus deslocamentos e suas tarefas de fim de semana. À medida que começou a se sentir mais calmo e presente, Stuart notou que seus relacionamentos também começaram a melhorar. Ele leu livros e artigos sobre meditação e passou a mudar suas prioridades.

No trabalho, a grande diferença foi que Stuart passou a levar as coisas menos para o lado pessoal. Ele percebeu o papel enorme do ego quando algo dava errado; todos sempre culpavam uns aos outros e ficavam na defensiva. Ele começou a perceber como seus próprios esforços para impressionar os outros causavam preocupações desnecessárias, então passou a focar mais em fazer um bom trabalho e menos em ser reconhecido. Quanto mais ele se concentrava em ajudar a empresa a ter sucesso em vez de proteger sua imagem, mais tranquilos ficavam os relacionamentos de trabalho.

Em casa, a prática de atenção plena fez Stuart perceber o quanto ele estava distraído. Sua esposa muitas vezes reclamava de se sentir negligenciada, o que o magoava, pois ele tentava agradar a todos. Em um esforço para tanto aprofundar sua prática quanto responder às necessidades de sua esposa, ele começou a tratar as conversas deles como momentos para praticar os Três objetos de consciência. Ele notou que, quando sua atenção se dispersava ou ele sentia pressão para focar em sua lista de tarefas, ela ficava chateada. Ele percebeu que, ao trazer sua atenção de volta para o que estava acontecendo entre eles naquele momento, sentia-se mais próximo dela, e eles se davam melhor.

Ao atentar às interações com seus filhos, Stuart percebeu que frequentemente ficava impaciente com eles. Quando um dos filhos não entendia algo ou precisava de sua ajuda, ele às vezes agia com irritação, o que invariavelmente chateava o filho e levava a uma discussão ou a uma crise emocional. Após ver esse padrão repetidamente, ele começou a tentar praticar o exercício Três minutos de espaço para respirar quando ficava tenso. Ele nem sempre conseguia, mas ao menos algumas vezes conseguia notar os sentimentos por trás de sua impaciência, seja ansiedade, dor pela dificuldade do filho ou raiva ligada a memórias de sua própria infância. Em dias bons, ver isso e tomar tempo para respirar e se sintonizar com seus sentimentos permitia que ele respondesse de maneira mais habilidosa aos seus filhos.

O relacionamento de Stuart com seus pais doentes também se beneficiou de sua prática de atenção plena. Embora eles tivessem tentado ser bons para ele, foram criados em famílias caóticas, então isso não era algo natural para eles. Stuart ainda tinha muitos sentimentos de decepção e raiva em relação à sua criação, que eram desencadeados sempre que seus pais agiam de forma autoritária. Ao prestar mais atenção em seus sentimentos ao estar com eles e ao usar o Três minutos de espaço para respirar quando estava prestes a "perder a cabeça", Stuart melhorou sua capacidade de ajudar seus pais sem "enlouquecer".

Com tudo isso acontecendo, Stuart precisava de uma forma de limpar a mente e fazer uma pausa de sua vida intensamente interpessoal. A Meditação na natureza oferecia um refúgio bem-vindo – ele era grato por oportunidades ocasionais de apenas prestar atenção ao mundo natural.

PRÁTICAS DE ATENÇÃO PLENA PARA VIVER A "CATÁSTROFE COMPLETA" DOS RELACIONAMENTOS

Após estabelecer uma base de prática regular, tanto formal quanto informal, conforme descrito nos Capítulos 3 e 4, você pode utilizar o seguinte para enriquecer seus relacionamentos.

Práticas formais de meditação

- *Respirando juntos* (página 232) para sentir-se conectado ao seu parceiro e perceber o terreno comum entre vocês.
- *Meditação de bondade amorosa* (página 85) para cultivar compaixão em relação aos outros e libertar-se dos "crimes" parentais e outras infrações.
- *Observando emoções no corpo* (página 145) para aumentar a consciência de seus sentimentos em resposta aos outros.
- *Rotulação de pensamentos* (página 154) para identificar e abandonar pensamentos obsessivos sobre um relacionamento.
- *Pensamentos são apenas pensamentos* (página 125) para permitir que pensamentos obsessivos sobre um relacionamento surjam e passem.

Práticas informais de meditação

- *Três objetos de consciência* (página 234) para atender ao seu sentimento de conexão e desconexão com outras pessoas.

Além disso, todas as práticas a seguir ajudam a trazer atenção para o momento presente ao longo do dia, o que facilita sua presença nos relacionamentos:

- *Meditação durante a caminhada* (página 67)
- *Meditação na natureza* (página 128)
- *Meditação durante a refeição* (página 262)
- *Meditação durante atividades como dirigir, tomar banho, escovar os dentes, barbear-se, etc.* (página 90)

Salva-vidas

- *Três minutos de espaço para respirar* (página 158) quando você está prestes a agir impulsivamente por raiva, medo ou outra emoção intensa.
- *Surfando o impulso da dor* (páginas 191 e 273) quando você sente o impulso de fazer algo imprudente em um relacionamento, apesar de ter considerado as consequências.
- *Meditação na natureza* (formal ou informal; página 128) para clarear a mente quando precisar de uma pausa da vida interpessoal.

DESENVOLVENDO UM PLANO

Pode ser útil criar um plano de ação para aplicar as práticas de atenção plena em seus relacionamentos. Você pode tirar uma cópia do formulário nas páginas seguintes e fazer diferentes planos para diferentes relacionamentos.

QUANDO SEU RELACIONAMENTO PRECISAR DE MAIS AJUDA

É surpreendentemente fácil cair em padrões destrutivos com outras pessoas. Embora a prática de atenção plena possa ajudar a interromper esses ciclos, às vezes a perspectiva de um terceiro neutro é necessária.

Se, apesar de seus melhores esforços, as coisas não estiverem melhorando, e o problema em um relacionamento estiver prejudicando a saúde, a felicidade ou o desempenho escolar ou profissional de alguém, pode fazer sentido consultar um profissional da saúde mental. Muitos psicoterapeutas trabalham não apenas com indivíduos, mas também com casais e famílias. Se o conflito for com alguém no trabalho ou na escola, você pode consultar um terapeuta individualmente, pois em geral não é prático levar seu professor, seu chefe ou seu colega para a terapia. Quando o problema é entre um casal, irmãos, ou entre pais e filhos, a terapia familiar é geralmente a melhor opção. Se o seu parceiro ou outro membro da família não quiser participar, você pode sempre procurar um terapeuta sozinho como primeiro passo para explorar opções de como proceder.

Um pequeno mas crescente número de psicoterapeutas utiliza abordagens baseadas em atenção plena para terapia de casais e famílias. Embora outras abordagens também possam ser muito úteis, você pode achar que trabalhar com um terapeuta treinado nesse método dará suporte à sua prática de atenção plena enquanto lida com questões interpessoais. No final deste livro, você encontrará sugestões para buscar um terapeuta de casal ou de família, além de outros recursos para trabalhar nos relacionamentos.

PLANO DE PRÁTICA

Comece refletindo sobre relacionamentos que você acha desafiadores.

Relacionamento no qual quero trabalhar: _____

_____

Situações que desejo abordar: _____

_____

Minha experiência durante essas situações:

Física (o que ocorre no meu corpo): _____

_____

Cognitiva (pensamentos): _____

_____

Comportamental (ações que faço ou evito): _____

_____

Momentos em que mais preciso de um salva-vidas: _____

_____

Agora, com base no que você leu e experimentou sobre as diferentes práticas, registre um plano inicial de prática (você pode variar conforme suas necessidades mudarem).

Prática formal	*Quando*	*Com que frequência*
_____	_____	_____
_____	_____	_____
_____	_____	_____

Prática informal	*Quando*	*Com que frequência*
_____	_____	_____
_____	_____	_____
_____	_____	_____

Salva-vidas	*Situação provável*
_____	_____
_____	_____
_____	_____

De uma forma ou de outra, dificuldades nos relacionamentos são inevitáveis. Em geral, é nosso comportamento que nos coloca em situações problemáticas; sabemos "racionalmente" o que seria melhor, mas temos dificuldade em seguir adiante. Isso ocorre em diversas outras áreas também. No próximo capítulo, abordaremos nossa tendência a cair em hábitos prejudiciais e veremos como as práticas de atenção plena podem nos ajudar a fazer escolhas melhores em tudo, desde alimentação e exercícios até televisão e sexo.

9

Rompendo com os maus hábitos

Aprendendo a fazer boas escolhas

Você já teve dificuldade em fazer a coisa certa? Já se sentiu mal por coisas que fez? Até agora, discutimos como a prática de atenção plena pode nos ajudar a lidar com experiências internas e a nos conectar de maneira mais profunda com os outros. Embora tenhamos abordado como a atenção plena pode nos dar flexibilidade em nosso comportamento (para enfrentar medos ou responder de maneira mais habilidosa aos outros quando eles nos irritam ou decepcionam), enfatizamos a prática de atenção plena como uma forma de trabalhar com pensamentos e sentimentos internos.

No entanto, nossas ações podem nos trazer problemas de muitas maneiras. Todos os dias, fazemos centenas de escolhas que afetam nosso bem-estar e o daqueles ao nosso redor: escolhemos se vamos beber mais uma taça ou comer mais uma fatia de bolo; escolhemos entre dormir ou ficar acordados; decidimos se faremos nosso trabalho ou o evitaremos; escolhemos entre dizer a verdade, ajudar um amigo ou ligar a televisão. Acontece que muito do nosso sofrimento vem das consequências de maus hábitos. Algumas dessas consequências são externas (entrar em conflito com os outros ou prejudicar nossa saúde), já outras são internas (sentir-se mal consigo mesmo por ser "ruim"). Algumas escolhas têm ambos os tipos de consequências, como quando algumas doses de bebida a mais nos fazem dizer coisas que não deveríamos, causam uma ressaca que prejudica nosso desempenho no trabalho no dia seguinte e nos deixam envergonhados.

Como podemos fazer escolhas de maneira mais sábia? O primeiro passo é perceber que estamos, de fato, fazendo escolhas. Alguns de nossos hábitos estão tão enraizados que mal nos damos conta de que decidimos ir à geladeira, inventar uma desculpa ou gastar mais do que planejamos. Viver sem atenção plena pode nos deixar sem entender como ganhamos três quilos "da noite para o dia", por que estamos sendo ignorados pelos amigos ou o que aconteceu com o saldo do cartão de crédito. Com a prática de atenção plena, podemos perceber melhor o que estamos fazendo no momento em que o fazemos.

E, uma vez feita uma escolha, como desenvolvemos a força para segui-la? Como fechamos a porta da geladeira, admitimos a verdade e guardamos o cartão de crédito? Embora isso possa ser ainda mais difícil, a prática de atenção plena também pode ajudar aqui.

Não há limite para o número de hábitos problemáticos em que podemos cair. Reserve um momento para ver com que frequência você se entrega a cada um destes maiores "clássicos":

INVENTÁRIO DE MAUS HÁBITOS

0 – Nunca   1 – Raramente   2 – Às vezes
3 – Frequentemente   4 – Muito frequentemente

Usando essa escala de 0 a 4, avalie com que frequência cada uma das seguintes situações ocorre:

- Comer mais do que precisa (_____) _____
- Comer alimentos não saudáveis (_____) _____
- Beber álcool em excesso (_____) _____
- Beber em momentos inadequados (_____) _____
- Usar outros intoxicantes em excesso (_____) _____
- Usar intoxicantes em momentos inadequados (_____) _____
- Fumar cigarros (_____) _____
- Dormir muito tarde (_____) _____
- Passar muito tempo navegando na internet (_____) _____
- Passar muito tempo assistindo à TV (_____) _____
- Roer unhas, coçar ou cutucar a pele, arrancar cabelos ou outro hábito nervoso (_____) _____
- Fazer outras tarefas enquanto dirige (usar o celular, pentear o cabelo, etc.) (_____) _____
- Trabalhar demais (_____) _____
- Adiar tarefas de trabalho (_____) _____
- Adiar tarefas domésticas (_____) _____

- Exercitar-se em excesso (_____) _____
- Não se exercitar (_____) _____
- Comprar coisas de que na verdade não precisa (_____) _____
- Jogar em excesso (_____) _____
- Flertar em excesso (_____) _____
- Envolver-se em relações sexuais inapropriadas (_____) _____
- Contar pequenas mentiras (_____) _____
- Contar mentiras mais substanciais (_____) _____
- Exagerar uma história para entreter ou impressionar (_____) ____
- Exagerar uma despesa comercial ou de imposto (_____) _____
- Agir de forma ranzinza ou indelicada com pessoas que não merecem (_____) _____
- Envolver-se em um hábito problemático não listado acima (_____) ____
- Envolver-se em outro hábito problemático não listado acima (_____) ____

Agora, reserve um momento para voltar aos itens a que atribuiu uma pontuação maior do que zero. Anote na linha ao lado de cada um as suas consequências externas e/ou internas.

O que você notou? Exceto por aqueles que alcançam um estado quase santo, a maioria de nós cai em alguns desses hábitos. Sua vida poderia ser melhor se você tivesse um pouco mais de controle sobre esses comportamentos?

CULPA, VERGONHA E OUTROS SENTIMENTOS

A maioria de nós detesta como se sente por dentro quando não atinge seus próprios padrões. Culpa e vergonha internas corroem e nos impulsionam a novos comportamentos prejudiciais. Também não somos grandes fãs de multas, tempo na prisão, divórcio, desemprego ou outros custos externos de maus hábitos. Felizmente, ao praticar atenção plena regularmente, podemos limitar todas essas consequências.

O Capítulo 5 discutiu como diferentes culturas utilizam abordagens distintas para ajudar seus membros a se relacionarem melhor. Embora quase todas possuam regras contra roubar, mentir, matar e cometer adultério, algumas ensinam que é pecado até pensar em tais coisas, já outras permitem o pensamento ou o impulso, mas proíbem a ação. Também vimos como tentar banir pensamentos e impulsos indesejados pode nos confundir e contribuir para depressão, ansiedade e uma série de condições médicas relacionadas ao estresse.

Quando praticamos a *atenção ao momento presente com aceitação*, notamos que uma grande variedade de impulsos nobres e não tão nobres regularmente entram em nossa mente. Também nos tornamos conscientes de muita ambivalência (sentimentos mistos em relação a outras pessoas, nosso trabalho, nosso corpo) e das inúmeras escolhas que fazemos todos os dias. Percebemos que muitas decisões são tomadas com "um anjo em um ombro e um demônio no outro": "Devo ou não devo?".

Como decidir? Uma forma muito básica é considerando o risco de punição. Reduzimos a velocidade na estrada ou esperamos na placa de "Proibido virar à direita com sinal vermelho" com base em um cálculo rápido: a polícia pode estar observando. Nosso comportamento no trânsito é regulado em grande parte porque nos desagrada pagar multas.

Claro que, às vezes, nosso comportamento é regido pela nossa consciência. Freud chamou isso de *superego*, literalmente o "eu superior". Quase todos nós temos um senso de alguém ou algo dentro de nós que observa nossas ações e as julga como moralmente boas ou más. Isso se desenvolve inicialmente na infância, quando internalizamos os lembretes dos adultos sobre o que é certo e errado. Sentimos culpa quando violamos essas regras internas em segredo e vergonha quando somos descobertos. Como tanto a culpa quanto a vergonha são desagradáveis, aprendemos a nos controlar para evitá-las.

Há outras bases mais sutis para fazer escolhas que vão além de evitar punição, culpa ou vergonha. Quando prestamos atenção plena à nossa experiência, percebemos que comportamentos prejudiciais *criam ondas de perturbação em nossa mente*. É difícil ter uma sessão de meditação pacífica após um longo dia mentindo, roubando ou causando destruição. Assim, por meio da prática de atenção plena, tomamos decisões mais saudáveis e sábias (e minimizamos a dor de fazer o oposto) porque nos tornamos mais sensíveis aos efeitos sutis dessas decisões.

Começamos a notar que certos estados mentais tendem a seguir certas ações, o que naturalmente nos leva a um comportamento mais ético e habilidoso. Por exemplo, se observo minha mente após ser cruel com minha esposa, provavelmente notarei diversas consequências perturbadoras. Em um nível básico, posso me preocupar que ela fique com raiva e aja de forma fria ou até tente me machucar de volta. Em outro nível, posso sentir culpa ou vergonha por não estar à altura da imagem que tenho de mim como bom marido. De maneira mais sutil, percebo o sofrimento que causei a ela e noto que ela é um ser humano como eu, que sente a mesma dor quando é maltratada. Também me sinto desconectado dela e mais sozinho no mundo. Todas essas experiências são desagradáveis; se eu puder permanecer atento, elas me desencorajarão de agir mal na próxima vez. Claro, se eu permanecer desatento, posso ser cruel repetidamente, até ficar chocado ao receber uma intimação de divórcio.

Em contrapartida, se sou gentil ou generoso com minha esposa, notarei um conjunto muito diferente de consequências mentais. Terei menos medo de represálias, menos pensamentos autocríticos e provavelmente terei sentimentos empáticos e agradáveis ao ver a felicidade dela. Também me sentirei mais conectado a ela e menos sozinho. Se eu estiver atento a essas experiências agradáveis, terei mais probabilidade de agir de forma atenciosa novamente da próxima vez.

Dessa forma, a prática de atenção plena nos ajuda a ver que é, na verdade, do nosso próprio interesse agir com justiça e compaixão. A única forma de realmente "escaparmos" das consequências de um comportamento antiético é não percebendo seus efeitos em nossa própria mente. Ao esclarecer os efeitos sutis de nossas ações, a prática de atenção plena nos ajuda a fazer escolhas mais sábias.

PRATICANDO A ÉTICA COM ATENÇÃO PLENA

O desafio é desenvolver continuidade suficiente na atenção plena para permanecer ciente dessas relações de causa e efeito. Estabelecer uma prática regular, conforme descrito nos Capítulos 3 e 4, é um bom começo. Além disso, ao lidar com outras pessoas, praticar regularmente os Três objetos de consciência, descritos no Capítulo 8, ajudará a esclarecer sua experiência interna e como os outros reagem a você. Isso evidenciará a ansiedade que surge assim que você distorce a verdade e a dor que a outra pessoa sente quando você é cruel.

Você pode cultivar a percepção dos efeitos sutis de outras ações praticando de maneira informal ao longo do dia. Se estiver atento ao preencher sua declaração de imposto, notará o leve medo ou a culpa que surge ao se ver tentado a exagerar uma despesa de negócios. Se estiver atento ao evitar uma tarefa de trabalho, notará a ansiedade e a culpa que se seguem. Esses sentimentos passageiros e às vezes sutis se tornam corretivos naturais, incentivando gentilmente que você faça a coisa certa.

Praticar atenção plena dessa maneira também nos ajuda a ver os benefícios de corrigir erros. Quando respondemos aos nossos remorsos sobre algo que fizemos endireitando as coisas, notamos o alívio que vem de não mais carregar o fardo. Isso se torna um reforço, motivando-nos a corrigir as coisas novamente na próxima vez. Com o tempo, fazer esses ajustes pode aliviar muito medo, vergonha e culpa.

> Ao destacar a dor que se segue ao nosso comportamento inábil, a atenção plena naturalmente nos motiva a fazer a coisa certa.

O fracasso do princípio do prazer

Comportar-se de maneira sábia e ética de fato se torna mais fácil com o tempo. Com uma continuidade na prática de atenção plena, vemos repetidamente que o comportamento pouco habilidoso quase sempre surge de uma busca por gratificação. Tentar prolongar o prazer e evitar a dor pode não apenas nos aprisionar na depressão, na ansiedade, na dor crônica e em um padrão de relacionamentos fracassados (como discutido nos Capítulos 5 a 8), mas também causar sofrimento sutil momento a momento.

Nossos impulsos para sermos maliciosos ou prejudiciais aos outros envolvem, em grande parte, uma tentativa de agarrar-se ao prazer e evitar a dor. Podemos mentir sobre ter planos para ficar em casa lendo um bom livro em vez de sair com alguém que achamos chato; convencer um colega de trabalho a fazer a parte entediante de um projeto para fugir da tarefa; ou exagerar nossos feitos para desfrutar do brilho da admiração. Imaginamos que seremos mais felizes ao esconder a verdade, evitar tarefas desagradáveis ou nos enaltecer. Mas os efeitos perturbadores de não estarmos à altura dos nossos ideais tendem a nos assombrar.

E não se trata apenas de sentir culpa e vergonha; nossos deslizes éticos também nos deixam acabrunhados. "Será que ele vai descobrir que fiquei em casa naquela noite?" "Será que ela vai perceber que fez a maior parte do trabalho maçante?" "Eles acham que estou falando demais?" Esses deslizes nos tornam paranoicos, pois esperamos que os outros nos tratem da mesma forma que os tratamos. Desse modo, quando seguimos pela vida enganando aqui e ali, acabamos vivendo em um mundo no qual esperamos ser enganados.

Ao perceber claramente que essa busca constante por prazer causa sofrimento, e que o prazer e a dor vão e vêm independentemente do que façamos, torna-se mais fácil sermos justos e generosos com os outros. Em vez de nos preocuparmos com o que teremos que ceder, percebemos que agir de forma gananciosa é garantia de fracasso. Da mesma forma que aprendemos a nos afastar de um jogo no parque de diversões ao perceber que ele é manipulado e não há chance de vencer, abandonamos comportamentos egoístas quando entendemos que eles de fato não fazem com que nos sintamos melhor por muito tempo.

Em um nível ainda mais sutil, como discutido no Capítulo 8, a prática de atenção plena pode nos ajudar a fazer escolhas justas e éticas ao redefinir nossa visão sobre quem acreditamos ser. Ao começarmos a nos ver como parte de um mundo mais amplo, como células de um organismo maior, nossa tendência de agarrar tudo para nós mesmos começa a diminuir. Assim como nossa mão direita fica feliz ao colocar uma luva na mão esquerda, nos tornamos menos focados no "eu" e mais focados no "nós". Não precisamos nos lembrar da regra de ouro, pois a separação entre "eu" e "você" torna-se menos significativa.

Muitos de nós experimentam essa suavização de fronteiras ao menos ocasionalmente em nossa família. Muitos casais compartilham finanças, de modo que não há distinção entre "meu dinheiro" e "seu dinheiro", ou, quando gastamos com nosso filho pequeno, não sentimos como se fosse "meu" dinheiro indo para "você".

Em dias bons, quando um parente próximo precisa de nossa ajuda, a oferecemos livremente, sem a sensação de sacrifício – tudo fica "em família".

A prática de atenção plena tem o potencial de expandir esse sentimento de família para incluir a todos. Claro, é raro alguém estar ciente de sua inter-relação com os outros o tempo todo. Contudo, quando temos vislumbres por meio da prática de que é possível nos experimentar e aos outros dessa forma, também sabemos que é possível manter certa consciência de nossas interconexões, mesmo quando nos preocupamos que as coisas não estão saindo como gostaríamos. Essa consciência geralmente leva a comportamentos sábios, reduzindo as chances de episódios de culpa e de vergonha.

> A consciência de nossa interconexão naturalmente faz com que tomemos decisões mais sábias.

Algumas pessoas já são bem éticas, mas podem utilizar a atenção plena para fazer ajustes que levem a maior paz e leveza. Outras têm um longo caminho pela frente, e podem precisar da prática de atenção plena para ajudá-las a sair de um abismo.

Se você conhecesse Mary hoje, veria uma mulher experiente, mas honesta. Se a tivesse conhecido há 15 anos, seria um erro confiar nela.

Mary cresceu em um bairro de classe média alta. Seu pai era um empresário que bebia muito, fazia negócios arriscados e contornava as regras. Sua mãe, embora amorosa, tinha medo de confrontá-lo. Mary não era boa aluna e, ao chegar ao ensino médio, ela e o pai viviam em pé de guerra. Quando os colegas estavam se preparando para a faculdade, ela não aguentou mais e saiu de casa.

Viver sozinha foi difícil. Ela mentiu sobre sua idade para conseguir um emprego em uma casa noturna. Vendia maconha, cigarros contrabandeados e relógios falsificados. Namorou vários homens, todos problemáticos. Mesmo assim, evitou envolver-se com prostituição pesada ou violência e até conseguiu aprender sobre investimentos e economizar algum dinheiro.

Aos 24 anos, Mary teve uma filha. Seu namorado a deixou logo em seguida, e Mary se viu em um ponto decisivo. Ter outra pessoa dependente dela fez diferença. Ela sentiu que seus próprios pais fizeram um trabalho horrível e queria desesperadamente ser melhor para sua filha. Então, começou a tentar endireitar sua vida.

Uma amiga de infância, agora enfermeira, ensinava meditação de atenção plena no hospital e encorajou Mary a participar de uma aula. Sabendo que estava estressada, ela aceitou o convite.

Sentar-se com seus pensamentos e seus sentimentos não foi fácil. Mary estava acostumada a tramar, fazer negócios, criar conexões e driblar a lei. Ela teve muita dificuldade em manter a atenção na respiração, mas se saiu melhor com meditação durante a caminhada e a refeição, além da prática informal. Manter-se atenta na casa noturna era praticamente impossível; ela se sentia sobrecarregada pela dor das vidas destruídas das outras dançarinas e pelas interações com clientes que a tratavam como objeto. Percebia-se triste, com raiva e assustada. Como todos ali, ela recorria ao álcool e às drogas para se anestesiar.

No início, a prática de atenção plena mostrou a Mary que ela estava ainda mais estressada do que percebia. Ela notou que, a cada vez que usava drogas, sentia alívio para sua ansiedade, sua raiva e sua tristeza, mas elas voltavam quando os efeitos passavam, junto com sintomas físicos desagradáveis. Ela via o ciclo da dor emocional: ficava alterada para escapar dela, sofria ainda mais quando os efeitos passavam e então queria se anestesiar de novo. Mary também percebeu que confiava em poucos amigos e desconfiava da maioria das pessoas. E começou a pensar em sua família, sentindo a mágoa e a raiva junto ao desejo de, de alguma forma, melhorar a situação para que sua filha pudesse ter avós.

A prática de atenção plena revelou a Mary que ela nunca encontraria paz enquanto não se desvinculasse desse estilo de vida. Isso a motivou a iniciar a psicoterapia, o que, com o tempo, deixou ainda mais evidente que mudanças eram necessárias.

Com grande apreensão, Mary começou seu treinamento para ser assistente médica. Que contraste com sua vida na boate. No consultório médico, tudo precisava ser correta e devidamente documentado. Ocupada com o bebê e o emprego, ela achava realmente difícil manter uma prática formal de atenção plena. Entretanto, quando suas dúvidas e sua ansiedade sobre seu sucesso no novo emprego se tornaram esmagadoras, ela voltou às aulas. Apesar da dificuldade, ela também continuou com a prática informal sempre que possível.

Conforme Mary prosseguia com a terapia e tentava viver com mais atenção plena, percebeu o quanto seus hábitos estavam profundamente enraizados. Ela se pegava encobrindo pequenos erros, mentindo quando estava atrasada e fingindo saber coisas que, na verdade, desconhecia. A prática a ajudou a ver como cada uma dessas atitudes aumentava sua ansiedade, sua culpa e sua vergonha, mesmo quando não tinha consequências externas (ela ainda não havia sido pega, pelo menos por enquanto). De forma gradual, ela experimentou ser mais honesta. As pessoas geralmente respondiam bem, e era um alívio não precisar se preocupar em ser desmascarada.

Nos anos seguintes, Mary fez muito trabalho psicológico e, aos poucos, tornou-se mais feliz nesse processo. Não foi um caminho fácil. Ser mãe solteira já era desafiador; fazê-lo com um passado conturbado tornava tudo ainda mais difícil. Pouco a pouco, ela conseguiu sentir a raiva, a tristeza e o desejo de proximidade que havia reprimido enquanto vivia com os pais e trabalhava na boate. Estando mais consciente de todos os seus sentimentos, passou a se conectar mais com sua filha, a quem passou a amar profundamente. Aprender a tolerar as emoções de sua própria infância a ajudou a se reconciliar, em parte, com seus pais, que se mostraram melhores com a neta do que haviam sido com Mary.

Aprender a encontrar e viver segundo seus valores internos foi extremamente significativo. Mary agora sentia que era uma pessoa decente e uma boa mãe. Fez alguns amigos de confiança no trabalho e entre outras mães. Embora fosse exaustivo ser mãe solteira e trabalhadora, ela estava, na verdade, menos estressada vivendo com integridade do que antes do nascimento de sua filha. Foi um alívio não precisar mais se preocupar com a polícia, nem com ser pega mentindo sobre um negócio, e não ter mais medo de clientes estranhos ou de seus próprios sentimentos reprimidos. Ela até conseguiu abandonar as drogas quando sua vida se estabilizou – o que, como veremos a seguir, muitas pessoas não conseguem fazer com tanta facilidade.

ADDICERE

Muitas vezes, entendemos racionalmente quais escolhas promoverão maior bem-estar para todos os envolvidos, mas, ainda assim, encontramos dificuldade em agir de acordo. A palavra inglesa *addiction* (vício) vem do latim *addicere*, que significa "ser entregue como escravo a outro". É impressionante como frequentemente somos "escravizados" por desejos imediatos. Temos dificuldade em fazer escolhas sensatas em relação a alimentação, exercícios, sono, consumo de álcool, drogas, tabagismo, jogos, compras, uso da internet, sinceridade, trabalho, relacionamentos amorosos e sexo – para citar apenas alguns. Mesmo aqueles que não se consideram "viciados" em geral encontram dificuldade em fazer escolhas razoáveis em algumas áreas. Praticamente qualquer comportamento pode se tornar um vício, e, para alguns de nós, muitos se tornam em algum momento. Muitas vezes, o problema envolve o excesso, embora também possamos nos prejudicar ao nos tornarmos muito austeros em nossa tentativa de *evitar* excessos.

ALIMENTAÇÃO

Se você experimentou a Meditação com a uva-passa, no Capítulo 3, talvez tenha percebido que essa uva-passa não era como as outras. Comemos sem atenção na maior parte do tempo. Além de nos fazer perder um dos grandes prazeres da vida, comer sem atenção nos predispõe a diversos problemas de saúde. Cerca de dois terços dos americanos estão acima do peso, e um terço atende aos critérios de obesidade. De 1 a 4% das mulheres jovens sofrem de anorexia, bulimia ou compulsão alimentar. Enquanto outros animais comem quando estão com fome e param quando estão satisfeitos, muitos de nós claramente desenvolveram uma relação complicada com a comida.

Quais são as implicações de comer sem atenção? Depende de estarmos nos empanturrando ou tentando fazer dieta. Quando comemos de forma compulsiva, em geral estamos pensando em outras coisas e não realmente saboreando o alimento. Nesses momentos, respondemos ao estímulo visual da comida com o impulso de devorá-la, independentemente de estarmos de fato com fome ou não. Ignoramos sensações mais sutis de saciedade e antecipamos a próxima mordida antes de terminar de mastigar a atual. Normalmente, já pegamos mais comida com o garfo ou a colher antes mesmo de engolir o que está na boca. Podemos comer para nos acalmar, distraindo-nos de pensamentos ou sentimentos desagradáveis com as sensações prazerosas de nos alimentarmos. Ao não saborear, não apreciamos realmente o alimento e quase certamente deixamos de ver o esforço investido em seu cultivo e seu preparo. Comer dessa forma pode ser temporariamente reconfortante, mas não é muito rico ou significativo, e muitas vezes leva a problemas de saúde.

A alimentação sem atenção ganha outras dimensões quando começamos a lutar com calorias. Quando fazemos dieta, ficamos obcecados por comida. Cada refeição se torna uma batalha entre desejo e autocontrole. Passamos a pensar em termos de extremos, nos considerando bem-sucedidos ou fracassados a cada refeição. Nós nos parabenizamos pela contenção em um momento, apenas para nos ver, de repente, comendo em excesso no momento seguinte. Isso leva ao que chamamos de *efeitos da violação da abstinência*: a autodepreciação e o impulso de desistir que sentimos quando saímos do controle. Além disso, surgem todos os tipos de pensamentos autocríticos sobre sermos gordos, feios, fracos, autodestrutivos, indisciplinados ou não saudáveis. A reprovação por perder o controle, combinada com julgamentos negativos sobre nossa aparência e nosso caráter, nos torna miseráveis. Como reagimos a isso? Naturalmente, visitando a geladeira mais uma vez para nos acalmar.

A prática de atenção plena oferece uma alternativa. Muitas pessoas experimentam isso de forma bastante intensa quando participam de retiros de meditação silenciosa. Durante retiros intensivos, o dia inteiro é passado em silêncio, observando a mente e o corpo. Em geral, desenvolve-se um bom nível de concentração, e percebemos eventos internos e externos que normalmente passam despercebidos.

Como a maior parte do dia é passada alternando entre meditação sentada e caminhando, as refeições se tornam um grande atrativo. Elas oferecem uma oportunidade de se fazer algo diferente e gratificante. Some-se a isso o fato de que a comida nos centros de retiro é geralmente muito boa, e você pode imaginar como os participantes salivam ao ouvir o sino das refeições.

Na primeira refeição, os recém-chegados, em especial, geralmente enchem os pratos de iguarias. As opções são saborosas e saudáveis, então por que não? As refeições são estruturadas como sessões de meditação e são consumidas lentamente e em silêncio. Em vez de focar na respiração ou nos passos, os participantes concentram-se na experiência de comer.

Não demora muito para que a maioria das pessoas perceba que pegou comida demais. Após 30 minutos, seu prato ainda está meio cheio, mas já estão satisfeitas. A mente decide ser mais moderada na próxima vez.

Na refeição seguinte, no entanto, a fome e a antecipação já retornaram, assim como a tentação de encher o prato. A maioria das pessoas serve-se de menos comida na segunda vez, mas ainda exagera. Em geral, são necessárias diversas refeições para se aprender o quanto de comida é realmente o suficiente.

> A atenção plena pode interromper ciclos de privação seguidos por compulsão alimentar e prolongados pelo impulso de comer demais para acalmar a culpa ou a vergonha de ter comido de forma compulsiva.

Embora eu não tenha peso excessivo ou insuficiente, percebo que os únicos momentos em que minha alimentação não é, de alguma forma, desordenada ocorrem durante esses retiros silenciosos. Neles, de fato saboreio e aprecio minha comida, e, após alguns erros e acertos, aprendo a comer apenas o que meu corpo necessita. Durante o resto da minha vida, estou menos plenamente consciente ao comer e invariavelmente uso a comida para me acalmar ou me distrair de pensamentos ou sentimentos desagradáveis.

A maioria de nós não passará a vida em retiros nem comerá todas as refeições como uma meditação silenciosa, mas ainda podemos aprender a comer com mais atenção. As instruções para a meditação formal durante a refeição foram apresentadas no Capítulo 3. Independentemente de você ter dificuldades com a comida ou não, recomendo experimentar a prática de atenção plena enquanto come lentamente uma refeição em silêncio. Praticar isso ocasionalmente infunde atenção consciente em todas as nossas experiências alimentares.

Também é possível utilizar refeições comuns como oportunidades para práticas informais de atenção plena. Você pode tentar isso na próxima vez que comer sozinho.

Meditação informal durante a refeição

Desligue a TV e guarde o jornal. Reserve alguns minutos para se acomodar na cadeira. Observe sua respiração e como o corpo se sente. Note onde há tensão e se a fome está presente ou ausente. Perceba se você está sentindo algum desejo específico e se alguma emoção está presente. Tente observar os pensamentos que surgem sem julgá-los. Note se consegue identificar sua motivação para comer neste momento – é fome, tédio, um desejo específico ou a necessidade de comer agora devido à sua agenda? Tente não julgar a motivação, apenas a observe.

Agora, permita-se comer. Dependendo de suas circunstâncias, isso não precisa ser um exercício de concentração lenta, mas tente perceber quando você saboreia a comida e quando não o faz. Tente também monitorar as sensações de fome e de saciedade, a sensação de que seu estômago está vazio ou cheio ou a percepção de que você já teve o suficiente de determinado sabor. Observe o que acontece com suas emoções e seus pensamentos enquanto come e como você toma a decisão de parar ou continuar comendo.

Quando direcionamos atenção consciente ao processo de comer, tendemos a perceber experiências que, de outra forma, passariam despercebidas. Vemos as relações entre pensamentos, sentimentos e a alimentação. Podemos perceber que comemos mais rápido quando algo nos perturba e que diminuímos o ritmo quando estamos mais tranquilos. Tornamo-nos mais capazes de reconhecer e tolerar emoções em vez de recorrer de forma automática à comida para atenuá-las. Podemos também utilizar a alimentação como oportunidade para apreciar nossa conexão com o mundo ao nosso redor, como na história sobre comer uma tangerina apresentada no Capítulo 8. Podemos valorizar todos os esforços que contribuíram para a produção, o transporte e o preparo do alimento, bem como os notáveis processos naturais pelos quais a energia do sol se transformou no que aparece em nosso prato.

Após fazer algumas refeições praticando a meditação silenciosa e ter experimentado a Meditação informal durante a refeição, você também pode tentar comer com atenção plena na companhia de outras pessoas; apenas precisará dividir sua atenção entre a comida e a conversa.

Outra prática útil é experimentar comer alimentos problemáticos conscientemente. Isso pode ajudá-lo a apreciá-los ocasionalmente, sem exageros.

Meditação com alimentos problemáticos

Em geral, isso funciona melhor após o final de um período regular de meditação de respiração ou caminhada. Primeiro, faça a Meditação com a uva-passa, descrita no Capítulo 3 (se você não gosta de uvas-passas, pode escolher outro pequeno pedaço de fruta seca ou um petisco saudável similar). Em seguida, tente a mesma meditação lenta e deliberada com um alimento como chocolate, doce, batata frita, sorvete ou outro alimento atraente (e não tão saudável).

Muitos de nós consumimos esses alimentos com rapidez, sem de fato saborear a experiência. Comer essas guloseimas com atenção plena pode mudar nossa relação com elas, permitindo que as apreciemos com moderação.

Outro cenário em que as pessoas com frequência perdem o controle é em ambientes com comida ilimitada. Festas, *buffets* e banquetes são perigosos, eles incentivam o excesso. Uma abordagem para dominar essas situações é visitá-los periodicamente como uma prática deliberada de atenção plena.

Meditação em buffets

Vá a uma festa ou um *buffet* com a intenção de praticar a alimentação consciente. Veja se consegue perceber quando a fome desempenha um papel em oposição a quando "seus olhos são maiores que o estômago". Preste atenção especial às sensações de saciedade. Coma devagar o suficiente para que seu sistema digestivo tenha tempo de sinalizar ao cérebro quando você já consumiu o bastante. Assim que se sentir satisfeito, pratique dizer "Não, obrigado" a pessoas que lhe ofereçam mais. Observe todos os pensamentos e sentimentos que surgem enquanto come nesse ambiente.

Quanto mais você praticar deliberadamente a Meditação em *buffets*, mais fácil será comer conscientemente nessas ocasiões no futuro.

Meditação do perdão

Para pessoas que tentam regular sua alimentação, a autocrítica em relação a deslizes na disciplina desempenha um papel importante (lembre-se dos efeitos da violação da abstinência já mencionados). Abordagens orientadas por atenção plena para problemas alimentares, portanto, enfatizam a consciência em vez da disciplina. Quando percebemos o que estamos fazendo a cada momento, nos tornamos mais propensos a fazer escolhas sensatas. Essa abordagem nos ajuda a evitar o padrão familiar dos extremos: abstêmio e penitente em um dia, para logo em seguida se libertar das restrições autoimpostas e exagerar no próximo, e depois comer mal no terceiro dia para aliviar a resultante autoaversão. Se você está preso nesse tipo de padrão, certas práticas de atenção plena podem ajudar.

Uma abordagem especialmente útil é destacar os pensamentos negativos que surgem após um episódio de exagero e usar a prática de atenção plena para colocá-los em perspectiva. Alguns programas de alimentação baseados em atenção plena integram técnicas de TCC envolvendo imagens mentais para isso. O exercício a seguir é um bom salva-vidas após um episódio de exagero, caso você esteja em risco de desistir e se descontrolar de novo. Aborde-o de forma lúdica para não acabar levando os pensamentos muito a sério.

Desfile de pensamentos

Imagine que você está assistindo a um desfile, e cada um dos participantes está segurando uma placa. Cada placa contém um dos seus pensamentos autocríticos:

- "Eu sou uma baleia."
- "Minha barriga é horrível."
- "Não tenho força de vontade."
- "Sou um porco."
- "Todo mundo consegue comer com moderação, mas eu sou um criancão e não consigo parar."
- "Eu sou repulsivo."

Permita que cada um dos participantes passe com sua placa. Apenas observe o desfile e perceba seus sentimentos.

Outra abordagem para lidar com esses pensamentos negativos que também pode funcionar como um salva-vidas envolve as práticas de bondade amorosa discutidas no Capítulo 4. Após começar com um período de meditação de respiração para desenvolver concentração, você pode repetir mentalmente: "Que eu seja feliz", "Que eu fique em paz", "Que eu me liberte do sofrimento", "Que eu me aceite exatamente como sou" ou "Que eu me perdoe por ter exagerado". Como já discutido, algumas pessoas acham mais fácil começar essas práticas com a imagem de um benfeitor, direcionando energia amorosa e compassiva primeiro para alguém que personifique a compaixão e, depois, voltando-a para si mesmas. A ideia não é necessariamente combater seus pensamentos autocríticos, e sim trazê-los à luz. Se sua mente responde com algo como "Mas eu realmente sou repulsivo" ou "Eu de fato mereço ser punido", simplesmente observe esse pensamento surgir e desaparecer, e volte sua atenção para as frases de bondade amorosa.

Juntando as coisas: comer com atenção plena

Você pode combinar essas diferentes técnicas segundo sua relação específica com a comida. Todas elas repousam sobre a base de uma prática regular de atenção plena, como descrito nos Capítulos 3 e 4. Na medida do possível, tente periodicamente fazer de um dos seus períodos de prática formal uma Meditação durante a refeição. Comer de maneira consciente ao longo de uma pequena refeição exigirá pelo menos meia hora – é importante não se apressar. Isso permitirá que você saboreie sua comida, e que seu sistema digestivo sinalize que você está satisfeito (é necessário que parte dos alimentos sejam digeridos para que alguns desses sinais sejam gerados). Se você tiver um amigo ou um parceiro interessado, podem praticar juntos a alimentação consciente, mantendo o silêncio durante a refeição.

O próximo componente envolve refeições com um ritmo mais normal, mas ainda praticando atenção plena (Meditação informal durante a refeição). Essa prática também é mais bem realizada quando se está sozinho ou em silêncio com outras pessoas. Um elemento-chave é notar os pensamentos e os sentimentos que surgem em relação à comida, incluindo impulsos para se acalmar ou se distrair. Após praticar isso algumas vezes, você pode tentar comer com atenção plena em uma refeição com conversação, embora sua atenção fique mais dividida.

Se você tem certos alimentos que são seu ponto fraco, como ultraprocessados, alimentos altos em açúcar ou muito calóricos (pão com manteiga e geleia, *pizza* e oleaginosas – nozes, castanhas, amendoim, etc.), experimente a Meditação com alimentos problemáticos. Comer esses alimentos ocasionalmente como prática formal de meditação ajudará a induzi-lo a desacelerar e prestar atenção ao comê-los em outras ocasiões. Da mesma forma, se você tende a exagerar em *buffets* ou festas, tentar a Meditação em *buffets* pode ajudar a evitar a perda de controle nesses ambientes.

A maioria das pessoas que luta contra o excesso de alimentação sofre dos efeitos da violação da abstinência e tende a desistir após exagerar. É aqui que o Desfile de pensamentos e a Meditação de bondade amorosa podem ser úteis como salva-vidas. Experimente os dois para ver qual funciona melhor para você – identificar os pensamentos e brincar com eles com o Desfile de pensamentos ou gentilmente se confortar com a Meditação de bondade amorosa.

Aprender a estar atento em torno da comida é uma conquista que se manifesta diferentemente para cada pessoa. Aqui está como funcionou para um dos meus pacientes:

John passou a vida inteira lutando contra o peso. Sua família gostava de comer e passava muito tempo nas refeições. Ninguém era especialmente disciplinado. Outros jovens podiam comer o que quisessem, mas cada caloria prendia-se ao seu corpo. John foi alvo de piadas quando criança, embora tenha sentido alívio quando pôde usar seu peso a seu favor jogando futebol americano no ensino médio.

Quando chegou aos 30 anos, o peso voltou a ser uma preocupação importante. Ele não era obeso mórbido, mas seu peso era suficiente para atrapalhar sua vida social. O médico de John sugeriu uma abordagem baseada em atenção plena e o encaminhou para mim.

Logo ficou claro que John estava obcecado com seu peso. Ele tinha lembranças dolorosas de ser ridicularizado. Sabia que comia para se acalmar, recordava de seus pais oferecendo comida quando estava chateado e percebia que nunca sabia o que era o suficiente.

Apresentei a prática de atenção plena para John. Fizemos juntos a Meditação com a uva-passa, e ele ficou espantado – percebeu que raramente de fato sentia o gosto de sua comida. Depois, fizemos uma refeição silenciosa juntos. Isso também foi revelador: John percebeu que sempre pensava na próxima mordida e tinha pouca consciência de seu corpo. Na verdade, John passou a sentir que havia se desconectado de seu corpo por sentir-se tão mal por estar acima do peso. No processo, ele perdeu a percepção tanto das sensações de sabor quanto das de saciedade. Quanto mais John conseguia estar consciente nas refeições, menos comia. Ele não precisava lutar, só precisava prestar atenção. Com o tempo, ele conseguiu atingir um peso mais confortável.

A prática de atenção plena pode ajudar muito na resolução de dificuldades alimentares. Se tais problemas se tornaram dominantes em sua vida, no entanto, você também pode se beneficiar da estrutura de ajuda externa. Um profissional da saúde mental especializado em distúrbios alimentares pode ajudá-lo a identificar os pensamentos e os sentimentos por trás de seu comportamento e encontrar formas mais saudáveis de lidar com eles. Alguns desses clínicos agora utilizam abordagens baseadas em atenção plena, então vale a pena perguntar sobre isso. Um programa bem embasado que utiliza uma abordagem similar à descrita aqui é o *Treinamento de conscientização alimentar baseado em atenção plena* (MB-EAT, do inglês *mindfulness-based eating awareness training*), desenvolvido por Jeanne Kristeller e colegas da Indiana State University.

AGENTES TÓXICOS

Segundo dados do governo dos Estados Unidos, aproximadamente 8% dos americanos com mais de 12 anos relataram o uso de drogas ilegais no mês anterior à pesquisa, e 25% fumaram cigarros. Cinquenta por cento de nós bebeu no último ano, enquanto 22% já consumiram mais de cinco doses de bebida em uma única noite. Intoxicantes claramente desempenham um papel importante na vida de muitas pessoas. (Aqui está mais uma área em que outros animais geralmente não compartilham nosso problema, ainda que, nesse caso, eles ocasionalmente se envolvam quando têm os meios. A maioria dos animais não abusa muito de substâncias, a menos que pesquisadores tornem sua vida miserável privando-os de comida, criando-os isolados ou de outras formas cruéis. Nesse sentido, eles não são tão diferentes de nós.)

Embora o uso de agentes tóxicos, em algum grau, seja inofensivo e até possa oferecer benefícios à saúde,* todos sabemos que eles podem causar dificuldades sérias tanto para o usuário quanto para aqueles ao seu redor. O que nos atrai para o álcool e outras drogas? Discutimos no Capítulo 2 o papel desempenhado pela *evitação experiencial*. Praticamente todo uso de intoxicantes é voltado para amortecer uma experiência e intensificar outra.

Pegue o consumo social normal de álcool como exemplo. Quando questionados por que bebemos, a maioria de nós diz que o álcool nos deixa mais "relaxados" ou nos permite aproveitar mais os eventos sociais (sim, eu sei, algumas pessoas dizem que gostam do sabor). Desde o início do meu treinamento, aprendi que o superego (consciência) é a parte da mente que é solúvel em álcool. E pode realmente ser um alívio viver sem essa parte por um tempo. Ao investigar um pouco mais, descobrimos que, sem álcool, sentimos alguma ansiedade social, um pouco de autoconsciência aqui, alguns sentimentos competitivos ali, que o álcool anestesia.

Durante meu treinamento, o psiquiatra Edward Khantzian, da Harvard Medical School, sugeriu que podemos entender algo sobre as dificuldades psicológicas de uma pessoa com base em sua droga de escolha. Intoxicantes são uma forma de automedicação, e as pessoas aprendem a escolher as substâncias que melhor abordam seus problemas. Talvez os que bebem mediquem a ansiedade, já usuários de cocaína ou anfetaminas tratam sentimentos de inadequação. Embora possam existir outros motivos para a escolha de certas drogas (como classe

---

* Embora o mecanismo não esteja totalmente claro, parece que beber quantidades moderadas de álcool regularmente (duas doses diárias para homens com menos de 65 anos, uma dose diária para homens com mais de 65 e todas as mulheres) pode ajudar a prevenir doenças cardiovasculares e outros problemas.

social ou contexto étnico), o fato é que usamos intoxicantes para alterar estados mentais indesejados.

A prática de atenção plena pode ajudar a iluminar como e por que usamos drogas. Assim como ocorre com a alimentação, é possível voltar a atenção para a experiência momento a momento ao utilizar uma substância que altera a mente. Claro, isso só funciona no início; diferentemente da comida, após uma certa dose, o álcool e outras drogas podem dificultar muito a observação da nossa experiência.

Aqui está um exercício interessante que você pode experimentar, independentemente de sentir ou não que tem um problema com substâncias (assumindo que não seja abstêmio). Descreverei o exercício usando o álcool, pois é a droga recreativa mais comumente utilizada, mas ele pode ser feito com a maioria das substâncias que alteram a mente. Você vai precisar de aproximadamente 45 minutos para este exercício – não dirija depois.

Intoxicação consciente

Inicie com alguns minutos de prática de meditação sentado. Acomode-se em seu assento, observe sua respiração e tente acompanhar os ciclos completos dela. Realize de 10 a 20 minutos de meditação respiratória antes de ingerir a bebida. Observe os pensamentos ou os sentimentos que surgem, sejam eles agradáveis, como a antecipação do que está prestes a fazer, ou desagradáveis, dos quais você prefere escapar.

Depois que sua mente estiver um pouco mais calma e você puder focar na sua experiência, tome uma bebida. Tome apenas o suficiente para notar algumas mudanças em sua percepção, mas não a ponto de comprometer seriamente sua capacidade de prestar atenção. Em seguida, retome o acompanhamento da respiração. Observe o que você sente no corpo; observe os pensamentos e os sentimentos que surgem na mente. Permita-se estar ciente dos aspectos do álcool que são agradáveis e daqueles que são desagradáveis. Se surgirem impulsos para beber mais, observe-os se manifestarem, atingirem picos e, talvez, diminuírem.

Após alguns minutos de convivência com essa experiência intoxicante, beba um pouco mais e observe o que acontece. Continue alternando entre beber um pouco mais e meditar sobre os efeitos, até alcançar um ponto que, para você, pareça suficiente.

> Práticas de atenção plena podem ajudar a interromper padrões de consumo excessivo de álcool ou drogas, proporcionando uma compreensão mais profunda das razões que nos levam a usar agentes tóxicos e ajudando-nos a permanecer conscientes dos seus efeitos uma vez que começamos a usá-los.

O que você descobriu ao praticar atenção plena ao beber dessa maneira? Como determinou o ponto de parada? Talvez o exercício o leve a querer mudar seus hábitos; talvez não. Veja se consegue levar parte dessa consciência para situações normais em que você consome álcool.

Motivando-se

Existe uma abordagem para mudança de hábitos utilizada por profissionais de tratamento de dependências chamada *entrevista motivacional*. Ela se baseia no tema de uma piada antiga: "Quantos psicólogos são necessários para trocar uma lâmpada? Apenas um; mas primeiro a lâmpada precisa querer ser trocada". A entrevista motivacional começa explorando do que uma pessoa gosta em seu hábito. Se você enfrenta dificuldades com o uso de álcool ou outras substâncias, pode achar este exercício útil. Comece anotando suas respostas para as perguntas do próximo exercício (elas também podem ser adaptadas para lidar com alimentação pouco saudável ou outros comportamentos).

Usar a prática de atenção plena para observar o uso de substâncias pode ajudar nesse tipo de investigação. Simplesmente prestar atenção aos pensamentos, aos sentimentos e às sensações que surgem em sua consciência antes e depois de ingerir algo naturalmente esclarece os prós e os contras do comportamento. Isso pode ser um passo importante para evoluir em direção a uma relação prudente com o álcool ou outros agentes tóxicos.

Na faculdade, Joey era um campeão de *beer pong*. Ele conseguia mirar e arremessar com precisão, mesmo estando bêbado. Ele e seus irmãos de fraternidade jogavam quase todo final de semana, embora, às vezes, ele evitasse se tivesse um trabalho importante ou uma prova se aproximando.

ENTREVISTA MOTIVACIONAL

- O que você sente de positivo em beber (fumar cigarros, usar outra droga)?

_____

- Que benefícios isso oferece?

_____

- O que você pode perder se decidir abrir mão desse hábito?

_____

Após explorar os benefícios, investigue os aspectos negativos:

- Beber (fumar cigarros, usar outra droga) causa alguma dificuldade?

_____

- Você imagina que isso possa vir a causar problemas no futuro?

_____

- Esse hábito gera algum risco?

_____

Por fim:

- Em geral, esse comportamento enriquece ou prejudica sua vida?

_____

- Você já tentou parar ou reduzir? Se sim, o que aconteceu?

_____

Ele se dava bem com as garotas e, muitas vezes, conseguia "ficar" com uma delas. Era muito divertido, mesmo com a ressaca. Seus relacionamentos não duravam muito, mas ele pensava que ainda não havia necessidade de se comprometer... Ele não era o jovem mais introspectivo da faculdade.

Agora que estava fora da universidade há alguns anos, menos amigos queriam sair para festas. Ele morava com seu irmão mais velho, que começou a insistir para ele maneirar na cerveja. Seu irmão dizia que o pai deles era alcoólatra – é verdade que a mãe costumava reclamar com seu pai sobre "beber demais" –, mas Joey não achava que houvesse um problema. Além disso, ele de fato não sabia como se divertir de outra maneira. Seu trabalho era entediante, então era natural que ele ansiasse por beber nos finais de semana.

Joey provavelmente não teria feito nada em relação à sua bebida se não fosse por Megan. Ela era nova no trabalho e muito atraente. Ele se apaixonou quando começaram a sair. Megan gostava de meditação e convenceu Joey a acompanhá-la em algumas aulas (ele teria aceitado até aprender bordado, se ela pedisse). A prática foi difícil no começo, pois ele não estava acostumado a "olhar para dentro" ou a ficar sem distrações, mas ele acabou gostando quando percebeu que se sentia um pouco "alto" após a meditação, ou seja, as experiências sensoriais ficavam mais intensas. Ele gostava especialmente de fazer amor com Megan depois que meditavam juntos.

Tudo estava indo bem, exceto que Megan ficava incomodada com o quanto Joey se embriagava quando saíam. Ele tentou reduzir, mas, após uma ou duas doses de bebida, acabava sempre tomando várias outras. Seu irmão, que ainda o estava pressionando sobre o consumo de álcool, o convenceu a falar com um amigo que trabalhava com dependentes químicos.

Joey participou de uma entrevista motivacional. No lado positivo, o álcool era "divertido", o deixava relaxado, dava-lhe algo para fazer e o ajudava a se sentir descolado e a conquistar mulheres. Desde que entrara na faculdade, o álcool fazia parte de sua identidade. Tinha medo de se sentir entediado e desconfortável em festas, além de perder o lado "descolado", caso parasse de beber. No lado negativo, ele não gostava de se sentir de ressaca no dia seguinte, e isso ficou mais evidente depois que começou a meditar. Ele também não gostava de engordar e, olhando para o futuro, não queria acabar parecendo o Homer Simpson. Seu círculo de amigos de bebedeira também estava diminuindo. O mais importante, Megan não gostava disso, e ele realmente gostava de Megan.

Outra coisa que chamou sua atenção foi como era difícil parar após algumas cervejas. Desde que começara a meditar com Megan, ele estava mais curioso sobre seus pensamentos e seus sentimentos, e não entendia por que isso acontecia. Ao prestar mais atenção, praticando, mais ou menos, a Intoxicação consciente, ele percebeu que o medo aparecia após algumas doses. Ele temia que a sensação de excitação e liberdade que sentia nas primeiras cervejas não durasse, que ele "desabasse", e isso o impelia a beber mais. E, uma vez que estava um pouco embriagado, sua capacidade de raciocínio desaparecia. Então ele bebia até estar bem alterado.

Prevenção de recaída baseada em atenção plena

Vimos no Capítulo 6 como a terapia cognitiva baseada em atenção plena (MBCT, do inglês *mindfulness-based cognitive therapy*) pode ajudar a prevenir recaídas de depressão grave. De forma semelhante, a prevenção de recaída baseada em atenção plena (MBRP, do inglês *mindfulness-based relapse prevention*), desenvolvida por Alan Marlatt e seus colegas da University of Washington, demonstrou eficácia na prevenção de recaídas de abuso de substâncias. Nesse programa, participantes que estão sóbrios há pelo menos um mês aprendem a usar a prática de atenção plena para manterem-se alertas e conscientes dos pontos de escolha nos quais poderiam voltar a usar substâncias.

Os participantes utilizam a prática de atenção plena para explorar sentimentos de desejo detalhadamente, observando os pensamentos, os sentimentos e as situações que servem como gatilhos. Eles, então, desenvolvem o hábito de praticar atenção plena em situações de alto risco que poderiam levar ao uso. Além disso, aprendem a reconhecer que pensamentos são, de fato, apenas pensamentos (eles vêm, vão e mudam com frequência) e, portanto, não precisam definir a realidade. Ao usar a prática de atenção plena para acolher os sentimentos difíceis, o programa ajuda as pessoas a perceberem que esses sentimentos são toleráveis, e que não é necessário recorrer ao álcool ou a outras drogas para fazê-los desaparecer.

Descobrir isso por si próprio é o objetivo central da maioria dos programas de recuperação baseados em atenção plena. Uma forma de fazer isso é entender que nossos impulsos para responder aos desejos são como ondas que podemos aprender a surfar. A prática a seguir é semelhante ao exercício Surfando o impulso da dor, abordado no Capítulo 7. Esta prática serve como um salva-vidas que você pode tentar da próxima vez que sentir um desejo pouco prudente de usar um intoxicante. (Ela funciona igualmente bem para desejos de comer de maneira inadequada ou engajar-se em qualquer outro comportamento problemático.)

> Por meio da prática de atenção plena, podemos aprender a enfrentar nossos desejos sem agir impulsionados por eles.

*Surfando a fissura**

Feche os olhos e sinta o desejo de usar uma substância surgindo no corpo. Sua respiração será sua prancha, permitindo que você surfe a onda sem ser derrubado. Visualize o desejo como uma onda no oceano. Note como começa como uma pequena ondulação, crescendo e crescendo até atingir seu auge. Use sua respiração para surfar a onda. Não se preocupe; enquanto você se concentrar na respiração, não será sobrecarregado. Permita que

---

* N. de T. No original, *Urge surfing for cravings* refere-se ao exercício já mencionado (*Urge surfing*, ou Surfando o impulso), mas com ênfase nos impulsos que levam ao uso de substâncias potencialmente aditivas. Na literatura psicológica que investiga a relação entre drogas e cérebro humano, encontra-se o termo *craving*, normalmente traduzido como "fissura", por se referir à relação de dependência/necessidade ou de desejo intenso do indivíduo por determinada substância (que é mais forte do que um simples impulso).
Áudio (em inglês) disponível na página do livro em loja.grupoa.com.br.

cada onda suba o quanto quiser. Surfe em cada uma até que ela se dissipe ao chegar à costa.

Podemos entender ondas de desejo como respostas condicionadas. Talvez você se lembre do experimento no qual o cientista russo Ivan Pavlov condicionou cães a salivar ao som de uma campainha, associando-a repetidamente à presença de comida. Após um tempo, apenas tocar a campainha fazia os cães salivarem. De modo semelhante, se já usamos substâncias para escapar de emoções difíceis no passado, desenvolvemos uma resposta condicionada de desejá-las sempre que surgem emoções dolorosas ou situações desafiadoras. Aqui, em vez de agir com base nesses impulsos, o que reforçaria a conexão condicionada entre emoções negativas e uso de substâncias, surfamos o desejo. Fazer isso provavelmente enfraquece a associação entre experiências difíceis e o uso de substâncias, tornando mais fácil "surfar" o desejo na próxima vez.

Os impulsos de Joey para continuar bebendo após as primeiras cervejas pareciam respostas condicionadas. Quando já estava um pouco embriagado, era difícil resistir à tentação de beber mais. No entanto, quando Megan começou a se afastar, ele decidiu realmente tentar. Estabeleceu um limite de duas cervejas para si e começou a usar a prática de atenção plena para lidar com os impulsos de continuar. Ele percebeu que a tensão aumentava em seu corpo quando surgia o medo de que a boa sensação acabasse, e experimentou surfar essa sensação. Embora nem sempre fosse bem-sucedido, às vezes ele conseguia. Conseguia surfar os impulsos e manter seu limite. Ele até experimentou não beber nada em algumas noites. E, na verdade, não foi tão ruim; ele ainda conseguia se divertir e se sentia melhor no dia seguinte. Com a prática contínua de atenção plena, Joey desenvolveu uma relação melhor e mais equilibrada com o álcool e com Megan também. Ainda exagerava de vez em quando, mas agora certamente tinha mais controle.

Juntando as coisas: sendo consciente da intoxicação

O uso de substâncias tóxicas pode variar de algo inofensivo a algo extremamente destrutivo. A prática de atenção plena pode nos ajudar a entender onde nosso uso está nesse espectro e, se necessário, a tomar medidas a respeito. Assim como em todas as outras questões discutidas, estabelecer um padrão regular de práticas formais e informais é uma boa maneira de começar.

Se, assim como Joey, você não está buscando a abstinência, um próximo passo interessante é experimentar a prática de Intoxicação consciente. Isso pode ajudar a perceber tanto os efeitos desejáveis quanto os indesejáveis do uso de substâncias em sua mente e seu corpo. Também pode ajudar a moderar o uso, da mesma forma que a alimentação consciente nos ajuda a ter uma relação mais equilibrada com a comida.

Outra forma de avaliar sua relação com substâncias tóxicas é por meio de uma Entrevista motivacional. Você pode preenchê-la para qualquer substância que consuma, e é provável que suas respostas variem para cada uma. Isso pode revelar os papéis positivos e negativos que as substâncias desempenham em sua vida, fornecendo pistas sobre onde talvez você deveria ser mais consciente.

Caso você conclua que está utilizando substâncias para aliviar experiências difíceis e que seria mais sábio reduzir ou interromper o uso, o exercício Surfando a fissura pode ser uma ferramenta útil. Para obter o máximo benefício, é necessário já ter uma prática geral de atenção plena estabelecida. Quando surgirem fissuras, concentre sua atenção nelas enquanto usa a respiração para surfar o impulso, deixando-o atingir seu pico e depois se dissipar.

Se estiver tentando reduzir ou parar o uso e perceber que desiste ao menor deslize, os salva-vidas que discutimos relacionados à alimentação também funcionam para substâncias. Você pode adaptar o Desfile de pensamentos para o seu caso, usando sinais como "Sou fraco", "Sou um bêbado [ou viciado, etc.] irremediável", "Sou um fracassado" – qualquer pensamento que sua mente gere após um deslize. Você também pode utilizar a Meditação de bondade amorosa (Capítulo 4) para combater autocríticas, adaptando as frases, se necessário: "Que eu seja feliz", "Que eu fique em paz", "Que eu me livre do sofrimento", "Que eu me aceite exatamente como sou" ou "Que eu me perdoe por ter usado novamente".

Se o uso de substâncias tóxicas se tornou um problema grave em sua vida, as práticas de atenção plena podem ajudar, mas outras estratégias costumam ser necessárias:

A intersecção

Carla era uma mulher de negócios, inteligente, bem-sucedida e trabalhadora, perto dos 40 anos. Era disciplinada em muitas áreas, mas usava maconha, bebia e, ocasionalmente, consumia outras drogas desde o ensino médio.

Quando pequena, Carla era bem sensível. Chorava com facilidade quando algo dava errado e ficava ansiosa com o que os outros pensavam dela. Embora tenha feito amigos ao longo do tempo, nunca se sentiu parte do grupo popular. Ficava magoada quando não era convidada para festas e devastada ao não ser escolhida para o time de líderes de torcida.

A maconha e o álcool tornaram-se uma boa solução. Ajudavam-na a se sentir parte de um grupo de usuários e a se sentir "legal". Além disso, reduziam sua ansiedade social e permitiam que ela enfrentasse os altos e baixos do cotidiano sem tanto sofrimento. Quando estava sob o efeito dessas substâncias, Carla sentia que podia lidar melhor com as coisas.

Foi apenas recentemente, ao começar a tomar analgésicos opiáceos para uma dor nas costas, que Carla percebeu a dependência que tinha das drogas. Ela se tornou fisicamente dependente e teve dificuldades com os sintomas de abstinência.

Foi nesse cenário desafiador que ela tentou, pela primeira vez, a prática de atenção plena. De início, ensinei-lhe o exercício Separando as duas flechas (Capítulo 7) para lidar com a dor nas costas. Desesperada por alívio, ela praticava essa técnica junto com outras práticas formais e informais. Por fim, conseguiu abandonar os opiáceos e, nesse processo, passou a ter mais consciência de seus estados emocionais. O sofrimento a fez perceber o quanto dependia de substâncias para gerenciar seus sentimentos.

Carla também começou a perceber como essa dependência estava bloqueando seu desenvolvimento emocional. Sentia-se ainda muito jovem e insegura ao redor das pessoas. As drogas não apenas a isolaram do sofrimento ao longo dos anos, mas também a privaram de oportunidades naturais de aprendizado sobre interação social e sobre como tolerar sentimentos negativos.

Carla, então, começou a ter um sonho recorrente e poderoso. Ela caminhava por um labirinto. Várias vezes voltava ao mesmo ponto de bifurcação. À esquerda, havia um caminho íngreme, rochoso e de difícil subida. À direita, um caminho claro, suave e de fácil acesso, que descia pouco a pouco. Naturalmente, várias vezes Carla seguia pelo lado direito, apenas para descobrir que aquele caminho a levava de volta ao início do labirinto. Cada vez que acordava desse sonho, percebia que o caminho íngreme era, na verdade, o caminho de saída. (Isso não foi inventado; esse foi exatamente o sonho que ela relatou.)

Carla percebeu que vinha escolhendo o caminho fácil, confiando em substâncias para anestesiar seus sentimentos, por toda a sua vida adulta. Com encorajamento, continuou sua prática de atenção plena, agora com o propósito específico de aprender a tolerar emoções desagradáveis. Começou a perceber que, de fato, conseguia suportar muitos pensamentos e sentimentos que, no passado, serviam de gatilho para o uso de substâncias.

Mesmo assim, o progresso foi lento. Ela precisou da entrevista motivacional na terapia para ver tanto os benefícios quanto os custos das drogas em sua vida. Precisou praticar o exercício Surfando o impulso diariamente. Repetidamente, precisou recorrer à Meditação de bondade amorosa para perdoar-se pelos deslizes. Precisou de apoio de uma comunidade de Alcoólicos Anônimos. E precisou continuar um padrão de práticas formais e informais de atenção plena. Com esses apoios, Carla aprendeu a *estar presente* nos estados mentais difíceis e, nesse processo, conquistou controle sobre seus hábitos.

A prática de atenção plena pode ajudar cada um de nós a enxergar como nosso próprio labirinto pessoal é construído. Ao observarmos as consequências de nossas ações momento a momento, eventualmente conseguimos ver quais caminhos levam à liberdade e quais nos mantêm presos. Mesmo que você não tenha o mesmo grau de dificuldade com substâncias que Carla, essas práticas podem ajudar a trabalhar criativamente com a adversidade, em vez de responder compulsivamente a ela.

Assim como aconteceu com Carla, questões relacionadas a substâncias podem exigir ajuda externa. Se você suspeita que tem um problema, e as técnicas discutidas aqui não forem suficientes, talvez seja necessário buscar também ajuda profissional e apoio comunitário. Você pode tentar encontrar um profissional da saúde mental que trabalhe com problemas de abuso de substâncias e que também esteja familiarizado com a prática de atenção plena. Se conhecerem o MBRP, melhor ainda. Programas de 12 passos, como o Alcoólicos Anônimos, também ajudaram milhões de pessoas e possuem uma abordagem que se alinha bem com as práticas orientadas para atenção plena. Informações sobre onde encontrar programas de 12 passos, juntamente com guias adicionais para usar práticas de atenção plena no trabalho com problemas de abuso de substâncias, podem ser encontradas nos "Recursos", ao final deste livro.

TRABALHO, JOGOS DE AZAR, COMPRAS E SEXO

Decisões éticas, alimentação e substâncias tóxicas não são os únicos domínios em que maus hábitos podem levar ao sofrimento. Trabalho, jogos de azar, compras e sexo também estão propensos a comportamentos compulsivos movidos por nosso desejo de evitar experiências desagradáveis, e esses comportamentos compulsivos geralmente acabam em frustração.

Muitas pessoas trabalham ou evitam o trabalho de forma compulsiva. No caso dos viciados em trabalho, o medo do fracasso ou o receio de ficar com a mente desocupada são fatores motivadores. Isso nos deixa cronicamente estressados, incapazes de relaxar e de nos relacionar com os outros. Aqueles que evitam o trabalho de forma compulsiva também podem temer o fracasso ou os elementos desconfortáveis de uma tarefa. Fugir das responsabilidades pode acabar decepcionando continuamente aqueles que confiam em nós.

Ao praticar atenção plena, conseguimos observar, em ambas as situações, os sentimentos indesejados que nosso comportamento tenta afastar; percebemos como tanto o excesso de trabalho quanto a procrastinação são formas de evitar experiências desconfortáveis. Ao direcionar nossa atenção a esses sentimentos em vez de evitá-los, podemos equilibrar melhor nossa relação com o trabalho.

Os jogos de azar também causam muitos problemas. Seja no cassino, no hipódromo ou na bolsa de valores, a fantasia de enriquecer com rapidez é muito sedutora. Os psicólogos observam há tempos que o reforço intermitente em taxa variável cria hábitos extremamente fortes. Máquinas caça-níqueis são um exemplo perfeito; elas pagam após um certo número de apostas, mas esse número continua mudando, e, assim, continuamos apostando. Outras formas de jogos de azar são igualmente viciantes. Assim como em outros hábitos potencialmente problemáticos, quando estamos envolvidos no jogo, tendemos a nos distrair de nossas preocupações. Como ganhar traz uma sensação muito boa, ficamos presos na fantasia de que um grande prêmio nos faria felizes. No entanto, no processo, podemos acabar falidos ou negligenciar nossas responsabilidades.

Comprar é um pouco como jogar, mas com resultados mais previsíveis. Como mencionado no Capítulo 2, fazemos isso com frequência. Quando as compras se tornam um problema, geralmente envolvem fases previsíveis, cada uma com uma experiência interna correspondente:

1. Imagine adquirir algo novo – surge o desejo (*pense em comprar um carro*).
2. Busque e examine as possibilidades – o entusiasmo cresce (*observe carros na rua, pesquise on-line, visite showrooms*).
3. Compre algo – sinta-se satisfeito (*dirija o carro novo para fora da loja*).
4. Acostume-se a tê-lo – a satisfação diminui (*deixe de notar com frequência que você está em um carro novo*).
5. Imagine adquirir algo novo – o desejo surge novamente (*pense em comprar outra coisa*).

Com a prática de atenção plena, percebemos como a gratificação das compras geralmente é passageira. Podemos também notar outros sentimentos, como culpa, vergonha ou ansiedade sobre gastar demais, encher a casa com coisas desnecessárias ou consumir mais recursos do que de fato precisamos. Estar atento a essas fases, incluindo os efeitos posteriores da compra, pode nos ajudar a desenvolver hábitos de compra mais equilibrados.

O sexo, quando se torna um problema, é um pouco como as compras. Passamos pelas mesmas cinco fases – então, basta utilizar a imaginação para adaptar a lista. Quando o sexo se transforma em um vício, ele prejudica relacionamentos e deixa um rastro de parceiros feridos. Aqui também, estar mais atento à nossa experiência pode nos ajudar a encontrar equilíbrio.

Juntando as coisas: trabalhar, jogar, comprar e fazer sexo conscientemente

Com alguns ajustes, as práticas de atenção plena que discutimos para decisões éticas, alimentação e substâncias intoxicantes também podem ser aplicadas a esses comportamentos. Em cada caso, desenvolver uma rotina regular de práticas formais e informais é a melhor maneira de começar. Em seguida, você pode tentar modificar os exercícios Meditação informal durante a refeição e Intoxicação consciente para se adequarem ao seu hábito específico. Isso lançará luz sobre os gatilhos desse hábito, as emoções que ele ajuda a aliviar e suas consequências. Uma Entrevista Motivacional poderá iluminar ainda mais essas dinâmicas. Caso decida fazer mudanças, a prática Surfando o impulso pode servir como salva-vidas quando você se sentir tentado a ceder aos desejos; já variações do Desfile de pensamentos e da Meditação de bondade amorosa podem ajudar a lidar com os efeitos de violação da abstinência quando houver recaídas.

Como seres humanos, podemos utilizar quase qualquer coisa para escapar de pensamentos ou sentimentos desagradáveis; portanto, as oportunidades para hábitos aditivos são ilimitadas, assim como o são as oportunidades de usar a prática de atenção plena para nos libertar deles. Em algumas áreas, como bebida ou jogos de azar, podemos decidir que a abstinência é a melhor estratégia. Em outras, como alimentação, compras ou trabalho, essa opção não é viável (embora algumas pessoas possam escolher se abster de chocolate, *shoppings* ou empregos em grandes empresas). À medida que passamos a ver mais momentos de nossa vida como oportunidades para a prática de atenção plena, enxergamos o que está por trás de nossos desejos e nossos comportamentos compulsivos. Com isso, surgem lacunas entre o impulso e a ação, permitindo que escolhamos nosso caminho com um pouco mais de sabedoria.

Se o comportamento compulsivo relacionado a trabalho, jogos de azar, compras, sexo ou uma área relacionada está interferindo em sua vida ou tornando-se parte de um ciclo vicioso, consultar um profissional da saúde mental é uma boa ideia. Embora a maioria dos profissionais bem treinados possa ajudar, alguns terapeutas se especializam em problemas específicos, como dependência em jogos de azar ou vício em sexo. Sugestões para encontrar um terapeuta adequado podem ser vistas no final deste livro.

PRÁTICAS DE ATENÇÃO PLENA PARA MAUS HÁBITOS

Todas as práticas a seguir têm como base uma rotina regular de práticas formais e informais, conforme descrito nos Capítulos 3 e 4. Elas podem ser adaptadas para a maioria dos hábitos problemáticos, conforme descrito.

Práticas formais de meditação

- *Meditação com a uva-passa* (página 75) para estabelecer uma base para outras meditações de alimentação.
- *Meditação durante a refeição* (página 78) para praticar a alimentação consciente.

- *Meditação com alimentos problemáticos* (página 263) para cultivar a atenção plena na presença de guloseimas tentadoras.
- *Meditação em* buffets (página 264) para lidar com festas e outras situações de comida ilimitada.
- *Desfile de pensamentos* (página 265) para obter perspectiva sobre pensamentos autocríticos após uma recaída.
- *Meditação de bondade amorosa* (página 85) para acalmar o diálogo autocrítico após um episódio de compulsão.
- *Intoxicação consciente* (página 269) para aumentar a consciência sobre os efeitos das substâncias e os pensamentos e sentimentos relacionados ao seu uso.
- *Surfando a fissura* (página 273) para aprender a tolerar desejos.

Práticas informais de meditação

- *Três objetos de consciência* (página 234) para observar suas reações ao encontrar outras pessoas e o modo como elas reagem a você – tornando as escolhas sábias mais claras.

Todas as práticas a seguir ajudam a focar a atenção na experiência sensorial ao longo do dia e a iluminar impulsos de se envolver em maus hábitos:

- *Meditação durante a caminhada* (página 67)
- *Meditação na natureza* (página 128)
- *Meditação durante a refeição* (página 78)
- *Meditação ao dirigir, tomar banho, escovar os dentes, barbear-se, etc.* (página 90)

Salva-vidas

- *Desfile de pensamentos* (página 265) ou *Meditação de bondade amorosa* (página 85) quando estiver prestes a continuar um episódio de compulsão após uma recaída.
- *Intoxicação consciente* (página 269) ao perceber que está continuando a usar uma substância depois de já estar um pouco intoxicado.
- *Surfando a fissura* (página 273) para momentos em que os desejos estão levando você a escolhas pouco sábias.
- *Meditação na natureza* (formal ou informal; página 128) para ancorar sua atenção no mundo externo, fora dos desejos.

DESENVOLVENDO UM PLANO

Você pode achar útil registrar um plano de ação para lidar com seus hábitos problemáticos. O quadro a seguir pode ajudar a organizar seus pensamentos. Considere tirar uma cópia para utilizar com diferentes hábitos.

PLANO DE PRÁTICA

Comece refletindo sobre como o hábito está afetando sua vida.

Hábito problemático: _____

Situações em que você realiza o comportamento: _____
_____

Gatilhos:

Físicos (sensações que precedem o comportamento): _____
_____

Cognitivos (pensamentos que precedem o comportamento): _____
_____

Comportamentais (ações que você realiza que levam ao comportamento): _____
_____

Consequências: _____
_____

Momentos em que mais preciso de um "salva-vidas": _____
_____
_____

Agora, com base no que você leu e experimentou com as diferentes práticas, registre um plano de prática inicial (você pode ajustá-lo conforme suas necessidades mudem).

Prática formal	*Quando*	*Com que frequência*
_____	_____	_____
_____	_____	_____
_____	_____	_____

Prática informal	Quando	Com que frequência

Salva-vidas	Situação provável

Maus hábitos de um tipo ou de outro são inevitáveis e seguramente contribuem para nosso sofrimento. Uma das poucas áreas em que o sofrimento é igualmente provável é o foco do próximo capítulo: lidar com o envelhecimento, a doença e a morte. Se esse tema não parece relevante para você no momento, basta esperar um pouco.

10

Amadurecer não é fácil
Mudando sua relação com o envelhecimento, a doença e a morte

Um dos propósitos da prática de atenção plena é aproveitar nossa velhice.
— Shunryu Suzuki

Você já observou alguma mudança no seu corpo ou na sua mente ao longo do tempo? Quando somos jovens, essas mudanças são ótimas. Ao longo da vida adulta, entretanto, a maioria de nós acaba perdendo o entusiasmo pelo amadurecimento: "Estou ganhando peso e não tenho mais tanta energia", "Não consigo lembrar de nada", "Quando apareceu esta mancha (ruga, protuberância, etc.)?". Quando somos crianças, os mais velhos parecem alienígenas, como marcianos. Olhe para os corpos estranhos deles, cabeças carecas, cabelos grisalhos, pele enrugada e protuberâncias incomuns. É difícil imaginar que esse pode ser nosso destino – se tivermos sorte de viver o bastante.

O QUE TEMEMOS

Discutimos como muitos de nossos problemas psicológicos têm origem na resistência à mudança e à perda. Isso é especialmente evidente quando contemplamos o envelhecimento. Reserve um momento agora para refletir sobre seus sentimentos em relação às mudanças associadas à idade. Anote no quadro a seguir algumas das mudanças bem-vindas e não tão bem-vindas que você percebeu ao longo do tempo em sua aparência, suas habilidades físicas, suas habilidades mentais e sua situação de vida (relacionamentos, trabalho, moradia, etc.).

SENTIMENTOS SOBRE O ENVELHECIMENTO

Mudanças bem-vindas	Mudanças inoportunas

Aparência

_____ _____

_____ _____

_____ _____

_____ _____

Habilidades físicas

_____ _____

_____ _____

_____ _____

_____ _____

Habilidades mentais

_____ _____

_____ _____

_____ _____

_____ _____

Situação de vida
(relacionamentos, trabalho, moradia, etc.)

_____ _____

_____ _____

_____ _____

_____ _____

O que você descobriu? Você tem mais preocupações em uma categoria do que em outra? É mais fácil, talvez, nomear mudanças inoportunas do que aquelas bem-vindas? À medida que envelhecemos, uma quantidade notável de sofrimento resulta de nossas dificuldades em aceitar o inevitável. E, além de resistirmos a mudanças que já ocorreram, tememos aquelas que imaginamos estar por vir.

Em um estudo interessante, quase 40 mil adultos ao redor do mundo foram questionados sobre quais mudanças relacionadas à idade mais os preocupavam. Observou-se que diferentes culturas têm preocupações distintas: alemães se preocupam sobretudo com a perda de memória ou de outras capacidades mentais; holandeses, com o ganho de peso; tailandeses, com a perda da visão; brasileiros, com a perda da libido e dos dentes; belgas, com a incontinência; indianos, com a queda ou o embranquecimento do cabelo; e americanos, com a perda de energia, a dificuldade de autocuidado, a perda de memória e o ganho de peso. (Por razões que ninguém consegue explicar, os egípcios relatam pouquíssimas preocupações com o envelhecimento.)

Reserve um momento para voltar ao seu quadro. Quais mudanças você teme que aumentem no futuro? Há mudanças que você receia que ainda não tenham começado?

No estudo transcultural, as pessoas parecem se preocupar mais com os atributos específicos que usam para definir seu senso de identidade ou para manter seu *status* no seu "grupo de primatas" (família, amigos e colegas de trabalho). Um grande amigo meu se envolveu especificamente com isso.

Carlos era excepcionalmente talentoso intelectualmente. Sempre esteve no topo da classe e conseguiu doutorar-se em duas áreas diferentes. Qualquer pessoa perceberia, conversando com ele por poucos minutos, que ele era brilhante.

Ao entrar nos 50 anos, Carlos começou a se preocupar com a perda de sua acuidade intelectual. Ficava constrangido por não conseguir recordar nomes e datas como antes. Ele não se importava particularmente por ter ganhado peso, perdido cabelo ou por sua barba estar ficando grisalha; tudo o que importava era sua capacidade mental. Apesar de ainda ser uma das pessoas mais inteligentes que conheço, ele começou a planejar uma aposentadoria precoce para que ninguém o visse em um nível abaixo de seu ápice.

Embora cada um de nós se preocupe com mudanças diferentes, poucos aceitam o envelhecimento sem preocupação ou resistência.

Autoaperfeiçoamento

Temendo o inevitável, muitos de nós tentamos evitar as mudanças com projetos de aperfeiçoamento pessoal. Imaginamos como nos sentiremos bem algum dia quando alcançarmos nossos objetivos:

"Depois desta dieta, ficarei tão magro – vou ficar ótimo."

"Vou me sentir muito melhor quando começar a me exercitar."

"Quando finalmente encontrar a pessoa certa, serei feliz."

"Se eu pudesse pagar por *botox*, ficaria muito mais feliz sem essas rugas."

"Um dia, vou conseguir um emprego que pague muito bem e não vou mais me preocupar com dinheiro."

"Se eu continuar praticando atenção plena, ficarei completamente em paz e todos vão me amar."

Embora trabalhar em prol de metas de autoaperfeiçoamento possa, certamente, nos ajudar a viver de maneira mais saudável e produtiva, também concentra nossa atenção em um futuro imaginário, afastando-nos de apreciar o que de fato está acontecendo no presente. Isso nos mantém em busca de respostas para nossos problemas em lugares onde talvez nunca as encontremos. E, à medida que envelhecemos, essa abordagem se torna cada vez menos viável; fica mais difícil imaginar que nosso futuro será mais promissor do que o hoje.

O que não funciona

Os resultados das pesquisas são claros: a maioria das coisas que pensamos que nos farão nos sentirmos melhor não funcionam. Na verdade, os humanos são péssimos em prever como se sentirão no futuro (o que os especialistas chamam de *prognóstico afetivo*). Em geral, erramos de direção ao supor que eventos externos terão efeitos duradouros em nosso humor, pois iremos descobrir que eles não fazem isso. Temos *pontos de referência de felicidade*, tendências internas de voltar ao nosso nível habitual de bem-estar. Embora eventos positivos e negativos certamente influenciem nosso humor, temos uma tendência notável de retornar ao nosso nível habitual.

> Tendemos a superestimar o poder das circunstâncias externas de nos fazerem felizes – do casamento aos climas amenos.

Por exemplo, diferentemente das nossas fantasias, uma vez que nossas necessidades básicas são atendidas, riqueza não nos torna mais felizes. Isso também vale para a educação ou um QI alto. Casais com filhos não são mais felizes do que os que não têm. Até morar em um clima ensolarado não funciona. Dias ensolarados podem nos animar após uma semana de chuva, mas deixam de surtir efeito se o sol brilha todos os dias (nos acostumamos com o sol da mesma forma que nos acostumamos com qualquer outra coisa).

Não apenas somos ruins em prever sentimentos futuros, mas também temos lembranças falhas do passado. À medida que envelhecemos, a maioria de nós sente falta de algum aspecto dos "bons velhos tempos". Invejamos os que têm corpos mais jovens e toda a vida pela frente. Não percebemos que, em média, os jovens não são, na verdade, mais felizes. Em uma pesquisa que monitorou o humor de pessoas de 19 a 94 anos, os pesquisadores descobriram que pessoas mais velhas experimentavam emoções positivas por mais tempo, e emoções negativas dissipavam-se mais rapidamente nelas do que em pessoas mais jovens. Em um estudo, cientistas descobriram que, em média, pessoas de 20 a 24 anos sentiam-se tristes três a quatro dias por mês, já as de 65 a 74 anos sentiam-se tristes apenas dois a três dias por mês.

Desde que nossas necessidades básicas estejam satisfeitas, boa parte do nosso bem-estar ou do nosso sofrimento tem mais a ver com a maneira como *interpretamos* nossa situação do que com a situação em si. Lembro-me de uma conversa sobre dinheiro com um mentor, muitos anos atrás. Expliquei que meus pais viveram a Grande Depressão, então, naturalmente, herdei deles uma tendência de me preocupar em não ter o suficiente. Ele, que também havia passado por essa época, disse que a lição que tirou foi completamente diferente: "Perdemos praticamente tudo, e a vida continuou. Aprendi que você pode ter quase nada e ainda assim ficar bem".

O que aprendemos com a prática de atenção plena é que é nosso apego à maneira como nos vemos e às nossas circunstâncias, e não as mudanças relacionadas à idade em si, que causa grande parte de nossa dificuldade com o envelhecimento. Mais uma vez, é o desejo de evitar experiências desagradáveis que está na raiz de nossa infelicidade.

> É o nosso apego a uma autoimagem específica que nos torna infelizes à medida que envelhecemos.

A MENTE SUPERANDO A MATÉRIA

Uma alternativa à busca pela fonte da juventude foi sugerida pelo famoso jogador de beisebol Satchel Paige: *"Idade não é problema. O importante é a mente superar a matéria. Se você não se importa com algo, aquilo não fará diferença"*. A prática de atenção plena nos ajuda a não nos importarmos tanto assim. Ela faz isso ao nos despertar para quatro importantes *insights*: (1) tudo muda, e apegar-se a fenômenos mutáveis nos faz infelizes; (2) tudo o que realmente "temos" é o momento presente; (3) nossos pensamentos não são realidade; e (4) somos parte de uma teia interdependente da vida.

Você talvez se lembre da lenda do Buda discutida em capítulos anteriores. Após crescer isolado no palácio, ele fez passeios de carruagem não autorizados e travou contato pela primeira vez com a velhice, a doença e a morte. Essas experiências foram tão perturbadoras que o inspiraram a deixar o palácio em busca de um despertar psicológico – de encontrar uma forma de viver à luz dessas realidades. De certa forma, muitos de nós vivemos a mesma história. Quando jovens, não compreendemos totalmente a realidade da velhice, da doença e da morte; mas, à medida que envelhecemos, essas realidades tornam-se mais claras. Assim como a prática de atenção plena ajudou o Buda a despertar, ela pode nos ajudar a abraçar as mudanças inevitáveis de nossa vida e a viver de maneira mais rica e plena com elas.

Encarando a realidade

Capítulos anteriores descreveram como nosso impulso de evitar experiências desconfortáveis, incluindo ansiedade, tristeza, raiva e dor física, nos aprisiona nessas mesmas experiências. Isso também se aplica a lidar com o envelhecimento, a doença e até a morte. O que aprendemos com a prática de atenção plena é que é possível e recompensador encarar essas realidades. Nos textos antigos, os estudantes são encorajados a meditar sobre os seguintes pontos:

Cinco temas para reflexão frequente

- "É certo que envelhecerei. Não posso evitar o envelhecimento."
- "É certo que ficarei doente. Não posso evitar a doença."
- "É certo que morrerei. Não posso evitar a morte."
- "Todas as coisas queridas e amadas por mim estão sujeitas a mudanças e separação."
- "Sou o dono de minhas ações; serei herdeiro de minhas ações." (*Anguttara Nikaya*, 5.57)

À primeira vista, essa meditação parece uma má ideia. Pensar nessas coisas não nos deixaria deprimidos? Se imaginamos que podemos permanecer eternamente jovens, evitar doenças, viver para sempre, manter nossos entes queridos e posses, e escapar das consequências de nossas ações, essas reflexões são de fato perturbadoras. No entanto, a realidade é que tentar manter essas ilusões não nos faz felizes *de verdade*. Na realidade, isso faz com que nos sintamos constantemente ameaçados, já que todos os dias ouvimos falar de alguém que adoeceu, sofreu outra perda ou morreu. A energia que gastamos tentando não notar a realidade é exaustiva. Seguramente, nossos esforços de negação estão na raiz de muito do nosso sofrimento.

TUDO MUDA

Uma forma pela qual a prática de atenção plena nos ajuda a abraçar a inevitabilidade das mudanças relacionadas à idade é revelando que nossas fantasias de juventude eterna são – surpresa – apenas fantasias. Quando prestamos atenção ao desdobramento momento a momento da experiência, vemos que tudo está, de fato, sempre mudando. Nenhuma respiração é igual à outra; nenhuma sessão de meditação é a mesma. Humores vêm e vão, pensamentos vêm e vão, prazeres e dores vêm e vão. Até as histórias que contamos a nós mesmos sobre o futuro vêm e vão. Com a idade, temos a oportunidade de ver como essas histórias mudam ao longo do tempo.

Tomemos, por exemplo, a compra de uma casa nova. Começamos cheios de fantasias sobre o futuro (o que faremos em cada cômodo, como usaremos o quintal, onde colocaremos nossas coisas). Talvez imaginemos criar nossos filhos ali, passar tempo com nosso cônjuge ou receber amigos. Talvez nos orgulhemos de possuir a propriedade. Uma casa nova parece tão sólida, tão permanente. Esperamos viver ali para sempre.

Mas as coisas não saem exatamente como imaginamos. Cada dia vivendo na casa é diferente. Os relacionamentos mudam e (se tivermos sorte) nossos filhos crescem. Um dia, a casa se torna pequena ou grande demais, já não atendendo às nossas necessidades. Podemos ficar chocados ao perceber que apenas tomamos emprestada a casa por um tempo e que a passaremos para outras pessoas. A prática de atenção plena nos ajuda a entender a inevitabilidade dessas mudanças desde o início. Abraçar essa realidade pode tornar muito mais fácil desfrutar da jornada, sentir-se menos sobrecarregado e apreciar os momentos fugazes que constituem nossa vida.

Quando nos permitimos perceber a inevitabilidade da mudança, nos relacionamos de maneira diferente com nosso corpo e nossas faculdades mentais em transformação. Quando eu era jovem, lembro-me de ser avisado de que como adulto teria que viver com infortúnios, como quebrar um dente, "pelo resto da vida". Isso parecia um prospecto muito assustador. Com a idade, começamos a entender que "o resto da minha vida" não é para sempre e que o corpo humano é como um carro: espera-se que ele se desgaste. Por mais angustiante que seja perceber isso, também é uma chave para viver bem a vida.

> *É mais sábio contemplar a lei da impermanência*
> *do que tentar revogá-la.*
> — Larry Rosenberg

Ficar mais confortável com o envelhecimento também nos impede de desperdiçar nossas energias em projetos que prometem juventude eterna. Casos extraconjugais, carros esportivos exóticos, transplantes capilares e cirurgias plásticas tornam-se menos tentadores quando percebemos que não vão parar o tempo. Os relacionamentos também têm mais chances de florescer se formos capazes de aceitar o envelhecimento de nossos pais, nossos filhos, nossos parceiros e nossos amigos.

> A meia-idade não é uma crise quando aceitamos a inevitabilidade da mudança.

Uma forma de animar-se com as mudanças em nosso corpo e nossa mente é observá-las por meio de uma prática regular de atenção plena, como a descrita nos Capítulos 3 e 4. Direcionar a atenção repetidamente para a experiência presente pode ser muito útil para nos ajudar a abraçar a inevitabilidade da mudança e apegar-nos menos às imagens dos "bons e velhos tempos".

No entanto, há momentos em que, apesar da prática regular, ainda resistimos a essas mudanças. Isso costuma acontecer quando percebemos que já não somos tão competentes em uma habilidade, quando nos sentimos rejeitados por sermos "velhos demais", quando nos apaixonamos ou quando percebemos que já não nos encaixamos em um grupo mais jovem. Para nos prepararmos para esses momentos, uma prática de meditação formal e direcionada pode ser especialmente útil. Embora inicialmente perturbador, o exercício a seguir pode ajudar a abraçar, em vez de evitar, o processo de envelhecimento. Você pode retornar a ele como forma de apoio sempre que o envelhecimento lhe causar sofrimento. Para completá-lo pela primeira vez, reserve cerca de 20 minutos.

*Acolhendo as mudanças**

Comece se acomodando em seu assento e encontrando seu ritmo respiratório. Passe cinco ou 10 minutos apenas observando a inspiração e a expiração, gentilmente retornando sua atenção a essas sensações sempre que sua mente se dispersar em pensamentos.

Após desenvolver um pouco de concentração, permita-se imaginar como se sentia quando era criança. Imagine-se sentado em sua postura atual, mas com o corpo de criança. O que você estaria vestindo? Como você se sentia em seu corpo? Seja a criança que você foi por alguns minutos.

---

* Áudio (em inglês) disponível na página do livro em loja.grupoa.com.br.

Em seguida, imagine-se, ainda como criança, mas agora nu, olhando-se em um espelho. Comece pelos pés e gradualmente "observe" suas pernas, seu tronco, seu peito, seu pescoço e sua cabeça. Perceba como você se parecia por fora e como se sentia por dentro. Após habitar o corpo infantil por alguns minutos, permita que sua atenção retorne ao presente e siga a respiração.

Agora, imagine-se sentado como um jovem adulto (se você é jovem adulto, tente se imaginar alguns anos atrás). Imagine como você se sentia sentado como está agora, mas em seu corpo mais jovem. Seja o jovem adulto que você foi por alguns minutos.

Novamente, imagine-se nu olhando no espelho, mas agora como jovem adulto. Comece pelos pés e gradualmente "observe" suas pernas, seu tronco, seu peito, seu pescoço e sua cabeça. Perceba como você se parecia por fora e como se sentia por dentro. Após alguns minutos "olhando" para si mesmo no espelho, volte novamente à sua respiração por um momento.

Continue o exercício visualizando-se em sua idade atual, primeiro de dentro, sentado, e depois se olhando nu no espelho. Então, projete-se no futuro. Imagine como você parecerá e se sentirá em marcos futuros, como meia-idade, aposentadoria ou velhice. Em cada caso, dedique algum tempo para imaginar como se sentiria sentado na postura atual e como pareceria nu no espelho. Perceba, em especial, quais aspectos das diferentes idades você aceita com facilidade e quais lhe causam resistência.

Se descobrir que uma idade específica é especialmente difícil, tente direcionar boas intenções para a imagem de si mesmo nessa idade. Por exemplo, se for difícil lidar com a imagem de si mesmo muito mais velho, mantenha essa imagem em mente e sugira a essa pessoa que você vê: "Que você seja feliz, que você tenha paz, que você esteja livre do sofrimento" ou intenções semelhantes.

O que você descobriu? Foi difícil? A maioria das pessoas, no início, acha perturbador observar o ciclo da vida com essa clareza. No entanto, quanto mais conseguimos abraçar a realidade, mais graciosamente conseguimos passar pelas fases de nossa vida.

Michael era o filho favorito de um pai empresário bem-sucedido e de uma mãe carinhosa que ficava em casa. Desde criança, ele era bom nos esportes e benquisto. Foi eleito o mais provável a ter sucesso no ensino médio e conquistou uma bolsa esportiva em uma faculdade seletiva, onde se tornou capitão da equipe de atletismo, namorou garotas populares e obteve boas notas. Seguiu para uma renomada escola de direito, passou no exame da ordem na primeira tentativa e conseguiu um cobiçado emprego em uma grande firma. Logo se apaixonou, casou-se com uma bela assistente jurídica e iniciou uma família. Em poucos anos, tornou-se sócio e se mudou para uma linda casa no subúrbio.

Apesar dos altos e baixos, Michael permaneceu otimista e confiante ao longo dos 30 anos. Sua vida parecia encantadora.

Embora não gostasse de se considerar vaidoso, ele se importava com sua aparência. Ao chegar aos 40 anos, começou a perder cabelo e a ganhar peso. Sua esposa, ainda atraente, já não era tão impressionante. Embora estivesse ganhando muito dinheiro, o direito não lhe parecia tão interessante. Pela primeira vez na vida, Michael começou a se sentir inquieto. Ele teve fantasias sobre mulheres mais jovens e sentiu-se nostálgico em relação aos tempos da faculdade de direito. Fez as contas: haviam se passado 22 anos desde que ele se formara na faculdade; em mais 22 anos, ele teria 66. Como isso acontecera? Será que já havia passado seu auge?

Michael começou a refletir sobre o que realmente importava. Durante toda a sua vida, esteve construindo algo para o futuro, e, agora que estava casado e financeiramente seguro, não sabia o que poderia ser. Percebeu que ganhar mais dinheiro não faria grande diferença, e, embora pensasse muito em outras mulheres, não queria destruir sua família com um caso extraconjugal.

Incentivado por um dos colegas de trabalho, foi a uma palestra em um centro de meditação local. O palestrante falava sobre como, mais cedo ou mais tarde, nossas ambições nos desapontam, e a inevitabilidade do envelhecimento, da doença e da morte se torna evidente. As palavras do palestrante soaram verdadeiras para ele. Assim, com o incentivo do amigo, Michael começou a praticar atenção plena. Logo adquiriu o hábito de meditar 20 minutos na maioria das manhãs, de fazer práticas informais quando possível e de assistir às palestras semanais no centro de meditação.

Em uma das palestras sobre a aceitação da impermanência, o palestrante propôs um exercício semelhante ao Acolhendo as mudanças. Michael conseguiu recordar bem as fases anteriores de sua vida, sentindo-se animado e atraente quando criança, viril como jovem. Mas, ao olhar para si mesmo no presente e se imaginar nos anos futuros, sentiu repulsa. Era evidente que precisava mudar sua atitude.

Foi um processo muito desorientador. Toda a sua vida havia sido voltada para o futuro e para o crescimento. Agora, Michael percebeu que precisava observar o que estava acontecendo neste momento e aceitar o fato de que tudo é impermanente. Felizmente, sua prática de atenção plena começou a fazer efeito. Nos meses seguintes, ele passou a se preocupar menos com o fato de estar "ultrapassado" e ficou mais interessado em tornar sua vida no presente mais significativa.

Michael deixou de ir ao salão de cabeleireiro chique e passou a ir ao barbeiro local – arriscando-se a um corte menos estiloso. Quando precisou de um carro novo, comprou um Honda em vez de um Porsche. Parou de tentar impressionar a todos no trabalho e de buscar os casos mais lucrativos, e começou a ouvir mais seus colegas. Passou a demonstrar mais apreço pela família e pelos amigos. Começou a passar menos tempo gerenciando seus investimentos na internet e mais tempo conversando com a esposa e jogando jogos de tabuleiro com os filhos. E passou a prestar atenção aos momentos cotidianos e comuns.

LIDANDO COM A DOENÇA

Assim como o envelhecimento, a doença é inevitável. Embora alguns de nós tenham a sorte de ser relativamente saudáveis e outros sofram com doenças graves, *nenhum corpo* escapa inteiramente da enfermidade. No Capítulo 7, discutimos uma série de doenças causadas ou mantidas por fatores psicológicos – seja pelo estado emocional geral ou pelas reações aos sintomas. Embora muitas doenças tenham esse componente psicológico, outras não têm. Vimos como a prática de atenção plena pode nos ajudar a deixar de lado as doenças relacionadas ao estresse. Felizmente, ela também pode nos ajudar a lidar habilmente com outros tipos de doenças.

É grave?

Quando começamos a prestar atenção nas sensações corporais, notamos que são infinitamente variadas e estão sempre presentes. Quando surge um novo sintoma, nos perguntamos: "É grave? Devo consultar um médico? Posso tratar isso sozinho?". Se somos jovens e saudáveis, tendemos a assumir que a maioria dos sintomas *provavelmente não significa nada sério*. Acreditamos que nosso corpo se recuperará de forma natural de infecções e lesões menores, e assim fazemos poucos ajustes em nossa rotina para cuidar de cada novo acometimento. Essa pode ser uma estratégia eficaz – afinal, o corpo geralmente se cura com sucesso. Claro, essa estratégia também pode nos levar a ignorar sinais importantes. A pinta que se revela como melanoma ou a "tosse estranha" que é de fato uma pneumonia bacteriana poderiam ter sido tratadas de maneira mais eficaz se tivessem sido detectadas antes.

Se somos mais velhos ou tivemos experiências com doenças graves, tendemos a assumir que novos sintomas *podem ser sérios*. Nesse caso, nossa imaginação não conhece limites. Cada caroço é um tumor maligno; cada nova sensação é uma doença neurológica debilitante. Germes estão em toda parte, e nenhum volume de desinfetante pode nos manter seguros. Ler sobre saúde e visitar lojas de produtos naturais nos lembra quantas coisas podem dar errado com este corpo frágil. Para muitos, isso se traduz em visitas médicas incessantes, buscando o alívio por meio da exclusão de possíveis doenças. Como vimos no Capítulo 7, o próprio medo pode causar muitos males.

Você pode tentar um breve exercício para observar esse mecanismo em ação. Deixe os olhos abertos para ler as instruções enquanto prossegue. Isso levará apenas alguns minutos.

INDUZINDO UMA DOENÇA – PARTE I

Comece a focar em sua respiração e acomode-se onde você está sentado ou deitado neste momento. Sinta as sensações em todo o seu corpo, começando pelos pés e subindo pelas pernas, passando pelo abdômen, pelas costas, pelo peito e pelo pescoço. Perceba como seus braços sentem ao segurar este livro e (se estiver sentado) como sua cabeça se equilibra no pescoço.

Agora, leve sua atenção para as sensações dentro da sua cabeça. Neste momento, enquanto você lê isto, veja se consegue perceber um pouco de pressão em algum lugar – do tipo que, se aumentasse, poderia se transformar em uma dor de cabeça. Concentre sua atenção nessa pressão e veja se consegue notar o começo de uma dor de cabeça. Reserve um minuto para realmente se concentrar nessa pressão, permitindo que ela cresça. Observe exatamente onde sente essa pressão e como ela poderia facilmente se transformar em dor. (Feche os olhos agora para localizar melhor as sensações.)

Você sentiu alguma pressão na cabeça? Se você conhecesse alguém que sofre de um tumor cerebral, ou se já tivesse tido problemas com dores de cabeça no passado, naturalmente seria sensível a esse tipo de sensação. Quando procuramos com ansiedade por ela, a pressão não é difícil de encontrar. Se então reagimos a essa sensação com medo ou preocupação, a pressão pode facilmente evoluir para uma dor de cabeça genuína. Agora, tente outro pequeno experimento.

> **INDUZINDO UMA DOENÇA – PARTE II**
>
> Imagine que você acabou de descobrir que foi exposto a piolhos. Alguém com uma infestação severa os espalhou nos móveis sobre os quais você está atualmente sentado ou deitado. Tire um momento para observar as sensações em todo o seu corpo. Será que há um pouco de coceira em algum lugar? Talvez no couro cabeludo? Há coceira em mais de um lugar? Reserve alguns momentos para sentir essas sensações. Poderiam realmente ser piolhos? (Feche os olhos por alguns instantes para sentir os pequenos parasitas.)

E, por fim, mais um:

> **INDUZINDO UMA DOENÇA – PARTE III**
>
> Agora, leve sua atenção para as sensações no seu pé esquerdo. Observe-as com cuidado. Você sente um pouco de formigamento ou de dormência? As sensações no pé esquerdo são diferentes das do direito? Reserve alguns momentos para de fato prestar atenção nelas. (Feche os olhos brevemente para sentir essas sensações.) Será que isso pode ser o primeiro sinal de neuropatia?

Como nosso corpo gera milhões de sensações a cada minuto, temos oportunidades ilimitadas de nos preocupar com doenças. Combine essa capacidade com o fato de vivermos na era da informação, em que ouvimos sobre doenças que afligem pessoas em todos os lugares, e temos o cenário ideal para a ansiedade relacionada à saúde. Na ansiedade por doenças, nossa preocupação com um sintoma amplifica nossa experiência desse sintoma. Como discutido no Capítulo 7, isso também pode tensionar músculos das costas, do pescoço ou da mandíbula; desorganizar os ciclos de sono e as respostas sexuais; e provocar disfunções no sistema digestivo e em outros órgãos.

Como a prática de atenção plena ajuda

Podemos ter problemas tanto ao ignorar sintomas quanto ao focar excessivamente neles. Embora a prática de atenção plena não resolva completamente esse dilema, ela pode nos ajudar a lidar com ele de maneira mais habilidosa.

Ao prestar atenção às sensações em nosso corpo, somos mais propensos a notar aquelas que possam requerer atenção. Embora, em última análise, precisemos utilizar o raciocínio, coletar informações e, talvez, consultar um profissional de saúde, possuir dados sobre as sensações que surgem em nosso corpo em diferentes circunstâncias pode nos ajudar a responder a elas de forma mais adequada.

A atenção plena também é muito útil para lidar com a ansiedade em relação aos sintomas uma vez que os compreendemos. Ela nos ensina a tolerar o desconforto e a perceber a distinção entre sensações desconfortáveis e nosso sofrimento decorrente delas (as "duas flechas" discutidas no Capítulo 7). A prática de atenção plena também nos ajuda a perceber a ansiedade relacionada aos sintomas assim que ela surge, o que nos permite observar como essa ansiedade pode estar contribuindo para o problema. Quando a aceitação é essencial para interromper o ciclo medo-sintoma-medo, a atenção plena pode nos ajudar a cultivar essa aceitação. Isso pode ser especialmente eficaz quando um sintoma é amplificado pela ansiedade em relação a doenças.

Laurie estava muito preocupada com a sensação de formigamento e queimação em seus pés. Seu pai era diabético e tinha sérios problemas de circulação, então ela sabia que isso poderia ser algo grave. Seu médico de cuidados primários a encaminhou a um neurologista renomado, que realizou uma avaliação completa e a diagnosticou com neuropatia periférica leve.

Abalada com o diagnóstico, Laurie focava sua atenção em seus pés todas as manhãs, tentando prever se seria um dia bom ou ruim. Ela passou a usar sandálias acolchoadas, mesmo no inverno, para reduzir seu desconforto. Em alguns dias, até a caminhada do quarto ao banheiro era difícil.

Quando seu médico sugeriu que ela procurasse a mim, um psicólogo, Laurie ficou incomodada. "Você está sugerindo que isso tudo é coisa da minha cabeça?", ela protestou. Ele tentou explicar que entendia que sua dor era real, mas que eu poderia ajudá-la a lidar melhor com isso.

Laurie chegou ao meu consultório bem desesperada. Como já havia sido avaliada por um neurologista competente e informada de que não precisava limitar suas atividades, focamos em suas reações aos sintomas. Após ouvir sobre o histórico dela e seus medos relacionados à condição de seu pai, ensinei a prática Separando as duas flechas, do Capítulo 7. Laurie rapidamente percebeu o quanto o medo e a tristeza cercavam seus sintomas. Quando praticou focar apenas nas sensações, percebeu que elas não eram realmente tão dolorosas, mas que estava extremamente incomodada pelo fato de seus pés "não serem normais". Quando eles pioravam, ela entrava em pânico, achando que a doença estava progredindo.

> A prática de atenção plena pode nos ajudar a enxergar a diferença entre o desconforto e o nosso sofrimento por estarmos nos sentindo desconfortáveis.

Sugeri que Laurie fizesse uma prática formal de atenção plena algumas vezes por semana, além de práticas informais ao longo do dia. Pedi que ela observasse sempre que sua mente não estivesse focada em seus pés. Laurie percebeu que prestava mais atenção nos pés quando estava ansiosa, e que ficava mais ansiosa sempre que sentia sensações estranhas nos pés. Era um ciclo vicioso. Propus que ela praticasse dizer "sim" para essas sensações, independentemente de quão estranhas fossem. No início, Laurie protestou, dizendo que as sensações eram desconfortáveis demais para tolerar, mas, com o tempo, ela conseguiu fazer isso. Para sua surpresa, começou a ter momentos em que seus pés não a incomodavam tanto e pôde focar em outras coisas. Após alguns meses, concluiu que as sensações não estavam piorando progressivamente, mas vinham e iam. Especialmente quando ela conseguia minimizar a aversão a essas sensações, elas se tornavam menos intensas.

Usando a doença para ajudar na prática de atenção plena

A prática de atenção plena não só nos ajuda a lidar com doenças, mas a doença também pode ser uma oportunidade para cultivar a atenção plena. Ela permite que nos afastemos da agitação do cotidiano e nos desperta para realidades que sustentam a prática. Mesmo o desconforto da doença pode servir de apoio.

Um minirretiro

Ficar em casa por conta de uma doença nos dá uma chance extra de cultivar a atenção plena. Durante uma semana agitada, pode ser difícil encontrar tempo para meditar, mas a licença médica proporciona essa oportunidade. É claro que, se você estiver com febre ou muito cansado, pode ser difícil focar a mente. No entanto, se estiver relativamente desperto, ficar na cama pode ser uma excelente oportunidade para desenvolver tanto a concentração quanto a atenção plena. A Meditação de concentração na respiração, a Meditação de escaneamento corporal e a Meditação durante a refeição, descritas no Capítulo 3, podem ser praticadas mesmo quando estamos doentes na cama, assim como a Meditação de bondade amorosa e outras práticas do Capítulo 4. Como a doença coloca em pausa atividades orientadas por metas, ela nos permite focar no *ser* em vez de no *fazer*. Ela também pode fornecer *insights* sobre a natureza da realidade.

    A dor pode funcionar como âncora para a prática. Você já viu uma imagem de um iogue deitado sobre uma cama de pregos? As sensações de dor podem manter a mente ancorada no presente, direcionando nossa atenção ao momento atual. Elas também nos oferecem uma oportunidade de trabalhar com nosso impulso habitual de nos afastarmos do desconforto – uma oportunidade de praticar a aproximação da experiência difícil em vez de evitá-la.

    Além disso, a doença desafia nossas fantasias de controle. Como ela chega de surpresa, nos lembra de que "os humanos fazem planos enquanto Deus ri". O psicólogo e professor de meditação Jack Kornfield conta a história de um professor reverenciado em um mosteiro na floresta da Tailândia, conhecido por apontar essa verdade repetidamente a seus alunos. Quando um aluno dizia "Amanhã não estarei no mosteiro; vou a Bangkok resolver alguns negócios financeiros", o professor respondia: "Talvez". O mesmo professor dizia que todas as percepções obtidas pela prática de meditação poderiam ser resumidas em uma frase: "Nem sempre é assim".

Lado positivo

Para muitos de meus pacientes, aprender a lidar com um problema como o de Laurie, ou se recuperar de um problema médico relacionado ao estresse como os descritos no Capítulo 7, traz benefícios inesperados. Alguns já me disseram (depois de estarem melhores): "Eu nunca desejaria essa dor nas costas (ou outro problema) a ninguém, mas fico grato por ter acontecido comigo". Trabalhar para superar a dificuldade os ensinou a desapegar, a viver o momento, a enfrentar o medo e a se conectar com uma gama completa de emoções. Isso também os ensinou a perceber e aceitar o fato de que tudo muda, gostemos ou não. Eles descobriram a verdade por trás do ditado *"Finalmente alcancei o controle quando aprendi a me desapegar"*.

Claro, embora possamos aprender com qualquer doença, nem todas elas podem ser resolvidas por meio da prática de atenção plena. Mais cedo ou mais tarde, surge uma que não conseguimos superar. É importante não ficarmos apegados demais à saúde ou nos culparmos quando uma doença assim surge. Algumas pessoas, ao entenderem o papel que a mente e o comportamento podem desempenhar nas doenças, acreditam que todo mal é "culpa minha". Gosto de lembrar aos meus pacientes o que aconteceu a todos os grandes mestres de meditação antigos: não importa o quão sábios, habilidosos ou compassivos fossem, seu corpo, no fim, se desgastou.

MORTE

> *"Se você não quer morrer, não nasça."*
> — Larry Rosenberg

Astrônomos estimam que o Sol tem 4,57 bilhões de anos – mais ou menos metade de seu ciclo de vida. Em outros 5 bilhões de anos, ele se expandirá até englobar o que é agora a órbita da Terra. Cientistas dividem-se sobre o que isso significará para nós. Um grupo diz que, em cerca de 200 milhões de anos, a Terra ficará quente demais para os humanos e que, em 500 milhões de anos, os oceanos evaporarão. Outro grupo discorda, afirmando que, à medida que o Sol aumentar, sua força gravitacional enfraquecerá, a Terra se afastará, e tudo congelará. De qualquer forma, você já conhece o prognóstico em relação a nós.

Como viver com esse prognóstico? As pessoas respondem de maneiras diferentes. A abordagem mais comum é a negação. Como o mestre zen mencionado no Capítulo 1 apontou, temos uma habilidade notável de viver como se a morte não fosse real. A cultura moderna colabora para essa negação. Colocamos os jovens em pedestais e escondemos os idosos em asilos. Sanitizamos os mortos em funerárias, tentando fazê-los parecer atraentes e vivos. Fazemos de tudo para manter a morte fora de nossa consciência.

Há algo errado nisso? Afinal, a morte é bastante desagradável – quem quer pensar nela o tempo todo? Como em muitas coisas que fazemos para tentar nos sentir melhores, nossos esforços aqui também pioram a situação. Como diz o professor de meditação Larry Rosenberg: "A morte não está nos esperando no final da estrada. Ela está caminhando conosco o tempo todo". Nossas tentativas de bloquear essa realidade da consciência de fato aumentam nosso estresse diário e nos roubam a oportunidade de viver de maneira plena.

Isso nos afeta de diversas maneiras. Primeiro, há a ansiedade. Por mais que tentemos bloquear os pensamentos sobre a morte, de vez em quando ainda os notamos. Isso é especialmente problemático se assistimos ao noticiário, em que, "se sangra, é manchete". Desse modo, enquanto evitamos admitir nossa mortalidade, ainda ouvimos falar da morte de outras pessoas. Se tentamos manter ilusões de imortalidade, cada notícia nos assusta.

Depois, há nossas buscas vãs: seja riqueza, prestígio, poder, popularidade ou sexo, buscar coisas que, em última análise, desaparecem causa decepção sem fim. Estaremos menos propensos a levar essas buscas a sério se reconhecermos a realidade da morte.

E, além disso, existe nossa dificuldade em realmente nos conectarmos uns com os outros. Quando as pessoas estão enfrentando a própria morte ou a perda de um ente querido, elas precisam de amigos e familiares. Na medida em que negamos a morte, não conseguimos verdadeiramente estar com elas, pois não conseguimos encarar plenamente o que estão passando. Os outros percebem nossa distância e se sentem ainda mais isolados.

Negar a morte também nos impede de viver no presente, aprisionando-nos em fantasias sobre o futuro – um tempo mítico no qual teremos segurança, descanso, tempo livre, reconhecimento, um corpo em forma ou algum outro sonho. Isso nos impede de aproveitar e valorizar o dia de hoje.

Um parque temático da morte

Há cerca de 20 anos, visitei um mosteiro budista tailandês que poderia ser descrito como um "parque temático da morte". Havia esqueletos humanos em vitrines e fotos de cadáveres nas paredes. Pessoas das cidades locais doavam os corpos de seus entes queridos ao mosteiro para que os monges realizassem "autópsias espirituais". Os monges dissecavam os corpos não para obter conhecimento médico, mas para ver por si mesmos que realmente somos feitos de carne e osso, e que a morte é real. Apesar de toda essa ênfase na morte, os monges e as monjas não eram um grupo deprimido. Eles utilizavam essas práticas para se lembrar de que a vida de fato é curta, para despertar e experimentar plenamente este momento, aqui e agora.

Uma história zen bem conhecida nos exorta a fazer o mesmo: enquanto caminhava por um campo, um homem encontrou um tigre e foi perseguido até o topo de um penhasco. Ele conseguiu parar sua queda agarrando-se a uma árvore. Bem abaixo, outro tigre apareceu, esperando para devorá-lo. Acima, o primeiro tigre esperava faminto. Dois ratos, um branco e um preto, começaram a roer a árvore. Foi então que o homem avistou uma fruta deliciosa. Segurando a árvore com uma das mãos, ele colheu a fruta com a outra. Que doce sabor tinha!

Ocasionalmente, uma atitude semelhante ganha espaço no Ocidente. Entre 1861 e 1865, tantos soldados americanos morreram na Guerra Civil quanto nas Guerras da Independência Americana, na Guerra de 1812, na Guerra Mexicana, na Guerra Hispano-Americana, na Primeira e na Segunda Guerras Mundiais e na Guerra da Coreia combinadas. A historiadora Drew Faust aponta que isso tornou a morte muito real para todos e contribuiu para uma nova atitude. Nos Estados Unidos de meados do século XIX, considerava-se essencial pensar sobre a morte todos os dias, não por morbidez, mas para que se levasse o *presente* a sério.

A consciência contínua da morte pode realmente enriquecer nossa vida? Pode nos ajudar a viver cada dia com mais plenitude? Sim, mas precisamos utilizar essa consciência de forma intencional para apoiar nosso despertar. Uma forma de fazer isso é tentar manter as perdas inevitáveis da vida em perspectiva.

Um mestre zen estava sentado em seu templo enquanto um jovem monge varria e limpava. O centro da sala era adornado por um belo vaso antigo, que estava no mosteiro há centenas de anos. Em um momento de distração, o monge acidentalmente derrubou o vaso, que caiu no chão e se despedaçou. Desesperado, o monge pediu desculpas ao mestre e tentou freneticamente juntar os cacos. Ele esperava que o mestre ficasse zangado, mas o velho homem não parecia abalado. Quando o monge começou a se acalmar um pouco, ele perguntou ao mestre: "Você não está bravo?", "Não", respondeu o mestre. "Por que não?", o monge perguntou. "Era um vaso precioso e antigo, e eu o destruí por descuido." O mestre fez uma pausa e então disse: *"Para mim, o vaso já estava quebrado".*

Ao ter a consciência de que tudo (incluindo nós mesmos) se desintegra no fim, podemos viver de modo mais leve, e ficar menos chocados e abalados com as mudanças e as perdas. Essa consciência também pode nos ajudar a nos levar menos a sério, o que pode ser um alívio tremendo. Outra história, de um contexto mais próximo, captura esse conceito.

Um jovem que se sentia perdido ouviu falar de um rabino sábio que vivia no Brooklyn e decidiu buscar seus conselhos. Ele viajou até Nova York e encontrou-se em um pequeno apartamento em uma área pobre da cidade, onde teria sua reunião. O rabino o acolheu e passou várias horas conversando com ele.

O jovem fez perguntas sobre ensinamentos bíblicos, história judaica e pediu conselhos sobre o que fazer com sua vida. Embora ele apreciasse muito os *insights* do rabino, o jovem não conseguia deixar de pensar sobre a vida daquele homem. O apartamento estava quase vazio, com apenas uma mesa, algumas cadeiras, um colchão e alguns livros. Juntando coragem, ele perguntou ao rabino se aquele era seu lar. O rabino respondeu: "Sim, há muitos anos". Intrigado, o jovem perguntou: "Onde estão todas as suas coisas?". "Você está vendo todas elas", respondeu o rabino, que então apontou para a mochila do rapaz e perguntou: "É tudo o que você trouxe com você?". "Sim", respondeu o jovem, "mas eu estou apenas de passagem".

> A consciência de que tudo acaba no fim pode nos aliviar do estresse de tentar manter as coisas em ordem — incluindo a nós mesmos — quando, inevitavelmente, tudo desmoronará.

"Eu também", respondeu o rabino.

Deixando a brasa cair

Claro que a maioria de nós não lida com a perda, e especialmente com nossa própria morte, da mesma forma que o mestre zen ou o rabino. Existe uma famosa *charge* da *New Yorker* na qual um homem está lendo a página de obituários em um jornal. Os obituários estão rotulados como "Dois anos mais novo que você", "Doze anos mais velho que você", "Três anos mais jovem que você", "Exatamente sua idade". Quando lemos obituários, somos lembrados da morte, e muitas vezes procuramos razões para acreditar que o falecido morreu, mas nós não morreremos: "Provavelmente fumava", "Ela parece que não fazia exercícios", "Ele era muito velho", "Ela vivia em um bairro perigoso". Precisamos gastar muita energia psicológica para evitar notar a inevitabilidade de nossa própria morte. Mas pense em todas as preocupações que poderiam desaparecer se apenas pudéssemos aceitá-la.

A maioria das nossas preocupações se torna trivial à luz da nossa mortalidade. Meu amigo e colega Paul Fulton uma vez me contou sobre sua estratégia para lidar com a ansiedade de falar em público. Ele escrevia no topo de suas anotações: "Em breve, morto". Que diferença faria se as pessoas gostassem de sua palestra? Todas as preocupações sobre "eu" (como pareço, o que os outros pensam, o que possuo, se sou bom ou mau) deixam de importar à vista do fim. Costuma-se dizer que nossa preocupação com nossa sobrevivência e nosso bem-estar é como segurar um carvão em brasa: é um alívio deixá-lo cair.

Uma forma de praticar "deixar cair a brasa" é construindo nosso próprio parque temático da morte. Ao fazer isso, podemos perceber que, na verdade, não temos medo da morte, mas sim de nossas fantasias sobre ela. Assim como com outras dificuldades psicológicas, são os pensamentos negativos sobre nossa experiência e nossa resistência a ela, e não a experiência em si, que são mais perturbadores.

Existem diversas formas de praticar a conscientização da morte. Podemos reservar um tempo para visitar um cemitério, ler as lápides e permitir que a realidade de nossa ida e nossa vinda se infiltre em nós. Podemos ler regularmente os obituários. E podemos de fato nos permitir imaginar nossa própria morte.

Uma forma especialmente eficaz de fazer isso, se você estiver aberto à experiência, é escrever seu próprio obituário.

Pessoas reagem de várias maneiras a esse exercício. Muitos escolhem não o fazer. (Ele pode ser emocionalmente intenso, e talvez agora não seja o melhor momento para embarcar no projeto.) Outras pessoas descobrem que ele traz à tona uma série de sentimentos, muitas vezes centrados na tristeza por deixar entes queridos para trás ou por não realizar sonhos. Com frequência, o exercício nos faz perceber o quanto os outros são importantes para nós e o quão insignificantes são nossas outras preocupações. Seja qual for a reação que surja para você, tente absorvê-la com consciência e aceitação.

ESCREVENDO MEU OBITUÁRIO

Reserve cerca de uma hora, tempo suficiente para concluir a atividade. Você precisará de um local silencioso, de um jornal e de papel e caneta ou um computador. Comece meditando por alguns minutos. Traga sua atenção para o presente, focando na respiração e notando as sensações no seu corpo no momento.

Em seguida, leia alguns obituários. Note o que eles incluem: onde os sujeitos nasceram, como sua vida se desenvolveu, quem foram as pessoas que sensibilizaram. Observe também como sua mente reage às histórias.

Agora imagine uma idade em que você possa vir a falecer. Escreva seu obituário como ele realmente poderia ser escrito se alguém que o conhece bem o escrevesse. Faça com que seja honesto; não há necessidade de mostrar isso a ninguém. Inclua os aspectos de sua vida com os quais você se sente bem, assim como aqueles que gostaria que fossem diferentes. Mencione as pessoas, os lugares e os eventos que foram importantes e as pessoas que você deixará para trás.

Ao escrever o obituário, perceba todos os diferentes pensamentos e sentimentos que surgem. Observe aqueles que são difíceis de suportar e como a mente reage a eles. Note também quaisquer sentimentos positivos que surgem. Tente permanecer aberto a toda a experiência.

Meditações tradicionais sobre a morte

Muitas religiões desenvolveram meditações sobre a morte, geralmente com o objetivo de reduzir o autocentrismo. Algumas das mais notórias vêm de tradições budistas, em que a ênfase em aceitar a mudança e a impermanência, como forma de se libertar do sofrimento, é central. Essas práticas não são para os fracos de coração, pois desafiam intensamente nossa resistência a reconhecer nossa própria impermanência. Em uma dessas meditações, os estudantes são incentivados primeiro a contemplar aspectos do corpo que geralmente não consideramos atraentes (observação: essa prática pode ser perturbadora).

Contemplação das partes desagradáveis do corpo

[Reflita]... sobre este corpo desde as solas dos pés até o topo da cabeça, cercado pela pele e cheio de várias coisas impuras: "Neste corpo há cabelos da cabeça, pelos do corpo, unhas, dentes, pele, carne, tendões, ossos, medula óssea, rins, coração, fígado, pleura, baço, pulmões, intestino grosso, intestino delgado, bile, pus, sangue, suor, gordura, lágrimas, óleo da pele, saliva, muco, fluido nas articulações, urina".

Uma vez que temos uma noção do corpo como ele realmente é, e não como gostamos de imaginá-lo, somos incentivados a imaginar, de forma sistemática, o destino de nosso corpo deixado em um terreno de sepultamento para se decompor. Devemos visualizar os diversos estágios.

Contemplação do cemitério

- Um cadáver abandonado em um terreno de sepultura, devorado por corvos, abutres e falcões, por cães, hienas e outras criaturas
- Um esqueleto coberto de carne e sangue, ligado por tendões
- Um esqueleto sem carne ou sangue, ainda ligado por tendões
- Um esqueleto sem carne nem sangue, desmembrado, com os ossos espalhados em todas as direções (aqui um osso da mão, ali um osso do pé, aqui uma tíbia, ali um fêmur, aqui um quadril, ali uma vértebra, aqui uma costela, lá um osso do peito, aqui uma clavícula, lá um maxilar, aqui um dente, lá um crânio)
- Ossos branqueados, com cor semelhante à das conchas, empilhados por mais de um ano
- Ossos decompostos em pó

(Adaptada do *Kayagata-sati Sutta*)

O estudante é incentivado a perceber que esta é a "natureza do meu corpo, tal é o seu futuro, tal o seu destino inevitável".

Não é fácil. Assim como as práticas Acolhendo as mudanças e Escrevendo meu obituário, essas práticas são projetadas para nos colocar cara a cara com a realidade, facilitando a aceitação. Como os outros exercícios, é melhor realizá-los em um dia em que você se sinta razoavelmente estável e pronto para um desafio.

CONEXÃO

Em algumas tradições filosóficas, a evidência da nossa morte é vista como um problema. Existencialistas discutem como ela ressalta nossa separação fundamental, afinal, mesmo cercados por entes queridos, morremos sozinhos. No entanto, de outra perspectiva, a morte é parte do que nos une.

Todos somos feridos e nos sentimos solitários de tempos em tempos. Podemos nos sentir alienados de nossa família, nossos amigos ou nosso parceiro romântico, desconfiados de suas intenções, *diferentes* das outras pessoas. Se estamos tristes, frustrados, com raiva ou ansiosos, podemos sentir que estamos sofrendo porque há algo de errado conosco. Afundamos no que a psicóloga e professora de meditação Tara Brach chama de *transe da inutilidade*. Nossos amigos estão curtindo seu trabalho, indo ao cinema e se divertindo em festas. Sentimo-nos danificados ou inadequados porque nos sentimos desconectados. Durante esses momentos de isolamento, ver nosso destino comum pode ser um grande alívio.

De todas as mudanças e perdas que enfrentamos, a morte é não apenas aquela que mais negamos, mas também a mais universal. Há uma história antiga que evidencia que ver essa realidade pode nos tirar de nossa solidão:

A semente de mostarda

Conta-se que uma mulher pobre na antiga Índia estava "louca de dor" porque seu único filho acabara de falecer. Ela carregava o corpo sem vida do menino pela aldeia, lamentando-se e pedindo ajuda a todos que encontrava. As pessoas queriam fazer algo, mas não sabiam como aliviar seu sofrimento. Por fim, alguém sugeriu que ela visitasse um sábio que estava acampado perto da aldeia.

A mulher levou o corpo de seu filho até o acampamento, onde encontrou o Buda e seus seguidores. Ela mostrou o corpo do menino ao Buda e implorou para que ele lhe dissesse como trazer o garoto de volta à vida. O Buda ouviu com atenção e então disse: "Acho que posso ajudar". "Por favor, por favor, farei qualquer coisa", respondeu ela. Ele disse que tudo o que ela precisava fazer era voltar à aldeia, conseguir uma semente de mostarda de um vizinho e trazê-la de volta para ele. Na Índia, naquela época, sementes de mostarda eram tão comuns quanto sal ou pimenta em uma casa ocidental, então a mulher sentiu-se encorajada e partiu imediatamente. Enquanto ela saía, o Buda acrescentou: "Apenas mais uma coisa. Certifique-se de que a casa de onde você pegar a semente não tenha conhecido a morte".

A mulher partiu esperançosa e bateu à porta da primeira casa que encontrou. Contou sua história. O homem ficou muito solidário e prontamente lhe ofereceu uma semente de mostarda. Ao sair, ela lembrou-se de perguntar: "Se não se importa em responder... esta casa também já foi tocada pela morte?". O homem ficou triste e contou a história de um primo que havia morrido tragicamente no ano anterior. A mulher agradeceu ao vizinho e seguiu para a próxima casa.

Na casa seguinte, ela foi bem recebida novamente e lhe ofereceram outra semente de mostarda, mas, ao final, ouviu uma história sobre uma mãe que havia morrido no parto. Ela também agradeceu a esse vizinho e seguiu em frente. Esse padrão se repetiu em casa após casa, até que ela visitou todas as casas da aldeia. Recebeu muitas sementes de mostarda, mas também ouviu muitas histórias tristes.

A mulher voltou para ver o Buda e disse: "Obrigada... acho que estou começando a entender". Ela se tornou uma de suas alunas e, por fim, tornou-se uma grande professora por conta própria.

Reconhecer nossa mortalidade e nossa vulnerabilidade compartilhada diante da mortalidade de nossos entes queridos pode nos conectar de forma profunda uns aos outros. Isso nos tira do isolamento e nos leva a uma conexão afirmadora da vida. Também nos ajuda a perceber como nossa preocupação com as diferenças (gênero, cultura, idade e posição na sociedade) é trivial em comparação com o que temos em comum.

Não compartilhamos a mortalidade apenas com outros humanos, mas com todos os organismos vivos. Ao reconhecer a realidade do nascimento e da morte, conectamo-nos ao mundo mais amplo e experimentamos a nós mesmos como parte da teia da vida. Isso é algo muito positivo, considerando nossos desafiadores prognósticos individuais.

Todos os dias temos oportunidades de sentir essa conexão, embora geralmente dediquemos tanta energia a pensar no que nos fará sentir melhor ou pior que esquecemos de notar. Apenas direcionando nossa atenção a essas oportunidades podemos nos sentir mais conectados. Você pode fazer isso de modo intencional com uma breve meditação. Este exercício também funciona muito bem como um recurso para os momentos em que você se sente oprimido por uma sensação de isolamento ou alienação. Você precisará de cerca de 10 minutos.

Superando o "eu"

Comece se acomodando em seu assento e se estabelecendo na respiração e na experiência de estar onde você está. Passe alguns minutos apenas praticando estar presente.

Após se acalmar um pouco, recorde momentos de sua vida em que você se sentiu conectado a algo maior do que você mesmo. Esses momentos podem incluir conexões com a natureza; com amigos, um amante, a família ou a comunidade; com música ou arte; com professores ou práticas espirituais; com figuras ou imagens religiosas. Talvez tenham sido momentos de envolvimento intenso com os sentidos, como andar em uma montanha-russa, nadar em um lago, fazer amor ou esquiar montanha abaixo; ou um encantamento sutil, como ao observar uma flor. Permita-se recordar o maior número possível desses momentos, lembrando-se de como cada um deles fez você se sentir.

Agora, dedique um tempo para anotar alguns dos momentos que vieram à mente e o sentimento que acompanhou cada um deles:

Momento de conexão	Sentimento
_____	_____
_____	_____
_____	_____
_____	_____

Somente conectando-se ao mundo mais amplo é que podemos estar em paz com a mortalidade. Felizmente, a prática de atenção plena nos ajuda a fazer essa conexão. Provavelmente, ao revisar sua lista, você perceberá que seus momentos de conexão envolvem estar presente em uma experiência; geralmente não sentimos essa conexão enquanto estamos planejando o futuro ou revisando o passado. Na verdade, talvez você tenha notado que são seus pensamentos e seus julgamentos que o impedem de vivenciar sua interconexão com outras pessoas e com o restante da vida. Felizmente, a prática de atenção plena nos ajuda a levar esses pensamentos menos a sério, tornando-os menos propensos a interferir na nossa capacidade de nos conectarmos.

JUNTANDO AS COISAS: ABRAÇANDO A IMPERMANÊNCIA

Embora todas essas ideias possam fazer sentido em nível racional, a maioria de nós ainda recua de forma instintiva diante do envelhecimento, da doença e, sobretudo, da morte. Essas não são realidades fáceis de aceitar, embora resistir a elas ou negá-las nos aprisione em um sofrimento desnecessário.

Nas tradições budistas, em que muitas práticas de atenção plena evoluíram, a aceitação da impermanência, em especial da decadência inevitável do corpo, recebe bastante atenção. Lidar com essa realidade é tanto um dos maiores desafios psicológicos quanto uma das empreitadas mais potencialmente libertadoras. Por mais difícil que seja, enfrentar a inevitabilidade do envelhecimento, da doença e da morte pode nos libertar do sofrimento e, ao mesmo tempo, nos capacitar a fazer o mesmo por outras pessoas que enfrentam as mesmas lutas.

> Conectar-se ao mundo mais amplo nos ajuda a fazer as pazes com nossa mortalidade.

Estabelecer uma rotina regular de práticas formais e informais, conforme descrito nos Capítulos 3 e 4, ajudará a direcionar sua atenção para a natureza transitória de todas as coisas, criando uma boa base para esse esforço. Isso é verdadeiro independentemente de a doença e a morte estarem ocupando sua mente no momento.

Eventos indesejados também podem nos impulsionar nesse trabalho. Se você ou um ente querido está gravemente doente, ou se alguém próximo faleceu recentemente, pensamentos e sentimentos sobre a impermanência já estarão com você. A melhor maneira de lidar com eles dependerá das suas circunstâncias no momento.

Ao lidar com esse campo difícil, é importante escolher entre práticas de estabilização (cultivar uma sensação de segurança) e práticas para mover-se em direção aos pontos críticos (enfrentar o que você preferiria evitar). Se você está se sentindo sobrecarregado por dor emocional ou tem que gerenciar muitas responsabilidades de cuidado, provavelmente é melhor começar cultivando estabilidade. Práticas com foco externo, como Meditação durante a caminhada (Capítulo 3), Meditação durante a refeição (Capítulo 3) ou Meditação na natureza (Capítulo 5) – realizadas formalmente ou de maneira informal durante o dia –, podem ajudar a encontrar refúgio no momento presente e a evitar pensamentos angustiantes. Práticas formais com foco interno, como a Meditação de bondade amorosa (Capítulo 4) e a Meditação da montanha (Capítulo 5), podem ajudar você a se sentir mais receptivo ao que está acontecendo. Todas essas práticas também podem ser utilizadas como salva-vidas quando você se sentir sobrecarregado por emoções; já o Três minutos de espaço para respirar (Capítulo 6) pode ser especialmente útil se você precisar voltar ao presente em meio a uma crise imediata.

Quando você se sentir menos sobrecarregado, pode ser o momento de se aproximar dos pontos críticos. Fazer isso pode ajudar você a lidar com a inevitabilidade da impermanência, independentemente de a doença ou a morte estarem presentes no momento. Práticas e exercícios já descritos neste capítulo, como Cinco temas para reflexão frequente, Acolhendo as mudanças, Escrevendo meu obituário, Contemplação das partes desagradáveis do corpo e Contemplação do cemitério, podem ajudar a encarar a impermanência do corpo. Eles podem ser integrados à sua rotina de prática regular ou aplicados em momentos em que você se perceber especialmente resistente à realidade do envelhecimento e da morte.

Se você estiver doente, considere utilizar o tempo livre que tiver do trabalho e de outras responsabilidades para praticar mais atenção plena. Você pode usar a Meditação de concentração na respiração, a Meditação de escaneamento corporal e a Meditação durante a refeição, descritas no Capítulo 3, para criar seu próprio minirretiro. Se você suspeita que a ansiedade em relação à doença esteja contribuindo para sua condição, experimente a prática Separando as duas flechas e outras abordagens descritas no Capítulo 7 para aceitar em vez de lutar contra os sintomas.

Como em todas as aplicações das práticas de atenção plena que discutimos ao longo deste livro, existe uma arte em perceber o que é mais necessário em cada momento. Se as práticas mais desafiadoras estiverem sendo excessivas, elas podem ser combinadas com as de estabilização. E, seja você tentando superar sua resistência em perceber a impermanência do corpo ou tentando viver um dia repleto de questões de doença ou morte, a prescrição em "A semente de mostarda" (ver a universalidade da perda) ajudará. Você também pode usar a prática Superando o "eu" como meditação regular ou como salva-vidas ao se sentir sobrecarregado. Ela pode ajudar a lembrá-lo de sua conexão com o mundo mais amplo, um mundo que sobreviverá ao seu corpo e ao de seus entes queridos.

Embora a resistência à mudança de uma forma ou de outra faça parte de todo sofrimento psicológico, os desafios do envelhecimento, da doença e da morte estão, por vezes, no cerne de nossas lutas.

Harry era um homem inteligente e experiente em seus 60 e poucos anos, determinado a viver além dos 100. Ele havia se aposentado recentemente e cuidava bem de si mesmo (alimentando-se corretamente, exercitando-se regularmente e praticando ioga). Ele era financeiramente estável, jogava golfe regularmente e gostava de frequentar museus, concertos e outros eventos culturais. Embora geralmente saudável, Harry veio me ver por recomendação de seu médico devido a uma dor recorrente no pescoço. Ela não interferia muito em seu funcionamento, mas ele odiava ter algo de errado com o corpo. Exames mostraram degeneração discal típica para a sua idade, mas nada além disso.

À medida que o conheci, ficou claro que Harry gostava de ter tudo sob controle. Era um homem muito competente, que pesquisava tudo com cuidado e tomava decisões de maneira meticulosa. Parecia imaginar que, se fizesse tudo certo, nada sairia errado.

Eu fiquei especialmente intrigado quando ele me disse que queria viver além dos 100 anos. No começo, pensei que ele estivesse brincando, mas não estava. Ao discutirmos seus planos, ele me contou sobre todas as coisas que precisava realizar e o quanto de tempo isso demandaria.

Perguntei-lhe sobre seus pensamentos em relação à morte. Não surpreendentemente, ele não gostava de pensar nisso. Ele precisava melhorar seu desempenho no golfe, aprender espanhol e escrever um romance antes de morrer para se sentir realizado; suas realizações até então não eram suficientes.

Como já praticava ioga, Harry aceitou prontamente minha sugestão de tentar a meditação de atenção plena. Um homem naturalmente disciplinado, ele logo incorporou práticas formais e informais à sua rotina diária. Quando já tinha certa prática em cultivar a atenção plena, eu lhe dei uma cópia dos Cinco temas para reflexão frequente para manter em sua mesa. Ele achou isso perturbador, mas interessante. Então, sugeri que tentasse as práticas Acolhendo as mudanças e Escrevendo meu obituário. Nenhuma das duas foi fácil. Ele sentiu resistência a ambas e, no processo, percebeu quanto esforço estava dedicando para tentar controlar as coisas e afastar o inevitável. Ficou evidente para nós dois que sua dor no pescoço provinha, em parte, da tensão criada por isso.

Harry percebeu que precisaria começar a se desapegar de tudo. Em sua busca para viver além dos 100, ele estava tornando o presente mais temeroso e menos prazeroso. Então, ele parou de se esforçar tanto para evitar notícias sobre doenças e morte, e passou a aceitar mais as rugas e marcas de envelhecimento suas e de sua esposa. Ele tentou fazer algumas compras sem uma pesquisa exaustiva. Até viajou para a Europa sem planejar cada dia com antecedência. Ao trabalhar nessa mudança e manter sua prática regular de atenção plena, a tensão em seu pescoço diminuiu, e sua vida, que já era satisfatória, ficou ainda melhor. Ele pode não chegar aos 100 anos, mas, quanto aos anos que lhe restam, é provável que os aproveite muito mais.

PRÁTICAS DE ATENÇÃO PLENA PARA LIDAR COM ENVELHECIMENTO, DOENÇA E MORTE

As práticas a seguir baseiam-se em uma rotina de prática formal e informal regular, conforme descrito nos Capítulos 3 e 4. Todas elas podem ser utilizadas para lidar com o envelhecimento, a doença e a morte, conforme discutido.

Práticas formais de meditação e exercícios de exploração

- *Cinco temas para reflexão frequente* (página 288) para lembrar-se regularmente da realidade da mudança e da perda.
- *Acolhendo as mudanças* (página 290) para cultivar aceitação do ciclo da vida.
- *Escrevendo meu obituário, Contemplação das partes desagradáveis do corpo* e *Contemplação do cemitério* (páginas 302, 303 e 304) para abraçar a realidade de sua própria impermanência.
- *Meditação da montanha* (página 129) para cultivar estabilidade e aceitação diante de mudanças difíceis.
- *Induzindo uma doença* (Partes I–III) (páginas 294 e 295) para observar como a ansiedade e a hipervigilância podem criar sintomas de doença.
- *Separando as duas flechas* (página 186) para praticar a aceitação em vez de lutar contra os sintomas.

- *Meditação de concentração na respiração*, *Meditação de escaneamento corporal* e *Meditação durante a refeição* (páginas 55, 72 e 78) para realizar um minirretiro durante uma doença.
- *Meditação de bondade amorosa* (página 85) para cultivar aceitação ao sentir resistência ou medo em relação à doença, ao envelhecimento ou à morte.
- *Superando o "eu"* (página 306) para lembrar-se de sua conexão com o mundo mais amplo, que se estende além de sua vida.

Práticas informais de meditação

As práticas a seguir direcionam a atenção à experiência sensorial ao longo do dia, ajudando-o a encontrar refúgio no momento presente ao mesmo tempo que esclarecem a natureza transitória de todas as coisas:

- *Meditação durante a caminhada* (página 67)
- *Meditação na natureza* (página 128)
- *Meditação durante a refeição* (página 262)
- *Meditação ao dirigir, tomar banho, escovar os dentes, barbear-se, etc.* (página 90)

Salva-vidas

- *Meditação na natureza* (página 128), *Meditação durante a caminhada* (página 67) e *Meditação durante a refeição* (páginas 78 e 262), formais ou informais, para ancorar sua atenção no presente quando o medo de doença, envelhecimento ou morte se tornar avassalador.
- *Meditação de bondade amorosa* (página 85) quando o medo ou a resistência à doença ou à morte gerarem grande angústia.
- *Meditação da montanha* (página 129) para aumentar a estabilidade e a aceitação diante de mudanças indesejadas.
- *Superando o "eu"* (página 306) para identificar-se com o mundo mais amplo quando as preocupações sobre seu prognóstico pessoal se tornarem difíceis.
- *Três minutos de espaço para respirar* (página 158) para lidar com uma crise ao enfrentar doença ou morte.

DESENVOLVENDO UM PLANO

Pode ser útil registrar um plano de ação para lidar com o envelhecimento, a doença e a morte. O quadro a seguir pode ajudar você a organizar seus pensamentos:

PLANO DE PRÁTICA

Comece refletindo sobre como o envelhecimento, a doença e a morte atualmente impactam sua vida.

Situações que você acha desafiadoras:

Corporais (sintomas ou mudanças que o perturbam): _____

_____

Cognitivas (pensamentos sobre impermanência): _____

_____

Comportamentais (ações que você realiza para lidar com o envelhecimento, a doença e a morte): _____

_____

Momentos em que você mais precisa de um salva-vidas: _____

_____

_____

Agora, com base no que você leu e experimentou nas diferentes práticas, registre um plano inicial de prática (você pode variar conforme suas necessidades mudem):

Prática formal	*Quando*	*Com que frequência*
_____	_____	_____
_____	_____	_____
_____	_____	_____

Prática informal	*Quando*	*Com que frequência*
_____	_____	_____
_____	_____	_____
_____	_____	_____

Salva-vidas	Situação provável
_____	_____
_____	_____
_____	_____

QUANDO VOCÊ PRECISAR DE MAIS AJUDA

Assim como ocorre com todos os outros desafios da vida que discutimos, nossas reações ao envelhecimento, à doença e à morte podem ser esmagadoras. Se você pertence a uma tradição religiosa específica, buscar orientação de um membro do clero pode ser uma fonte valiosa de apoio nesses momentos. Profissionais de cuidados paliativos também são um recurso possível para aconselhamento individual e em grupo. Embora praticamente todos os psicoterapeutas estejam acostumados a trabalhar com preocupações sobre envelhecimento, doença e morte, alguns se especializam em trabalhar com doenças crônicas ou questões de fim de vida. Dicas para encontrar ajuda profissional, junto a outros recursos para lidar com esses desafios, estão disponíveis no final deste livro.

Vimos como as práticas de atenção plena podem nos ajudar a lidar de maneira hábil com a preocupação e o medo, a tristeza e a depressão, além de uma variedade de problemas médicos relacionados ao estresse. Vimos como elas podem ajudar com os desafios que enfrentamos para nos relacionarmos, como podem nos auxiliar a romper hábitos destrutivos e a fazer escolhas mais sábias, e até como podem nos apoiar em nossos maiores desafios (o envelhecimento, a doença e a própria morte). Muitos dos nossos problemas surgem de nossas tendências altamente adaptativas de buscar prazer, evitar dor, pensar e planejar. Como as práticas de atenção plena nos ajudam a abraçar a experiência no momento presente, elas podem auxiliar em quase tudo o que nos aflige.

Embora as práticas de atenção plena sejam notáveis por sua capacidade de resolver tanto as dificuldades do dia a dia quanto problemas mais graves, elas têm um potencial que vai além. Essas práticas foram desenvolvidas como parte de um caminho antigo para a felicidade que ultrapassa a resolução de dificuldades específicas, prometendo um despertar psicológico completo e a libertação do sofrimento.

Até recentemente, a pesquisa científica moderna pouco tinha a dizer sobre a felicidade humana e estados mentais positivos, dedicando-se, em vez disso, ao estudo do sofrimento psicológico. É animador ver que os pesquisadores agora começam a corroborar os relatos centenários de monges, freiras e outros buscadores espirituais dedicados. Embora eu tenha sido um aluno um tanto lento nesse caminho, outros, que começaram a jornada com mais consciência ou praticaram com mais diligência, nos dizem que a liberdade e o despertar são realmente possíveis *nesta vida*. Então, antes de fechar este livro, leia um pouco mais para ter uma visão do que mais essas práticas podem oferecer.

11

O que vem em seguida?

A promessa da prática de atenção plena

Há um trecho peculiar na Declaração de Independência dos Estados Unidos. Ela inclui entre os direitos inalienáveis *"a vida, a liberdade e a procura pela felicidade"*. O que quer dizer perseguir a felicidade (como se ela fosse algum tipo de fugitiva)?

Vimos como peculiaridades em nossa herança evolutiva podem tornar a felicidade notavelmente difícil de alcançar. Isso é especialmente verdadeiro quando a procuramos nos lugares errados. Como apontou o filósofo Joseph Campbell, muitos de nós subimos a escada do sucesso apenas para descobrir que ela estava apoiada na parede errada.

E não é de se estranhar. Somos programados para buscar prazer e evitar dor, aumentar nossa posição no grupo e proteger nossos entes queridos, mas vivemos em um mundo onde dor, fracasso, doença, morte e outras decepções são inevitáveis. Somos também biologicamente inclinados a pensar de forma incessante em maneiras de evitar essas dificuldades, utilizando um cérebro treinado para antecipar e relembrar desastres, um cérebro perfeitamente desenhado para nos mergulhar em pensamentos angustiantes.

As práticas de atenção plena foram desenvolvidas milhares de anos atrás em resposta a esse dilema. Vimos como elas são um antídoto eficaz contra a evitação experiencial que nos prende em ansiedade, depressão, distúrbios relacionados ao estresse e uma série de hábitos contraproducentes. Vimos também como elas podem nos ajudar a conviver melhor uns com os outros e a envelhecer com mais graça. À medida que sua vida se desenrola, é certo que continuarão a surgir dificuldades de todas as formas, e você poderá usar as práticas que discutimos para lidar com elas de maneira mais eficaz.

Contudo, as práticas de atenção plena foram inicialmente desenvolvidas para irem ainda mais longe. Como aponta meu amigo e colega Charles Styron, elas fazem parte de um projeto muito ambicioso de busca pela felicidade. Com raízes na psicologia budista, essas práticas foram criadas não só para nos ajudar a lidar com o sofrimento diário, mas como parte de um caminho em direção ao objetivo elevado da iluminação (libertação completa do sofrimento psicológico).

Até recentemente, a psicologia ocidental moderna não dava muita atenção aos estados mentais positivos, muito menos à iluminação. Sigmund Freud afirmou que o objetivo de seu tratamento psicanalítico era transformar a "miséria histérica em infelicidade humana comum". Como Martin Seligman, psicólogo contemporâneo que impulsionou o estudo de estados mentais positivos, se exprimiu, nosso campo concentrou grande parte de sua atenção em como mover as pessoas do "menos cinco ao zero". Embora esse tenha sido certamente um propósito nobre, a maioria de nós espera por algo mais.

Felizmente, os cientistas fizeram alguns avanços nessa área na última década. Agora sabemos algo não apenas sobre o que nos faz infelizes, mas também sobre o que pode nos tornar felizes. Muitas dessas descobertas coincidem com o que as pessoas vêm observando ao longo dos séculos por meio da prática de atenção plena.

A esteira hedônica

Como vimos claramente no comportamento viciante, tentar acumular experiências prazerosas como caminho para o bem-estar não funciona por muito tempo. Todas as experiências agradáveis passam, e podemos nos tornar muito infelizes ao buscar constantemente novas experiências. Além disso, essa busca com frequência prejudica tanto a nós mesmos (excesso de doces, álcool) quanto aos outros (comportamento sexual inadequado, roubo, violência).

Discutimos anteriormente o fracasso do sucesso. Ganhar competições é uma estratégia fadada ao insucesso, pois nos acostumamos e recalibramos. Não importa o quanto sejamos bem-sucedidos ao buscar riqueza, *status*, conhecimento, poder ou outras tentações, a mente logo se adapta ao que temos e busca mais.

Os cientistas chamam o mecanismo pelo qual a busca pelo prazer se torna insatisfatória de *esteira hedônica*. É como se estivéssemos correndo em uma esteira: não importa o quão rápido corramos, acabamos, emocionalmente, no mesmo lugar. Seja o paciente que vendeu sua empresa petrolífera por 30 milhões em dinheiro, mas ainda se sentia malsucedido, o ganhador da loteria que agora se sente perdido, a estrela de cinema deprimida apesar de ser adorada por milhares de fãs, ou o gastrônomo entediado com mais uma refeição requintada, nem a vitória nem a experiência de novos prazeres sensuais trazem felicidade duradoura ou liberdade psicológica. Como disse um multimilionário quando questionado sobre quanto dinheiro seria suficiente: "só um pouquinho mais". A prática de atenção plena revela o que a psicologia científica está descobrindo: o desejo e o apego constantes nos tornam infelizes, já o oposto (apreciar o que é, no presente) nos torna mais felizes.

Claro, ouvir isso não nos impede de imaginar que a próxima conquista ou realização de fato trará satisfação. Vencer, obter o que pensamos que queremos e desfrutar de prazeres sensuais nos faz nos sentirmos bem em curto prazo. Quase todo mundo gosta de ser promovido, começar um novo relacionamento amoroso ou comprar um carro novo. Como apreciamos a experiência de passar de não ter para ter e do desconforto para o conforto, facilmente nos viciamos em conseguir mais. Sentimo-nos bem temporariamente, mas, como isso não dura, logo queremos outra coisa.

> Não importa o quão bem-sucedidos sejamos em obter o que achamos que queremos, em pouco tempo somos tomados por novos desejos.

Estaríamos, portanto, condenados aos ciclos do querer, da satisfação imediata e do "sempre mais"? Os pesquisadores dizem que não. Há alternativas, mas precisamos saber onde procurá-las. Felizmente, a prática de atenção plena pode nos ajudar a encontrar esses caminhos alternativos para o bem-estar.

Apreciando o que é

A sabedoria convencional nos aconselha a "parar e apreciar o aroma das rosas" e a "reconhecer nossas bênçãos". Ambas são boas ideias. Um poderoso antídoto para não ficarmos presos na busca incessante por novos prazeres é apreciar o que já temos. Ao saborear as experiências com atenção plena, direcionamos nosso foco para longe de nossas histórias sobre a vida e nos aproximamos da vivência genuína do momento a momento.

A Meditação durante a refeição é um bom exemplo. Sentimos satisfação com muito menos comida quando realmente dedicamos tempo para saborear o que consumimos. Uma caminhada simples, o trajeto para o trabalho e até a compra de mantimentos se tornam ricos e interessantes quando prestamos atenção. Ao viajar para um país estrangeiro, apreciamos os pequenos detalhes (o simples cotidiano das pessoas locais é fascinante quando nos dedicamos a observá-lo com cuidado). A prática de atenção plena permite que apreciemos nossa própria vida cotidiana ao vivenciá-la novamente a cada momento.

Embora a maioria das práticas de atenção plena seja não verbal, podemos utilizar um exercício verbal simples para nos ajudar a valorizar o que é. Este exercício demonstrou, de fato, aumentar significativamente a felicidade:

> **TRÊS COISAS BOAS**
>
> Cada noite, durante uma semana, escreva três coisas boas que aconteceram naquele dia e o que fez com que acontecessem.

Isso é tudo. De forma impressionante, em pesquisas em larga escala com pessoas que tentaram esse exercício, a maioria descobriu que ele reduziu de forma significativa os sintomas de depressão e aumentou os sentimentos positivos pelos próximos seis meses.

Uma área especialmente frutífera para praticar a apreciação do que é envolve outras pessoas. Pesquisas científicas sugerem que ir além da preocupação com o "eu" é muito importante para o nosso bem-estar. Ironicamente, enquanto buscar mais para "mim" traz gratificação a curto prazo, a longo prazo isso nos deixa vazios. Outro exercício simples, mas mais intenso, nos oferece a oportunidade de apreciar o que é e, ao mesmo tempo, sair de nós mesmos. Embora esta prática não seja de atenção plena em si, ela nos move em uma direção similar:

> **EXPRESSANDO GRATIDÃO**
>
> Comece pensando em alguém na sua vida que fez uma diferença positiva importante, que ainda esteja vivo e que você nunca agradeceu de maneira adequada. Pode ser qualquer pessoa (parente, amigo, professor ou colega). Reserve algum tempo e escreva um testemunho de uma a duas páginas para essa pessoa. Seja claro e concreto, contando a história do que essa pessoa fez, como isso fez diferença para você e onde você está na vida como resultado. Quando terminar, entre em contato com a pessoa e diga que gostaria de fazer uma visita. Se ela perguntar o motivo, diga-lhe que é uma surpresa. Quando encontrá-la, leia seu testemunho devagar, com expressão e contato visual.

Esse exercício nem sempre é fácil. Apenas imaginar realizá-lo já pode despertar sentimentos intensos. Ainda assim, ele se mostra eficaz para aumentar o bem-estar. Suspeito que funcione tão bem porque simultaneamente nos ajuda a apreciar a realidade como ela é e a nos conectar de forma profunda com outra pessoa.

COOPERAÇÃO

No Capítulo 1, discutimos nosso dilema existencial: cedo ou tarde, perdemos tudo e todos que importam para nós; somos biologicamente programados para tentar melhorar nossa autoestima, mas nunca podemos vencer esse jogo; e nossa perspectiva individual é, em última análise, desoladora. Não é surpreendente, então, que a pesquisa revele que buscar mais para o "eu" nos torna infelizes. A busca por prazer é sujeita à esteira hedônica e logo perde seu brilho.

Apreciar o que temos e nos conectar com outras pessoas são alternativas mais confiáveis. Na verdade, utilizar nossos talentos para contribuir com algo maior do que o "eu" acaba sendo mais satisfatório do que a busca por prazer. Discutimos no Capítulo 8 como a prática de atenção plena nos ajuda a perceber como nosso senso de "eu" é construído momento a momento e como, ao notar nossa interdependência, podemos nos conectar mais facilmente com os outros. Também exploramos no Capítulo 9 como isso pode nos ajudar a agir de modo ético. Experimentar nossa interconexão também pode nos fazer mais felizes.

Embora "eu" não dure muito, o universo maior permanecerá. Se eu puder começar a me ver como parte dessa vasta teia de matéria e energia, participando do ciclo da vida, sofrerei muito menos à medida que tudo continuar a mudar. Como já mencionado, também sentirei naturalmente um impulso para cuidar desse mundo mais amplo, da mesma forma que minha mão direita não hesitaria em socorrer minha mão esquerda.

Todos nós sentimos a natureza interconectada das coisas de vez em quando, embora a chamemos por diferentes nomes. Algumas pessoas veem isso como Deus, ou talvez como uma criação dele. Outras pessoas usam termos como *natureza*, *ecossistema* e *teia da vida* para descrevê-lo.

Seja qual for a nossa linguagem, quando compreendemos o mundo como um organismo incrivelmente complexo, sentimos um impulso natural de ser úteis. Alguns de nós são mais movidos pelo desejo de ser úteis a outras pessoas, já outros se sentem mais inclinados a ajudar outros animais ou o meio ambiente como um todo. Claro, nem sempre é fácil ver isso claramente e agir de acordo. Albert Einstein descreveu nosso desafio lindamente:

> Um ser humano é parte de um todo, que chamamos de "Universo", uma parte limitada no tempo e no espaço. Ele se percebe, com seus pensamentos e sentimentos, como algo separado do restante; uma espécie de ilusão de óptica de sua consciência. Essa ilusão é uma espécie de prisão para nós, restringindo-nos aos nossos desejos pessoais e à afeição por algumas poucas pessoas próximas a nós. Nossa tarefa deve ser nos libertar dessa prisão, ampliando nosso círculo de compaixão para abraçar todas as criaturas vivas e toda a natureza em sua beleza. Ninguém é capaz de alcançar isso completamente, mas o esforço por essa realização é, em si, parte da libertação e um fundamento para a segurança interior (Carta de 1950 escrita em resposta a um rabino que tentava,

em vão, confortar sua filha de 19 anos pela morte de sua irmã, uma "jovem inocente e linda de 16 anos").

Uma descoberta importante nas pesquisas sobre felicidade é que libertar-nos da nossa "ilusão de óptica" e dedicar nossas energias a algum aspecto desse mundo mais amplo é vital para o nosso bem-estar. Entre outras coisas, isso proporciona a experiência única humana de *significado*. Outras criaturas parecem ter todo tipo de desejos e necessidades, e podem até agir de forma altruísta, mas é provável que apenas as mentes humanas experimentem eventos como algo que tem ou não significado. Quando focamos apenas em nosso próprio prazer, a vida tende a carecer de propósito. Como Seligman afirmou, sentimos como se estivéssemos "inquietos até morrer". Em contrapartida, quando conseguimos nos ver como parte do mundo maior e dedicar nossos esforços a ser úteis, nossa vida parece ter significado. Ao nos permitir ver nossa interconexão, a prática de atenção plena ajuda a trazer significado para nossa vida.

GENEROSIDADE

Agir com generosidade, resultado natural de estarmos menos preocupados com nós mesmos, também parece ajudar. Um grupo de cientistas da University of British Columbia elaborou um experimento simples que demonstrou com elegância como dar aos outros pode aumentar a felicidade. Eles deram envelopes a estudantes universitários contendo uma cédula de 5 ou 20 dólares, que deveriam gastar até o final do dia. Metade do grupo foi instruída a gastar o dinheiro consigo mesmo e a outra metade a gastar o valor com um presente para outra pessoa ou em uma doação de caridade. Todos os estudantes foram questionados sobre seu nível de felicidade no final do dia. Independentemente da quantia, aqueles que gastaram o dinheiro com outras pessoas relataram sentir-se significativamente mais felizes do que os que gastaram o dinheiro consigo mesmos.

Enquanto isso, outros cientistas estão começando a demonstrar que a prática de meditação pode aumentar diretamente nossa compaixão pelos outros, alterando nossos hábitos de consumo. O Dr. Richard Davidson e seus colegas da University of Wisconsin treinaram indivíduos na Meditação de bondade amorosa (Capítulo 4). Em seguida, expuseram os participantes a imagens de pessoas sofrendo, como uma criança com um tumor no olho, enquanto monitoravam seu cérebro. Comparados a um grupo-controle de não meditadores, os meditadores mostraram maior ativação na ínsula, uma área do cérebro associada à empatia, em resposta às imagens. Aqueles com a ativação mais intensa relataram maiores níveis de bem-estar e foram mais generosos ao terem a oportunidade de doar parte de seu honorário para caridade.

FLUXO

Os pesquisadores também identificaram outro caminho importante para a felicidade que não está sujeito à "esteira hedônica". Não surpreendentemente, ele também envolve relaxar o foco no "eu" e apreciar o que é. Todos temos momentos em que estamos totalmente envolvidos no que estamos fazendo. Algumas expressões que capturam essa ideia são "mandar bem", "estar inspirado" ou "ter energia criativa". O psicólogo húngaro Mihály Csíkszentmihályi adotou o termo *flow* ("fluxo", em português) para descrever esses momentos de envolvimento completo. Nessas horas, a autoconsciência desaparece e nos libertamos de nossa mente julgadora; ficamos plenamente engajados, alertas e atentos.

Você pode identificar experiências de fluxo com uma lista de verificação simples:

LISTA DE VERIFICAÇÃO DE FLUXO

- Você perde a noção do tempo.
- Não pensa sobre si mesmo.
- Não se distrai com pensamentos irrelevantes.
- Está focado no processo, e não apenas no objetivo final.
- Está ativo.
- Sua atividade parece sem esforço, mesmo que seja desafiadora.
- Você gostaria de repetir a experiência.

Esses momentos de fluxo envolvem estarmos atentos *enquanto realizamos algo*. Tendemos a experimentar *flow* quando nossos talentos estão plenamente engajados. Quaisquer que sejam as nossas habilidades (atléticas, interpessoais, artísticas ou intelectuais), quando elas são desafiadas ao máximo sem nos sobrecarregar, experimentamos o fluxo. Não é surpreendente que a prática de atenção plena aumente nossa capacidade de ter essas experiências de fluxo. Ao praticar a consciência da experiência presente com aceitação, nos engajamos mais profundamente em tudo o que fazemos.

Pesquisas sugerem que esses momentos de fluxo são totalmente satisfatórios por si mesmos. Eles não nos levam a querer mais ou melhores experiências. Quando estamos em fluxo, não pensamos em como seria melhor estar em outro lugar. Como outros momentos de atenção plena, momentos de fluxo envolvem a redução da preocupação com o eu; eles nos conectam ao mundo fora de nós mesmos.

UMA JORNADA SEM META

Há uma ironia cósmica embutida na busca da felicidade. Isso é refletido em uma *charge* que tenho na minha mesa. Dois monges zen, um mais velho e um mais jovem, meditam lado a lado. O jovem monge olha para o mais velho com um semblante questionador, ao que o mais velho responde: "Não tem nada depois. Isso é tudo!".

Da mesma forma que tentar eliminar a ansiedade nos aprisiona em mais ansiedade, e tentar eliminar a dor nos aprisiona em mais dor, perseguir a felicidade nos aprisiona em mais infelicidade. É aqui que a prática de atenção plena pode se tornar especialmente confusa, pois envolve um paradoxo. Tornar-se mais atento de fato torna as pessoas mais felizes, pelas razões que discutimos. No entanto, praticar atenção plena *para se sentir feliz* não é, na verdade, praticar atenção plena, já que não envolve aceitar necessariamente o que está acontecendo no momento. E ainda assim, se não praticarmos, é menos provável que apreciemos a experiência, aceitemos o que é, percebamos nossa interconexão e experimentemos fluxo; e, assim, é menos provável que sejamos felizes.

Em quase todas as outras atividades que envolvem esforço ao longo do tempo, buscamos alcançar um objetivo, melhorar algo. A ideia é chegar a algum lugar que não é onde estamos agora. A prática de atenção plena nos mostra que essa busca é, em si, a raiz de muito do nosso sofrimento. Assim, experimentamos um paradoxo: a felicidade é mais provável de surgir quando *não* a estamos perseguindo.

Isso não é um convite à passividade, ao niilismo ou ao desengajamento. Não significa nos resignarmos automaticamente às circunstâncias. Em vez disso, significa nos lançar totalmente na vida, colocando toda a nossa energia no que estamos fazendo no momento, mas ao mesmo tempo nos desapegando do desejo de que as coisas aconteçam de um modo específico. Quando realizamos uma corrida, damos o nosso melhor, mas focados na experiência de dar cada passo com o máximo de esforço possível, e não na linha de chegada. Ou, mais próximo do momento, ao escrever este livro, tento selecionar bem as palavras, com o foco em comunicar com clareza, e não em como serão julgadas. Isso significa colocar toda a energia no que estamos fazendo, concentrando-nos no processo em vez de na fantasia de chegar a algum lugar.

> Não tem "depois".
> É isso.

UM CAMINHO PARA O BEM-ESTAR

Além de ser extremamente útil para lidar com dificuldades do cotidiano, a prática de atenção plena faz parte de um caminho em direção a uma forma específica de felicidade. Essa felicidade não depende de sensações prazerosas (embora possamos apreciá-las mais quando ocorrem) e certamente não se baseia no "sucesso" no sentido convencional. É a felicidade mais gratificante que vem do despertar.

A pesquisa científica moderna está se alinhando bem com a sabedoria antiga a fim de apontar o caminho para uma vida rica e significativa. Ela reforça o que a prática de atenção plena há muito revela: saborear nossa experiência, apreciar e abraçar nosso lugar no incrível mundo em constante mudança, sentir nossa interconexão com outras pessoas, animais e o resto da natureza, e engajar plenamente nossos talentos para o bem de todos promove uma felicidade que não depende de circunstâncias instáveis.

Essa felicidade não é o oposto da tristeza, nem envolve estar livre da dor. Inclui sentir de forma plena a gama de nossas emoções humanas enquanto empatizamos com as dos outros. Envolve experimentar tudo vividamente, com uma leveza que surge do desapego de expectativas, preconceitos e preocupações com nosso bem-estar específico. Essa felicidade vem de saber que tudo mudará e, portanto, de não ficarmos tão chocados quando isso ocorre. E vem de realmente abraçar *este momento*, em vez de buscar algo diferente no próximo.

Combinada com nossos esforços para agir com sabedoria, a prática de atenção plena pode transformar nossa experiência de nós mesmos e nossa visão do mundo. Ela nos desperta para nosso pleno potencial: ser mais úteis aos outros e aproveitar mais profundamente os momentos que temos juntos aqui, neste planeta.

Isso exige esforço. Mas, afinal, há algo que valha mais a pena?

Quando você precisar de mais ajuda
Como encontrar um terapeuta

Se preocupações, ansiedade, depressão, problemas médicos relacionados ao estresse, hábitos prejudiciais ou dificuldades nos relacionamentos estão trazendo infelicidade ou interferindo em sua capacidade de funcionar, e as práticas de atenção plena por si sós não parecem suficientes, consultar um profissional da saúde mental pode ser uma boa ideia. Isso é especialmente recomendável se as consequências do sofrimento emocional estiverem impactando outras áreas, como desempenho no trabalho ou na escola por causa de ansiedade, afastamento de amigos por conta de depressão, perda de relacionamentos devido a conflitos frequentes, ou danos à saúde devido a hábitos prejudiciais.

Buscar ajuda profissional não significa, necessariamente, inscrever-se em um longo e intensivo ciclo de psicoterapia ou se comprometer a tomar medicamentos. Pode ser uma oportunidade de olhar para a sua experiência de uma nova perspectiva e conhecer diferentes opções para lidar com ela.

O maior desafio é, muitas vezes, descobrir quem procurar. Em geral, faz sentido escolher um profissional da saúde mental licenciado, pois ele deve ter conhecimento amplo sobre as causas do sofrimento psicológico e seu tratamento. Diferentemente de uma infecção de garganta ou um osso quebrado, dificuldades emocionais raramente têm uma única causa e, portanto, raramente têm um único remédio. Desse modo, o histórico e a orientação do profissional que você consultar provavelmente influenciarão sua compreensão do problema e a abordagem adotada.

O fator mais importante para um resultado positivo é a confiança no terapeuta. Se possível, obtenha uma recomendação de um amigo ou um familiar de confiança, de um médico ou de um psicoterapeuta que você conheça. Caso contrário, você pode entrar em contato com o serviço de referência da associação psiquiátrica, psicológica ou de assistência social do seu estado, ou com os serviços de saúde mental ambulatorial em um hospital, um centro médico ou uma clínica comunitária local. Se tiver dúvidas durante o primeiro encontro, tente compartilhá-las; a forma como a conversa se desenrola pode dizer muito sobre o quão confortável você se sentirá trabalhando com esse terapeuta.

Atualmente, apenas alguns profissionais da saúde mental têm boa compreensão sobre a prática de atenção plena. Você deve se sentir à vontade para perguntar diretamente se o terapeuta tem experiência nessa área. Embora não seja essencial, isso pode ajudar o terapeuta a orientá-lo no uso da atenção plena junto a outras abordagens para trabalhar com suas dificuldades.

Existem diversas formas de psicoterapia, algumas das quais já foram discutidas, que incorporam a prática de atenção plena. É possível que você encontre terapeutas orientados à atenção plena que estejam familiarizados com essas abordagens. Todas elas abordam problemas de maneiras compatíveis com o que temos explorado:

- *Terapia de aceitação e compromisso* (ACT, do inglês *acceptance and commitment therapy*): desenvolvida por Steven Hayes e seus colegas na University of Nevada, geralmente em formato de terapia individual, é útil para uma ampla gama de dificuldades. Para mais informações, acesse www.contextualpsychology.org/act.
- *Terapia comportamental dialética* (DBT, do inglês *dialectical behavior therapy*): desenvolvida por Marsha Linehan na University of Washington, com encontros semanais em grupos e individuais, é especialmente eficaz para pessoas que se sentem sobrecarregadas por suas emoções. Mais informações em www.behavioraltech.org.
- *Terapia cognitiva baseada em atenção plena* (MBCT, do inglês *mindfulness-based cognitive therapy*): descrita no Capítulo 6 e desenvolvida por Zindel Segal, Mark Williams e John Teasdale para tratar depressão recorrente, também é útil para ansiedade e outros problemas. Em geral, é feita em oito sessões de grupo com tarefas diárias. Mais informações em www.mbct.com.
- *Treinamento de conscientização alimentar baseada em atenção plena* (MB-EAT, do inglês *mindfulness-based eating awareness training*): descrito no Capítulo 9, foi desenvolvido por Jeanne Kristeller e seus colegas para lidar com compulsão alimentar e outros distúrbios alimentares, normalmente em cursos de 10 semanas com tarefas para casa. Mais informações em www.tcme.org.

- *Prevenção de recaída baseada em atenção plena* (MBRP, do inglês *mindfulness--based relapse prevention*): descrita no Capítulo 9, foi desenvolvida por Alan Marlatt na University of Washington para prevenir recaídas no abuso de substâncias. Em geral, ocorre em oito sessões de grupo com tarefas diárias. Mais informações em www.depts.washington.edu/abrc/mbrp.
- *Redução de estresse baseada em atenção plena* (MBSR, do inglês *mindfulness-based stress reduction*): introduzida por Jon Kabat-Zinn no Centro Médico da University of Massachusetts, frequentemente é realizada em cursos de oito semanas com tarefas diárias de prática de atenção plena. Mais informações em www.umassmed.edu/cfm.

Selecionar um profissional da saúde mental pode ser especialmente confuso porque os profissionais vêm de diversas disciplinas acadêmicas, cada uma com seus pontos fortes. Psiquiatras são médicos especializados em transtornos psiquiátricos e geralmente prescrevem medicamentos. Psicólogos podem oferecer psicoterapia, realizando testes psicológicos. Os psicólogos lideraram o desenvolvimento e o estudo de tratamentos baseados em atenção plena.*

Um profissional da saúde mental bem treinado, de qualquer disciplina, deve ser capaz de ajudar a entender as causas do seu sofrimento e sugerir maneiras de resolvê-lo. Além de perguntar sobre a experiência do profissional com práticas de atenção plena ou sobre sua familiaridade com as abordagens de tratamento mencionadas, talvez você queira saber sobre sua formação e sua experiência geral, suas áreas de especialização, sua abordagem geral ao tratamento, bem como honorários, cobertura pelo seu seguro de saúde, horários de atendimento e disponibilidade.

---

* N. de T. No Brasil, o leitor pode acessar o site da Federação Brasileira de Terapias Cognitivas (FBTC — www.fbtc.org.br) e clicar em "Encontre um terapeuta" para buscar um profissional.

Recursos (em inglês)

GRAVAÇÕES DE INSTRUÇÕES DE PRÁTICA DE ATENÇÃO PLENA E ENSINAMENTOS RELACIONADOS

Gravações das práticas descritas neste livro e recursos atualizados: *www.mindfulness-solution.com*

Download gratuito de palestras de retiros de meditação: *www.dharmaseed.org*

Gravações de professores de meditação de atenção plena: *www.soundstrue.com*

Gravações e cronogramas de ensino de professores selecionados de meditação

Redução de estresse baseada em atenção plena

Jon Kabat-Zinn: *www.umassmed.edu/cfm, www.mindfulnesscds.com*

Tradição vipassana (meditação de insight)

Tara Brach: *www.tarabrach.com*
Jack Kornfield: *www.jackkornfield.com*
Sharon Salzberg: *www.sharonsalzberg.com*

Tradição zen

Thich Nhat Hanh: *www.iamhome.org, www.plumvillage.org*

Tradição budista tibetana

Pema Chödrön: *www.shambhala.org/teachers/pema/*
Dalai Lama: *www.dalailama.com*
Lama Surya Das: *www.dzogchen.org*

Tradição cristã (oração contemplativa ou centrante)

Padre William Menninger: www.contemplativeprayer.net

LEITURAS ADICIONAIS

Prática geral de atenção plena

Redução de estresse baseada em atenção plena

Kabat-Zinn, J. (1994). *Wherever you go there you are: Mindfulness meditation in everyday life*. New York: Hyperion.

Kabat-Zinn, J. (2005). *Coming to our senses: Healing ourselves and the world through mindfulness*. New York: Hyperion.

Tradição vipassana (meditação de insight)

Goldstein, J. (1993). *Insight meditation: The practice of freedom*. Boston: Shambhala.

Goldstein, J., & Kornfield, J. (1987). *Seeking the heart of wisdom: The path of insight meditation*. Boston: Shambhala.

Gunaratana, B. (2002). *Mindfulness in plain English*. Somerville, MA: Wisdom.

Kornfield, J. (1993). *A path with heart: A guide through the perils and promises of spiritual life*. New York: Bantam.

Kornfield, J. (2008). *The wise heart: A guide to the universal teachings of Buddhist psychology*. New York: Bantam Dell.

Rosenberg, L. (1998). *Breath by breath: The liberating practice of insight meditation*. Boston: Shambhala.

Tradição zen

Bays, J. C. *How to train a wild elephant and other adventures in mindfulness*. Boston: Shambhala.

Beck, C. (1989). *Everyday zen: Love and work*. San Francisco: HarperSanFrancisco.

Hanh, T. N. (1976). *The miracle of mindfulness*. Boston: Beacon Press.

Magid, B. (2008). *Ending the pursuit of happiness: A Zen guide*. Somerville, MA: Wisdom.

Suzuki, S. (2006). *Zen mind, beginner's mind*. New York: Weatherhill.

Weiss, A. (2004). *Beginning mindfulness: Learning the way of awareness*. Novato, CA: New World Library.

Tradição budista tibetana

Lama Surya Das. (1997). *Awakening the Buddha within: Tibetan wisdom for the Western world*. New York: Broadway.

Trungpa, C. (2004). *Meditation in action (Shambhala Library)*. Boston: Shambhala.

Tradição cristã (oração contemplativa ou centrante)

Keating, T. (2006). *Open mind, open heart: The contemplative dimension of the Gospel*. New York: Continuum International Group.

Pennington, M. B. (1982). *Centering prayer: Renewing an ancient Christian prayer form*. Garden City, NY: Image Books.

Tradição judaica

Lew, A. (2005). *Be still and get going: A Jewish meditation practice for real life*. Boston: Little, Brown.

Tradição islâmica (sufi)

Helminski, K. E. (1992). *Living presence: A Sufi way to mindfulness and the essential self*. New York: Jeremy P. Tarcher/Perigee Books.

Prática de bondade amorosa

Chodron, P. (2001). *The wisdom of no escape and the path of loving-kindness*. Boston: Shambhala.

Dalai Lama. (2001). *An open heart: Practicing compassion in everyday life*. Boston: Little, Brown.

Salzberg, S. (1995). *Lovingkindness: The revolutionary art of happiness*. Boston: Shambhala.

Prática de autocompaixão

Brach, T. (2003). *Radical acceptance: Embracing your life with the heart of a Buddha*. New York: Bantam Dell.

Germer, C. K. (2009). *The mindful path to self-compassion: Freeing yourself from destructive thoughts and emotions*. New York: Guilford Press.

Neff, K. D. (2011). *Self-compassion*. New York: HarperCollins.

Atenção plena para família e outros relacionamentos

Kabat-Zinn, M., & Kabat-Zinn, J. (1998). *Everyday blessings: The inner work of mindful parenting*. New York: Hyperion.

Kramer, G. (2007). *Insight dialogue: The interpersonal path to freedom*. Boston: Shambhala.

Napthali, S. (2003). *Buddhism for mothers: A calm approach to caring for yourself and your children*. Crows Nest, Austrália: Allen & Unwin.

Walser, R., & Westrup, D. (2008). *The mindful couple: How acceptance and mindfulness can lead you to the love you want*. Oakland, CA: New Harbinger Press.

Práticas de atenção plena para dificuldades específicas

Raiva

Bankart, C. P. (2006). *Freeing the angry mind: How men can use mindfulness and reason to save their lives and relationships*. Oakland, CA: New Harbinger Press.

Eifert, G., Mckay, M., & Forsyth, J. (2006). *ACT on life not on anger: The new acceptance and commitment therapy guide to problem anger*. Oakland, CA: New Harbinger Press.

Ansiedade

Brantley, J. (2003). *Calming your anxious mind*. Oakland, CA: New Harbinger Press.

Forsyth, J., & Eifert, G. (2007). *The mindfulness and acceptance workbook for anxiety*. Oakland, CA: New Harbinger Press.

Lejeune, C. (2007). *The worry trap*. Oakland, CA: New Harbinger Press.

Orsillo, S. M., & Roemer, L. (2011). *The mindful way through anxiety: Break free from chronic worry and reclaim your life*. New York: Guilford Press.

Depressão

Martin, J. (1999). *The Zen path through depression*. New York: HarperCollins.

McQuaid, J., & Carmona, P. (2004). *Peaceful mind: Using mindfulness and cognitive behavioral psychology to overcome depression*. Oakland, CA: New Harbinger Press.

Strosahl, K., & Robinson, P. *The mindfulness and acceptance workbook for depression*. Oakland, CA: New Harbinger.

Williams, M., Teasdale, J., Segal, Z., & Kabat-Zinn, J. (2007). *The mindful way through depression*. New York: Guilford Press.

Dor crônica e condições médicas relacionadas ao estresse

Dahl, J., Wilson, K., Luciano, C., & Hayes, S. (2005). *Acceptance and commitment therapy for chronic pain*. Oakland, CA: New Harbinger Press.

Kabat-Zinn, J. (1990). *Full catastrophe living: Using the wisdom of your body and mind to face stress, pain, and illness*. New York: Dell.

Siegel, R. D., Urdang, M., & Johnson, D. (2001). *Back sense: A revolutionary approach to halting the cycle of back pain*. New York: Broadway.
(Para introdução e formulários, visite *www.backsense.org*.)

Problemas alimentares

Albers, S. (2009). *Eat, drink and be mindful: How to end your struggle with mindless eating and start savoring food with intention and joy*. Oakland, CA: New Harbinger Press.

Bays, J. C. (2009). *Mindful eating: A guide to rediscovering a healthy and joyful relationship with food*. Boston: Shambhala.

Heffner, M., & Eifert, G. (2008). *The anorexia workbook: How to reclaim yourself, heal your suffering and reclaim your life*. Oakland, CA: New Harbinger Press.

Somov, P. G. (2008). *Eating the moment: 141 mindful practices to overcome overeating one meal at a time*. Oakland, CA: New Harbinger Press.

Problemas de abuso de substâncias

Alexander, W. (1997). *Cool water: Alcoholism, mindfulness and ordinary recovery*. Boston: Shambhala.

Bien, T., & Bien, B. (2002). *Mindful recovery: A spiritual path to healing from addiction*. New York: Wiley.

Morte e morrer

Halifax, J. (2008). *Being with dying: Cultivating compassion and fearlessness in the presence of death*. Boston: Shambhala.

Kumar, S. (2005). *Grieving mindfully: A compassionate and spiritual guide to coping with loss*. Oakland, CA: New Harbinger Press.

Rosenberg, L. (2000). *Living in the light of death: On the art of being truly alive*. Boston: Shambhala.

Entendendo concentração, atenção plena e outras práticas meditativas

Goleman, D. D., & Ram Dass. (1989). *The meditative mind: The varieties of meditative experience*. New York: HarperCollins.

Efeitos da prática de atenção plena no cérebro

Begley, S. (2007). *Train your mind, change your brain*. New York: Ballantine.

Siegel, D. (2007). *The mindful brain: Reflection and attunement in the cultivation of well-being*. New York: Norton.

IOGA COMO PRÁTICA DE ATENÇÃO PLENA

A ioga pode ser uma excelente prática de atenção plena, sobretudo em momentos de inquietação ou agitação mental. A prática é mais eficaz quando as posturas são realizadas de forma lenta e meditativa, direcionando a atenção para as sensações corporais em cada postura e mantendo essa consciência ao longo das transições. Quando a mente divagar, redirecione-a gentilmente para as sensações do corpo.

Embora seja mais fácil aprender ioga na prática, é possível aprender o básico por meio de livros, *sites* ou videoaulas. Você pode começar por aqui:

Livros de introdução à ioga

Ansari, M. (1999). *Yoga for beginners*. New York: Harper Perennial.

Boccio, F. (2004). *Mindfulness yoga: The awakened union of breath, body and mind*. Somerville, MA: Wisdom.

Farhi, D. (2000). *Yoga mind, body and spirit: A return to wholeness*. New York: Holt.

Kirk, M. (2006). *Hatha yoga illustrated*. Champaign, IL: Human Kinetics.

Schiffmann, E. (1996). *Yoga: The spirit and practice of moving into stillness*. New York: Pocket.

Sites com representações de posturas de ioga

Vídeos gratuitos de ioga: *www.yogatoday.com*

Desenhos animados de posturas: *www.abc-of-yoga.com/yogapractice/postures.asp*

Fotografias e descrições de posturas de ioga: *www.yogabasics.com/yoga-postures.html*

DVDs introdutórios de ioga

Benagh, B. (2006). *Yoga for beginners*. Bethesda, MD: Bodywisdom Media.

Gormley, J. J. (2002). *Yoga for everybody (with over 35 routines)*. Bethesda, MD: Bodywisdom Media.

Rice, J., & Wohl, M. (2002). *Yoga for inflexible people*. Bethesda, MD: Bodywisdom Media.

Yee, R., & Saidman, C. (2009). *Yoga for beginners*. Boulder, CO: Gaiam.

Leituras selecionadas sobre atenção plena e psicoterapia

Integrativa

Didonna, F. (2008). *Clinical handbook of mindfulness*. London: Springer.

Germer, C., Siegel, R., & Fulton, P. (Eds.). (2005). *Mindfulness and psychotherapy*. New York: Guilford Press.

Germer, C. K., & Siegel, R. D. (Eds.). (2012). *Wisdom and compassion in psychotherapy*. New York: Guilford Press.

Hick, S., & Bien, T. (2008). *Mindfulness and the therapeutic relationship*. New York: Guilford Press.

Cognitivo-comportamental

Baer, R. (Ed.). (2006). *Mindfulness-based treatment approaches: Clinician's guide to evidence base and applications*. Burlington, MA: Academic Press.

Hayes, S., Follette, V., & Linehan, M. (Eds.). (2004). *Mindfulness and acceptance: Expanding the cognitive-behavioral tradition*. New York: Guilford Press.

Hayes, S., & Strosahl, K. (2005). *A practical guide to acceptance and commitment therapy*. New York: Springer.

Linehan, M. M. (1993). *Skills training manual for treating borderline personality disorder*. New York: Guilford Press.

Roemer, L., & Orsillo, S. (2008). *Mindfulness and acceptance-based behavioral therapies in practice*. New York: Guilford Press.

Segal, Z., Williams, J., & Teasdale, J. (2002). *Mindfulness-based cognitive therapy for depression: A new approach to preventing relapse*. New York: Guilford Press.

Psicodinâmica

Epstein, M. (1995). *Thoughts without a thinker*. New York: Basic Books.

Magid, B. (2002). *Ordinary mind: Exploring the common ground of Zen and psychotherapy*. Somerville, MA: Wisdom.

Rubin, J. (1996). *Psychotherapy and Buddhism*. New York: Plenum Press.

Safran, J. (Ed.). (2003). *Psychoanalysis and Buddhism*. Boston: Wisdom.

Young-Eisendrath, P., & Muramoto, S. (2002). *Awakening and insight: Zen Buddhism and psychotherapy*. New York: Taylor & Francis.

Recursos *on-line* selecionados sobre atenção plena e psicoterapia

The Institute for Meditation and Psychotherapy: *www.meditationandpsychotherapy.org*

Terapia de aceitação e compromisso: *www.contextualpsychology.org/act*

Terapia comportamental dialética: *www.behavioraltech.org*

Terapia cognitiva baseada em atenção plena: *www.mbct.com*

Prevenção de recaída baseada em atenção plena: *www.mindfulrp.com*

Treinamento de conscientização alimentar baseada em atenção plena: *www.tcme.org*

Programa *Back Sense* para tratar dor crônica: *www.backsense.org*

Arquivos da lista de discussão sobre atenção plena e aceitação da Association for the Advancement of Behavior Therapy: *listserv.kent.edu/archives/mindfulness.html*

notas

CAPÍTULO 1. A vida é difícil (para todos)

Página 8   **O livro *Necessary Losses*, de Judith Viorst, aponta que a *maior* parte do que nos torna infelizes envolve a dificuldade de lidar com a inevitabilidade das mudanças:**
Viorst, J. (1998). *Necessary Losses: The loves, illusions, dependencies, and impossible expectations that all of us have to give up in order to grow.* New York: Free Press.

Página 22   **Segundo a Dra. Nancy Etcoff, parece que evoluímos para perceber e lembrar das experiências negativas de maneira mais vívida do que das positivas:**
Lambert, C. (2007, January-February). The science of happiness: Psychology explores humans at their best. *Harvard Magazine, 109*(3), 26.

CAPÍTULO 2. Atenção plena: uma solução

Página 34   **O Dr. Richard Davidson descobriu que um monge tibetano com muitos anos de experiência em atenção plena (e outras práticas de meditação) mostrou mudanças mais drásticas para ativação do lado esquerdo do córtex pré-frontal em comparação com outros participantes:**
Goleman, D. (2003, 4 de fevereiro). Finding happiness: Cajole your brain to lean to the left. *The New York Times*, p. F5.

Página 35   **Após participarem de um curso de atenção plena de oito semanas, trabalhadores de biotecnologia que praticaram meditação apresentaram maior ativação do lado esquerdo, relataram melhorias no humor e se sentiram mais engajados em suas atividades em comparação aos não meditadores:**
Davidson, R. J., Kabat-Zinn, J., Schumacher, J., Rosenkranz, M., Muller, D., Santorelli, S., et al. (2003). Alterations in brain and immune function produced by mindfulness meditation. *Psychosomatic Medicine, 65*(4), 564–570.

Página 35   A Dra. Sara Lazar descobriu que meditadores com uma média de nove anos de prática, dedicando-se seis horas semanais, tinham córtex cerebral mais espesso em três áreas em comparação a não meditadores – a ínsula anterior, o córtex sensorial e o córtex pré-frontal:
Lazar, S. W., Kerr, C., Wasserman, R. J., Gray, J. R., Greve, D., Treadway, M. T., et al. (2005). Meditation experience is associated with increased cortical thickness. *NeuroReport, 16*(17), 1893-1897.

Página 36   Estudos mostraram menor perda de massa cinzenta com a idade entre meditadores, o que correspondeu a menor perda na capacidade de manter a atenção, componente importante para muitas tarefas mentais, em comparação aos controles que não meditavam:
Pagoni, G., & Cekic, M. (2007). Age effects on gray matter volume and attentional performance in Zen meditation. *Neurobiology of Aging, 28*(10), 1623-1627.

Página 36   A Dra. Lazar também encontrou mudanças mensuráveis em uma parte do tronco cerebral envolvida na produção de serotonina, neurotransmissor regulador do humor:
Lazar, S. (2009, 11 de junho). Comunicação pessoal.

Página 38   A maior parte do nosso sofrimento psicológico deriva das tentativas de evitar o sofrimento psicológico:
Hayes, S. C., Wilson, K. G., Gifford, E. V., Follette, V. M., & Strosahl, K. (1996). *Journal of Consulting and Clinical Psychology, 64*(6), 1152-1168.

Página 39   O U.S. Bureau of Labor Statistics coleta dados não só sobre o que fazemos no trabalho, mas também sobre o que fazemos em nosso tempo livre:
U.S. Bureau of Labor Statistics. (2009). *Time spent in primary activities and percent of the civilian population engaging in each activity, averages per day by sex, 2007 annual averages*. Recuperado em 11 de junho de 2009, do Departamento de Trabalho dos Estados Unidos, Bureau of Labor Statistics: *www.bls.gov/news.release/atus.t01.htm*.

CAPÍTULO 4. Construindo uma vida plenamente atenta

Página 99   Como a escritora Anne Lamott disse: "Minha mente é um bairro desagradável no qual tento não entrar sozinha":
Lamott, A. (1997, 13 de março). Word by word: My mind is a bad neighborhood I try not to go into alone. Recuperado em 11 de junho de 2009, de *Salon: www.salon.com/march97/columnists/lamott970313.html*.

CAPÍTULO 5. Tornando-se amigo do medo: trabalhando com a preocupação e a ansiedade

Página 118 **Por que eu permaneço sempre esperando medo e pavor?**
Nanamoli, B. (Trad.), & Bodhi, B. (Ed.). (1995). Bhayabherava Sutta: Fear and dread. *The middle length discourses of the Buddha* (p. 104). Boston: Wisdom.

Página 129 **Meditação da montanha:**
Para uma versão alternativa, veja: Kabat-Zinn, J. (1994). *Wherever you go there you are: Mindfulness meditation in everyday life.* New York: Hyperion.

CAPÍTULO 6. Adentrando os espaços escuros: enxergando a tristeza e a depressão sob uma nova luz

Página 150 **Mergulhadores que foram expostos a listas de palavras tanto debaixo d'água quanto na praia foram mais capazes de recordar palavras no ambiente em que foram aprendidas:**
Baddeley, A. D. (1980). When does context influence recognition memory? *British Journal of Psychology, 71,* 99–104.

Página 152 **Para pessoas que tiveram três ou mais episódios depressivos no passado, as chances de recaída ao longo de um ano foram reduzidas pela metade ao participarem de pelo menos quatro sessões de MBCT:**
Ma, S., & Teasdale, J. (2004). Mindfulness-based cognitive therapy for depression: Replication and exploration of differential relapse prevention effects. *Journal of Consulting and Clinical Psychology, 72*(1), 31–40.
Teasdale, J., Segal, Z., Williams, J., Ridgeway, V., Soulsby, J., & Lau, M. A. (2000). Prevention of relapse/recurrence in major depression by mindfulness-based cognitive therapy. *Journal of Consulting and Clinical Psychology, 68*(4), 615–623.

Página 152 **Foi demonstrado que a MBCT é tão eficaz quanto antidepressivos na prevenção de recaídas de depressão, permitindo que muitos participantes interrompessem a medicação:**
Kuyken, W., Byford, S., Taylor, R. S., Watkins, E., Holden, E., White, K., et al. (2008). Mindfulness-based cognitive therapy to prevent relapse in recurrent depression. *Journal of Consulting and Clinical Psychology, 76*(6), 966–978.

Página 152 **Nossa vida é como um filme mudo no qual cada um escreve sua própria legenda:**
Williams, M., Teasdale, J., Segal, Z., & Kabat-Zinn, J. (2007). *The mindful way through depression: Freeing yourself from chronic unhappiness* (p. 21). New York: Guilford Press.

Página 156 **Alguns cientistas cognitivos há muito especulam que o que chamamos de "pensamento" é, na verdade, uma aquisição humana relativamente nova:**
Jaynes, J. (1976). *The origin of consciousness in the breakdown of the bicameral mind.* Boston: Houghton Mifflin.

Página 157 ***The Mindful Path to Self-Compassion*:**
Germer, C. K. (2009). *The mindful path to self-compassion: Freeing yourself from destructive thoughts and emotions.* New York: Guilford Press.

Página 175 **Meditadores que tomavam medicação antidepressiva sentiam que ela apoiava sua prática de meditação, tornando mais fácil não ficarem completamente presos a fluxos de pensamentos autocríticos:**
Bitner, R., Hillman, L., Victor, B., & Walsh, R. (2003). Subjective effects of antidepressants: A pilot study of the varieties of antidepressant-induced experiences in meditators. *Journal of Nervous and Mental Disease, 191*(10), 660–667.

Página 175 ***The Mindful Way through Depression*:**
Williams, M., Teasdale, J., Segal, Z., & Kabat-Zinn, J. (2007). *The mindful way through depression: Freeing yourself from chronic unhappiness.* New York: Guilford Press.

CAPÍTULO 7. Para além do manejo de sintomas: reformulando dores e problemas médicos relacionados ao estresse

Página 177 **Aproximadamente 60 a 90% de todas as consultas médicas são para distúrbios relacionados ao estresse:**
Sweet, J. J., Rozensky, R. H., & Tovian, S. M. (1991). *Handbook of clinical psychology in medical settings* (p. 114). New York: Springer.

Página 180 **Aproximadamente dois terços das pessoas que nunca sofreram de dores intensas nas costas apresentam os mesmos tipos de estruturas "anormais" na coluna, como hérnias de disco, que são frequentemente responsabilizadas pela dor crônica nas costas:**
Jensen, M., Brant-Zawadzki, M., Obucowski, N., Modic, M., Malkasian, D., & Ross, J. (1994). Magnetic resonance imaging of the lumbar spine in people without back pain. *New England Journal of Medicine, 331*(2), 69–73.

Página 180 **Milhões de pessoas que sofrem de dor crônica nas costas não apresentam nenhuma "anormalidade" na coluna, mesmo após exames extensivos:**
Frymore, J. W. (2008). Back pain and sciatica. *New England Journal of Medicine, 318*(5), 291–300.

Página 181 **Existe pouca relação entre o sucesso mecânico das correções e o fato de o paciente ainda sentir dor:**

Tullberg, T., Grane, P., & Isacson, J. (1994). Gadolinium enhanced magnetic resonance imaging of 36 patients one year after lumbar disc resection. *Spine, 19*(2), 176–182.

Fraser, R., Sandhu, A., & Gogan, W. (1995). Magnetic resonance imaging findings 10 years after treatment for lumbar disc herniation. *Spine, 20*(6), 710–714.

Página 181 **A epidemia mundial de dor crônica nas costas está limitada, em grande parte, a países industrializados:**

Volinn, E. (1997). The epidemiology of low back pain in the rest of the world. A review of surveys in low middle-income countries. *Spine, 22*(15), 1747–1754.

Página 181 **O estresse psicológico, sobretudo a insatisfação no trabalho, prediz quem desenvolverá dor nas costas incapacitante de modo mais confiável do que as medidas físicas ou as demandas físicas do trabalho de uma pessoa:**

Bigos S., Battie, M., Spengler., Fisher, L., Fordyce, W., Hansson, T., Nachemson, & Wortley, M. (1991). A prospective study of work perceptions and psychosocial factors affecting the report of back injury. *Spine, 16*(1), 1–6.

Página 181 **Retornar rapidamente a uma atividade física plena e vigorosa geralmente é seguro e a forma mais eficaz de resolver episódios de dor nas costas:**

Hanney, W. J., Kolber, M. J., Beekhuizen, K. S. (2009). Implications for physical activity in the population with low back pain. *American Journal of Lifestyle Medicine, 3*, 63–70.

Rainville, J., Hartigan, C., Martinez, E., Limke, J., Jouve, C., & Finno, M. (2004). Exercise as a treatment for chronic low back pain. *Spine, 4*(1), 106–115.

Página 182 **Guia *Back Sense* para autoterapia:**

Siegel, R. D., Urdang, M. H,. & Johnson, D. R. (2001). *Back sense: A revolutionary approach to halting the cycle of chronic back pain*. New York: Broadway Books.

Página 182 **Distúrbios médicos raros, que incluem tumores, infecções, lesões e anomalias estruturais incomuns, são a causa de apenas 1 em cada 200 casos de dor crônica nas costas:**

Bigos, S., Bowyer, O., Braen, G., et al. (1994). *Acute low back problems in adults: Clinical Practice Guideline No. 14* (AHCPR Publication No. 95-0642). Rockville, MD: Agency for Health Care Policy and Research, Public Health Service, U.S. Department of Health and Human Services.

Deyo, R., Rainville, J., & Kent, D. (1992). What can the history and physical examination tell us about low back pain? *Journal of the American Medical Association, 268*(6), 760-765.

Página 184 **As duas flechas:**
Bhikku, T. (Trans.). (2004b). *Sallatha Sutta* [The Arrow]. In *Samyutta Nikaya XXXVI6*. Recuperado em 11 de junho de 2009, de *www.accesstoinsight.org/canon/sutta/samyutta/sn36-006.html#shot*.

Página 188 **"Quando um homem se senta com uma bela garota por uma hora, parece um minuto. Mas, se ele se senta em um fogão quente por um minuto, é mais longo do que qualquer hora. Isso é relatividade."**
Mirsky, S (2002, September). Einstein's hot time. *Scientific American, 287*(3), 81.

Página 199 **Para entender o papel do estresse e da ansiedade em distúrbios digestivos:**
Salt, W. B., & Neimark, N. F. (2002). *Irritable bowel syndrome and the mind-body-spirit connection: 7 steps for living a healthy life with a functional bowel disorder, Crohn's disease, or colitis*. Columbus, OH: Parkview.

Página 200 **William Masters e Virginia E. Johnson desenvolveram o *foco sensorial*:**
Masters, W. H., & Johnson, V. E. (1970). *Human sexual inadequacy*. New York: Bantam Books.

Página 205 **Talvez parte da função restauradora do sono seja alcançada pela meditação com *atenção plena*:**
Kaul, P., Passafiume, J., Sargent, C., & O'Hara, B. Meditation, sleep and performance (manuscrito não publicado). Citado em Nagourney, E. (2006, October 24). Performance: Researchers test meditation's impact on alertness. *The New York Times*, F6.

CAPÍTULO 8. Vivendo a catástrofe completa: atenção plena para romance, parentalidade e outros relacionamentos íntimos

Página 216 *Tao Te Ching*:
Beck, S. (2009). *Wisdom Bible*. Recuperado em 27 de maio de 2009, de Literary Works of Sanderson Beck: *www.san.beck.org/Laotzu.html#1*.

Página 217 **Comer uma tangerina:**
Hanh, T. N. (1991). *Old path, white clouds: Walking in the footsteps of the Buddha* (pp. 128-129). Berkeley, CA: Parallax Press.

Página 231 **Quando nos sentimos próximos de amigos e entes queridos, experimentamos maior energia e vitalidade, maior capacidade de ação, clareza ampliada, um senso aprimorado de valor ou dignidade e tanto o desejo quanto a capacidade de mais conexão:**

Stiver, I. P., & Miller, J. B. (1997). *The healing connection*. Boston: Beacon Press.

Página 235 *"Na mente do principiante, há muitas possibilidades; na do especialista, poucas."*
Suzuki, S. (1973). *Zen mind, beginner's mind*. New York: John Weatherhill.

CAPÍTULO 9. Rompendo com os maus hábitos: aprendendo a fazer boas escolhas

Página 260 **Quase dois terços dos americanos estão acima do peso, e um terço atende aos critérios para obesidade:**
Center for Disease Control. (2009). *Prevalance of overweight and obesity among adults: United States, 2003–2004*. Recuperado em 27 de maio de 2009, do National Center for Health Statistics: www.cdc.gov/nchs/products/pubs/pubd/hestats/overweight/overwght_adult_03.htm.

Página 260 **Entre 1 e 4% das mulheres jovens sofrem de anorexia, bulimia ou compulsão alimentar:**
Hudson, J. I., Hiripi, E., Pope, H. G., & Kessler, R. C. (2007). The prevalence and correlates of eating disorders in the national comorbidity survey replication. *Biological Psychiatry, 61*, 346–358.

Página 265 **Desfile de pensamentos:**
Baseado em:
Heffner, M., Sperry, J., Eifert, G. H., & Detweiler, M. (2002). Acceptance and commitment therapy in the treatment of an adolescent female with anorexia nervosa: A case example. *Cognitive and Behavioral Practice, 9*, 232–236.

Página 267 **Treinamento de conscientização alimentar baseado em atenção plena (MB-EAT), desenvolvido por Jeanne Kristeller e colegas:**
Kristeller, J., Baer, R., & Quillian-Wolever, R. (2006). Mindfulness-based approaches to eating disorders. In R. A. Baer (Ed.), *Mindfulness-based treatment approaches*. San Diego, CA: Elsevier.
Veja também *The Center for Mindful Eating*, www.tcme.org.

Página 268 **Aproximadamente 8% dos americanos acima de 12 anos relataram usar drogas ilegais no mês anterior à pesquisa, e 25% fumaram cigarros. Cinquenta por cento consumiram álcool no último ano, e 22% ingeriram mais de cinco doses em uma única noite. Intoxicantes claramente desempenham um grande papel na vida de muitos de nós:**
Substance Abuse and Mental Health Services Administration. (2004). *Results from the 2003 National Survey on Drug Use and Health: National Findings* (Office of Applied Studies, NSDUH Series H-25, DHHS Publication No. SMA 04-3964). Rockville, MD: Author.

Página 268 Embora o mecanismo não seja claro, parece que o consumo moderado regular de álcool (duas doses por dia para homens abaixo de 65 anos, uma dose por dia para homens acima de 65 anos e para todas as mulheres) pode ajudar a prevenir doenças cardiovasculares e outros problemas:
Mayo Clinic Staff. (2009). *Alcohol use: Why moderation is key*. Recuperado em 22 de maio de 2009, de MayoClinic.com: *www.mayoclinic.com/health/alcohol/SC00024*.

Página 272 A prevenção de recaída baseada em atenção plena (MBRP), desenvolvida por Alan Marlatt e colegas na University of Washington, demonstrou ser eficaz na prevenção de recaídas no uso de substâncias:
Bowen, S. W., Chawla, N., Collins, S. E., Witkiewitz, K., Hsu, S., Grow, J. C., Clifasefi, S. L., Garner, M. D., Douglas, A., Larimer, M. E., & Marlatt, G. A. (in press). Mindfulness-based relapse prevention for substance use disorders: A pilot efficacy trial. *Substance Abuse*.
Veja também o Addictive Behaviors Research Center da University of Washington, *www.depts.washington.edu/abrc/index.htm*.

Página 273 **Surfando a fissura:**
Baseado em:
Marlatt, G. A. (1985). Cognitive assessment and intervention procedures for relapse prevention. In G. A. Marlatt & J. R. Gordon (Eds.), *Relapse prevention: Maintenance strategies in the treatment of addictive behaviors* (p. 241). New York: Guilford Press.

CAPÍTULO 10. Amadurecer não é fácil: mudando sua relação com o envelhecimento, a doença e a morte

Página 283 "Um dos propósitos da prática de atenção plena é aproveitar nossa velhice."
Suzuki, S. (1973). *Zen mind, beginner's mind*. New York: John Weatherhill.

Página 286 **Temos *pontos de referência de felicidade*:**
Lykken, D., & Tellegen, A. (1996). Happiness is a stochastic phenomenon. *Psychological Science, 7*(3), 186–189.

Página 287 **Em um estudo, cientistas descobriram que, em média, pessoas de 20 a 24 anos sentiam-se tristes três a quatro dias por mês, já aquelas de 65 a 74 anos sentiam-se tristes apenas dois a três dias por mês:**
Wallis, C. (2005, 7 de janeiro). The new science of happiness. *Time, 165*(3), A2.

Página 288 **Cinco temas para reflexão frequente:**
Bhikku, T. (2009). *Upajjhatthana Sutta: Subjects for contemplation* (Anguttara Nikaya 5.57). Recuperado em 27 de maio de 2009, de Access to Insight: *www.accesstoinsight.org/tipitaka/an/an05/an05.057.than.html*.

Página 289 **"É mais sábio contemplar a lei da impermanência do que tentar revogá-la."**
Rosenberg, L. (2000). *Living in the light of death: On the art of being truly alive.* Boston: Shambhala.

Página 298 **"Se você não quer morrer, não nasça."**
Rosenberg, L. (2000). *Living in the light of death: On the art of being truly alive.* Boston: Shambhala.

Página 300 **Na América dos anos 1800, acreditava-se que era essencial pensar sobre a morte todos os dias; não para ser mórbido, mas para levar o *hoje* a sério:**
Faust, D. G. (2008). *This republic of suffering: Death and the American Civil War.* New York: Knopf.

Páginas 303 e 304 **Contemplação das partes desagradáveis do corpo e Contemplação do cemitério:**
Bhikku, T. (2009). *Kayagata-sati Sutta: Mindfulness immersed in the body.* Recuperado em 27 de maio de 2009, de Access to Insight: *www.accesstoinsight.org/tipitaka/mn/mn.119.than.html*.

Página 304 **Nós nos afundamos no que a psicóloga e professora de meditação Tara Brach chama de *transe da inutilidade*:**
Brach, T. (2003). *Radical acceptance: Embracing your life with the heart of a Buddha.* New York: Bantam.

CAPÍTULO 11. O que vem em seguida? A promessa da prática de atenção plena

Página 315 **Muitos de nós escalamos a escada do sucesso apenas para descobrir que ela estava encostada na parede errada:**
Boa, F. (1994). *The way of the myth: Talking with Joseph Campbell.* Boston: Shambhala.

Página 318 **Em pesquisas com pessoas que tentaram o exercício Três coisas boas, a maioria relatou uma redução significativa dos sintomas depressivos e um aumento do humor positivo pelos seis meses seguintes:**
Seligman, M. E., Steen, T. A., Park, N., & Peterson, C. (2005). Positive psychology progress: Empirical validation of interventions. *American Psychologist, 60*(5), 410–421.

Página 318 **Expressando gratidão:**
Baseado em:
Seligman, M. (2002). *Authentic happiness: Using the new positive psychology to realize your potential for lasting fulfillment.* New York: Free Press.

Página 319 **Albert Einstein descreveu nosso desafio de forma brilhante:**

Sullivan, W. (1972, 29 de março). *The Einstein papers: A man of many parts. The New York Times*, p. 1.

Página 320 **Estudantes que gastaram dinheiro com outras pessoas relataram sentir-se significativamente mais felizes do que aqueles que gastaram consigo mesmos:**

Dunn, E. W., Aknin, L. B., & Norton, M. L. (2008). Spending money on others promotes happiness. *Science, 319*(21), 1687–1688.

Página 321 **O psicólogo húngaro Mihály Csíkszentmihályi cunhou o termo *flow* (fluxo) para descrever momentos de total envolvimento:**

Csíkszentmihályi, M. (1991). *Flow: The psychology of optimal experience.* New York: Harper Collins.

Índice

A

Abordagem *Diver Dan*
    medo e, 115-120
    visão geral, 38-41
Ação habilidosa, 131-133
Aceitação
    cultivando via atenção plena, 83-87
    respostas paradoxais e, 87
    visão geral, 32-33
Agentes tóxicos. *Ver também* Dependência
    buscando ajuda adicional para, 275-277
    prevenção de recaídas baseada em atenção plena, 272-274
    recursos para, 332-333
    visão geral, 267-277
    vivendo uma vida atenta e, 273-277
Agorafobia, 117-118
Ajuda profissional. *Ver* Psicoterapia
Alegria, tristeza e, 143
Ambivalência, respostas paradoxais e, 87
Amor, prazer e dor e, 20-22
Ansiedade. *Ver também* Preocupação
    ação habilidosa e, 131-133
    buscando mais ajuda para, 138-139
    como começar uma prática de atenção plena e, 44-47
    dificuldades com o sono e, 204
    doença e, 294-296
    dor e, 188-189, 194-195
    inventário, 107
    Meditação da montanha, 129-132
    o que nos assusta, 113-116
    pensamentos e, 110-114, 120-122
    práticas de atenção plena e, 122-132
    recursos para, 331-332
    sintomas gastrintestinais e, 196-199
    visão geral, 108-109
    vivendo uma vida plenamente atenta e, 132-139
Ansiedade antecipatória, 114-116. *Ver também* Ansiedade
    práticas de atenção plena e, 124-125
    visão geral, 111
Apreciação, 317-318
Aprendizado de fuga e esquiva, 116-118
Atenção, mantendo a
    em relacionamentos, 232-235
    envelhecimento e, 290-291
    medo e, 132-134
    paternidade e, 236-239
    prática informal de atenção plena e, 90-92
    significado na vida e, 164-167
    visão geral, 32
    vivendo uma vida atenta e, 93-96
Atenção plena em geral. *Ver também* Práticas de atenção plena
    como começar, 44-47
    confusão em relação à, 46-51, 99-101
    cultivando através da prática, 33-34
    escolhendo qual meditação praticar, 87-91
    medo e, 113-114
    natureza passageira do prazer e da dor, 15-17
    origens da, 6-7, 31-33
    prática de concentração e, 81-84
    ser com o outro e, 216-219
    variedades de, 41-45
    visão geral, 5-8, 26-27
Autoaperfeiçoamento, 285-286
Autoaprisionamento, 40-41
Autocompaixão, 331-332

Autocrítica
  dor e, 188-189
  Meditação de concentração na respiração e, 59-61
Autoestima
  autocrítica e, 59-61
  construindo um eu e, 223-225
  identidade e, 218-219
  obstáculos para praticar atenção plena e, 97-98
Automedicação, 38-39
Avaliação de risco, 112-114

B
Bem-estar, 315-323
Brincar, 240-241

C
Capacidade de planejamento, 10-13
Ciclo dor-preocupação-medo-dor, 192
Cinesiofobia, 184
Comer sem atenção. *Ver também* *Meditação durante a refeição*
  recursos para, 332-333
  visão geral, 260-268
  vivendo uma vida atenta e, 265-268
Compaixão, 32, 43-44, 84-87
Comparando-nos com os outros, 16-21
Comportamento. *Ver também* Maus hábitos
  agentes tóxicos, 267-277
  ansiedade e, 108-109
  comer sem atenção, 260-268
  culpa e vergonha em relação a, 254-256
  modificação, parentalidade e, 243-244
  práticas de atenção plena e, 255-261
  trabalho, jogos de azar, compras e sexo, 277-279
Comportamento antiético, culpa e vergonha em relação a, 254-256. *Ver também* Comportamento; Maus hábitos
Comportamento de compras
  visão geral, 278
  vivendo uma vida consciente e, 278-279
Comportamento ético. *Ver também* Comportamento; Maus hábitos
  culpa e vergonha e, 254-256
  práticas de atenção plena e, 255-261
  sexual, 278-279
Comunicação, parentalidade e, 236-241
Concentração
  como principal objetivo da meditação, 60-62
  escolhendo qual meditação praticar e, 87-91
  Meditação de concentração na respiração e, 55-61
  Meditação de escaneamento corporal e, 71-74
  meditação durante a alimentação e, 73-80
  meditações para tentar, 55-61
  práticas de atenção plena e, 81-84
  recursos para, 333
  técnicas para ajudar a focar na respiração, 61-65
  treinando sua mente para, 52-56
  vivendo uma vida atenta e, 93-96
Conexão
  depressão e, 165-166
  exercício *Superando o "eu"* e, 319-320
  visão geral, 304-307, 319-320
Consciência
  afetuosa, 84-85
  da morte, 298-304
  dor e, 187-188
  meditação e, 43-44
  pensamentos de julgamento e, 81-83
  sem escolha, 82-83
  visão geral, 32
Contagem de respirações, 62-63
Controle de estímulos, 204
Crianças
  brincadeira e, 240-241
  fases de desenvolvimento e, 239-241
  limites e, 240-245
  parentalidade e, 236-241
Crise psicológica, 166-167
Critérios de classificação, 16-21
Crítica, parentalidade e, 240-241
Culpa
  comportamento ético e, 256-260
  visão geral, 254-256
Culpando-nos, 22-24

D
Dependência. *Ver também* Agentes tóxicos
  buscando ajuda adicional para, 275-277
  recursos para, 333
  visão geral, 259-261
Depressão
  buscando mais ajuda para, 173-175
  como começar uma prática de atenção plena e, 45-47
  como uma oportunidade para uma vida significativa, 164-167

da tristeza à, 150
evitando emoções e, 159-164
inventário, 142
pensamento e, 148-158
presente e, 157-160
recursos para, 331-333
variedades de, 140-142
visão geral, 140-148
vivendo uma vida atenta e, 167-171
Descoberta, 89-91
Desconexão, 304-307
Diálogo interno, 62-63
Dieta, 260-268
Dificuldades
digestivas, 196-199
para dormir, 202-208
Disfunção erétil, 199-200. *Ver também*
Problemas sexuais
Distração, 39-40
Doença. *Ver também* Dor
abraçando a, 306-310
buscando mais ajuda para, 208, 209-210, 312-313
dificuldades digestivas, 196-199
problemas sexuais e, 199-203
programa de tratamento *Back Sense*, 181-193
recursos para, 332-333
visão geral, 101-102, 176-177, 293-298
vivendo uma vida atenta e, 295-298, 309-313
Dor. *Ver também* Sensações físicas
buscando mais ajuda para, 208, 209-210
comportamento ético e, 256-260
confusão sobre atenção plena e, 48-50
culpando a nós mesmos pela, 22-24
dificuldades digestivas, 196-199
distúrbios de dor, 195-196
doença e, 297-298
dor crônica nas costas, 177-182
escolhendo qual meditação praticar e, 89-91
evitando, 9-10
inventário, 178
Meditação de concentração na respiração e, 58-59
memória e, 21-23
natureza passageira da, 14-17
obstáculos para a prática de atenção plena e, 97-98
problemas sexuais e, 199-203

programa de tratamento *Back Sense*, 181-193
recursos para, 332-333
Separando as duas flechas e, 185-189
visão geral, 101-102, 176-177
vivendo uma vida consciente e, 193-195
Dor crônica nas costas. *Ver também* Dor
ciclo de dor crônica nas costas, 180-182
exercício *Separando as duas flechas* e, 185-189
programa de tratamento *Back Sense*, 181-193
recursos para, 332-333
visão geral, 177-182
vivendo uma vida atenta e, 193-195
Dor nas costas. *Ver também* Dor
ciclo de dor crônica nas costas, 180-182
exercício *Separando as duas flechas* e, 185-189
programa de tratamento *Back Sense*, 181-193
recursos para, 332-333
visão geral, 177-182
vivendo uma vida atenta e, 193-195
Duração das meditações, 64-67

E

Efeitos da violação da abstinência, 261-262
Ejaculação precoce, 201-202. *Ver também*
Problemas sexuais
Emoções. *Ver também* Sentimentos
abraçando, 225-227
atenção plena às, 145-148
dor e, 192-193
evitando, 159-164
inventário, 149
negativas, 192-193
relacionamentos e, 225-227
Empatia, 43-44, 84-87
Engajamento, 321-323
Entrevista motivacional
agentes tóxicos e, visão geral, 269-273
utilizando, 274-275
Envelhecimento
acolhendo o, 101-102, 306-310
buscando mais ajuda para, 312-313
conexão e, 304-307
doença e, 293-298
exercício *Acolhendo as mudanças*, 290-293
medos em relação ao, 283-287
morte e, 298-304

mudança e, 288-293
práticas de atenção plena e, 309-312
vivendo uma vida atenta e, 287-288, 309-313
Erros, culpando a nós mesmos por, 22-24
Escapismo, confusão sobre, 48-50
Escolhas
    culpa e vergonha em relação a, 254-256
    maus hábitos e, 252-254
    práticas de atenção plena e, 255-261
Escuta, 227-229
Estabelecimento de limites com crianças, 240-245
Estar com nossa experiência
    dor e, 187-188
    escolhendo qual meditação praticar e, 89-91
    integrando a atenção plena em sua vida e, 92-94
    meditação e, 43-44
    visão geral, 41-42
Esteira hedônica, 316-317
Estresse
    como iniciar uma prática de atenção plena e, 44-45
    integrando atenção plena em sua vida e, 92-94
    medo e, 105-107
    sintomas gastrintestinais e, 196-199
Estrutura e funcionamento cerebral, 33-36
Eu
    construção, 218-224
    preocupação com o, 33-34
    relacionamento com os outros e, 223-225
Evitação
    abordagem *Diver Dan* e, 38-41, 115-120
    ansiedade e, 108-109
    dor nas costas e, 184
    medo e, 115-120
    visão geral, 38
Evitação experiencial
    abordagem *Diver Dan* e, 38-41
    visão geral, 38
Exercício *Acolhendo as mudanças*
    abraçando a impermanência e, 307-309
    envelhecimento, doença e morte e, 309-310
    morte e, 303-304
    visão geral, 290-293
Exercício *Atenção plena à ansiedade corporal*
    exemplo de, 135-136
    sensações físicas e, 132-134
    visão geral, 123-128
Exercício *Cinco temas para reflexão frequente*
    abraçando a impermanência e, 307-309
    envelhecimento, doença e morte e, 309-310
    visão geral, 288
Exercício *Contemplação das partes desagradáveis do corpo*
    abraçando a impermanência e, 307-309
    envelhecimento, doença e morte e, 310-311
    visão geral, 302-304
Exercício *Contemplação do cemitério*
    abraçando a impermanência e, 308-309
    envelhecimento, doença e morte e, 310-311
    visão geral, 303-304
Exercício *Desfile de pensamentos*
    trabalho, jogos de azar, compras e sexo, 278-279
    visão geral, 264-267, 274-275, 279-280
Exercício *Encarando a raiva*
    depressão e, 168, 172
    dificuldades para dormir e, 206-207
Exercício *Encarando a tristeza*
    depressão e, 172
    dificuldades para dormir e, 206-207
    visão geral, 160-163, 167-168
Exercício *Encarando o medo*
    depressão e, 167-168
    dificuldades para dormir e, 206-207
    exemplo de, 135-136
    visão geral, 118-120
Exercício *Escrevendo meu obituário*
    abraçando a impermanência e, 307-309
    envelhecimento, doença e morte e, 310-311
    visão geral, 301-304
Exercício *Eu, somente eu e eu mesmo*, 213-214
Exercício *Expressando gratidão*, 318
Exercício *Induzindo uma doença*
    envelhecimento, doença e morte e, 310-311
    visão geral, 294-296
Exercício *Intoxicação consciente*
    trabalho, jogos de azar, compras e sexo, 278-279
    visão geral, 268-270, 274-275, 279-280
Exercício *Meditação com alimentos problemáticos*, 263-267, 279-280

Exercício *Monitorando suas preocupações*
  dificuldades digestivas e, 198-199
  dor e, 193-194
Exercício *Observando como os pensamentos mudam*, 168
Exercício *Observando emoções ao longo do dia*
  dificuldades digestivas e, 199
  parentalidade e, 238-239
  relacionamentos e, 245-246
Exercício *Observando emoções no corpo*
  depressão e, 167, 172
  dificuldades digestivas e, 199
  dor e, 207-208
  parentalidade e, 238-239
  relacionamentos e, 245-248
  visão geral, 145-148, 167, 168
Exercício *Pensamentos são apenas pensamentos*
  depressão e, 172
  dificuldades digestivas e, 198-199
  dificuldades para dormir e, 206-207
  preocupação e, 132-133
  relacionamentos e, 245-248
  visão geral, 125-127
Exercício *Refugiando-se nas sensações presentes*
  depressão e, 172
  visão geral, 153-154, 168, 169
Exercício *Respirando juntos*
  parentalidade e, 240-242
  relacionamentos e, 245-248
  visão geral, 232-234
Exercício *Rotulação de pensamentos*
  depressão e, 172
  dor e, 195, 207-208
  relacionamentos e, 245-248
  visão geral, 154-155, 168
Exercício *Separando as duas flechas*
  abraçando a impermanência e, 308-309
  dificuldades digestivas e, 198-199
  doença e, 296-297
  dor e, 207-208, 208
  envelhecimento, doença e morte e, 310-311
  visão geral, 185-189, 195
Exercício *Superando o "eu"*
  abraçando a impermanência e, 308-309
  envelhecimento, doença e morte e, 310-312
  visão geral, 305-307, 319-320
Exercício *Surfando o impulso*
  agentes tóxicos e, 272-275
  dificuldades digestivas e, 198-199
  dor e, 207-208
  hábitos nocivos e, 279-281
  relacionamentos e, 245-249
  trabalho, jogos de azar, compras e sexo, 278-279
  visão geral, 188-191, 195, 272-274
Exercício *Três coisas boas*, 318
Exercício *Três minutos de espaço para respirar*
  abraçando a impermanência e, 307-308
  depressão e, 172
  envelhecimento, doença e morte e, 311-312
  parentalidade e, 243-244
  relacionamentos e, 245-249
  visão geral, 157-160, 169
Exercício *Três objetos de atenção*
  comportamento ético e, 255-256
  hábitos nocivos e, 279-280
  parentalidade e, 238-239
  relacionamentos e, 245-249
  visão geral, 233-237
Expectativas
  medo e, 113-114
  obstáculos para praticar atenção plena e, 98-99
Experiência sensorial, 220-224
Experimentos de pensamento, 214-215
Exposição e prevenção de resposta, 117-120
Êxtase, 48-49

F

Falta de atenção
  abordagem *Diver Dan* e, 39-40
  prática informal de atenção plena e, 92
  visão geral, 27-31
Felicidade
  apreciando o que é e, 317-318
  autoaperfeiçoamento e, 286-287
  busca da, 315-323
  busca por prazer e, 9-10
  culpando a nós mesmos por não ter, 22-24
  esteira hedônica e, 316-317
  processos de seleção natural e, 4-6
  resistência à mudança e, 7-9
Filtrando nossa atenção, 12-14
Flow (fluxo), 321-322
Forma de resposta do *tigre interior*, 114-116
Frequência da meditação, 64-67

G
Generosidade, 320-321
Gratidão, 317-318

H
Habilidade de raciocínio, 10-13
Hábitos. *Ver* Maus hábitos
Higiene do sono, 204-206

I
Identidade
    construção de, 218-224
    convivência com outros e, 223-225
    crise de, 166-167
    exploração de, 213-215
    interdependência e, 216-219
Impermanência, abraçando a, 306-310
Iniciando uma prática de atenção plena, 44-47
Insônia, 202-208
Integrando a meditação em sua vida.
    Ver também Vivendo uma vida atenta
    obstáculos para praticar atenção plena e, 97-102
    prática informal de atenção plena e, 90-92
    visão geral, 64-67
    vivendo uma vida atenta e, 93-96
Intenções, 221-224
Interdependência
    convivência com outros e, 223-225
    visão geral, 216-219
Interpretação, 287
Interrupção de pensamento, 11
Ioga
    ansiedade e, 131-132
    depressão e, 153
    recursos para, 333-334
Isolamento, 229-231

J
Jogos de azar
    visão geral, 278
    vivendo uma vida atenta e, 278-279

L
Lembretes, 99-100
Liberdade emocional, 159-161

M
Maus hábitos. *Ver também* Comportamento
    agentes tóxicos e, 274-275, 267-277
    comer sem atenção, 260-268
    culpa e vergonha em relação a, 254-256
    inventário, 253
    práticas de atenção plena e, 255-261, 278-281
    trabalho, jogos de azar, compras e sexo, 277-279
    visão geral, 252-254
    vivendo uma vida atenta e, 277-282
Meditação com a uva-passa
    comer sem atenção e, 266-268
    maus hábitos e, 279-280
    visão geral, 74-79
Meditação da montanha
    abraçando a impermanência e, 307-308
    ansiedade e, 133-134
    dificuldades para dormir e, 206-207
    envelhecimento, doença e morte e, 310-311
    visão geral, 129-132
Meditação de bondade amorosa
    abraçando a impermanência e, 307-308
    agentes tóxicos e, 274-275
    comer sem atenção e, 266-267
    depressão e, 156-158, 168, 172
    dificuldades para dormir e, 206-207
    doença e, 296-298
    dor e, 207-208
    durante um minirretiro, 92-93
    envelhecimento, doença e morte e, 310-311
    escolhendo qual meditação praticar e, 87-91
    generosidade e, 320-321
    maus hábitos e, 279-280
    medo e, 133-134
    parentalidade e, 240-245
    recursos para, 331-332
    relacionamentos e, 245-248
    trabalho, jogos de azar, compras e sexo, 278-279
    visão geral, 84-86
    vivendo uma vida atenta e, 93-97
Meditação de concentração na respiração
    abraçando a impermanência e, 308-309
    dificuldades com o sono e, 206-207
    doença e, 296-297
    dor e, 207-208
    envelhecimento, doença e morte e, 310-311
    problemas sexuais e, 202-203
    visão geral, 55-61
    vivendo uma vida atenta e, 93-96

Meditação de escaneamento corporal
    abraçando a impermanência e, 308-309
    dificuldades com o sono e, 206-207
    doença e, 296-297
    dor e, 194, 207-208
    envelhecimento, doença e morte e, 310-311
    exercício *Refugiando-se nas sensações presentes* e, 153
    problemas sexuais e, 202-203
    visão geral, 71-74
    vivendo uma vida atenta e, 95-96
Meditação de escuta
    depressão e, 168, 172
    dor e, 207-208
    visão geral, 155-158
Meditação de julgamento, 83-85
Meditação durante a caminhada
    abraçando a impermanência e, 307-308
    ansiedade e, 127-128
    depressão e, 172
    dor e, 208
    envelhecimento, doença e morte e, 310-311
    hábitos nocivos e, 279-280
    prática informal de atenção plena e, 91
    relacionamentos e, 248-249
    visão geral, 66-72
    vivendo uma vida consciente e, 93-97
Meditação durante a refeição
    abraçando a impermanência e, 307-309
    apreciando o que é e, 317
    buscando mais ajuda para, 267-268
    depressão e, 172
    doença e, 296-297
    dor e, 208
    durante um minirretiro, 92-93
    envelhecimento, doença e morte e, 310-311
    maus hábitos e, 279-280
    prática informal de atenção plena e, 91
    relacionamentos e, 248-249
    visão geral, 73-80
    vivendo uma vida atenta e, 95-97
Meditação em buffets, 263-267, 279-280
Meditação enquanto dirige, toma banho, escova os dentes, faz a barba, etc.
    depressão e, 172
    dor e, 208
    envelhecimento, doença e morte e, 310-311

    maus hábitos e, 279-280
    relacionamentos e, 248-249
    visão geral, 90-92
Meditação informal durante a refeição
    trabalho, jogos de azar, compras e sexo, 278-279
    visão geral, 262-267
Meditação na natureza
    abraçando a impermanência e, 307-308
    ansiedade e, 133-134
    depressão e, 169, 172
    dor e, 208
    envelhecimento, doença e morte e, 310-311
    exemplo de, 135-136
    maus hábitos e, 279-281
    relacionamentos e, 246-249
    visão geral, 127-130
Meditação transcendental
    integrando à sua vida, 65-66
    visão geral, 60-61
Meditações e exercícios
    Acolhendo as mudanças,* 290-291
    Amostra da meditação de concentração na respiração,* 63-64
    Amostra da meditação durante a caminhada, 69-70
    Atenção plena à ansiedade corporal, 123
    Contemplação das partes desagradáveis do corpo, 302-303
    Contemplação do cemitério, 303-304
    Desfile de pensamentos, 264-265
    Encarando a tristeza,* 160-161
    Encarando o medo,* 118-119
    Eu, somente eu e eu mesmo, 213
    Foco sensorial, 200
    Intoxicação consciente, 268-269
    Meditação com a uva-passa,* 74-75
    Meditação com alimentos problemáticos, 263-264
    Meditação da montanha,* 129-130
    Meditação de bondade amorosa,* 84-85
    Meditação de concentração na respiração,* 55-56
    Meditação de escaneamento corporal,* 71-72
    Meditação de escuta,* 155
    Meditação de julgamento, 83-84

---

* Áudio (em inglês) disponível na página do livro em loja.grupoa.com.br.

Meditação durante a caminhada, 66-67
Meditação durante a refeição, 78-79
Meditação em buffets, 263-264
Meditação enquanto dirige, toma banho, escova os dentes, faz a barba, etc., 90-91
Meditação informal durante a refeição, 262-263
Meditação na natureza, 128-129
Observando emoções no corpo, 145
Pensamentos são apenas pensamentos, 125
Prática de tonglen,* 162-163
Respirando juntos,* 232
Rotulação de pensamentos,* 154
Separando as duas flechas,* 185-186
Superando o "eu", 305-306
Surfando a fissura,* 272-273
Surfando o impulso da dor,* 190-191
Três minutos de espaço para respirar, 157-158
Três objetos de consciência, 233-234
Medo
    abordagem *Diver Dan* e, 115-120
    ação hábil e, 131-133
    buscando mais ajuda para o, 138-139
    do envelhecimento, 283-287
    do que temos medo, 113-116
    doença e, 294-296
    dor nas costas e, 184
    enfrentar para se libertar, 117-120
    inventário, 107
    pensamento e, 109-114
    práticas de atenção plena e, 122-132
    processos evolutivos e, 109-110
    visão geral, 105-108
    vivendo uma vida atenta e, 132-139
Memorização, 32
Mente de principiante, 234-237
Mente divagante. *Ver também* Concentração
    confusão sobre atenção plena e, 99-101
    consciência sem escolha e, 82-83
    Meditação de concentração na respiração e, 57
    técnicas para ajudar a focar na respiração e, 61-65
    visão geral, 54-55
Mente vazia, 46-48, 99-101
Minirretiro. *Ver também* Prática de retiro
    doença e, 296-298
    visão geral, 92-93
    vivendo uma vida atenta e, 93-96

Morte
    abraçando a, 306-310
    buscando mais ajuda para, 312-313
    conexão e, 304-307
    práticas de atenção plena e, 309-312
    recursos para, 332-333
    visão geral, 298-304
    vivendo uma vida atenta e, 309-313
Movimento durante a meditação, 56
Mudança
    abraçando a, 306-310
    conexão e, 304-307
    dor e, 187-189
    envelhecimento e, 283-293
    exercício *Acolhendo as mudanças*, 290-293
    resistindo à, 7-9

N
Não julgamento. *Ver* Aceitação
Narcisismo, 214-215

O
Obsessão, 112. *Ver também* Preocupações
Origens das práticas de atenção plena, 6-7, 31

P
Parentalidade, 236-245
Pensamento. *Ver também* Pensamentos
    ansiedade e, 120-122
    catastrófico, 121
    depressão e, 148-158, 168
    filtragem envolvida no, 12-14
    interrupção de pensamento e, 11
    medo e, 109-114
    obstáculos para praticar atenção plena e, 97-98
    pensamentos negativos e, 12-13
    prática informal de atenção plena e, 91
    processos evolutivos e, 109-110
    visão geral, 10-13
Pensamentos. *Ver também* Pensamento
    ansiedade e, 108
    confusão sobre atenção plena e, 46-48, 99-101
    desenvolvimento de concentração e, 52-56
    diferenças entre realidade e, 152-153
    dor nas costas e, 182-184
    efeitos da atenção plena sobre, 35-37
    julgadores, 81-83
    Meditação de concentração na respiração e, 57

negativos, 12-13
parentalidade e, 239-240
prática informal de atenção plena e, 91
prevenção de recaída baseada em atenção plena, 272-274
sobre o que deveríamos ou não estar pensando, 114-116
técnicas para ajudar a focar na respiração e, 61-65

Percepções, construção de identidade e um eu e, 220-224

Plano para prática de atenção plena
buscando mais ajuda para, 209-210
depressão e, 172-174
dor e, 208
envelhecimento, doença e morte e, 311-313
maus hábitos e, 280-282
medo e, 136-139
obstáculos para praticar atenção plena e, 98-100
relacionamentos e, 248-251
visão geral, 96-97

Pontos de referência de felicidade, 286

Posturas na meditação
dor e, 58-59
meditação de escaneamento e, 71-72
sonolência e, 58-60
visão geral, 43-44, 55-57

Prática de meditação. *Ver também* Meditações e exercícios; Práticas de atenção plena; Prática formal de atenção plena
abraçando a impermanência, 307-309
aceitação e, 83-87
ansiedade e, 127-128
como começar, 44-47
desenvolvendo concentração e, 52
escolhendo qual meditação praticar, 87-91
integrando em sua vida, 64-67
meditação durante a alimentação, 73-80
meditações para experimentar, 55-61
morte e, 302-304
recursos para, 333
visão geral, 42-44

Prática de retiro. *Ver também* Práticas de atenção plena
comer sem atenção e, 261-263
desenvolvendo concentração e, 52
minirretiro como, 92-93
visão geral, 43-45

vivendo uma vida consciente e, 93-96

Prática de tonglen
depressão e, 172
visão geral, 161-164

Prática formal de atenção plena. *Ver também* Meditações e exercícios; Prática de meditação
abraçando a impermanência e, 307-308
crises ou experiências estressantes e, 92-94
depressão e, 171-172
desenvolvendo concentração e, 52
dor e, 207-208
envelhecimento, doença e morte e, 309-311
integrando em sua vida, 64-67
maus hábitos e, 279-280
medo e, 136-139
prática de concentração e, 60-61
relacionamentos e, 247-248
trabalho, jogos de azar, compras e sexo, 278-279
visão geral, 42-44
vivendo uma vida atenta e, 93-97

Prática informal de atenção plena. *Ver também* Meditações e exercícios; Práticas de atenção plena
abraçando a impermanência e, 307-308
crise ou experiências estressantes e, 92-94
depressão e, 171-172
desenvolvendo concentração e, 52
dor e, 207-208
envelhecimento, doença e morte e, 310-311
integrando em sua vida, 64-67
maus hábitos e, 279-280
medo e, 136-139
relacionamentos e, 248-249
trabalho, jogos de azar, compras e sexo, 278-279
visão geral, 42-43, 90-92
vivendo uma vida atenta e, 93-97

Práticas de atenção plena. *Ver também* Atenção plena em geral; Meditações e exercícios; Prática de meditação; Prática de retiro; Prática informal de atenção plena
ansiedade e, 122-132
apreciação do que é e, 318
comer sem atenção e, 262-268

comportamento ético e, 255-261
definição de limites e, 242-244
depressão e, 171-172
dificuldades digestivas e, 198-199
dificuldades para dormir e, 205-208
doença e, 295-298, 309-312
dor e, 207-208
envelhecimento e, 295-298, 309-312
maus hábitos e, 278-281
morte e, 309-312
origens das práticas, 6-7, 31-33
parentalidade e, 242-245
potencial da prática de, 315-316
recursos para, 333
relacionamentos e, 231-237, 244-249
transição para a prática de, 81-83
Prazer
apreciando o que é e, 317-318
busca do, 316-317
comportamento ético e, 256-260
culpando a nós mesmos por não ter, 22-24
esteira hedônica e, 316-317
memória do, 21-23
natureza passageira do, 14-17
obstáculos para praticar atenção plena e, 97-98
Preocupação. *Ver também* Ansiedade
como iniciar uma prática de atenção plena e, 44-45
consigo mesmo, 33-34
do que temos medo, 113-116
dor e, 194-195
dor nas costas e, 182-183
inventário, 107
práticas de atenção plena e, 124-125
visão geral, 111-114
Prevenção de recaída baseada em atenção plena (MBRP), 272-274, 327
Princípio do prazer
falha do, 256-260
falta de atenção e, 30-31
visão geral, 9-10
Problemas de saúde. *Ver* Doença
Problemas estomacais, 196-199
Problemas sexuais
buscando mais ajuda para, 209-210
visão geral, 199-203
Processos evolutivos
felicidade e, 4-6

medo e, 109-110
Prognóstico afetivo, 286
Psicoterapia
agentes tóxicos e, 275-277
comer sem atenção e, 267-268
como encontrar um terapeuta, 325-327
depressão e, 173-175
dor e, 208-210
envelhecimento, doença e morte e, 312-313
medo e ansiedade e, 138-139
relacionamentos e, 249-251
terapia cognitiva baseada em atenção plena (MBCT) e, 151-152

R

Raiva
depressão e, 144
recursos para, 331-332
Realidade, comparando pensamentos à, 152-153
Recaída, 272-274
Recursos
gravações, 329-330
material de leitura, 329-333
para psicoterapeutas, 334-335
recursos na internet, 334-335
Redução de estresse baseada em atenção plena (MBSR)
integrando em sua vida, 65-66
recursos para, 329-330
visão geral, 327
Reforço negativo, 116-117
Registro de atração/aversão, 13-14
Relacionamentos
acolhendo emoções e, 225-227
buscando mais ajuda para, 249-251
comportamento e, 254-256
conexão e, 304-307
construção de um eu e, 223-225
construção de uma identidade e um eu e, 218-225
envelhecimento e, 289
interdependência e, 216-219
Meditação de bondade amorosa e, 85-86
ouvindo uns aos outros, 227-229
parentalidade e, 236-241
praticando com outros, 98-99
práticas de atenção plena e, 231-237, 244-249
problemas sexuais e, 199-203

recursos para, 331-332
sentindo-se isolado e, 229-231
visão geral, 101-102, 212-213
Relaxamento progressivo, 73-74. *Ver também*
Meditação de escaneamento corporal
Religião, confusão sobre atenção plena e, 49-51
Resistência à experiência, 187-188
Resistência à mudança
    dor e, 187-189
    obstáculos para praticar atenção plena e, 97-99
    visão geral, 7-9
Respiração
    integrando a meditação em sua vida e, 64-67
    técnicas para ajudar a manter a atenção na respiração, 61-65
Resposta de lutar ou fugir
    dificuldades para dormir e, 204
    dor e, 192
    pensamento e, 110-114
    pensamentos que desencadeiam, 113-115
    sintomas gastrintestinais e, 196
    visão geral, 109-110
Resposta de relaxamento, 60-61
Respostas paradoxais, 87
Retirada da vida, 47-49
Rotinas
    dificuldades para dormir e, 204-206
    integrando meditação na sua vida e, 64-67
    obstáculos para praticar atenção plena e, 97-102
    prática formal de meditação e, 82-83
    prática informal de atenção plena e, 90-92
    vivendo uma vida consciente e, 93-96
Ruminação, 148. *Ver também* Pensamento

S

Salva-vidas
    ansiedade e, 133-134
    depressão e, 168-172
    dor e, 208
    envelhecimento, doença e morte e, 310-312
    maus hábitos e, 279-281
    medo e, 136-139
    relacionamentos e, 248-249
    visão geral, 92-94
    vivendo uma vida atenta e, 93-97
Saúde mental
    recursos para, 333
    sistema de diagnóstico e, 36-38
Segurança, 89-91
Sensações físicas. *Ver também* Dor
    ansiedade e, 108
    Atenção plena à ansiedade corporal e, 132-133
    Meditação de escaneamento corporal e, 71-74
    medo e, 106-107
    recursos para, 332-333
    respondendo a, 184-190
    técnica *Foco sensorial* e, 200-201
    visão geral, 101-102
Sentidos, intensificação dos, 59-60
Sentimentos. *Ver também* Emoções
    confusão sobre atenção plena e, 47-48, 99-101
    construindo uma identidade e um eu e, 220-224
    depressão e, 144
    efeitos da atenção plena sobre, 35-37
    sobre o envelhecimento, 283-287
Separação, 216-219
Ser com o outro
    convivência com outros e, 223-225
    visão geral, 217-219
Significado na vida
    depressão e, 164-167
    falta de atenção e, 28-31
    visão geral, 320
Síndrome do intestino irritável, 196
Sintomas gastrintestinais, 196-199
Sofrimento psicológico, 36-38
Sonolência durante a meditação, 58-60

T

Técnica *Foco sensorial*
    buscando mais ajuda para e, 209-210
    dor e, 207-208
    problemas sexuais e, 200-201
    relacionamentos e, 201-203
Tensão, 44-45
Terapia
    agentes tóxicos e, 275-277
    comer sem atenção e, 267-268
    como encontrar um terapeuta, 325-327
    depressão e, 173-175

envelhecimento, doença e morte e, 312-313
   medo e ansiedade e, 138-139
Terapia cognitiva baseada em atenção plena (MBCT)
   buscando mais ajuda para depressão e, 174-175
   Exercício *Três minutos de espaço para respirar*, 157-160
   visão geral, 151-152, 326
Terapia cognitivo-comportamental (TCC)
   buscando mais ajuda e, 138-139, 173-175
   comer sem atenção e, 264-265
   depressão e, 150-151
   visão geral, 121-122
Terapia cognitiva baseada em atenção plena (MBCT) e, 151-152
   dor e, 208-210
   relacionamentos e, 249-251
Terapia comportamental dialética (DBT), 326
Terapia de aceitação e compromisso (ACT), 326
Tolerância, acolhendo emoções e, 225-227
Tolerância afetiva, 225-226. *Ver também* Emoções
Trabalho
   relação equilibrada com o, 277
   vivendo uma vida consciente e, 278-279
Tradição budista
   confusão em relação à atenção plena e, 49-51
   origens da atenção plena e, 31-33
Tradição budista tibetana, recursos para, 330-331
Tradição vipassana, recursos para, 330-331
Tradição zen, recursos para, 330-331
Transtornos psicológicos
   recursos para, 333
   sistema de diagnóstico e, 36-38
Treinamento de conscientização alimentar baseado em atenção plena (MB-EAT), 326
Treinamento de relaxamento, dificuldades para dormir e, 205-206

Tristeza. *Ver também* Depressão
   da tristeza à depressão, 150
   visão geral, 140-148
   vivendo uma vida consciente e, 167-171

U

Uso de álcool. *Ver também* Agentes tóxicos
   abordagem *Diver Dan* e, 38-39
   visão geral, 267-269
Uso de drogas, 38-39. *Ver também* Agentes tóxicos
Uso de substâncias. *Ver* Agentes tóxicos

V

Vergonha
   comportamento ético e, 256-260
   visão geral, 254-256
Vivência da experiência
   dor e, 187-188
   escolhendo qual meditação praticar e, 89-91
   integrando atenção plena em sua vida e, 92-94
   meditação e, 43-44
   visão geral, 41-42
Vivendo uma vida atenta
   abraçando a impermanência e, 306-310
   agentes tóxicos e, 273-277
   comer sem atenção e, 265-268
   depressão e, 167-171
   doença e, 295-298
   dor e, 193-195
   envelhecimento, doença e morte e, 287-288, 309-313
   maus hábitos e, 277-282
   medo e, 132-139
   obstáculos para, 97-102
   práticas fundamentais e, 95-97
   trabalho, jogos de azar, compras e sexo, 278-279
   visão geral, 93-96
Vulnerabilidade, 229-231